红楼梦精读

詹丹 / 编著

本书系国家社科基金社科学术社团主题学术活动资助项目「《红楼梦》整本书阅读系列研究（编号：20STA049）」阶段性成果

上海教育出版社

编 委 会

主　编　查清华

编　委（按姓氏笔画排序）

　　　　朱易安　李定广　李　贵　吴夏平
　　　　陈　飞　赵维国　查清华　钟书林
　　　　曹　旭　詹　丹

教育部新文科研究与改革实践项目
  中文学科拔尖创新人才培养与实践

上海高校本科重点教改项目
  中文专业师范生优秀传统文化教育实践与创新

上海市高水平学科学术创新团队
  中华典籍与国家文明

国家级专家服务基地
  上海师范大学教育援疆喀什专家服务基地

总序

中华文史经典精读

中华优秀传统文化是中华民族的精神命脉。2017年,中共中央办公厅、国务院办公厅《关于实施中华优秀传统文化传承发展工程的意见》(下文简称《意见》)提出:"实施中华优秀传统文化传承发展工程,是建设社会主义文化强国的重大战略任务,对于传承中华文脉、全面提升人民群众文化素养、维护国家文化安全、增强国家文化软实力、推进国家治理体系和治理能力现代化,具有重要意义。"《意见》围绕立德树人根本任务,遵循学生认知规律和教育教学规律,按照一体化、分学段、有序推进的原则,对中华优秀传统文化"进课本、进课堂、进校园"提出明确要求。

经典是文化的重要载体。当下中华传统经典读物较多,各有优长。但我们经过调研后发现,针对大、中学生而言,在传统文化教育方面尚存在以下几大问题:一是对传统文化优秀与糟粕因子的认识比较模糊，未能通过阅读经典充分汲取富有生命力的文化养分；二是对传统文学经典的历史语境缺乏应有的了解，相关历史知识与方法的匮乏常导致对文学作品的解读出现偏差；三是对传统经典与现代文化的联系和区别关注不够，传统文化和现代意义的文化发展逻辑没有得到充分厘清；四是往往止步于对传统经典知识本身的接收与理解，对优秀原典熏染学生道德和审美的终极作用落实不力，对学生发现与探究问题的意识培养力度偏弱。

针对以上问题，我们尝试从人才培养模式、课程设置、教材建设和教学方法等方面加以改革，同时通过加强大中小一体化建设，牵头和上海数十家中学共建"中华优秀文化推广联盟"，和上海援疆教育集团签署"中华优秀经典进校园"项目，组织相关优秀教师参与。编撰出版"中华文史经典精读"丛书，是我们改革项目的重要成果之一。

该丛书在导读方向、内容选择、注释范围、评析重点等方面，均致力于尝试解决上述问题。以上海市高水平学科"中华典籍与国家文明"创新团队为主体的多位专家，在总的原则下，广泛借鉴吸收前人成果，依据各自的学术特长和教研心得，充分展现学术个性，既为反思传统文化的复杂内涵提供历史唯物主义的立场和方法，也努力寻求传统文化在当代实践中的内驱力，以及理想人格的感召力，让经典润泽心灵，砥砺人生。

每本书由导言、正文、注释和评析组成。"导言"总体介绍某部经典的成书、性质、基本内容、艺术价值及社会影响，或某作家的生平、思想、艺术及文学史地位等；"正文"均依据权威版本选录名家名作，兼顾传统性典范和现代性意义；"注释"重在注解不易读懂的字词、名物及典故,力求简明准确;"评析"则在细读文本的基础上,提点作品的情思蕴含及艺术表现,注重引导读者参与情思体验,追求文字洗练,行文晓畅。

本丛书属于中华优秀传统文化经典普及性读本,可作为大学"原典精读"通识课教材及中学语文拓展读本,也适合热爱传统文化的普通读者。

限于水平,书中或有不尽如人意处,祈请读者批评指正,以便再版时改进。

查清华

于上海师范大学文苑楼

目录

红楼梦精读

导言：《红楼梦》何以伟大 \ 001

第一回　甄士隐梦幻识通灵　贾雨村风尘怀闺秀 \ 001
　　楔子和头回的意义

第二回　贾夫人仙逝扬州城　冷子兴演说荣国府 \ 015
　　主客答问的赋体笔法

第三回　贾雨村夤缘复旧职　林黛玉抛父进京都 \ 026
　　黛玉进贾府与宝玉的"我予我夺"

第四回　薄命女偏逢薄命郎　葫芦僧乱判葫芦案 \ 042
　　是政治小说，更是人情小说

第五回　游幻境指迷十二钗　饮仙醪曲演红楼梦 \ 054
　　金陵十二钗谁排第一

第六回　贾宝玉初试云雨情　刘姥姥一进荣国府 \ 071
　　　　刘姥姥进荣国府的多重意义

第七回　送宫花贾琏戏熙凤　宴宁府宝玉会秦钟 \ 084
　　　　日常生活中的对照

第八回　比通灵金莺微露意　探宝钗黛玉半含酸 \ 098
　　　　黛玉的"酸闹"和宝玉的"醉闹"

第十一回　庆寿辰宁府排家宴　见熙凤贾瑞起淫心 \ 111
　　　　凤姐的复杂性

第十七回至十八回　大观园试才题对额　荣国府归省庆元宵 \ 123
　　　　盛事中的衰兆

第十九回　情切切良宵花解语　意绵绵静日玉生香 \ 150
　　　　温情中的轻松与紧张

第二十七回　滴翠亭杨妃戏彩蝶　埋香冢飞燕泣残红 \ 165
　　　　痴情、机心与哲思

第三十三回　手足眈眈小动唇舌　不肖种种大承笞挞 \ 177
　　　　宝玉挨打的层次解析

第三十四回　情中情因情感妹妹　错里错以错劝哥哥 \ 187
　　　　也是一种层次关系

第三十六回　绣鸳鸯梦兆绛芸轩　识分定情悟梨香院 \ 200
　　　　否定的辩证法

第三十七回　秋爽斋偶结海棠社　蘅芜苑夜拟菊花题 \ 213
　　　　评诗中见为人

第四十回　史太君两宴大观园　金鸳鸯三宣牙牌令 \ 229
　　　　　无礼的狂欢与"礼出大家"

第四十一回　栊翠庵茶品梅花雪　怡红院劫遇母蝗虫 \ 244
　　　　　　怡红院的劫难，也是刘姥姥的狂欢

第四十八回　滥情人情误思游艺　慕雅女雅集苦吟诗 \ 257
　　　　　　诗性智慧说香菱

第五十四回　史太君破陈腐旧套　王熙凤效戏彩斑衣 \ 271
　　　　　　语境内外

第六十二回　憨湘云醉眠芍药裀　呆香菱情解石榴裙 \ 286
　　　　　　醉美是湘云

第六十三回　寿怡红群芳开夜宴　死金丹独艳理亲丧 \ 305
　　　　　　怡红院里的狂欢

第七十四回　惑奸谗抄检大观园　矢孤介杜绝宁国府 \ 324
　　　　　　"三春"的进退

第九十八回　苦绛珠魂归离恨天　病神瑛泪洒相思地 \ 342
　　　　　　黛玉之死描写艺术的两面性

第一〇五回　锦衣军查抄宁国府　骢马使弹劾平安州 \ 354
　　　　　　描写抄家的两种角度

第一二〇回　甄士隐详说太虚情　贾雨村归结红楼梦 \ 364
　　　　　　文本精读与生命的体验

导言：《红楼梦》何以伟大

一、问题的提出

《普通高中语文课程标准（2017年版2020年修订）》提出了18个学习任务群，其中第一个是"整本书阅读与研讨"，列入了学术著作和长篇小说两类整本书。依据新课标的精神，由教育部组织编写的普通高中教科书《语文》（必修），选入学术著作《乡土中国》和长篇小说《红楼梦》，各组成一个教学单元。我本以为，《乡土中国》这类学术著作对高中生来说比较陌生，学生如何来学、教师如何来教，都有难度。而长篇小说《红楼梦》几乎家喻户晓，初中阶段学生已经在语文教材中接触过小说片段，在高中阶段以整本书的形式进入语文课堂，不应该有大问题。但事实恰恰相反。学生学习《红楼梦》遇到困难之大，超乎我的想象。有出版社调研发现，读不下去的长篇小说中《红楼梦》居然名列榜首。其实，不单单是中学生，我也曾碰到过一些语文教师（包括个别颇有影响的语文名师）向我吐槽，说《红楼梦》是他年轻时不想读，现在为了教学想读而依然读不下去的书。

如果说，读不下去指的是《红楼梦》八十回以后的内容，也许倒说明了其中蕴含的一种价值判断，因为《红楼梦》通行本八十回以后的文字，思想艺术遭遇了断崖式的下跌，读不下去属于正常乃至正确的反应。但如果是指前八十回，那么恕我直言，我对这样的语文教师所具有的艺术感悟力是深表怀疑的。当然，对《红楼梦》前八十回内容缺乏感觉，在一定程度上，也是因为不少人认识不到《红楼梦》的伟大价值。所以，在此，我将从五个方面来阐释本以为大家都已经清楚的《红楼梦》何以伟大的问题，这种阐释，很可能是挂一漏万、吃力不讨好的一件事。虽然有"文无第一、武无第二"的说法，但我论及《红楼梦》，还是毫不犹豫用了最高级别的词，下面依次道来。

二、人物最多样

人物多样，有基本的两层含义。其一是人物数量多，其二是人物类别多。而先是人物数量多，才为类别多提供了可能。

最初接触《红楼梦》的人，有一个强烈的感觉是，小说写到的人物太多了，这也成为一部分中学生读不下去的重要理由。人太多，事太杂，容易让读者阅读时产生迷惑，这也是作者自知的问题。所以他在小说开始的序幕部分，通过调动各种艺术手段，对主要人物关系及其各自命运，作了一些梳理和暗示，以帮助读者获得纲领性的把握。尽管有些读者未必适应这样的梳理，但作者不会因此迁就读者，减少小说里的人物数量。因为《红楼梦》所写人物数量之多及类别复杂，恰是作者全面而又深刻写出一个大家族日常生活所必需的，也是构成小说伟大的重要因素。《红楼梦》

究竟写了多少人物，各家统计并不一致，最少不少于 400 人，多的有 700 人乃至超过 1 000 人的。我一般依据上海古籍出版社《红楼梦鉴赏辞典》的人物词条，定为 600 人左右。[1] 当然，如果这 600 人左右仅仅作为一种名录出现在小说中，没有任何生气和活力，没有真切动人的形象感，还是不足称道的。关键是其中有好几十人，写得非常饱满，给人留下了深刻印象。更加不易的是，这好几十人往往形态性格各异，显示出多姿多彩的复杂性。如果从小说开头写贾宝玉出生这一年算起，到小说接近尾声时宝玉出家，《红楼梦》共写了 19 年的众人生活状况。打一个不很恰当的比方，就好像一个 600 人的单位，只有一位领导独自管理了 19 年。其中，即使只有几十人个性非常强，其他人基本默默无闻，管理起来也非常不容易。这样的比方，可以让我们想象《红楼梦》的作者，为了完成这部巨著，为了把里面的人物及其互相关系在 19 年间安排妥帖，需要怎样的缜密构思。为了应对这庞大的人物群体，让他们充分自在活动起来，无论是出于写作还是方便阅读的角度考虑，作者对人物进行了多样化、结构化的整体设计。

自从英国小说家福斯特的《小说面面观》传入中国后，大家习惯于用圆形的、立体的人物来作为小说塑造人物形象成功的一个标志。[2] 但事实是，福斯特在分出圆形人物和平面人物时，尽管强调塑造圆形人物更为复杂，但也没有因此把平面人物作为小说家的败笔来看待。而且，就一部人物众多的小说巨著来说，出现的人物不可能个个都是圆形的、立体的，因为这既难以让作者下手，也会增加读者理解的许多困难。

就《红楼梦》来说，曹雪芹对众多的人物进行了多样化、结构化的处

---

[1] 上海红楼梦学会,上海师范大学文学研究所.红楼梦鉴赏辞典[M].上海:上海古籍出版社,1988:1-9.
[2] 卢伯克,福斯特,缪尔.小说美学经典三种[M].方土人,罗婉华,译.上海:上海文艺出版社,1990:255-264.

理。对于小说最重要的人物,例如贾宝玉、王熙凤、林黛玉、薛宝钗等,他基本采用的是圆形、立体化的方式来塑造他们性格的多个侧面。而对于其他人物,他就没有放弃平面化乃至符号化的人物塑造方式。比如,同样是坏小子薛蟠和贾环,相对来说,薛蟠是一个圆形、立体化的人物,在可恶中不时冒出一些可爱的特征来,而贾环则是一坏到底,似乎是一个"恶则无往而不恶"的化身。至于一些更为边缘化的人物,则借助谐音或者行为的某种概念化关联,来呈现其基本的形象特征。比如"娇杏"谐音"侥幸"、封肃谐音"风俗"、吴新登谐音"无星戥"、"乌进孝"谐音"无进孝",而设计大观园的叫山子野,承包大观园田地物产的叫"田妈"等。当然,也不是说可作谐音理解的人名,必然是概念化、符号化的,比如贾化(贾雨村)谐音"假话",其人虽虚伪,但总体形象在着笔不多的人物中,还算是比较饱满的。

  在把人物大致上进行立体化、平面化、符号化的分类塑造外,作者又力图对人物进行结构化处理,将特定的人物群体纳入一个结构框架中来加以各有侧重的把握。比如将主要女性人物以金陵十二钗的册子加以结构化处理。小说第五回写贾宝玉神游太虚幻境,看到了金陵十二钗正册的全部判词和图画,以及副册和又副册中的局部内容。而金陵十二钗正册涉及的贾府十二位女性,按照与贾宝玉情感的亲疏关系有了基本的结构序列;其内部,又是以两两成组的方式,形成更微观的结构对照。比如,同属于正册平行关系的黛玉和宝钗、湘云和妙玉、李纨和可卿等,都有为人和性情方面的对照性。此外,分属于不同册子的纵向关系,也有着相应的类比或对比关系,如袭人和晴雯有各自对应的所谓钗影黛副关系等。

  作者还借用了传统习俗的结构关系,用于一些相对比较边缘的人物塑造。最明显的是贾府四姐妹元春、迎春、探春和惜春身边的大丫鬟,就是根据琴棋书画来配对的。但还不止于此，由此构成各位小姐的才艺，似乎也跟琴棋书画有关。元春因为在小说开始时已进皇宫，这且不说，而待书之于探春，她的知书达礼，让我们联想到探春在第三十七回发起成立的诗社，以及她在处理和赵姨娘关系时恪守的礼仪。周瑞家的送宫花，是在迎春与探春下围棋时，遇到了迎春的丫鬟司棋，也让主仆两人之间加固了联系。惜春最擅长的是绘画，后来老祖宗还要求她为刘姥姥画一幅大观园行乐图，所以她的丫鬟就叫入画。像这样的种种结构化处理方式，是更方便读者把握复杂的人物关系和理解形象主要特点的。

三、情节最独特

与《红楼梦》塑造一个大家族的众多人物紧密相关的是，被人物所推动或者表现人物状态的情节，也迥然不同于传统白话小说。

从中国小说史发展历程看，《红楼梦》是把传统小说情节的传奇性、超迈性转变为日常生活诗意性的集大成之作。有些读者不能适应《红楼梦》，就是因为看不到通常小说情节应该呈现的强烈故事性和激烈的戏剧性，人物之间斗智斗勇带来的惊心动魄的、正面的、外部的对撞性冲突，几乎都被日常生活琐碎的吃饭聊天给挤占了。占比较少的人物间肢体性的激烈争斗，那种打斗的热闹，如顽童闹学堂、司棋闹厨房、赵姨娘与芳官的直接对干等段落，往往是以深刻反映人物所属等级关系的矛盾，以及这种等级延伸出的背后权力较量为目的的。即使在小说前八十回中，像难得一见的"宝玉挨打"的冲突相当激烈，牵动了荣国府上下，但作为与贾政构成直接冲突的另一方贾宝玉，在冲突中是静默的，代之的是家庭内外的其他人际关系的角力，是贾政和门客、和王夫人、和贾母的关系处理。直到贾政离去，宝玉只是在安慰他的林黛玉面前，才说出"就便为这些人死了，也是情愿的"这样的话。这样,冲突最终还是以一种错位的方式展开的。父亲对于儿子的绝对权威,使得两者无法形成真正的直接冲突,宝玉不能当面顶撞父亲,或者面对父亲说出那种"死也是情愿"的狠话,所以只能在安慰他、理解他的黛玉面前,才把他的心声倾吐出来,这种倾吐,才让我们得以重新回头审视挨打时静默中的他。也让我们恍然,一切外力,不是在外部的直接反弹中,而是在人物心灵深处,发生冲突或者震荡效应的。

主要不是描写情节的激烈冲突,而是表现人物心灵深处的冲突,并让这种心灵的内在冲突,弥漫在日常生活吃饭聊天的各个方面,成为《红楼梦》情节最为独特的地方。这里仅举一例稍加说明。

第二十二回写荣国府为宝钗举办15岁的生日宴,请戏班子演出,贾母让宝钗点演出的剧目,接下来写道:

> 宝钗点了一出《鲁智深醉闹五台山》。宝玉道:"只好点这些戏。"宝钗道:"你白听了这几年的戏,那里知道这出戏的好处,排场又好,词藻更妙。"宝玉道:"我从来怕这些热闹戏。"宝钗笑道:"要说这一出热闹,你还算不知戏呢。你过来,我告诉你,这一出戏热闹不热闹。——是一套北《点绛唇》,铿锵顿挫,韵律不用说是好的了;只那词藻中有一支《寄生草》,填的极妙,你何曾知道。"宝玉见说的这般好,便凑近来央告:"好姐姐,念与我听听。"宝钗便念道:
>
> 漫揾英雄泪,相离处士家。谢慈悲剃度在莲台下。没缘法转眼分离乍。赤条条来去无牵挂。
>
> 那里讨烟蓑雨笠卷单行?一任俺芒鞋破钵随缘化!
>
> 宝玉听了,喜的拍膝画圈,称赏不已,又赞宝钗无书不知。林黛玉道:"安静看戏罢,还没唱《山门》,你倒《妆疯》了。"说的湘云也

笑了。于是大家看戏。[1]

　　这里,看似只有一些大家聊戏的闲话,却有潜在的冲突涌动着,且能收旁敲侧击之功,令人大有回味的余地。

　　宝钗点的《鲁智深醉闹五台山》是一出闹戏。此前贾母让宝钗点戏时,宝钗点了一折《西游记》这样的闹戏,正是老年的贾母所喜欢的。但宝玉向来不喜欢热闹戏,不过既然有贾母在场,为了照顾老祖宗的兴趣,点自己未必喜欢的热闹戏,也是合理的。所以当宝钗点了一折闹戏后,宝玉说:"只好点这些戏",其"只好"两字,显出一种无奈,似乎也是对宝钗的一种安慰。不过宝钗恰恰不认同宝玉这一说法,要说她纯粹是为了迎合老祖宗的兴趣才点这些闹戏的,好像也因此委屈了自己。所以才引起宝钗对宝玉的反驳,认为自己点这样的戏,不单是为了迎合老祖宗,在一定程度上也照顾了自己的审美趣味,所以这里就不存在委屈自己、所谓"只好"的含义。对于薛宝钗这样一位恪守礼仪的贵族小姐来说,她确实能够时时照顾长辈的兴趣和要求,但她又不想让别人误以为这是在委屈自己的状态下做到的,那样就有虚伪的嫌疑,所以她竭力赞赏这戏的音律之美、辞藻之妙是想证明,她同样是在满足自身的审美趣味中,达成与老祖宗兴趣的一致。而她念给宝玉听的那支《寄生草》曲子,果然打动了宝玉,让宝玉在认同宝钗审美趣味的同时,也赞扬宝钗对戏曲的熟悉。这当然让在旁的黛玉醋意顿生。那么林黛玉是怎么反击的呢?她虽然表面是让宝玉安静看戏,但实际上也讽刺了宝玉,一个不喜欢看热闹戏的人,自己的言行却是最不安静的,这是第一层,把宝玉置于一个自相矛盾的境地。第二层,她用两折戏名来指责宝玉,言外之意也是在跟薛宝钗暗暗较劲。因为

---

[1] 曹雪芹,高鹗.红楼梦[M].北京:人民文学出版社,2008:294-295.

宝玉赞扬宝钗有广博的戏曲知识，那么黛玉在即兴指责宝玉时，能很妥帖地用上两折戏名，就表明自己对戏曲也非门外汉。正是诸如此类的言外之意，需要读者在细细品味中，才能稍稍进入他们各自的内心世界，得以理解他们内心曾经有怎样的波澜涌动。

而过后，当宝玉在与周边的姐妹交往中不断感到委屈时，《寄生草》的曲词，引发了他进一步的"赤条条来去无牵挂"的感叹，那种热闹戏文中蕴含着冷思考的意趣，把戏外的世界也一并打通了，并成为《红楼梦》中一条若隐若现的心理冲突的脉络，贯串始终。

正因为《红楼梦》的情节冲突本质上是心灵的而非外部动作化的戏剧冲突，所以，通常意义上的娱乐化、趣味性阅读恰恰是作者竭力抵制、予以颠覆的。不是游戏式的娱乐活动，而是心灵的诗意渗透，这才是《红楼梦》阅读活动的灵魂。从这一点说，如果采用娱乐的、游戏的方式阅读《西游记》甚至《三国演义》《水浒传》，也许还合适，但对《红楼梦》来说，类似的阅读设计，就不合理。因为它带有反讽性，是远离《红楼梦》本质的。除非读者本来就不打算真正进入《红楼梦》构建的那个独特世界。

四、思想最深刻

《红楼梦》中人物的多样和情节的独特，都能够在整体意义上，很好地体现出最为深刻的思想价值。

关于《红楼梦》的思想价值，曾经讨论得相当广泛，而鲁迅早年的观点至今依然有启发性，这里稍作阐发。

他在《中国小说的历史的变迁》中论述道：

> 至于说到《红楼梦》的价值，可是在中国底小说中实在是不

可多得的。其要点在敢于如实描写,并无讳饰,和从前的小说叙好人完全是好,坏人完全是坏的,大不相同,所以其中所叙的人物,都是真的人物。总之自有《红楼梦》出来以后,传统的思想和写法都打破了。——它那文章的旖旎和缠绵,倒是还在其次的事。[1]

与鲁迅认为《红楼梦》把"传统的思想和写法都打破了"相关联的是,鲁迅在另外一篇文章《论睁了眼看》中认为,以往的文学作品都写人物的大团圆,只有《红楼梦》让读者看清了不幸的现实,以往的文学都是瞒和骗的文学,只有《红楼梦》是让人睁眼看现实痛苦的。他也正是以此为价值标准,判断《红楼梦》的各类续作。程高本后四十回大致保持了贾府家族的衰败性结局,即鲁迅所说的"大故迭起,破败死亡相继,与所谓'食尽鸟飞独存白地'者颇符",虽最后写到贾府并非彻底败落,是"结末又稍振",让鲁迅稍有不满,但在他看来,跟其他大团圆式的各种续作比,其还是有存在的价值的。

一如《红楼梦》写出贾府衰败史而体现出作者正视现实的勇气,与这种家族衰败紧密相连的是,《红楼梦》也写出了女性普遍意义的人生悲剧。

这种悲剧,在《红楼梦》的主人公贾宝玉视角中,得到了真切的体现。由于中国传统社会根深蒂固的男子中心主义,导致女性普遍被歧视,女性的人生价值被无视,于是,表现女性的人生悲剧,就必须以尊重女性、认同其人生价值为基本前提。因为"悲剧把人生有价值的东西毁灭给人看",所以当尊重女性、尊重女性的人生价值在小说中得到充分呈现时,其被毁灭带来的悲剧性震撼力量就越大。正是从这一意义上,鲁迅强调了贾宝

---

[1] 鲁迅.中国小说史略[M].北京:人民文学出版社,1973:306-307.

玉对女性尊重的特殊意义,所谓:

> 昵而敬之,恐拂其意,爱博而心劳,则忧患亦日盛矣。[1]

如何来理解这个"敬"字,我觉得最重要的是,贾宝玉是把女性作为一种价值标准来认同的。这里可以举两个典型例子来印证,其一是林黛玉进贾府见了宝玉后,贾宝玉问她:"妹妹可有玉?"林黛玉回答说,这是稀罕物,岂能人人有?贾宝玉的反应是马上把脖子上这块玉摘下摔去,理由是,家里众姐妹都没有,现在来了个神仙似的妹妹也没有,可见这不是个好东西。换言之,女孩子不用的东西就不是好东西,这不是把女性作为价值标准来认同了吗?而这样的描写,跟下文还有呼应。贾宝玉身边的大丫鬟晴雯在病中被王夫人撵走后,宝玉偷偷溜到晴雯处探视。当时晴雯正渴,身边又没人伺候,看贾宝玉进来,就指着茶壶让他倒茶给自己喝。小说写道:

> (宝玉)看时,绛红的,也太不成茶。晴雯扶枕道:"快给我喝一口罢!这就是茶了。那里比得咱们的茶!"宝玉听说,先自己尝了一尝,并无清香,且无茶味,只一味苦涩,略有茶意而已。尝毕,方递与晴雯。只见晴雯如得了甘露一般,一气都灌下去了。
>
> 宝玉心下暗道:"往常那样好茶,他尚有不如意之处;今日这样。看来,可知古人说的'饱饫烹宰,饥餍糟糠',又道是'饭饱弄粥',可见都不错了。"[2]

---

[1] 鲁迅.中国小说史略[M].北京:人民文学出版社,1973:199.
[2] 曹雪芹,高鹗.红楼梦[M].北京:人民文学出版社,2008:1085.

对此,脂砚斋有评语说:"通篇宝玉最恶书者,每因女子之所历始信其可,此为触类旁通之妙诀矣。"言下之意,宝玉虽然讨厌书,但只要女孩子亲历过,他就相信了。稍加发挥地说,如果实践是检验真理的标准,那么,对宝玉来说,女性的实践才是检验真理的标准,他把女性作为检验真理的标准来认同,这才是对女性最大的尊重。尽管这种尊重表现得并不彻底,比如他心目中的女性常是指女孩而并不包括中老年妇人,而且更多的是一种直觉式的尊重,很难说已经上升到理性的自觉层面,但他能有这样的念头,已属不易。而对女性价值的这种高度认同,才使得女性的相继被毁灭产生了震撼人心、动人心魄的力量,并成为《红楼梦》尊重女性、同情女性整体思想的重要组成。

也是出于对女性的尊重和同情,曹雪芹在写出女性悲剧命运的同时,也曾构思了走出贵族之家的女性开始新生活的可能性,这就是金陵十二钗正册中,对于巧姐未来生活的设计,这种设计,这种走向底层、走向民间的女性新生活的展现,正体现作者思想既深刻又开阔的地方。可惜在程高本的续作中,这样的设计没有得到很好的贯彻。

五、情感最饱满

与《红楼梦》深刻密切联系的,是作品蕴含着极为饱满的情感因子,这也是作品开始明确提出的"大旨谈情"。对于这种"谈情",有人从《红楼梦》的抒情传统角度(如周汝昌)[1],有人从《红楼梦》的色、情、空辩证关系及文化精神角度(如孙逊)[2],加以了总结。但是,从所谓的"礼出大家"角度,中国传统的礼仪文化与"情"的相生相克而显示的整体性意义,

---

[1] 周汝昌,周伦苓.红楼梦与中华文化[M].北京:工人出版社,1989:89-94.
[2] 孙逊.红楼梦的文化精神[J].文学评论,2006(6).

并没有得到充分揭示。

"大旨谈情"给小说带来的总体上的情感饱满,其所谓的"情天情海",有其更大背景的文化意义。明清之际,当沿袭甚久的儒家礼仪文化渐趋没落时,当维系人与人关系的礼仪变得日益脆弱或者虚伪时,当以理释礼的理学家努力并没有得到更多人信服时,提出"大旨谈情"的问题,就成为作者对维系人的良好关系可能性的重新思考,也是对人的情感状态的各种可能性的重新构想,对人的心灵世界的深入开掘。这样,小说呈现的人物多样化、情节特殊化和思想深刻等方面,都在情的渗透中,得到了重新建构和理解。

据脂批透露的信息,曹雪芹原打算在小说结尾,以一张"情榜"给出情感方面的评语来对各类女性人物进行分类概括。这样,人物的多样化问题,在很大程度上成为对人的情感类型的细细划分,体现出作者对人的心灵世界在情感问题的深入认识。尽管我们并不知晓"情榜"中的所有人物评语,但即以脂批透露的贾宝玉和林黛玉评语来看,宝玉是"情不情",黛玉是"情情",不少人认同脂评解释,认为前者指对不情之物也倾注情感,后者则以情感来对待有情之物,这样,前者侧重于情感的广度,而后者主要体现情感的深度。这种区别,在一定程度上是把传统社会的男女不同的情感特质,予以了提示。我们还可以借助金陵十二钗册子的序列,来发现贾宝玉与周边女性交往的情感差异。如前所说,金陵十二钗正册的前后序列是依据与贾宝玉的亲疏关系而展开的。有学者也曾经以亲情、爱情和友情等类别来归纳,这当然是一种思路。但如果进一步细分,重新思考不同女子依托的文化修养及其言行举止,那么,除开同胞姐妹外,就以贾宝玉身边最亲近的四位女子论,黛玉的热烈、宝钗的含蓄、湘云的自然、妙玉的做作,诸如此类,可以让我们惊讶地发现,男女之间的情感交流,在《红楼梦》中展开了如此多姿多彩的风貌。

同样，当饱满的情感充溢于情节时，传统小说侧重于故事、传奇的动作性冲突悄悄退后了，带来心灵震荡的情感之流裹挟着琐碎的细节，成为与故事性的情节分庭抗礼的另类叙事。于是，在这样的意义中，看似平淡无奇、毫无冲突可言的黛玉葬花举动，比如第二十七回的"飞燕泣残红"，因为情感的宣泄形成的高潮，就成了几乎可以与"宝玉挨打"这一相当重要的情节高潮分庭抗礼的又一个高潮。也是这个原因，戏剧改编的《红楼梦》，把黛玉葬花内容移到宝玉挨打之后，让它成为人物命运发生逆转前的一个高潮。而在思想深刻方面，作者在直面家族衰败的真相、尊重女性、同情女性不幸的命运方面，也因情感的真诚和饱满获得了巨大的内驱力。凡此，限于篇幅不再展开。这里只想谈一点的是，《红楼梦》在表现女性的醋意或者说忌妒之情时，同样体现出作者独到的思考和丰富的想象。

传统的不合理的妻妾制度出于家庭内部稳定的需要，忌妒的女性成了历代被嘲笑的对象，不但有《妒记》一类的笔记小说，[1]还有如《醒世姻缘传》那样把妒妇薛素姐塑造成恶魔般的可怕悍妇形象。[2]但像俞正燮《癸巳类稿》中提出的"妒非女人恶德论"[3]那样的话题，还是比较少见的。而《红楼梦》对女性的忌妒表现，给出了不少具体描写。虽然作者也描写了忌妒的男性如贾环等，但远不及描写忌妒的女性那样生动而多样，其蕴含的独特价值判断，也足以令人深思。

清代的《红楼梦》评点家蔡家琬（别号二知道人）曾把大观园视为一个醋海。他写道：

大观园，醋海也。醋中之尖刻者，黛玉也。醋中之浑含者，

---

[1] 鲁迅.古小说钩沉[M].济南：齐鲁书社，1997：229-231.
[2] 西周生，黄肃秋.醒世姻缘传[M].上海：上海古籍出版社，1981.
[3] 俞正燮.癸巳类稿[M].北京：商务印书馆，1957：495.

宝钗也。醋中之活泼者，湘云也。醋中之爽利者，晴雯也。醋中之乖觉者，袭人也。迎春、探春、惜春，醋之隐逸者也。至于王熙凤，诡谲以行其毒计，醋化鸩汤矣。曾几何时，死者长眠，生者适成短梦，亦徒播其酸风耳。噫！[1]

其对各人的概括是否正确暂且不说，但分出的不同类别，可以提醒我们，小说在多样化刻画女性人物情感时，忌妒也是其中不可或缺的因子。曹雪芹的独特性在于，小说一方面沿袭了传统习惯，塑造了奇妒女子夏金桂，表现出对此类女子的厌恶。但与此相对照，小说还塑造了似乎大度无私、一心为丈夫张罗小妾的贾赦之妻邢夫人，同样令人反感。这样，究竟如何判断女性的忌妒或者大度，就不再像传统那样，基于男子中心主义的价值观能够给出一个绝对的判断。因为，在作者笔下，女性的忌妒问题，既跟不合理的妻妾制度相关，也跟不合理的奴婢等级制度有关，当然，还跟男性自身用情不专一甚至淫欲无度有关。这样，忌妒成了女性巩固自己地位的武器。其既可能造成对其他女子的伤害（例如凤姐之于尤二姐，夏金桂之于香菱，袭人之于晴雯），也可以对男子用情不专一的行为进行校正（比如黛玉之于贾宝玉）。就这样，小说在充分展示这种复杂性时，使得仅仅是表现人物忌妒这一类情感时，也显得相当丰富和辩证了。

有学者认为，邢夫人之所以貌似宽容大度，不同于凤姐的忌妒强悍，是因为邢夫人娘家已经败落，无法跟当时仍然显赫的王家相比。这种力图揭示人情背后的权势因素，也是在努力理解小说展示情感的一种辩证性，值得参考。[2]

---

[1] 蔡家琬,赵春晖.二知道人集[M].上海：上海古籍出版社,2016：578.
[2] 骆玉明.荣国府的错位[N].新民晚报,2021-02-08.

六、文体最丰富

由于小说对生活的广阔和人物思想情感的丰富有着极为忠实的记录和富有想象力的刻画，使得相应的小说文体，呈现百科全书般的样态，真正实现了所谓的"文备众体"。[1]

《红楼梦》虽是以散文化的白话文来叙事的，但根据情节设计和人物刻画的需要，也穿插了诗词曲赋等各种文体，而就叙事的散文化白话文而言，因为基于人物身份、地位、修养的多样性和所处特殊语境的差异，人物对话呈现相当的丰富性。

虽然我们可以从多个角度来讨论《红楼梦》的文体，但这里主要从语体来阐释其文体的丰富性。大致可以从韵与散、文与白、雅与俗这三方面的交错、交融来讨论。

首先，小说在散文化的叙事过程中，通过交织进的大量韵文，形成距离感和神秘性。

小说人物的日常交流主要是散文化的语言，莫里哀喜剧中把这样的对话幽默地称为散文，也不算太离谱。但当散文化的言语方式转换成韵文时，就有了一种间离效果，即人物可以从情景中出来，以客观的立场看待人物的言语交流，完成散文难以完成的某些功能。比如让一个人在日常言谈中发表自己理想的宏论略显可笑，但在小说中穿插诗词，遵循"诗言志"惯例，以曲折迂回的诗词艺术方式，便可使宏论变得可以接受了。这样，薛宝钗才会在她的《临江仙》中借咏叹柳絮，来抒写"好风频借力，送我上青云"的志趣。特别是坠入爱河之人当面表达爱意总有点羞涩，但把这种爱意放在韵文体中就不至于那么难堪。当诗歌承载情感时，诗歌也

---

[1] 詹丹.从《红楼梦》语体问题切入文备众体研究[J].河北学刊，2020(1).

就成为双方的媒介,并从日常散文化语言中独立出来,人物也就不需要直接面对对方,这时,诗歌既是情感交流媒介,也是保护屏障。比如,林黛玉在贾宝玉的旧帕上题下三首绝句,表达她对贾宝玉的深沉之爱,但林黛玉很难当面用散文化语言表达,似乎只有用韵文的方式,才能恰到好处地承载这份情感。此外,韵文的表达对生活产生的间离效果,包括韵文常言辞简洁造成的含蓄,也带来的一种神秘意味。比如第五回贾宝玉神游太虚幻境中提到的金陵十二钗判词,就有对人物未来命运的暗示和神秘性理解。有人从结构功能角度解释这些韵文的作用,但笔者认为,不能忽视这些韵文所折射的谶纬式宿命思想,这在一定程度上会削弱小说的社会价值批判。

其次,文白错位的对话,最能体现人物不同的情感态度。比如元妃省亲与亲人见面时,元妃谈吐基本是大白话,一则说:"当日既送我到那不得见人的去处,好容易今日回家娘儿们一会,不说说笑笑,反倒哭起来。一会子我去了,又不知多早晚才来!"再则见了宝玉说:"比先竟长了好些。"而贾母开始应答元妃的话,是"无谕,外男不敢擅入",就显得颇有文言腔,特别是贾政的回答,如"臣,草莽寒门,鸠群鸦属之中,岂意得征凤鸾之瑞。今贵人上锡天恩,下昭祖德,此皆山川日月之精奇、祖宗之远德钟于一人,幸及政夫妇"云云,更是一篇文言腔十足的启奏文字了。那么,我们要追问的是,在这样的环境中,在亲人间,彼此的对白为何有如此大的不对称呢?其实,在这里,文白的差异是跟等级制度密切相关的,元春作为皇妃,可以用比较随意的白话来交流,能直接表达内心的感受,但对于贾政或贾母来说,他们虽然都是元春的长辈,却不能随意应对,而是要用严谨恭肃的文言,来表示自己对君主的忠心,即使有亲人间的私情要表达,也要尽量克制,对长辈的孝必须让位于对君主的忠。而文言的拘谨和白话的放松,成为不同等级中人享受话语交流自由度差异的表征。

最后,雅与俗,既能够以对峙的方式呈现人物的差异,也可以在杂糅、混搭中体现人物本身趣味的不伦不类。前者像第三十七回,探春发起成立诗社而给宝玉发的帖与贾芸送海棠花给宝玉附上的一封信。两者对比,雅与俗之间的差异,有了鲜明对比。但这种差异,都表达了态度的诚恳。后者如薛蟠行酒令念的词句,当基本以动物来类比人的行为而显示其粗俗不堪时,比如,说了"女儿愁,绣房蹿出个大马猴",又突然接上一句雅词,所谓"女儿喜,洞房花烛朝慵起",是会让周边人大大惊讶的。但这种缺乏整体协调的插入,更深刻地说明,雅词对于薛蟠而言成了一种无法自洽的赘词,粗俗本身倒是更能反映抒情主人公的低俗趣味的。

需要指出的是,像这种大致的三组对比划分,其实是相当粗疏的,也没有把各种语体风格内部更细致的区别提示出来。比如,第六回写刘姥姥去凤姐那儿打秋风,彼此的对话,虽然都很通俗,但刘姥姥是俗而粗鄙,凤姐是俗得相当得体,尤其是最后用二十两银子打发刘姥姥的话,说得有礼有节,又跌宕起伏,让人不得不佩服她在言语交际方面那种极强的对话能力。

七、结语

《红楼梦》的伟大,在一定程度上,也是跟一百多年来,许多一流的大学者,如王国维、蔡元培、胡适、鲁迅、俞平伯、顾颉刚、茅盾等参与到《红楼梦》研究中,红学队伍的不断壮大,小说本身丰富的内涵不断被揭示、被挖掘,有很大关系。用时下流行的话说,《红楼梦》何以伟大的问题既具有本质属性,也具有建构性。

我们当然可以说,因为《红楼梦》的伟大,它蕴含的无限宝藏,才造就了"红学"队伍如此壮观,而"红学"队伍,又借助《红楼梦》这一广阔平台,展开着或直接或间接的各种对话,也让一些《红楼梦》爱好者,似乎产生幻觉,阅读《红楼梦》,既是跟曹雪芹对话,也是跟一百多年来的大师们对话。留存至今的《红楼梦》处在一种开放的未完成状态,这似乎无意间给我们一个暗示,关于《红楼梦》的对话,也会以一种开放的未完成状态,指向未来。

最后需要说明两点。

其一,笔者此前出版了《重读〈红楼梦〉》一书,这本"精读"和"重读"是什么关系?从写作体例说,"重读"是笔者对《红楼梦》重读过程中获得的点滴体会而撰写的专题小论文,各篇既有相对的独立性,又有整体上的一定联系,有着学术论著应该有的体系化追求,只是在此前提下,作了通俗化的处理。而"精读"则基本作为依附于原著的评析、点评,其鉴赏文字本身,并没有体系化的追求。只是在写作过程中,更强调对一些片段作深入讨论,对"重读"论及的专题,或者略而不谈,或者换一个角度思考,从而与"重读"大致形成了互补、互文式的理解,当然也有个别篇目内容是重复的。

其二,作为一种选读本,也许并不符合整本书阅读的宗旨。但之所以还如此做,是因为一方面,考虑到《红楼梦》小说本身的特殊结构设计,即前五回序曲确立的整体观,为局部与整体建立联系提供了可能;另一方面,广大读者特别是青年学生对《红楼梦》局部的精读深入,常常不得其门,甚至并不清楚哪些章节最能体现《红楼梦》特色,而古代传统的诗文"评点"中,圈点出阅读的关注部分,常常是与"评"紧密关联的,所以本书通过精选部分章回,相当于古代的"点",再加以评析,则在一定程度上保留了"评点"的古意,至于选出的章回是否妥当,评析是否能给人启发,则希望大家不吝指正。

第一回
甄士隐梦幻识通灵
贾雨村风尘怀闺秀

列位看官：你道此书从何而来？说起根由虽近荒唐，细按则深有趣味。待在下将此来历注明，方使阅者了然不惑。

原来女娲氏炼石补天之时，于大荒山无稽崖炼成高经十二丈、方经二十四丈顽石三万六千五百零一块。娲皇氏只用了三万六千五百块，只单单剩了一块未用，便弃在此山青埂峰下。谁知此石自经煅炼之后，灵性已通，因见众石俱得补天，独自己无材不堪入选，遂自怨自叹，日夜悲号惭愧。

一日，正当嗟悼之际，俄见一僧一道远远而来，生得骨格不凡，丰神迥异，说说笑笑来至峰下，坐于石边高谈快论。先是说些云山雾海神仙玄幻之事，后便说到红尘中荣华富贵。此石听了，不觉打动凡心，也想要到人间去享一享这荣华富贵；但自恨粗蠢，不得已，便口吐人言，向那僧道说道："大师，弟子蠢物，不能见礼了。适闻二位谈那人世间荣耀繁华，心切慕之。弟子质虽粗蠢，性却稍通；况见二师仙形道体，定非凡品，必有补天济世之材，利物济人之德。如蒙发一点慈心，携带弟子得入红尘，在那富贵场中、温柔乡里受享几年，自当永佩洪恩，万劫不忘也。"二仙师听毕，齐憨笑道："善哉，善哉！那红尘中却有些乐事，但不能永远依恃；况又有'美中不足，好事多魔'八个字紧相连属，瞬息间则又乐极悲生，人非物换，究竟是到头一梦，万境归空，倒不如不去的好。"

这石凡心已炽，那里听得进这话去，乃复苦求再四。二仙知不可强制，乃叹道："此亦静极思动，无中生有之数也。既如此，我们便携你去受享受享，只是到不得意时，切莫后悔。"石道："自然，自然。"那僧又道："若说你性灵，却又如此质蠢，并更无奇贵之处。如此也只好踮脚而已。也罢，我如今大施佛法助你助，待劫终之日，复还本质，以了此案。你道好否？"石头听了，感谢不尽。那僧便念咒书符，大展幻术，将一块大石登时变成一块鲜明莹洁的美玉，且又缩成扇坠大小的可佩可拿。那僧托于掌上，笑道："形体倒也是个宝物了！还只没有实在的好处，须得再镌上数字，使人一见便知是奇物方妙。然后携你到那昌明隆盛之邦，诗礼簪缨之族，花柳繁华地，温柔富贵乡去安身乐业。"石头听了，喜不能禁，乃问："不知赐了弟子那几件奇处，又不知携了弟子到何地方？望乞明示，使弟子不惑。"那僧笑道："你且莫问，日后自然明白的。"说着，便袖了这石，同那道人飘然而去，竟不知投奔何方何舍。

后来，又不知过了几世几劫，因有个空空道人访道求仙，忽从这大荒山无稽崖青埂峰下经过，忽见一大块石上字迹分明，编述历历。空空道人乃从头一看，原来就是无材补天，幻形入世，蒙茫茫大士、渺渺真人携入红尘，历尽离合悲欢炎凉世态的一段故事。后面又有一首偈云：

  无材可去补苍天，枉入红尘若许年。此系身前身后事，倩谁记去作奇传？

诗后便是此石坠落之乡，投胎之处，亲自经历的一段陈迹故事。其中家庭闺阁琐事，以及闲情诗词倒还全备，或可适趣解闷；然朝代年纪，地舆邦国却反失落无考。

空空道人遂向石头说道:"石兄,你这一段故事,据你自己说有些趣味,故编写在此,意欲问世传奇。据我看来,第一件,无朝代年纪可考;第二件,并无大贤大忠理朝廷治风俗的善政,其中只不过几个异样女子,或情或痴,或小才微善,亦无班姑、蔡女之德能。我纵抄去,恐世人不爱看呢。"石头笑答道:"我师何太痴耶!若云无朝代可考,今我师竟假借汉唐等年纪添缀,又有何难?但我想,历来野史,皆蹈一辙,莫如我这不借此套者,反倒新奇别致,不过只取其事体情理罢了,又何必拘拘于朝代年纪哉!再者,市井俗人喜看理治之书者甚少,爱适趣闲文者特多。历来野史,或讪谤君相,或贬人妻女,奸淫凶恶,不可胜数。更有一种风月笔墨,其淫秽污臭,屠毒笔墨,坏人子弟,又不可胜数。至若佳人才子等书,则又千部共出一套,且其中终不能不涉于淫滥,以致满纸潘安、子建、西子、文君,不过作者要写出自己的那两首情诗艳赋来,故假拟出男女二人名姓,又必旁出一小人其间拨乱,亦如剧中之小丑然。且鬟婢开口即者也之乎,非文即理。故逐一看去,悉皆自相矛盾、大不近情理之话,竟不如我半世亲睹亲闻的这几个女子,虽不敢说强似前代书中所有之人,但事迹原委,亦可以消愁破闷;也有几首歪诗熟话,可以喷饭供酒。至若离合悲欢,兴衰际遇,则又追踪蹑迹,不敢稍加穿凿,徒为供人之目而反失其真传者。今之人,贫者日为衣食所累,富者又怀不足之心,纵一时稍闲,又有贪淫恋色、好货寻愁之事,那里去有工夫看那理治之书?所以我这一段故事,也不愿世人称奇道妙,也不定要世人喜悦检读,只愿他们当那醉淫饱卧之时,或避事去愁之际,把此一玩,岂不省了些寿命筋力,就比那谋虚逐妄,却也省了口舌是非之害,腿脚奔忙之苦。再者,亦令世人换新眼目,不比那些胡牵乱扯忽离忽遇,满纸才人淑女、子建文君红娘小玉等通共熟套之旧稿。我师意为何如?"

空空道人听如此说,思忖半晌,将《石头记》再检阅一遍,因见上面虽有些指奸责佞贬恶诛邪之语，亦非伤时骂世之旨；乃至君仁臣良父慈子孝，凡伦常所关之处，皆是称功颂德，眷眷无穷，实非别书之可比。虽其中大旨谈情，亦不过实录其事，又非假拟妄称，一味淫邀艳约、私订偷盟之可比。因毫不干涉时世，方从头至尾抄录回来，问世传奇。从此空空道人因空见色，由色生情，传情入色，自色悟空，遂易名为情僧，改《石头记》为《情僧录》。东鲁孔梅溪则题曰《风月宝鉴》。后因曹雪芹于悼红轩中披阅十载，增删五次，纂成目录，分出章回，则题曰《金陵十二钗》。并题一绝云：

满纸荒唐言，一把辛酸泪。都云作者痴，谁解其中味！

出则既明，且看石上是何故事。按那石上书云：

当日地陷东南，这东南一隅有处曰姑苏，有城曰阊门者，最是红尘中一二等富贵风流之地。这阊门外有个十里街，街内有个仁清巷，巷内有个古庙，因地方窄狭，人皆呼作葫芦庙。庙旁住着一家乡宦，姓甄，名费，字士隐。嫡妻封氏，情性贤淑，深明礼义。家中虽不甚富贵，然本地便也推他为望族了。因这甄士隐禀性恬淡，不以功名为念，每日只以观花修竹、酌酒吟诗为乐，倒是神仙一流人品。只是一件不足：如今年已半百，膝下无儿，只有一女，乳名唤作英莲，年方三岁。

一日，炎夏永昼，士隐于书房闲坐，至手倦抛书，伏几少憩，不觉朦胧睡去。梦至一处，不辨是何地方。忽见那厢来了一僧一道，且行且谈。

只听道人问道："你携了这蠢物，意欲何往？"那僧笑道："你放心，如今现有一段风流公案正该了结，这一干风流冤家，尚未投胎入世。趁此机会，就将此蠢物夹带于中，使他去经历经历。"那道人道："原来近日风流冤孽又将造劫历世去不成？但不知落于何方何处？"那僧笑道："此事说来好笑，竟是千古未闻的罕事。只因西方灵河岸上三生石畔，有绛珠草一株，时有赤瑕宫神瑛侍者，日以甘露灌溉，这绛珠草始得久延岁月。后来既受天地精华，复得雨露滋养，遂得脱却草胎木质，得换人形，仅修成个女体，终日游于离恨天外，饥则食蜜青果为膳，渴则饮灌愁海水为汤。只因尚未酬报灌溉之德，故其五内便郁结着一段缠绵不尽之意。恰近日这神瑛侍者凡心偶炽，乘此昌明太平朝世，意欲下凡造历幻缘，已在警幻仙子案前挂了号。警幻亦曾问及，灌溉之情未偿，趁此倒可了结的。那绛珠仙子道：'他是甘露之惠，我并无此水可还。他既下世为人，我也去下世为人，但把我一生所有的眼泪还他，也偿还得过他了。'因此一事，就勾出多少风流冤家来，陪他们去了结此案。"

那道人道："果是罕闻。实未闻有还泪之说。想来这一段故事，比历来风月故事更加琐碎细腻了。"那僧道："历来几个风流人物，不过传其大概以及诗词篇章而已；至家庭闺阁中一饮一食，总未述记。再者，大半风月故事，不过偷香窃玉、暗约私奔而已，并不曾将儿女之真情发泄一二。想这一干人入世，其情痴色鬼、贤愚不肖者，悉与前人传述不同矣。"那道人道："趁此何不你我也去下世度脱几个，岂不是一场功德？"那僧道："正合吾意。你且同我到警幻仙子宫中，将蠢物交割清楚，待这一干风流孽鬼下世已完，你我再去。如今虽已有一半落尘，然犹未全集。"道人道："既如此，便随你去来。"

却说甄士隐俱听得明白，但不知所云"蠢物"系何东西。遂不禁上前施礼，笑问道："二仙师请了。"那僧道也忙答礼相问。士隐因说道："适闻仙师所谈因果，实人世罕闻者。但弟子愚浊，不能洞悉明白，若蒙大开痴顽，备细一闻，弟子则洗耳谛听，稍能警省，亦可免沉沦之苦。"二仙笑道："此乃玄机不可预泄者。到那时不要忘了我二人，便可跳出火坑矣。"士隐听了，不便再问。因笑道："玄机不可预泄，但适云'蠢物'，不知为何，或可一见否？"那僧道："若问此物，倒有一面之缘。"说着，取出递与士隐。

士隐接了看时，原是块鲜明美玉，上面字迹分明，镌着"通灵宝玉"四字，后面还有几行小字。正欲细看时，那僧便说已到幻境，便强从手中夺了去，与道人竟过一大石牌坊，上书四个大字乃是"太虚幻境"。两边又有一副对联，道是：

假作真时真亦假，无为有处有还无。

士隐意欲也跟了过去，方举步时，忽听一声霹雳，有若山崩地陷。士隐大叫一声，定睛一看，只见烈日炎炎，芭蕉冉冉，所梦之事便忘了大半。又见奶母正抱了英莲走来。士隐见女儿越发生得粉妆玉琢，乖觉可喜，便伸手接来，抱在怀内，逗他顽耍一回，又带至街前，看那过会的热闹。

方欲进来时，只见从那边来了一僧一道：那僧则癞头跣脚，那道则跛足蓬头，疯疯癫癫，挥霍谈笑而至。及至到了他门前，看见士隐抱着英莲，那僧便大哭起来，又向士隐道："施主，你把这有命无运、累及爹娘之物，抱在怀内作甚？"士隐听了，知是疯话，也不去睬他。那僧还说："舍我罢，舍我罢！"士隐不耐烦，便抱女儿撤身要进去，那僧乃指着他大笑，口内念了四句言词道：

惯养娇生笑你痴，菱花空对雪澌澌。好防佳节元宵后，便是烟消火灭时。

士隐听得明白，心下犹豫，意欲问他们来历。只听道人说道："你我不必同行，就此分手，各干营生去罢。三劫后，我在北邙山等你，会齐了同往太虚幻境销号。"那僧道："最妙，最妙！"说毕，二人一去，再不见个踪影了。士隐心中此时自忖：这两个人必有来历，该试一问，如今悔却晚也。

这士隐正痴想,忽见隔壁葫芦庙内寄居的一个穷儒——姓贾名化、表字时飞、别号雨村者走了出来。这贾雨村原系湖州人氏,也是诗书仕宦之族,因他生于末世,父母祖宗根基已尽,人口衰丧,只剩得他一身一口,在家乡无益,因进京求取功名,再整基业。自前岁来此,又淹蹇住了,暂寄庙中安身,每日卖字作文为生,故士隐常与他交接。

当下雨村见了士隐,忙施礼陪笑道:"老先生倚门伫望,敢街市上有甚新闻否?"士隐笑道:"非也。适因小女啼哭,引他出来作耍,正是无聊之甚,兄来得正妙,请入小斋一谈,彼此皆可消此永昼。"说着便令人送女儿进去,自与雨村携手来至书房中。小童献茶。方谈得三五句话,忽家人飞报:"严老爷来拜。"士隐慌的忙起身谢罪道:"恕诳驾之罪,略坐,弟即来陪。"雨村忙起身亦让道:"老先生请便。晚生乃常造之客,稍候何妨。"说着,士隐已出前厅去了。

这里雨村且翻弄书籍解闷。忽听得窗外有女子嗽声,雨村遂起身往窗外一看,原来是一个丫鬟,在那里撷花,生得仪容不俗,眉目清明,虽无十分姿色,却有动人之处。雨村不觉看的呆了。

那甄家丫鬟撷了花,方欲走时,猛抬头见窗内有人,敝巾旧服,虽是贫窘,然生得腰宽背厚,面阔口方,更兼剑眉星眼,直鼻权腮。这丫鬟忙转身回避,心下乃想:"这人生的这样雄壮,却又这样褴褛,想他定是我家主人常说的什么贾雨村了,每有意帮助周济,只是没甚机会。我家并无这样贫窘亲友,想定是此人无疑了。怪道又说他必非久困之人。"如此想来,不免又回头两次。

雨村见他回了头,便自为这女子心中有意于他,便狂喜不尽,自为此女子必是个巨眼英雄,风尘中之知己也。一时小童进来,雨村打听得前面留饭,不可久待,遂从夹道中自便出门去了。士隐待客既散,知雨村自便,也不去再邀。

一日,早又中秋佳节。士隐家宴已毕,乃又另具一席于书房,却自己步月至庙中来邀雨村。原来雨村自那日见了甄家之婢曾回顾他两次,自为是个知己,便时刻放在心上。今又正值中秋,不免对月有怀,因而口占五言一律云:

未卜三生愿,频添一段愁。闷来时敛额,行去几回头。
自顾风前影,谁堪月下俦?蟾光如有意,先上玉人楼。

雨村吟罢,因又思及平生抱负,苦未逢时,乃又搔首对天长叹,复高吟一联云:

玉在椟中求善价,钗于奁内待时飞。

恰值士隐走来听见,笑道:"雨村兄真抱负不浅也!"雨村忙笑道:"不过偶吟前人之句,何敢狂诞至此。"因问:"老先生何兴至此?"士隐笑道:"今夜中秋,俗谓'团圆之节',想尊兄旅寄僧房,不无寂寥之感,故特具小酌,邀兄到敝斋一饮,不知可纳芹意否?"雨村听了,并不推辞,便笑道:"既蒙厚爱,何敢拂此盛情。"说着,便同士隐过这边书院中来。

须臾茶毕,早已设下杯盘,那美酒佳肴自不必说。二人归坐,先是款斟漫饮,次渐谈至兴浓,不觉飞觥限斝起来。当时街坊上家家箫管,户户弦歌,当头一轮明月,飞彩凝辉,二人愈添豪兴,酒到杯干。雨村此时已有七八分酒意,狂兴不禁,乃对月寓怀,口号一绝云:

时逢三五便团圆,满把晴光护玉栏。
天上一轮才捧出,人间万姓仰头看。

士隐听了，大叫："妙哉！吾每谓兄必非久居人下者，今所吟之句，飞腾之兆已见，不日可接步履于云霓之上矣。可贺，加贺！"乃亲斟一斗为贺。雨村因干过，叹道："非晚生酒后狂言，若论时尚之学，晚生也或可去充数沽名，只是目今行囊路费一概无措，神京路远，非赖卖字撰文即能到者。"士隐不待说完，便道："兄何不早言。愚每有此心，但每遇兄时，兄并未谈及，愚故未敢唐突。今既及此，愚虽不才，'义利'二字却还识得。且喜明岁正当大比，兄宜作速入都，春闱一战，方不负兄之所学也。其盘费馀事，弟自代为处置，亦不枉兄之谬识矣！"当下即命小童进去，速封五十两白银，并两套冬衣。又云："十九日乃黄道之期，兄可即买舟西上，待雄飞高举，明冬再晤，岂非大快之事耶！"雨村收了银衣，不过略谢一语，并不介意，仍是吃酒谈笑。那天已交了三更，二人方散。

　　士隐送雨村去后，回房一觉，直至红日三竿方醒。因思昨夜之事，意欲再写两封荐书与雨村带至神都，使雨村投谒个仕宦之家为寄足之地。因使人过去请时，那家人去了回来说："和尚说，贾爷今日五鼓已进京去了，也曾留下话与和尚转达老爷，说'读书人不在黄道黑道，总以事理为要，不及面辞了'。"士隐听了，也只得罢了。

　　真是闲处光阴易过，倏忽又是元宵佳节矣。士隐命家人霍启抱了英莲去看社火花灯，半夜中，霍启因要小解，便将英莲放在一家门槛上坐着，待他小解完了来抱时，那有英莲的踪影？急得霍启直寻了半夜，至天明不见，那霍启也就不敢回来见主人，便逃往他乡去了。那士隐夫妇，见女儿一夜不归，便知有些不妥，再使几人去寻找，回来皆云连音响全无。夫妻二人，半世只生此女，一旦失落，岂不思想，因此昼夜啼哭，几乎不曾寻死。看看的一月，士隐先就得了一病；当时封氏孺人也因思女构疾，日日请医疗治。

　　不想这日三月十五，葫芦庙中炸供，那些和尚不加小心，致使油锅火逸，便烧着窗纸。此方人家多用竹篱木壁者，大抵也因劫数，于是接二连三，牵五挂四，将一条街烧得如火焰山一般。彼时虽有军民来救，那火已成了势，如何救得下？直烧了一夜，方渐渐的熄去，也不知烧了几家。只可怜甄家在隔壁，早已烧成一片瓦砾场了。只有他夫妇并几个家人的性命不曾伤了。急得士隐惟跌足长叹而已。只得与妻子商议，且到田庄上去安身。偏值近年水旱不收，鼠盗蜂起，无非抢田夺地，鼠窃狗偷，民不安生，因此官兵剿捕，难以安身。士隐只得将田庄都折变了，便携了妻子与两个丫鬟投他岳丈家去。

他岳丈名唤封肃，本贯大如州人氏，虽是务农，家中都还殷实。今见女婿这等狼狈而来，心中便有些不乐。幸而士隐还有折变田产的银子未曾用完，拿出来托他随分就价薄置些须房地，为后日衣食之计。那封肃便半哄半赚，些须与他些薄田朽屋。士隐乃读书之人，不惯生理稼穑等事，勉强支持了一二年，越觉穷了下去。封肃每见面时，便说些现成话，且人前人后，又怨他们不善过活，只一味好吃懒作等语。士隐知投人不着，心中未免悔恨，再兼上年惊唬，急忿怨痛，已有积伤，暮年之人，贫病交攻，竟渐渐的露出那下世的光景来。

可巧这日拄了拐杖挣挫到街前散散心时，忽见那边来了一个跛足道人，疯癫落脱，麻屣鹑衣，口内念着几句言词，道是：

　　世人都晓神仙好，惟有功名忘不了！
　　古今将相在何方？荒冢一堆草没了。
　　世人都晓神仙好，只有金银忘不了！
　　终朝只恨聚无多，及到多时眼闭了。
　　世人都晓神仙好，只有姣妻忘不了！
　　君生日日说恩情，君死又随人去了。

世人都晓神仙好，只有儿孙忘不了！
痴心父母古来多，孝顺儿孙谁见了？

士隐听了，便迎上来道："你满口说些什么？只听见些'好''了''好''了'。"那道人笑道："你若果听见'好''了'二字，还算你明白。可知世上万般，好便是了，了便是好。若不了，便不好；若要好，须是了。我这歌儿，便名《好了歌》。"士隐本是有宿慧的，一闻此言，心中早已彻悟。因笑道："且住！待我将你这《好了歌》解注出来何如？"道人笑道："你解，你解。"士隐乃说道：

陋室空堂，当年笏满床；衰草枯杨，曾为歌舞场。蛛丝儿结满雕梁，绿纱今又糊在蓬窗上。说什么脂正浓、粉正香，如何两鬓又成霜？昨日黄土陇头送白骨，今宵红灯帐底卧鸳鸯。金满箱，银满箱，展眼乞丐人皆谤。正叹他人命不长，那知自己归来丧！训有方，保不定日后作强梁。择膏粱，谁承望流落在烟花巷！因嫌纱帽小，致使锁枷扛；昨怜破袄寒，今嫌紫蟒长：乱烘烘你方唱罢我登场，反认他乡是故乡。甚荒唐，到头来都是为他人作嫁衣裳。

那疯跛道人听了，拍掌笑道："解得切，解得切！"士隐便说一声："走罢！"将道人肩上褡裢抢了过来背着，竟不回家，同了疯道人飘飘而去。当下烘动街坊众人，当作一件新闻传说。封氏闻得此信，哭个死去活来，只得与父亲商议，遣人各处访寻，那讨音信？无奈何，少不得依靠着他父母度日。幸而身边还有两个旧日的丫鬟服侍，主仆三人，日夜作些针线发卖，帮着父亲用度。那封肃虽然日日抱怨，也无可奈何了。

这日,那甄家大丫鬟在门前买线,忽听街上喝道之声,众人都说新太爷到任。丫鬟于是隐在门内看时,只见军牢快手,一对一对的过去,俄而大轿抬着一个乌帽猩袍的官府过去。丫鬟倒发了个怔,自思这官好面善,倒像在那里见过的。于是进入房中,也就丢过不在心上。至晚间,正待歇息之时,忽听一片声打的门响,许多人乱嚷,说:"本府太爷差人来传人问话。"封肃听了,唬得目瞪口呆,不知有何祸事,且听下回分解。

评析:楔子和头回的意义

《红楼梦》第一回,是小说特殊开头的一个总开头,既延续了传统白话小说的一些特点,又有自身的创新。

如果权且把传统白话小说分为长篇章回和短篇话本两类,从文体角度看,长篇章回小说独特的开头叫楔子(这个传统主要从明末清初的金圣叹删改《水浒传》而开启),短篇话本小说的独特开头叫"头回",那么,《红楼梦》沿袭了传统长篇章回小说开头的交代缘起、总括题旨的楔子写法,借用叙述者石头从大荒山青埂峰下凡后记录的离合悲欢经历,以及与传抄者"空空道人"的对话,把小说记录几个异样女子的内容和"大旨谈情"的意义凸显了出来。

此外,《红楼梦》又继承了短篇话本小说"头回"的方式,在开始叙述贾府大家族的盛衰故事前,以描写乡绅甄士隐一家的败落,概括、提示了贾家的败落趋势。也就是说,在《红楼梦》第一回中,其实包含了传统白话小说本来是分开呈现的楔子和头回两部分内容。在写甄家小荣枯的同时,还通过甄士隐的梦幻,把石头下凡与神瑛侍者和绛珠仙草"木石前盟"的故事连接了起来。这里需要特别评析的是,"头回"中,除了写甄士隐一家的败落过程,写甄士隐梦幻中引出的"木石前盟"神话,还以寄居在甄家隔壁的贾雨村出场,让贾雨村对甄家丫鬟一见钟情,复制出了一个具体而微的才子佳人故事模式,从而与小说主体部分写宝黛之间的情感故事,形成了对照。这样,甄家的小荣枯类比于贾府的盛衰,贾雨村的一见钟情故事反比于贾宝玉与林黛玉之间的情感缠绵,作为"头回"与"正话"故事常有的两种结构关系,引出了家族盛衰和个人情感的两条主线。对于作者复制出的这个情感故事,笔者此前讨论过其中"误会法"的运用所显示的意义(参见《重读〈红楼梦〉》中《作为才子形象反讽的贾雨村》一文),这里结合下文的相关情节交代,从另一个角度来稍作补充评析。

首先,小说开始提到刚出场的甄家丫鬟,是不说名字的,只反复说甄家大丫鬟如何如何。等到已经考取功名的贾雨村回到当初落难的地方为官作宰,在路边无意间看到甄家丫鬟而决定把她娶回家时,小说才通过甄家老丈人的口,交代了她的名字叫娇杏。在此之前,她的不知名,就是没地位、没价值的体现。贾雨村遇见的不是贵族小姐,其实已经讽刺了此前才子佳人小说的虚妄性。也正因为不是小姐,贾雨村纵然钟情于她,也不可能在考取功名做官老爷后,一下子就娶她为正妻。这里作者再次显示了他写实的力量。他交代贾雨村娶娇杏时,已经是有家室的人,这样只能以她为妾,从而平衡了自己的感情与社会习俗的关系。当正妻去世,娇杏又为他生下儿子时,他才把娇杏扶正。

其次,从丫鬟这一方面说,她多看贾雨村两眼,并不是因为出于情感,不过是甄士隐提及过,让她产生了好奇,所以忍不住回头看了两眼。而恰恰这回头让贾雨村误会了,把她视为自己的风尘知己。类似落难公子与贵族小姐在后花园一见钟情的模式,倒是此前人情小说的旧套。贾雨村满脑子这种旧套,才不自觉把生活当小说来演绎了,而两人的真情,特别是女性自身的真切感受,反而被男主人的自以为是给遮蔽了。于是,作者给丫鬟起名娇杏,谐音侥幸,加深了其讽刺性。叙述者对娇杏有个评价,叫作"命运两济"。小说中有两句打油诗来总结:"偶因一着错,便为人上人。"有的版本作:"偶因一回顾,便为人上人。"其实不论"一着错"还是"一回顾",都在强调一种偶然,强调如此"幸福"的大团圆结局的偶然,也是强调建立在彼此误会基础上的偶然。基于此,大丫鬟娇杏跟甄家小姐英莲形成了强烈对比。

英莲出生没多久,甄士隐抱英莲带至街前时,有高僧就称她是"有命无运、累及爹娘"。进一步看,小说第七回写周瑞家的去薛姨妈那边,看到已经被卖到薛姨妈家的英莲,其时已改名为香菱。周瑞家的见了突然说:这女孩子像宁国府的秦可卿。一方面,英莲跟秦可卿长得非常像;另一方面,两人身世后来也都成了谜,别人问英莲哪里来的,她一概回答不知,如同秦可卿是从养生堂抱养出来的。这两个人都特别美,但把这两人联系起来的,恰在于她们的不幸。如果英莲是"有命无运",那么秦可卿恰是一个"有运无命"的人。英莲在小说中有着较长的生命,从甄家转到薛家又来到贾家,但可惜始终处在命运的作弄中,总是在刚有幸福的迹象出现时,就被残酷打压到痛苦的深渊,属于有命无运。而秦可卿呢,尽管在一个贵族之家受到了大家的宠爱,但很快夭折,成为一个虽然有幸福生活的可能,却没有更长的物质生命来享用的人。两者合二为一,成为命运无常的具体表现,她们所分摊的命和运分离的两种状况,和"命运两济"的娇杏,构成了对比。

需要说明的是,原第一回开头有一段文字,即"此开卷第一回也。作者自云:因曾历过一番梦幻之后,故将真事隐去,而借'通灵'之说,撰此《石头记》一书也。故曰'甄士隐'云云"等,在很长一段时间中,被误收入正文中。这段文字跟甲戌本凡例中部分文字几乎一样,有些学者认为这就是作者写的凡例,也有些学者认为是脂砚斋乃至更后的人写下的总评,而笔者曾提出,不同于全书的大序,该段文字是作者为第一回写的小序。因为这一回内容在全书中有着特殊功能,所以虽然是小序,但有着笼罩全书的特殊意义。感兴趣者可参见笔者的相关论文《序言与凡例、楔子与"头回":论〈红楼梦〉开头的文体实践》(《红楼梦学刊》2015年第3辑)。

第二回
贾夫人仙逝扬州城
冷子兴演说荣国府

却说封肃因听见公差传唤,忙出来陪笑启问。那些人只嚷:"快请出甄爷来!"封肃忙陪笑道:"小人姓封,并不姓甄。只有当日小婿姓甄,今已出家一二年了,不知可是问他?"那些公人道:"我们也不知什么'真''假',因奉太爷之命来问,他既是你女婿,便带了你去亲见太爷面禀,省得乱跑。"说着,不容封肃多言,大家推拥他去了。封家人个个都惊慌,不知何兆。

那天约二更时,只见封肃方回来,欢天喜地。众人忙问端的,他乃说道:"原来本府新升的太爷姓贾名化,本贯湖州人氏,曾与女婿旧日相交。方才在咱门前过去,因见娇杏那丫头买线,所以他只当女婿移住于此。我一一将原故回明,那太爷倒伤感叹息了一回;又问外孙女儿,我说看灯丢了。太爷说:'不妨,我自使番役务必探访回来。'说了一回话,临走倒送了我二两银子。"甄家娘子听了,不免心中伤感。一宿无话。

至次日,早有雨村遣人送了两封银子、四匹锦缎,答谢甄家娘子;又寄一封密书与封肃,托他向甄家娘子要那娇杏作二房。封肃喜的屁滚尿流,巴不得去奉承,便在女儿前一力撺掇成了,乘夜只用一乘小轿,便把娇杏送进去了。雨村欢喜,自不必说,乃封百金赠封肃,外谢甄家娘子许多物事,令其好生养赡,以待寻访女儿下落。封肃回家无话。

却说娇杏这丫鬟，便是那年回顾雨村者。因偶然一顾，便弄出这段事来，亦是自己意料不到之奇缘。谁想他命运两济，不承望自到雨村身边，只一年便生了一子；又半载，雨村嫡妻忽染疾下世，雨村便将他扶侧作正室夫人了。正是：

偶因一着错，便为人上人。

原来，雨村因那年士隐赠银之后，他于十六日便起身入都，至大比之期，不料他十分得意，已会了进士，选入外班，今已升了本府知府。虽才干优长，未免有些贪酷之弊；且又恃才侮上，那些官员皆侧目而视。不上一年，便被上司寻了一个空隙，作成一本，参他"生性狡猾，擅纂礼仪，且沽清正之名，而暗结虎狼之属，致使地方多事，民命不堪"等语。龙颜大怒，即批革职。该部文书一到，本府官员无不喜悦。那雨村心中虽十分惭恨，却面上全无一点怨色，仍是嘻笑自若；交代过公事，将历年做官积的些资本并家小人属送至原籍，安排妥协，却是自己担风袖月，游览天下胜迹。

那日，偶又游至维扬地面，因闻得今岁鹾政点的是林如海。这林如海姓林名海，表字如海，乃是前科的探花，今已升至兰台寺大夫，本贯姑苏人氏，今钦点出为巡盐御史，到任方一月有馀。原来这林如海之祖，曾袭过列侯，今到如海，业经五世。起初时，只封袭三世，因当今隆恩盛德，远迈前代，额外加恩，至如海之父，又袭了一代；至如海，便从科第出身。虽系钟鼎之家，却亦是书香之族。只可惜这林家支庶不盛，子孙有限，虽有几门，却与如海俱是堂族而已，没甚亲支嫡派的。今如海年已四十，只有一个三岁之子，偏又于去岁死了。虽有几房姬妾，奈他命中无子，亦无可如何之事。今只有嫡妻贾氏生得一女，乳名黛玉，年方五岁。夫妻无子，故爱如珍宝，且又见他聪明清秀，便也欲使他读书识得几个字，不过假充养子之意，聊解膝下荒凉之叹。

雨村正值偶感风寒，病在旅店，将一月光景方渐愈。一因身体劳倦，二因盘费不继，也正欲寻个合式之处，暂且歇下。幸有两个旧友，亦在此境住居，因闻得盐政欲聘一西宾，雨村便相托友力，谋了进去，且作安身之计。妙在只一个女学生，并两个伴读丫鬟，这女学生年又小，身体又极怯弱，功课不限多寡，故十分省力。

堪堪又是一载的光景，谁知女学生之母贾氏夫人一疾而终。女学生侍汤奉药，守丧尽哀，遂又将辞馆别图。林如海意欲令女守制读书，故又将他留下。近因女学生哀痛过伤，本自怯弱多病的，触犯旧症，遂连日不曾上学。雨村闲居无聊，每当风日晴和，饭后便出来闲步。

这日，偶至郭外，意欲赏鉴那村野风光。忽信步至一山环水旋、茂林深竹之处，隐隐的有座庙宇，门巷倾颓，墙垣朽败，门前有额，题着"智通寺"三字，门旁又有一副旧破的对联，曰：

身后有余忘缩手，眼前无路想回头。

雨村看了，因想道："这两句话，文虽浅近，其意则深。我也曾游过些名山大刹，倒不曾见过这话头。其中想必有个翻过筋斗来的亦未可知，何不进去试试。"想着走入，看时只有一个龙钟老僧在那里煮粥。雨村见了，便不在意。及至问他两句话，那老僧既聋且昏，齿落舌钝，所答非所问。

雨村不耐烦，便仍出来，意欲到那村肆中沽饮三杯，以助野趣，于是款步行来。将入肆门，只见座上吃酒之客有一人起身大笑，接了出来，口内说："奇遇，奇遇。"雨村忙看时，此人是都中在古董行中贸易的号冷子兴者，旧日在都相识。雨村最赞这冷子兴是个有作为大本领的人，这子兴又借雨村斯文之名，故二人说话投机，最相契合。

雨村忙笑问道："老兄何日到此？弟竟不知。今日偶遇，真奇缘也。"子兴道："去年岁底到家，今因还要入都，从此顺路找个敝友说一句话，承他之情，留我多住两日。我也无紧事，且盘桓两日，待月半时也就起身了。今日敝友有事，我因闲步至此，且歇歇脚，不期这样巧遇。"一面说，一面让雨村同席坐了，另整上酒肴来。二人闲谈慢饮，叙些别后之事。

雨村因问："近日都中可有新闻没有？"子兴道："倒没有什么新闻，倒是老先生你贵同宗家，出了一件小小的异事。"雨村笑道："弟族中无人在都，何谈及此？"子兴笑道："你们同姓，岂非同宗一族？"雨村问是谁家。子兴道："荣国府贾府中，可也玷辱了先生的门楣么？"雨村笑道："原来是他家。若论起来，寒族人丁却不少，自东汉贾复以来，支派繁盛，各省皆有，谁逐细考查得来？若论荣国一支，却是同谱。但他那等荣耀，我们不便去攀扯，至今故越发生疏难认了。"

子兴叹道："老先生休如此说。如今的这宁荣两门，也都萧疏了，不比先时的光景。"雨村道："当日宁荣两宅的人口也极多，如何就萧疏了？"冷子兴道："正是，说来也话长。"雨村道："去岁我到金陵地界，因欲游览六朝遗迹，那日进了石头城，从他老宅门前经过。街东是宁国府，街西是荣国府，二宅相连，竟将大半条街占了。大门前虽冷落无人，隔着围墙一望，里面厅殿楼阁，也还都峥嵘轩峻；就是后一带花园子里面树木山石，也还都有蓊蔚洇润之气，那里像个衰败之家？"冷子兴笑道："亏你是进士出身，原来不通！古人有云：'百足之虫，死而不僵。'如今虽说不似先年那样兴盛，较之平常仕宦之家，到底气象不同。如今生齿日繁，事务日盛，主仆上下，安富尊荣者尽多，运筹谋画者无一；其日用排场费用，又不能将就省俭，如今外面的架子虽未甚倒，内囊却也尽上来了。这还是小事。更有一件大事：谁知这样钟鸣鼎食之家，翰墨诗书之族，如今的儿孙，竟一代不如一代了！"雨村听说，也纳罕道："这样诗礼之家，岂有不善教育之理？别门不知,只说这宁、荣两宅,是最教子有方的。"

子兴叹道:"正说的是这两门呢。待我告诉你:当日宁国公与荣国公是一母同胞弟兄两个。宁公居长,生了四个儿子。宁公死后,贾代化袭了官,也养了两个儿子:长名贾敷,至八九岁上便死了,只剩了次子贾敬袭了官,如今一味好道,只爱烧丹炼汞,馀者一概不在心上。幸而早年留下一子,名唤贾珍,因他父亲一心想作神仙,把官倒让他袭了。他父亲又不肯回原籍来,只在都中城外和道士们胡羼。这位珍爷倒生了一个儿子,今年才十六岁,名叫贾蓉。如今敬老爹一概不管。这珍爷那里肯读书,只一味高乐不了,把宁国府竟翻了过来,也没有人敢来管他。再说荣府你听,方才所说异事,就出在这里。自荣公死后,长子贾代善袭了官,娶的也是金陵世勋史侯家的小姐为妻,生了两个儿子:长子贾赦,次子贾政。如今代善早已去世,太夫人尚在,长子贾赦袭着官;次子贾政,自幼酷喜读书,祖、父最疼,原欲以科甲出身的,不料代善临终时遗本一上,皇上因恤先臣,即时令长子袭官外,问还有几子,立刻引见,遂额外赐了这政老爹一个主事之衔,令其入部习学,如今现已升了员外郎了。这政老爹的夫人王氏,头胎生的公子,名唤贾珠,十四岁进学,不到二十岁就娶了妻生了子,一病死了。第二胎生了一位小姐,生在大年初一,这就奇了;不想次年又生了一位公子,说来更奇,一落胎胞,嘴里便衔下一块五彩晶莹的玉来,上面还有许多字迹,就取名叫作宝玉。你道是新奇异事不是?"

雨村笑道:"果然奇异。只怕这人来历不小。"子兴冷笑道:"万人皆如此说,因而乃祖母便先爱如珍宝。那年周岁时,政老爹便要试他将来的志向,便将那世上所有之物摆了无数,与他抓取。谁知他一概不取,伸手只把些脂粉钗环抓来。政老爹便大怒了,说:'将来酒色之徒耳!'因此便大不喜悦。独那史老太君还是命根一样。说来又奇,如今长了七八岁,虽然淘气异常,但其聪明乖觉处,百个不及他一个。说起孩子话来也奇怪,他说：'女儿是水作的骨肉，男人是泥作的骨肉。我见了女儿，我便清爽；见了男子，便觉浊臭逼人。'你道好笑不好笑？将来色鬼无疑了。"雨村罕然厉色忙止道："非也！可惜你们不知道这人来历。大约政老前辈也错以淫魔色鬼看待了。若非多读书识事，加以致知格物之功，悟道参玄之力者，不能知也。"

子兴见他说得这样重大，忙请教其端。雨村道："天地生人，除大仁大恶两种，馀者皆无大异。若大仁者，则应运而生，大恶者，则应劫而生。运生世治，劫生世危。尧、舜、禹、汤、文、武、周、召、孔、孟、董、韩、周、程、张、朱，皆应运而生者。蚩尤、共工、桀、纣、始皇、王莽、曹操、桓温、安禄山、秦桧等，皆应劫而生者。大仁者，修治天下；大恶者，挠乱天下。清明灵秀，天地之正气，仁者之所秉也；残忍乖僻，天地之邪气，恶者之所秉也。今当运隆祚永之朝，太平无为之世，清明灵秀之气所秉者，上至朝廷，下至草野，比比皆是。所馀之秀气，漫无所归，遂为甘露，为和风，洽然溉及四海。彼残忍乖僻之邪气，不能荡溢于光天化日之中，遂凝结充塞于深沟大壑之内，偶因风荡，或被云摧，略有摇动感发之意，一丝半缕误而泄出者，偶值灵秀之气适过，正不容邪，邪复妒正，两不相下，亦如风水雷电，地中既遇，既不能消，又不能让，必至搏击掀发后始尽。故其气亦必赋人，发泄一尽始散。使男女偶秉此气而生者，在上则不能成仁人君子，下亦不能为大凶大恶。置之于万万人之中，其聪俊灵秀之气，则在万万人之上；其乖僻邪谬不近人情之态，又在万万人之下。若生于富贵公侯之家，则为情痴情种；若生于诗书清贫之族，则为逸士高人；纵再偶生于薄祚寒门，断不能为走卒健仆，甘遭庸人驱制驾驭，必为奇优名娼。如前代之许由、陶潜、阮籍、嵇康、刘伶、王谢二族、顾虎头、陈后主、唐明皇、宋徽宗、刘庭芝、温飞卿、米南宫、石曼卿、柳耆卿、秦少游，近日之倪云林、唐伯虎、祝枝山，再如李龟年、黄幡绰、敬新磨、卓文君、红拂、薛涛、崔莺、朝云之流，此皆易地则同之人也。"

子兴道:"依你说,'成则王侯败则贼了'。"雨村道:"正是这意。你还不知,我自革职以来,这两年遍游各省,也曾遇见两个异样孩子。所以,方才你一说这宝玉,我就猜着了八九亦是这一派人物。不用远说,只金陵城内,钦差金陵省体仁院总裁甄家,你可知么?"子兴道:"谁人不知!这甄府和贾府就是老亲,又系世交。两家来往,极其亲热的。便在下也和他家来往非止一日了。"

雨村笑道:"去岁我在金陵,也曾有人荐我到甄府处馆。我进去看其光景,谁知他家那等显贵,却是个富而好礼之家,倒是个难得之馆。但这一个学生,虽是启蒙,却比一个举业的还劳神。说起来更可笑,他说:'必得两个女儿伴着我读书,我方能认得字,心里也明白;不然我自己心里糊涂。'又常对跟他的小厮们说:'这女儿两个字,极尊贵、极清净的,比那阿弥陀佛、元始天尊的这两个宝号还更尊荣无对的呢!你们这浊口臭舌,万不可唐突了这两个字要紧。但凡要说时,必须先用清水香茶漱了口才可;设若失错,便要凿牙穿腮等事。'其暴虐浮躁,顽劣憨痴,种种异常。只一放了学,进去见了那些女儿们,其温厚和平,聪敏文雅,竟又变了一个人了。因此,他令尊也曾下死笞楚过几次,无奈竟不能改。每打的吃疼不过时,他便'姐姐''妹妹'乱叫起来。后来听得里面女儿们拿他取笑:'因何打急了只管叫姐妹做甚?莫不是求姐妹去说情讨饶?你岂不愧些!'他回答的最妙。他说:'急疼之时,只叫"姐姐""妹妹"字样,或可解疼也未可知,因叫了一声,便果觉不疼了,遂得了秘法:每疼痛之极,便连叫姐妹起来。'你说可笑不可笑?也因祖母溺爱不明,每因孙辱师责子,因此我就辞了馆出来。如今在这巡盐御史林家坐馆了。你看,这等子弟,必不能守祖父之根基,从师友之规谏的。只可惜他家几个姊妹都是少有的。"

子兴道:"便是贾府中,现有的三个也不错。政老爹的长女,名元春,现因贤孝才德，选入宫中作女史去了。二小姐乃赦老爹之妾所出，名迎春；三小姐乃政老爹之庶出，名探春；四小姐乃宁府珍爷之胞妹，名唤惜春。因史老夫人极爱孙女，都跟在祖母这边一处读书，听得个个不错。"雨村道："更妙在甄家的风俗，女儿之名，亦皆从男子之名命字，不似别家另外用这些'春''红''香''玉'等艳字的。何得贾府亦落此俗套？"子兴道："不然。只因现今大小姐是正月初一日所生，故名元春，馀者方从了'春'字。上一辈的，却也是从弟兄而来的。现有对证：目今你贵东家林公之夫人，即荣府中赦、政二公之胞妹，在家时原名唤贾敏。不信时，你回去细访可知。"雨村拍案笑道："怪道这女学生读至凡书中有'敏'字，皆念作'密'字，每每如是；写字遇着'敏'字，又减一二笔，我心中就有些疑惑。今听你说，的是为此无疑矣。怪道我这女学生言语举止另是一样，不与近日女子相同，度其母必不凡，方得其女，今知为荣府之外孙，又不足罕矣，可伤上月竟亡故了。"子兴叹道："老姊妹四个，这一个是极小的，又没了。长一辈的姊妹，一个也没有了。只看这小一辈的，将来之东床如何呢？"

雨村道："正是。方才说这政公，已有衔玉之儿，又有长子所遗一个弱孙。这赦老竟无一个不成？"子兴道："政公既有玉儿之后，其妾又生了一个，倒不知其好歹。只眼前现有二子一孙，却不知将来如何。若问那赦公，也有二子，长名贾琏，今已二十来往了，亲上作亲，娶的就是政老爹夫人王氏之内侄女，今已娶了二年。这位琏爷身上现捐的是个同知，也是不肯读书，于世路上好机变，言谈去的，所以如今只在乃叔政老爹家住着，帮着料理些家务。谁知自娶了他令夫人之后，倒上下无一人不称颂他夫人的，琏爷倒退了一射之地：说模样又极标致，言谈又爽利，心机又极深细，竟是个男人万不及一的。"

雨村听了，笑道："可知我前言不谬。你我方才所说这几个人，都只怕是那正邪两赋而来一路之人，未可知也。"子兴道："邪也罢，正也罢，只顾算别人家的帐,你也吃一杯酒才好。"雨村道:"正是,只顾说话,竟多吃了几杯。"子兴笑道:"说着别人家的闲话,正好下酒,即多吃几杯何妨。"雨村向窗外看道:"天也晚了,仔细关了城。我们慢慢的进城再谈,未为不可。"于是,二人起身,算还酒帐。方欲走时,只听得后面有人叫道:"雨村兄,恭喜了!特来报个喜信的。"雨村忙回头看时——

评析:主客答问的赋体笔法

这一回,延续着前一回小说开头的特殊性,仍然没有引入故事的主体,而是从一个外围角度,通过特殊方式,给出了贾府的人物清单。

对于这一回,以往论者是从两方面来考虑内容意义的。其一就是借冷子兴演说宁荣二府,将两府之前的历史作了回顾,也对其总的衰败趋势和人物关系作一个大略的提示,使读者对贾府获得一个宏观的印象,不至于理不清贾府主要人物的复杂关系。而冷子兴古董商人的身份,又加深了其演说时的那种历史的兴衰感。其二就是在介绍大背景的同时,将总体的衰败聚焦于后继乏人上,并引出主要人物贾宝玉,在介绍其个性时,加上了一种道德判断:"将来色鬼无疑了!"由此来概括这一回的内容,当然是显而易见的事实,但是,我们也不能就此忽视了贾雨村与冷子兴构成的那种对话关系。其实,贾雨村与甄士隐构成的那种对位、对比关系,在小说开始的小序中和给读者的提示中就向读者挑明了,即所谓"真事隐去","假语村言"。但是,在紧接着的第二回,当甄士隐一家逐渐隐退,当贾雨村把这种语义上的对比关系探入小说主体部分的肌理时,表现形式又得到了调整,是以传统的主客答问的赋体笔法,把一种因对话而带来的对比关系又推进了一步。作为冷子兴的直接对话者,贾雨村是以时空两个维度中的事实来加以应对的。针对冷子兴惊讶于贾宝玉这样的人物,他一方面列举历史与传说中的诸如许由、陶潜、阮籍、嵇康、刘伶等直至唐伯虎、祝枝山等人,来为贾宝玉确立一份相似个性的历史谱系,另一方面以他遍游各省的见闻,举出他在江南甄家任教所见到的甄宝玉,以这样现实中的人物来呼应贾宝玉的个性特点(也有学者认为,提出江南甄家,其实是在暗示现实中的作者曹家)。而针对冷子兴所说的"色鬼无疑"的道德判断,他引入了正邪二气的概念,从本体哲学角度颠覆了对人物的道德层面的一元论的简单判断,把这种对话引向深入,或者说,基于某些人物的特殊禀赋、特殊气质,给塑造有些人物的性格多元性、复杂性,提供了理论依据。

相较之下,贾雨村那种思接千载心骛八方的开阔视角及所达到的哲学深度,反衬得冷子兴局限于贾府的切近视角过于世俗了。但是,作者这样写两人对话的风格,主要目的不是在确立一种雅与俗、深与浅的对比。而是让我们看到了,当贾雨村坐而论道的时候,他是外在于他所论对象的,是外在于这个世界的,而冷子兴谈及的,才是他所要进入的一个真切的世界,只不过,这个世界还没有在他面前完全打开,所以他也只能把这个世界用一种理性的、"道"的方式来认知,并把它提升至一个更为宏观的世界里去,而没有把它放到具体的历史语境中来分析,更不是实实在在地去体验。因为,对此时的贾雨村来说,他还需要一个道成肉身的完成过程,并以他的充分肉身化来向道的复归。这样,这一回的开头,他在"智通寺"里的一段活动,就很有意味。

书中写他第一次丢官后,任教于林如海家,闲来无事,漫步至破败的智通寺,看到"一副旧破的对联,曰:身后有馀忘缩手,眼前无路想回头。雨村看了,因想道:'这两句话,文虽浅近,其意则深。我也曾游过些名山大刹,倒不曾见过这话头。其中想必有个翻过筋斗来的亦未可知,何不进去试试。'想着走入,看时只有一个龙钟老僧在那里煮粥。雨村见了,便不在意。及至问他两句话,那老僧既聋且昏,齿落舌钝,所答非所问。雨村不耐烦,便仍出来"。然后,遇上了雨村目中所谓"有作为大本领的冷子兴",把本来可能是与老僧的对话,变成了与冷子兴的对话。我们当然也可以说,雨村目中的齿落舌钝的老僧，或许是说明雨村自己不识人，或者也是他没耐心，但他面临的最直接现实就是，老僧阻断了他对话的欲求，而把意义指向了自我的反省。其实，雨村刚看到对联以为内含深意时，他并没有来反省自己，而是想到要寻找一个外在于他的翻过筋斗的人出来。而当老僧阻断了他的这种念头时，他还是没有理会到自己。在遇到了冷子兴后，展开了一场两个人之间的对话时，也没有像有些赋家那样，把心灵的冲突，虚拟成主客答问。正因为这种自我的心灵对话无法展开，没有把自己的体验放进去，所以他所体会到的对联的深意，是抽象的、没有具体内容的。这样，当他的对话被前来报喜的同僚所归结，告诉他又有机会上任为官时，他所表现的积极态度，与开头他所体会到的那种深意，就构成了一种反讽的意味。消解这种反讽色彩，把这种更具本质意义的潜在对话内化为贾雨村的人生体验，成了作者赋予贾雨村归结《红楼梦》的真正动力。也是在这个意义上，贾雨村统摄了红楼的所有人物和故事，并以自己对自己的欲求与后果的行为发生颠覆，如同第一回甄士隐注解的《好了歌》中的话："因嫌纱帽小，致使锁枷扛"，把他所有的相关人物的颠覆意义显示给人看。

第三回
贾雨村夤缘复旧职
林黛玉抛父进京都

却说雨村忙回头看时，不是别人，乃是当日同僚一案参革的号张如圭者。他本系此地人，革后家居，今打听得都中奏准起复旧员之信，他便四下里寻情找门路，忽遇见雨村，故忙道喜。二人见了礼，张如圭便将此信告诉雨村，雨村自是欢喜，忙忙的叙了两句，遂作别各自回家。冷子兴听得此言，便忙献计，令雨村央烦林如海，转向都中去央烦贾政。雨村领其意，作别回至馆中，忙寻邸报看真确了。

次日，面谋之如海。如海道："天缘凑巧，因贱荆去世，都中家岳母念及小女无人依傍教育，前已遣了男女船只来接，因小女未曾大痊，故未及行。此刻正思向蒙训教之恩未经酬报，遇此机会，岂有不尽心图报之理。但请放心。弟已预为筹画至此，已修下荐书一封，转托内兄务为周全协佐，方可稍尽弟之鄙诚，即有所费用之例，弟于内兄信中已注明白，亦不劳尊兄多虑矣。"雨村一面打恭，谢不释口，一面又问："不知令亲大人现居何职？只怕晚生草率，不敢骤然入都干渎。"如海笑道："若论舍亲，与尊兄犹系同谱，乃荣公之孙：大内兄现袭一等将军之职，名赦，字恩侯；二内兄名政，字存周，现任工部员外郎，其为人谦恭厚道，大有祖父遗风，非膏粱轻薄仕宦之流，故弟方致书烦托。否则不但有污尊兄之清操，即弟亦不屑为矣。"雨村听了，心下方信了昨日子兴之言，于是又谢了林如海。如海乃说："已择了出月初二日小女入都，尊兄即同路而往，岂不两便？"雨村唯唯听命，心中十分得意。如海遂打点礼物并饯行之事，雨村一一领了。

那女学生黛玉，身体方愈，原不忍弃父而往；无奈他外祖母致意务去，且兼如海说："汝父年将半百，再无续室之意；且汝多病，年又极小，上无亲母教养，下无姊妹兄弟扶持，今依傍外祖母及舅氏姊妹去，正好减我顾盼之忧，何反云不往？"黛玉听了，方洒泪拜别，随了奶娘及荣府中几个老妇人登舟而去。雨村另有一只船，带两个小童，依附黛玉而行。

有日到了都中，进入神京，雨村先整了衣冠，带了小童，拿着宗侄的名帖，至荣府的门前投了。彼时贾政已看了妹丈之书，即忙请入相会。见雨村相貌魁伟，言谈不俗，且这贾政最喜读书人，礼贤下士，济弱扶危，大有祖风；况又系妹丈致意，因此优待雨村，更又不同，便竭力内中协助。题奏之日，轻轻谋了一个复职候缺，不上两个月，金陵应天府缺出，便谋补了此缺，拜辞了贾政，择日到任去了。不在话下。

且说黛玉自那日弃舟登岸时，便有荣国府打发了轿子并拉行李的车辆久候了。这林黛玉常听得母亲说过，他外祖母家与别家不同。他近日所见的这几个三等仆妇，吃穿用度，已是不凡了，何况今至其家。因此步步留心，时时在意，不肯轻易多说一句话，多行一步路，惟恐被人耻笑了他去。

自上了轿，进入城中，从纱窗向外瞧了一瞧，其街市之繁华，人烟之阜盛，自与别处不同。又行了半日，忽见街北蹲着两个大石狮子，三间兽头大门，门前列坐着十来个华冠丽服之人。正门却不开，只有东西两角门有人出入。正门之上有一匾，匾上大书"敕造宁国府"五个大字。黛玉想道："这必是外祖之长房了。"想着，又往西行，不多远，照样也是三间大门，方是荣国府了。却不进正门，只进了西边角门。那轿夫抬进去，走了一射之地，将转弯时，便歇下退出去了。后面的婆子们已都下了轿，赶上前来。

另换了三四个衣帽周全十七八岁的小厮上来，复抬起轿子。众婆子步下围随至一垂花门前落下。众小厮退出，众婆子上来打起轿帘，扶黛玉下轿。林黛玉扶着婆子的手，进了垂花门，两边是抄手游廊，当中是穿堂，当地放着一个紫檀架子大理石的大插屏。转过插屏，小小的三间厅，厅后就是后面的正房大院。正面五间上房，皆雕梁画栋，两边穿山游廊厢房，挂着各色鹦鹉、画眉等鸟雀。台矶之上，坐着几个穿红着绿的丫头，一见他们来了，便忙都笑迎上来，说："刚才老太太还念呢，可巧就来了。"于是三四人争着打起帘笼，一面听得人回话："林姑娘到了。"

黛玉方进入房时，只见两个人搀着一位鬓发如银的老母迎上来，黛玉便知是他外祖母。方欲拜见时，早被他外祖母一把搂入怀中，心肝儿肉叫着大哭起来。当下地下侍立之人，无不掩面涕泣，黛玉也哭个不住。一时众人慢慢解劝住了，黛玉方拜见了外祖母。——此即冷子兴所云之史氏太君，贾赦贾政之母也。当下贾母一一指与黛玉："这是你大舅母；这是你二舅母；这是你先珠大哥的媳妇珠大嫂子。"黛玉一一拜见过。贾母又说："请姑娘们来。今日远客才来，可以不必上学去了。"众人答应了一声，便去了两个。

不一时，只见三个奶嬷嬷并五六个丫鬟，簇拥着三个姊妹来了。第一个肌肤微丰，合中身材，腮凝新荔，鼻腻鹅脂，温柔沉默，观之可亲。第二个削肩细腰，长挑身材，鸭蛋脸面，俊眼修眉，顾盼神飞，文彩精华，见之忘俗。第三个身量未足，形容尚小。其钗环裙袄，三人皆是一样的妆饰。黛玉忙起身迎上来见礼，互相厮认过，大家归了坐。丫鬟们斟上茶来。不过说些黛玉之母如何得病，如何请医服药，如何送死发丧。不免贾母又伤感起来，因说："我这些儿女，所疼者独有你母，今日一旦先舍我而去，连面也不能一见，今见了你，我怎不伤心！"说着，搂了黛玉在怀，又呜咽起来。众人忙都宽慰解释，方略略止住。

众人见黛玉年貌虽小,其举止言谈不俗,身体面庞虽怯弱不胜,却有一段自然的风流态度,便知他有不足之症。因问:"常服何药,如何不急为疗治?"黛玉道:"我自来是如此,从会吃饮食时便吃药,到今日未断,请了多少名医修方配药,皆不见效。那一年我三岁时,听得说来了一个癞头和尚,说要化我去出家,我父母固是不从。他又说:'既舍不得他,只怕他的病一生也不能好的了。若要好时,除非从此以后总不许见哭声;除父母之外,凡有外姓亲友之人,一概不见,方可平安了此一世。'疯疯癫癫,说了这些不经之谈,也没人理他。如今还是吃人参养荣丸。"贾母道:"这正好,我这里正配丸药呢。叫他们多配一料就是了。"

一语未了,只听后院中有人笑声,说:"我来迟了,不曾迎接远客!"黛玉纳罕道:"这些人个个皆敛声屏气,恭肃严整如此,这来者系谁,这样放诞无礼?"心下想时,只见一群媳妇丫鬟围拥着一个人从后房门进来。这个人打扮与众姑娘不同:彩绣辉煌,恍若神妃仙子。头上戴着金丝八宝攒珠髻,绾着朝阳五凤挂珠钗;项上戴着赤金盘螭璎珞圈;裙边系着豆绿宫绦,双衡比目玫瑰佩;身上穿着缕金百蝶穿花大红洋缎窄裉袄,外罩五彩刻丝石青银鼠褂;下着翡翠撒花洋绉裙。一双丹凤三角眼,两弯柳叶吊梢眉,身量苗条,体格风骚。粉面含春威不露,丹唇未启笑先闻。黛玉连忙起身接见。贾母笑道:"你不认得他,他是我们这里有名的一个泼皮破落户儿,南省俗谓作'辣子',你只叫他'凤辣子'就是了。"

黛玉正不知以何称呼,只见众姊妹都忙告诉他道:"这是琏嫂子。"黛玉虽不识,也曾听见母亲说过,大舅贾赦之子贾琏,娶的就是二舅母王氏之内侄女,自幼假充男儿教养的,学名王熙凤。黛玉忙陪笑见礼,以"嫂"呼之。

这熙凤携着黛玉的手,上下细细打谅了一回,仍送至贾母身边坐下,因笑道:"天下真有这样标致的人物,我今儿才算见了!况且这通身的气派,竟不像老祖宗的外孙女儿,竟是个嫡亲的孙女,怨不得老祖宗天天口头心头一时不忘。只可怜我这妹妹这样命苦,怎么姑妈偏就去世了!"说着,便用帕拭泪。贾母笑道:"我才好了,你倒来招我。你妹妹远路才来,身子又弱,也才劝住了,快再休提前话。"这熙凤听了,忙转悲为喜道:"正是呢!我一见了妹妹,一心都在他身上了,又是喜欢,又是伤心,竟忘记了老祖宗。该打,该打!"又忙携黛玉之手,问:"妹妹几岁了?可也上过学?现吃什么药?在这里不要想家,想要什么吃的、什么玩的,只管告诉我;丫头老婆们不好了,也只管告诉我。"一面又问婆子们:"林姑娘的行李东西可搬进来了?带了几个人来?你们赶早打扫两间下房,让他们去歇歇。"

说话时,已摆了茶果上来。熙凤亲为捧茶捧果。又见二舅母问他:"月钱放过了不曾?"熙凤道:"月钱已放完了。才刚带着人到后楼上找缎子,找了这半日,也并没有见昨日太太说的那样的,想是太太记错了?"王夫人道:"有没有,什么要紧。"因又说道:"该随手拿出两个来给你这妹妹去裁衣裳的,等晚上想着叫人再去拿罢,可别忘了。"熙凤道:"这倒是我先料着了,知道妹妹不过这两日到的,我已预备下了,等太太回去过了目好送来。"王夫人一笑,点头不语。

当下茶果已撤,贾母命两个老嬷嬷带了黛玉去见两个母舅。时贾赦之妻邢氏忙亦起身,笑回道:"我带了外甥女过去,倒也便宜。"贾母笑道:"正是呢,你也去罢,不必过来了。"邢夫人答应了一声"是"字,遂带了黛玉与王夫人作辞。大家送至穿堂前。

出了垂花门,早有众小厮们拉过一辆翠幄青绸车,邢夫人携了黛玉,坐在上面,众婆子们放下车帘,方命小厮们抬起,拉至宽处,方驾上驯骡,亦出了西角门,往东过荣府正门,便入一黑油大门中,至仪门前方下来。众小厮退出,方打起车帘,邢夫人搀着黛玉的手,进入院中。黛玉度其房屋院宇,必是荣府中花园隔断过来的。进入三层仪门,果见正房厢庑游廊，悉皆小巧别致，不似方才那边轩峻壮丽；且院中随处之树木山石皆在。一时进入正室，早有许多盛妆丽服之姬妾丫鬟迎着，邢夫人让黛玉坐了，一面命人到外面书房中去请贾赦。一时人来回话说："老爷说了：'连日身上不好，见了姑娘彼此倒伤心，暂且不忍相见。劝姑娘不要伤心想家，跟着老太太和舅母，即同家里一样。姊妹们虽拙，大家一处伴着，亦可以解些烦闷。或有委屈之处，只管说得，不要外道才是。'"黛玉忙站起来，一一听了。再坐一刻，便告辞。

邢夫人苦留吃过晚饭去，黛玉笑回道："舅母爱惜赐饭，原不应辞，只是还要过去拜见二舅舅，恐领了赐迟去不恭，异日再领，未为不可。望舅母容谅。"邢夫人听说，笑道："这倒是了。"遂令两三个嬷嬷用方才的车好生送了姑娘过去。于是黛玉告辞。邢夫人送至仪门前，又嘱咐了众人几句，眼看着车去了方回来。

一时黛玉进了荣府，下了车。众嬷嬷引着，便往东转弯，穿过一个东西的穿堂，向南大厅之后，仪门内大院落，上房五间大正房，两边厢房鹿顶耳房钻山，四通八达，轩昂壮丽，比贾母处不同。黛玉便知这方是正经正内室，一条大甬路，直接出大门的。进入堂屋中，抬头迎面先看见一个赤金九龙青地大匾，匾上写着斗大的三个大字，是"荣禧堂"，后有一行小字："某年月日，书赐荣国公贾源"，又有"万几宸翰之宝"。大紫檀雕螭案上，设着三尺来高青绿古铜鼎，悬着待漏随朝墨龙大画，一边是金蜼彝，一边是玻璃盒。地下两溜十六张楠木交椅，又有一副对联，乃乌木联牌，镶着錾银的字迹，道是：

座上珠玑昭日月，堂前黼黻焕烟霞。

下面一行小字，道是："同乡世教弟勋袭东安郡王穆莳拜手书"。

原来王夫人时常居坐宴息，亦不在这正室，只在这正室东边的三间耳房内。于是老嬷嬷引黛玉进东房门来。临窗大炕上猩红洋罽，正面设着大红金钱蟒靠背，石青金钱蟒引枕，秋香色金钱蟒大条褥。两边设一对梅花式洋漆小几。左边几上文王鼎匙箸香盒；右边几上汝窑美人大觚——觚内插着时鲜花卉，并茗碗痰盒等物。地下面西一溜四张椅上，都搭着银红撒花椅搭，底下四副脚踏。椅之两边，也有一对高几，几上茗碗瓶花俱备。其馀陈设，自不必细说。

老嬷嬷们让黛玉炕上坐，炕沿上却有两个锦褥对设，黛玉度其位次，便不上炕，只向东边椅子上坐了。本房内的丫鬟忙捧上茶来。黛玉一面吃茶，一面打谅这些丫鬟们，妆饰衣裙，举止行动，果亦与别家不同。茶未吃了，只见一个穿红绫袄青缎掐牙背心的丫鬟走来笑说道："太太说，请林姑娘到那边坐罢。"老嬷嬷听了，于是又引黛玉出来，到了东廊三间小正房内。

正面炕上横设一张炕桌，桌上磊着书籍茶具，靠东壁面西设着半旧的青缎靠背引枕。王夫人却坐在西边下首，亦是半旧的青缎靠背坐褥。见黛玉来了，便往东让。黛玉心中料定这是贾政之位。因见挨炕一溜三张椅子上，也搭着半旧的弹墨椅袱，黛玉便向椅上坐了。王夫人再四携他上炕坐，他方挨王夫人坐了。王夫人因说："你舅舅今日斋戒去了，再见罢。只是有一句话嘱咐你：你三个姊妹倒都极好，以后一处念书认字学针线，或是偶一顽笑，都有尽让的。但我不放心的最是一件：我有一个孽根祸胎，是家里的'混世魔王'，今日庙里还愿去了，尚未回来，晚间你看见便知了。你只以后不要睬他，你这些姊妹都不敢沾惹他的。"

黛玉亦常听得母亲说过，二舅母生的有个表兄，乃衔玉而诞，顽劣异常，极恶读书，最喜在内帏厮混；外祖母又极溺爱，无人敢管。今见王夫人如此说，便知说的是这表兄了。因陪笑道："舅母说的，可是衔玉所生的这位哥哥?在家时亦曾听见母亲常说,这位哥哥比我大一岁,小名就唤宝玉,虽极憨顽,说在姊妹情中极好的。况我来了,自然只和姊妹同处,兄弟们自是别院另室的,岂得去沾惹之理?"王夫人笑道:"你不知道原故:他与别人不同,自幼因老太太疼爱,原系同姊妹们一处娇养惯了的。若姊妹们有日不理他,他倒还安静些,纵然他没趣,不过出了二门,背地里拿着他的两个小幺儿出气,咕唧一会子就完了。若这一日姊妹们和他多说一句话,他心里一乐,便生出多少事来。所以嘱咐你别睬他。他嘴里一时甜言蜜语,一时有天无日,一时又疯疯傻傻,只休信他。"

黛玉一一的都答应着。只见一个丫鬟来回:"老太太那里传晚饭了。"王夫人忙携黛玉从后房门由后廊往西,出了角门,是一条南北宽夹道。南边是倒座三间小小的抱厦厅,北边立着一个粉油大影壁,后有一半大门,小小一所房室。王夫人笑指向黛玉道:"这是你凤姐姐的屋子,回来你好往这里找他来,少什么东西,你只管和他说就是了。"这院门上也有四五个才总角的小厮,都垂手侍立。王夫人遂携黛玉穿过一个东西穿堂,便是贾母的后院了。

于是,进入后房门,已有多人在此伺候,见王夫人来了,方安设桌椅。贾珠之妻李氏捧饭,熙凤安箸,王夫人进羹。贾母正面榻上独坐,两边四张空椅,熙凤忙拉了黛玉在左边第一张椅上坐了,黛玉十分推让。贾母笑道:"你舅母你嫂子们不在这里吃饭,你是客,原应如此坐的。"黛玉方告了座,坐了。贾母命王夫人坐了。迎春姊妹三个告了座方上来。迎春便坐右手第一,探春坐左第二,惜春坐右第二。旁边丫鬟执着拂尘、漱盂、巾帕。李、凤二人立于案旁布让。外间伺候之媳妇丫鬟虽多,却连一声咳嗽不闻。

寂然饭毕,各有丫鬟用小茶盘捧上茶来。当日林如海教女以惜福养身,云饭后务待饭粒咽完,过一时再吃茶,方不伤脾胃。今黛玉见了这里许多事情不合家中之式,不得不随的,少不得一一改过来,因而接了茶。早见人又捧过漱盂来,黛玉也照样漱了口。盥手毕,又捧上茶来,这方是吃的茶。贾母便说:"你们去罢,让我们自在说话儿。"王夫人听了,忙起身,又说了两句闲话,方引李、凤二人去了。贾母因问黛玉念何书。黛玉道:"只刚念了《四书》。"黛玉又问姊妹们读何书。贾母道:"读的是什么书,不过是认得两个字,不是睁眼的瞎子罢了。"

一语未了,只听外面一阵脚步响,丫鬟进来笑道:"宝玉来了!"黛玉心中正疑惑着:"这个宝玉,不知是怎生个惫懒人物,懵懂顽童?——倒不见那蠢物也罢了。"心中想着,忽见丫鬟话未报完,已进来了一位年轻的公子:

头上戴着束发嵌宝紫金冠,齐眉勒着二龙抢珠金抹额;穿一件二色金百蝶穿花大红箭袖,束着五彩丝攒花结长穗宫绦,外罩石青起花八团倭缎排穗褂;登着青缎粉底小朝靴。面若中秋之月,色如春晓之花,鬓若刀裁,眉如墨画,面如桃瓣,目若秋波。虽怒时而若笑,即瞋视而有情。项上金螭璎珞,又有一根五色丝绦,系着一块美玉。

黛玉一见,便吃一大惊,心下想道:"好生奇怪,倒像在那里见过一般,何等眼熟到如此!"只见这宝玉向贾母请了安,贾母便命:"去见你娘来。"宝玉即转身去了。一时回来,再看,已换了冠带:头上周围一转的短发,都结成小辫,红丝结束,共攒至顶中胎发,总编一根大辫,黑亮如漆,从顶至梢,一串四颗大珠,用金八宝坠角;身上穿着银红撒花半旧大袄,仍旧带着项圈、宝玉、寄名锁、护身符等物;下面半露松花撒花绫裤腿,锦边弹墨袜,厚底大红鞋。越显得面如敷粉,唇若施脂;转盼多情,语言常笑。天然一段风骚,全在眉梢;平生万种情思,悉堆眼角。看其外貌最是极好,却难知其底细。后人有《西江月》二词,批宝玉极恰,其词曰:

无故寻愁觅恨,有时似傻如狂。纵然生得好皮囊,腹内原来草莽。潦倒不通世务,愚顽怕读文章。行为偏僻性乖张,那管世人诽谤!

富贵不知乐业,贫穷难耐凄凉。可怜辜负好韶光,于国于家无望。天下无能第一,古今不肖无双。寄言纨袴与膏粱:莫效此儿形状!

贾母因笑道:"外客未见,就脱了衣裳,还不去见你妹妹!"宝玉早已看见多了一个姊妹,便料定是林姑妈之女,忙来作揖。厮见毕归坐,细看形容,与众各别:

两弯似蹙非蹙罥烟眉,一双似泣非泣含露目。态生两靥之愁,娇袭一身之病。泪光点点,娇喘微微。闲静时如姣花照水,行动处似弱柳扶风。心较比干多一窍,病如西子胜三分。

宝玉看罢,因笑道:"这个妹妹我曾见过的。"贾母笑道:"可又是胡说,你又何曾见过他?"宝玉笑道:"虽然未曾见过他,然我看着面善,心里就算是旧相认识,今日只作远别重逢,亦未为不可。"贾母笑道:"更好,更好,若如此,更相和睦了。"宝玉便走近黛玉身边坐下,又细细打量一番,因问:"妹妹可曾读书?"黛玉道:"不曾读,只上了一年学,些须认得几个字。"宝玉又道:"妹妹尊名是那两个字?"黛玉便说了名。宝玉又问表字。黛玉道:"无字。"宝玉笑道:"我送妹妹一妙字,莫若'颦颦'二字极妙。"探春便问何出。宝玉道:"《古今人物通考》上说:'西方有石名黛,可代画眉之墨。'况这林妹妹眉尖若蹙,用取这两个字,岂不两妙!"探春笑道:"只恐又是你的杜撰。"宝玉笑道:"除《四书》外,杜撰的太多,偏只我是杜撰不成?"又问黛玉:"可也有玉没有?"众人不解其语,黛玉便忖度着因他有玉,故问我有也无,因答道:"我没有那个。想来那玉是一件罕物,岂能人人有的。"

宝玉听了，登时发作起痴狂病来，摘下那玉，就狠命摔去，骂道："什么罕物，连人之高低不择，还说'通灵''不'通灵'呢！我也不要这劳什子了！"吓的众人一拥争去拾玉。贾母急的搂了宝玉道："孽障！你生气，要打骂人容易，何苦摔那命根子！"宝玉满面泪痕泣道："家里姐姐妹妹都没有，单我有，我说没趣；如今来了这们一个神仙似的妹妹也没有，可知这不是个好东西。"贾母忙哄他道："你这妹妹原有这个来的，因你姑妈去世时，舍不得你妹妹，无法处，遂将他的玉带了去：一则全殉葬之礼，尽你妹妹的孝心；二则你姑妈之灵，亦可权作见了女儿之意。因此他只说没有这个，不便自己夸张之意。你如今怎比得他？还不好生慎重带上，仔细你娘知道了。"说着，便向丫鬟手中接来，亲与他带上。宝玉听如此说，想一想大有情理，也就不生别论了。

当下，奶娘来请问黛玉之房舍。贾母说："今将宝玉挪出来，同我在套间暖阁儿里，把你林姑娘暂安置碧纱橱里。等过了残冬，春天再与他们收拾房屋，另作一番安置罢。"宝玉道："好祖宗，我就在碧纱橱外的床上很妥当，何必又出来闹的老祖宗不得安静。"贾母想了一想说："也罢哩。"每人一个奶娘并一个丫头照管，馀者在外间上夜听唤。一面早有熙凤命人送了一顶藕合色花帐，并几件锦被缎褥之类。

黛玉只带了两个人来：一个是自幼奶娘王嬷嬷，一个是十岁的小丫头，亦是自幼随身的，名唤作雪雁。贾母见雪雁甚小，一团孩气，王嬷嬷又极老，料黛玉皆不遂心省力的，便将自己身边的一个二等丫头，名唤鹦哥者与了黛玉。外亦如迎春等例，每人除自幼乳母外，另有四个教引嬷嬷，除贴身掌管钗钏盥沐两个丫鬟外，另有五六个洒扫房屋来往使役的小丫鬟。当下，王嬷嬷与鹦哥陪侍黛玉在碧纱橱内。宝玉之乳母李嬷嬷，并大丫鬟名唤袭人者，陪侍在外大床上。

原来这袭人亦是贾母之婢，本名珍珠。贾母因溺爱宝玉，生恐宝玉之婢无竭力尽忠之人，素喜袭人心地纯良，克尽职任，遂与了宝玉。宝玉因知他本姓花，又曾见旧人诗句上有"花气袭人"之句，遂回明贾母，更名袭人。这袭人亦有些痴处：服侍贾母时，心中眼中只有一个贾母；如今服侍宝玉，心中眼中又只有一个宝玉。只因宝玉性情乖僻，每每规谏宝玉不听，心中着实忧郁。

是晚，宝玉李嬷嬷已睡了，他见里面黛玉和鹦哥犹未安息，他自卸了妆，悄悄进来，笑问："姑娘怎么还不安息？"黛玉忙让："姐姐请坐。"袭人在床沿上坐了。鹦哥笑道："林姑娘正在这里伤心，自己淌眼抹泪的说：'今儿才来，就惹出你家哥儿的狂病，倘或摔坏了那玉，岂不是因我之过！'因此便伤心，我好容易劝好了。"袭人道："姑娘快休如此，将来只怕比这个更奇怪的笑话儿还有呢！若为他这种行止，你多心伤感，只怕你伤感不了呢。快别多心！"黛玉道："姐姐们说的，我记着就是了。究竟那玉不知是怎么个来历？上面还有字迹？"袭人道："连一家子也不知来历，上头还有现成的眼儿，听得说，落草时是从他口里掏出来的。等我拿来你看便知。"黛玉忙止道："罢了，此刻夜深，明日再看也不迟。"大家又叙了一回，方才安歇。

次日起来，省过贾母，因往王夫人处来，正值王夫人与熙凤在一处拆金陵来的书信看，又有王夫人之兄嫂处遣了两个媳妇来说话的。黛玉虽不知原委，探春等却都晓得是议论金陵城中所居的薛家姨母之子姨表兄薛蟠，倚财仗势，打死人命，现在应天府案下审理。如今母舅王子腾得了信息，故遣他家内的人来告诉这边，意欲唤取进京之意。

评析：黛玉进贾府与宝玉的"我予我夺"

在中学语文使用统编教材前，第三回的"林黛玉进贾府"曾被选入各种版本的语文教材。也许,从开头角度看,这一回才是小说情节具体化的起点。

就《红楼梦》言,作者虽然假设了通灵宝玉为小说的叙事者,这一叙事者身份的视角又经常和贾宝玉合二为一,但作者似乎没有恪守这一写作技巧,在不同的场合,出于描写的需要,会有许多变动。在"林黛玉进贾府"这一片段,就是以林黛玉视角为主,辅之以其他出场人物视角的。特别是贾宝玉出场后,贾宝玉的视角和林黛玉的视角,是处在并置的状态。

采用林黛玉视角进贾府,这是最自然不过的一种写法。因为林黛玉第一次进贾府,一如读者第一次接触到有关贾府的具体描写,其天然的好奇心与读者是息息相通的。这样,借助林黛玉对于贾府的陌生视角,她在好奇心驱使下的细细观察,就有可能对贾府的环境有较全面的呈现。这里的关键是,任何对于贾府的陌生化视角,不是以一张白纸为出发点的,必然带有一定程度上的预设性。林黛玉进贾府的先期预设及过程体验,在小说中有充分的展现。

林黛玉进贾府之前,已经从她母亲贾敏那里得知了许多贾府的日常行为及各种人物的信息,而且形成了大致的判断。特别是贾府的日常起居礼仪,非同寻常。所以"步步留心,时时在意,不肯轻易多说一句话,多行一步路,惟恐被人耻笑了他去"正是她观察的预设性。因为有这样的预设性,所以她特别留意贾府中人的言行举止,以她的所见来与自己在家时养成的日常习惯相比较,及时纠正自己的习惯,以便能够入乡随俗,而免得被人耻笑。有人认为,她改变自己饭后暂不饮茶的习惯,两次介绍自己读什么书时却有前后的差异,比如从第一次说刚读了《四书》到第二次说只认得几个字,口气变得越来越低调,都是体现黛玉"见了这里许多事情不合家中之式,不得不随的"。但如果只局限于第三回来分析林黛玉视角的预设和生成问题,不与其以后的视角联系起来,可能会对其形象形成一个整体上的误判。这一点,笔者以后会进一步讨论。

这里先予讨论的是,小说这一回固然是从黛玉视角呈现故事信息,但这一视角也并非没有变化。特别是贾宝玉出场时,小说力图把一个多元的视角呈现在读者面前。所以舒芜在《说梦录》(又名《红楼说梦》)中,认为宝玉是在一片争议中出场的。首先,王夫人关照黛玉不要搭理宝玉时,就是对他充满了埋怨和责备,完全是一种恨铁不成钢的态度。其次,黛玉回忆起自己母亲的介绍然后回复王夫人话时,却说他很讲究姐妹情分(尽管黛玉的回忆中没有这样的内容,可能是黛玉的委婉修辞),这就与王夫人的话有了冲突。而宝玉出场后,把宝玉的视角与黛玉的视角交织起来,且从中能够提炼出一见如故的共性来,使得这种出自个人的视角而来的观察结果更趋于复杂。最后,小说特别提出了一个所谓的后人评价,用《西江月》词来评点贾宝玉,基本上是以贬斥为主。有人说这是以褒寓贬的修辞手法,其实未必。因为这一贬斥的立场,与后来贾政等人的看法非常接近,所以,这里小说是故意把贾宝玉这样一个社会另类,放在传统也是正统的视角中来审视,正是体现出不同视角碰撞中带来的反讽效果。而说"以褒寓贬",是把问题理解得简单化了。

需要注意的是,林黛玉刚进贾府,除拜见老祖宗外,最该拜见的当是两位舅舅贾赦和贾政。但贾赦居然以见面会彼此伤心而拒绝出场,贾政则在外斋戒,也未能见面,结果两位舅舅都是托人传话给黛玉,也算是有了初次接触。此外,贾琏和较小的贾环、贾兰等更是没有提及。在第三回作这样的安排,能够把人物活动的主要舞台,充分留给女性及唯一的男性贾宝玉来初次亮相,这既是作者的总体艺术构思,也说明了贾宝玉惯于和女性厮混,凸显了其情种的特点。如同第三回的内容设计,把最后的上场留给了贾宝玉而凸显了其地位。相对于其他女性来说,王熙凤的姗姗来迟,也是凸显了王熙凤非同寻常的作用。在林黛玉进贾府中,王熙凤的出场虽然重要,但其重要性主要是在家族的意义上体现出来的,其间穿插王夫人询问她月钱发放之事,以及她对黛玉的一连串询问式关照,都是符合其在小说中的身份定位的。从林黛玉角度来说,凤姐比之贾宝玉的重要性显然要弱许多。黛玉与宝玉的第一次相遇,才成了林黛玉进贾府的"大事件",是描写的中心所在。但黛玉与宝玉相遇的相关描写,也带来了一些见仁见智的不同看法。

问题一,从黛玉眼中看到的宝玉是连带穿着打扮的,而宝玉看到的黛玉,却是不及服饰的。为何有此差异?甲戌本脂批有一个说法,道是:"不写衣裙妆饰,正是宝玉眼中不屑之物,故不曾看见。"以此来说明宝玉的价值观,当然有一定道理,但反过来说,黛玉把宝玉包括其他人的妆饰看得那么仔细,是不是说明了其价值观与宝玉相反呢?其实不然。因为林黛玉进贾府,有着宝玉全然不同的心态。作为一个进入陌生世界的初来乍到者,一切外在于她的人和物,都构成她需要进入的一个陌生世界的环境。所以,贾府的宅第结构、里面的人物包括人物的服饰,以一种近乎并列的空间方式铺展开来。从这个意义上看,与其说黛玉对于别人的服饰有了太多的关注,不如说,黛玉同时也在想象自己将如何身处其间的一个外部状态,这种外部状态与自己又该有怎样的融合度。由此给人产生的一个联想是,黛玉更像是赤条条进入贾府世界,她将在贾府这个世界里被重新打扮和塑造,所以宝玉眼中的黛玉,只有其本人而不及外在的妆饰,就不奇怪了。当然,有人认为,这里也有男性看女性和女性看男性的区别,男性看女性一般专注于本人,而女性往往会连带穿着打扮一起看。

问题二,如何理解黛玉与宝玉初次相见,就如同见到了熟人?这一描写本身,当然可以见出两人的性格差异。写黛玉是心内大惊,"倒像在那里见过一般";写宝玉是笑道"这个妹妹我曾见过的"。这里描写各有侧重,恰如甲戌本脂评说的,"一存于中,一发乎外",见得文笔推敲之精准。但这样的眼熟,一方面是呼应了前文,是神瑛侍者与绛珠仙草的脱胎换形;另一方面也说明各自心中的理想形象,在现实中发现了一个投影。现实与梦想的交织,在第五回宝玉神游太虚幻境中,得到了一次有力的证明。正是基于宝玉与黛玉的一见如故，接下来才有了关于宝玉言行的重要描写，也是引起争议最大的一个问题。

问题三，如何理解宝玉给黛玉起字和摔玉？这是宝玉贴近黛玉最具意义的两个行为。虽然这样的行为带有明显的孩子气，但掩盖在孩子气下的意义每每被人所忽视。概括来说，这是宝玉对于黛玉的"我予我夺"。"我予"就是给黛玉起字，表面看，宝玉抓准了黛玉的形象特点，体现出对黛玉直觉式的深刻理解。但这一起字的命名方式，包括黛玉对这一字的默认，一开始就奠定了宝玉之于黛玉的重要地位。如果命名是"我予"，强调的是"我"之于黛玉的重要性，那么摔玉则恰好相反，是"我夺"了。这里的"夺"，不是通常理解的对对方的剥夺，而恰恰相反，是夺"我"，是自己来把自己的命根子予以剥夺。当宝玉询问黛玉是否有玉而黛玉回答没有时，宝玉突然歇斯底里地发作起来，把自己的玉摘下来，狠命摔去，把周围人着实吓了一跳！虽然红学界对宝玉摔玉行为的意义解说各异，并引发了持续的讨论，但这样的讨论大多迂回曲折，不得要领，因为不少学者都忽视了宝玉自己最为直接的理由："家里姐姐妹妹都没有，单我有，我说没趣；如今来了这们一个神仙似的妹妹也没有，可知这不是个好东西。"因为黛玉没有戴通灵宝玉，从直觉上就剥夺了贾宝玉佩戴通灵宝玉的理由，才引发了他摔玉这么激烈的行为。据此，黛玉之于宝玉的重要性，得以彰显。就这样，林黛玉与贾宝玉的第一次相遇，通过贾宝玉"我予我夺"的言行，其双方交往中各自的重要性，已经得到初步确立。

第四回
薄命女偏逢薄命郎
葫芦僧乱判葫芦案

却说黛玉同姊妹们至王夫人处，见王夫人与兄嫂处的来使计议家务，又说姨母家遭人命官司等语。因见王夫人事情冗杂，姊妹们遂出来，至寡嫂李氏房中来了。

原来这李氏即贾珠之妻。珠虽夭亡，幸存一子，取名贾兰，今方五岁，已入学攻书。这李氏亦系金陵名宦之女，父名李守中，曾为国子监祭酒，族中男女无有不诵诗读书者。至李守中承继以来，便说"女子无才便有德"，故生了李氏时，便不十分令其读书，只不过将些《女四书》《列女传》《贤媛集》等三四种书，使他认得几个字，记得前朝这几个贤女便罢了，却只以纺绩井臼为要，因取名为李纨，字宫裁。因此这李纨虽青春丧偶，居家处膏粱锦绣之中，竟如槁木死灰一般，一概无见无闻，惟知侍亲养子，外则陪侍小姑等针黹诵读而已。今黛玉虽客寄于斯，日有这般姐妹相伴，除老父外，余者也都无庸虑及了。

如今且说雨村，因补授了应天府，一下马就有一件人命官司详至案下，乃是两家争买一婢，各不相让，以至殴伤人命。彼时雨村即拘原告之人来审。那原告道："被殴死者乃小人之主人。因那日买了一个丫头，不想是拐子拐来卖的。这拐子先已得了我家的银子，我家小爷原说第三日方是好日子，再接入门。这拐子便又悄悄的卖与薛家，被我们知道了，去找拿卖主，夺取丫头。无奈薛家原系金陵一霸，倚财仗势，众豪奴将我小主人竟打死了。凶身主仆已皆逃走，无影无踪，只剩了几个局外之人。小人告了一年的状，竟无人作主。望大老爷拘拿凶犯，剪恶除凶，以救孤寡，死者感戴天恩不尽！"

雨村听了大怒道："岂有这样放屁的事！打死人命就白白的走了，再拿不来的！"因发签差公人立刻将凶犯族中人拿来拷问，令他们实供藏在何处；一面再动海捕文书。正要发签时，只见案边立的一个门子使眼色儿，——不令他发签之意。雨村心下甚为疑怪，只得停了手，即时退堂，至密室，侍从皆退去，只留门子服侍。

这门子忙上来请安，笑问："老爷一向加官进禄，八九年来就忘了我了？"雨村道："却十分面善得紧，只是一时想不起来。"那门子笑道："老爷真是贵人多忘事，把出身之地竟忘了。不记当年葫芦庙里之事？"雨村听了，如雷震一惊，方想起往事。原来这门子本是葫芦庙内一个小沙弥，因被火之后，无处安身，欲投别庙去修行，又耐不得清凉景况，因想这件生意倒还轻省热闹，遂趁年纪小蓄了发，充了门子。雨村那里料得是他，便忙携手笑道："原来是故人。"又让坐了好谈。这门子不敢坐。雨村笑道："贫贱之交不可忘。你我故人也；二则此系私室，既欲长谈，岂有不坐之理？"这门子听说，方告了座，斜签着坐了。

雨村因问方才何故有不令发签之意。这门子道："老爷既荣任到这一省，难道就没抄一张本省'护官符'来不成？"雨村忙问："何为'护官符'？我竟不知。"门子道："这还了得！连这个不知，怎能作得长远！如今凡作地方官者，皆有一个私单，上面写的是本省最有权有势、极富极贵的大乡绅名姓，各省皆然；倘若不知，一时触犯了这样的人家，不但官爵不保，只怕连性命还保不成呢！所以绰号叫作'护官符'。方才所说的这薛家，老爷如何惹得他！他这件官司并无难断之处，皆因都碍着情分面上，所以如此。"一面说，一面从顺袋中取出一张抄写的"护官符"来，递与雨村，看时，上面皆是本地大族名宦之家的谚俗口碑。其口碑排写得明白，下面所注的皆是自始祖官爵并房次。石头亦曾抄写了一张，今据石上所抄云：

　　贾不假，白玉为堂金作马。　宁国荣国二公之后，共二十房分，除宁荣亲派八房在都外，现原籍住者十二房。

　　阿房宫，三百里，住不下金陵一个史。　保龄侯尚书令史公之后，房分共十八，都中现住者十房，原籍现居八房。

　　东海缺少白玉床，龙王来请金陵王。　都太尉统制县伯王公之后，共十二房，都中二房，馀在籍。

　　丰年好大雪，珍珠如土金如铁。　紫薇舍人薛公之后，现领内府帑银行商，共八房分。

雨村犹未看完，忽听传点，人报："王老爷来拜。"雨村忙具衣冠出去迎接。有顿饭工夫，方回来细问。这门子道："这四家皆连络有亲，一损皆损，一荣俱荣，扶持遮饰，俱有照应。今告打死人之薛，就系丰年大雪之'雪'。也不单靠这三家，他的世交亲友在都在外者，本亦不少。老爷如今拿谁去？"雨村听如此说，便笑问门子道："如你这样说来，却怎么了结此案？你大约也深知这凶犯躲的方向了？"

门子笑道："不瞒老爷说，不但这凶犯躲的方向我知道，一并这拐卖之人我也知道，死鬼买主也深知道。待我细说与老爷听：这个被打之死鬼，乃是本地一个小乡绅之子，名唤冯渊，自幼父母早亡，又无兄弟，只他一个人守着些薄产过日子。长到十八九岁上，酷爱男风，最厌女子。这也是前生冤孽，可巧遇见这拐子卖丫头，他便一眼看上了这丫头，立意买来作妾，立誓再不交结男子，也不再娶第二个了，所以郑重其事，必待三日后方过门。谁晓这拐子又偷卖与薛家,他意欲卷了两家的银子,再逃往他省。谁知又不曾走脱,两家拿住,打了个臭死,都不肯收银,只要领人。那薛家公子岂是让人的,便喝着手下人一打,将冯公子打了个稀烂,抬回家去三日死了。这薛公子原是早已择定日子上京去的,头起身两日前,就偶然遇见这丫头,意欲买了就进京的,谁知闹出这事来。既打了冯公子,夺了丫头,他便没事人一般,只管带了家眷走他的路。他这里自有弟兄奴仆在此料理,也并非为此些些小事值得他一逃走的。这且别说,老爷你当被卖之丫头是谁?"雨村道:"我如何得知。"门子冷笑道:"这人算来还是老爷的大恩人呢!他就是葫芦庙旁住的甄老爷的小姐,名唤英莲的。"雨村罕然道:"原来就是他!闻得养至五岁被人拐去,却如今才来卖呢?"

门子道:"这一种拐子单管偷拐五六岁的儿女,养在一个僻静之处,到十一二岁,度其容貌,带至他乡转卖。当日这英莲,我们天天哄他顽耍;虽隔了七八年,如今十二三岁的光景,其模样虽然出脱得齐整好些,然大概相貌,自是不改,熟人易认。况且他眉心中原有米粒大小的一点胭脂痣,从胎里带来的,所以我却认得。偏生这拐子又租了我的房舍居住,那日拐子不在家,我也曾问他。他是被拐子打怕了的,万不敢说,只说拐子系他亲爹,因无钱偿债,故卖他。我又哄之再四,他又哭了,只说'我不记得小时之事!'这可无疑了。那日冯公子相看了,兑了银子,拐子醉了,他自叹道:'我今日罪孽可满了!'后又听见冯公子令三日之后过门,他又转有忧愁之态。我又不忍其形景,等拐子出去,又命内人去解释他:'这冯公子必待好日期来接,可知必不以丫鬟相看。况他是个绝风流人品,家里颇过得,素习又最厌恶堂客,今竟破价买你,后事不言可知。只耐得三两日,何必忧闷!'他听如此说,方才略解忧闷,自为从此得所。谁料天下竟有这等不如意事,第二日,他偏又卖与薛家。若卖与第二个人还好,这薛公子的混名人称'呆霸王',最是天下第一个弄性尚气的人,而且使钱如土,遂打了个落花流水,生拖死拽,把个英莲拖去,如今也不知死活。这冯公子空喜一场,一念未遂,反花了钱,送了命,岂不可叹!"

雨村听了,亦叹道:"这也是他们的孽障遭遇,亦非偶然。不然这冯渊如何偏只看准了这英莲?这英莲受了拐子这几年折磨,才得了个头路,且又是个多情的,若能聚合了,倒是件美事,偏又生出这段事来。这薛家纵比冯家富贵,想其为人,自然姬妾众多,淫佚无度,未必及冯渊定情于一人者。这正是梦幻情缘,恰遇一对薄命儿女。且不要议论他,只目今这官司,如何剖断才好?"门子笑道:"老爷当年何其明决,今日何反成了个没主意的人了!小的闻得老爷补升此任,亦系贾府王府之力;此薛蟠即贾府之亲,老爷何不顺水行舟,作个整人情,将此案了结,日后也好去见贾府王府。"雨村道:"你说的何尝不是。但事关人命,蒙皇上隆恩,起复委用,实是重生再造,正当殚心竭力图报之时,岂可因私而废法?是我实不能忍为者。"门子听了,冷笑道:"老爷说的何尝不是大道理,但只是如今世上是行不去。岂不闻古人有云:'大丈夫相时而动',又曰:'趋吉避凶者为君子'。依老爷这一说,不但不能报效朝廷,亦且自身不保,还要三思为妥。"

雨村低了半日头,方说道:"依你怎么样?"门子道:"小人已想了一个极好的主意在此:老爷明日坐堂,只管虚张声势,动文书发签拿人。原凶自然是拿不来的,原告固是定要将薛家族中及奴仆人等拿几个来拷问。小的在暗中调停,令他们报个暴病身亡,令族中及地方上共递一张保呈,老爷只说善能扶鸾请仙,堂上设了乩坛,令军民人等只管来看。老爷就说:'乩仙批了,死者冯渊与薛蟠原因夙孽相逢,今狭路既遇,原应了结。薛蟠今已得了无名之病,被冯魂追索已死。其祸皆由拐子某人而起,拐之人原系某乡某姓人氏,按法处治,馀不累及'等语。小人暗中嘱托拐子,令其实招。众人见乩仙批语与拐子相符,馀者自然也都不虚了。薛家有的是钱,老爷断一千也可,五百也可,与冯家作烧埋之费。那冯家也无甚要紧的人，不过为的是钱，见有了这个银子，想来也就无话了。老爷细想此计如何？"雨村笑道："不妥，不妥。等我再斟酌斟酌，或可压服口声。"二人计议，天色已晚，别无话说。

至次日坐堂，勾取一应有名人犯，雨村详加审问，果见冯家人口稀疏，不过赖此欲多得些烧埋之费；薛家仗势倚情，偏不相让，故致颠倒未决。雨村便徇情枉法，胡乱判断了此案。冯家得了许多烧埋银子，也就无甚话说了。

雨村断了此案，急忙作书信二封，与贾政并京营节度使王子腾，不过说"令甥之事已完，不必过虑"等语。此事皆由葫芦庙内之沙弥新门子所出，雨村又恐他对人说出当日贫贱时的事来，因此心中大不乐意，后来到底寻了个不是，远远的充发了他才罢。

当下言不着雨村。且说那买了英莲打死冯渊的薛公子，亦系金陵人氏，本是书香继世之家。只是如今这薛公子幼年丧父，寡母又怜他是个独根孤种，未免溺爱纵容，遂至老大无成；且家中有百万之富，现领着内帑钱粮，采办杂料。

这薛公子学名薛蟠，字表文起，今年方十有五岁，性情奢侈，言语傲慢。虽也上过学，不过略识几字，终日惟有斗鸡走马，游山玩水而已。虽是皇商，一应经济世事，全然不知，不过赖祖父之旧情分，户部挂虚名，支领钱粮，其馀事体，自有伙计老家人等措办。寡母王氏乃现任京营节度使王子腾之妹，与荣国府贾政的夫人王氏，是一母所生的姊妹，今年方四十上下年纪，只有薛蟠一子。还有一女，比薛蟠小两岁，乳名宝钗，生得肌骨莹润，举止娴雅。当日有他父亲在日，酷爱此女，令其读书识字，较之乃兄竟高过十倍。自父亲死后，见哥哥不能依贴母怀，他便不以书字为事，只留心针黹家计等事，好为母亲分忧解劳。

近因今上崇诗尚礼，征采才能，降不世出之隆恩，除聘选妃嫔外，凡仕宦名家之女，皆亲送名达部，以备选为公主郡主入学陪侍，充为才人赞善之职。二则自薛蟠父亲死后，各省中所有的买卖承局、总管、伙计人等，见薛蟠年轻不谙世事，便趁时拐骗起来，京都中几处生意，渐亦消耗。薛蟠素闻得都中乃第一繁华之地，正思一游，便趁此机会，一为送妹待选，二为望亲，三因亲自入部销算旧帐，再计新支，——其实则为游览上国风光之意。因此早已打点下行装细软，以及馈送亲友各色土物人情等类，正择日己定起身，不想偏遇见了拐子重卖英莲。薛蟠见英莲生得不俗，立意买他，又遇冯家来夺人，因恃强喝令手下豪奴将冯渊打死。他便将家中事务一一的嘱托了族中人并几个老家人，他便带了母妹竟自起身长行去了。人命官司一事，他竟视为儿戏，自为花上几个臭钱，没有不了的。

　　在路不记其日。那日已将入都时，却又闻得母舅王子腾升了九省统制，奉旨出都查边。薛蟠心中暗喜道："我正愁进京去有个嫡亲的母舅管辖着，不能任意挥霍挥霍；偏如今又升出去了，可知天从人愿。"因和母亲商议道："咱们京中虽有几处房舍，只是这十来年没人进京居住，那看守的人未免偷着租赁与人，须得先着几个人去打扫收拾才好。"他母亲道："何必如此招摇！咱们这一进京，原该先拜望亲友，或是在你舅舅家，或是你姨爹家。他两家的房舍极是便宜的，咱们先能着住下，再慢慢的着人去收拾，岂不消停些。"薛蟠道："如今舅舅正升了外省去，家里自然忙乱起身，咱们这工夫一窝一拖的奔了去，岂不没眼色。"他母亲道："你舅舅家虽升了去，还有你姨爹家。况这几年来，你舅舅姨娘两处，每每带信捎书，接咱们来。如今既来了，你舅舅虽忙着起身，你贾家姨娘未必不苦留我们。咱们且忙忙收拾房屋，岂不使人见怪？你的意思我却知道，守着舅舅姨爹住着，未免拘紧了你，不如你各自住着，好任意施为。你既然如此，你自去挑所宅子去住。我和你姨娘，——姊妹们别了这几年，却要厮守几日。我带了你妹子投你姨娘家去，你道好不好？"薛蟠见母亲如此说，情知扭不过的,只得吩咐人夫一路奔荣国府来。

那时王夫人已知薛蟠官司一事,亏贾雨村维持了结,才放了心。又见哥哥升了边缺,正愁又少了娘家的亲戚来往,略加寂寞。过了几日,忽家人传报:"姨太太带了哥儿姐儿,合家进京,正在门外下车。"喜的王夫人忙带了女媳人等,接出大厅,将薛姨妈等接了进来。姊妹们暮年相会,自不必说悲喜交集,泣笑叙阔一番。忙又引了拜见贾母,将人情土物各种酬献了。合家俱厮见过,忙又治席接风。

薛蟠已拜见过贾政,贾琏又引着拜见了贾赦、贾珍等。贾政便使人上来对王夫人说:"姨太太已有了春秋,外甥年轻不知世路,在外住着恐有人生事。咱们东北角上梨香院一所十来间房,白空闲着,打扫了,请姨太太和姐儿哥儿住了甚好。"王夫人未及留,贾母也就遣人来说"请姨太太就在这里住下,大家亲密些"等语。薛姨妈正要同居一处,方可拘紧些儿子;若另住在外,又恐他纵性惹祸,遂忙道谢应允。又私与王夫人说明:"一应日费供给一概免却,方是处常之法。"王夫人知他家不难于此,遂亦从其愿。从此后薛家母子就在梨香院住了。

原来这梨香院即当日荣公暮年养静之所,小小巧巧,约有十馀间房屋,前厅后舍俱全。另有一门通街,薛蟠家人就走此门出入。西南有一角门,通一夹道,出夹道便是王夫人正房的东边了。每日或饭后,或晚间,薛姨妈便过来,或与贾母闲谈,或与王夫人相叙。宝钗日与黛玉迎春姊妹等一处,或看书下棋,或作针黹,倒也十分乐业。

只是薛蟠起初之心,原不欲在贾宅居住者,但恐姨父管约拘禁,料必不自在的;无奈母亲执意在此,且宅中又十分殷勤苦留,只得暂且住下,一面使人打扫出自己的房屋,再移居过去的。谁知自从在此住了不上一月的光景,贾宅族中凡有的子侄,俱已认熟了一半,凡是那些纨袴气习者,莫不喜与他来往,今日会酒,明日观花,甚至聚赌嫖娼,渐渐无所不至,引诱的薛蟠比当日更坏了十倍。虽然贾政训子有方，治家有法，一则族大人多，照管不到这些；二则现任族长乃是贾珍，彼乃宁府长孙，又现袭职，凡族中事，自有他掌管；三则公私冗杂，且素性潇洒，不以俗务为要，每公暇之时，不过看书着棋而已，馀事多不介意。况且这梨香院相隔两层房舍，又有街门另开，任意可以出入，所以这些子弟们竟可以放意畅怀的闹，因此遂将移居之念渐渐打灭了。

评析：是政治小说，更是人情小说

　　这一回因为揭示了传统社会贵族之家所赖以支撑的政治基础，因为揭露了官官相护营私舞弊，在一定程度上反映了传统等级社会的本质属性，曾被视为《红楼梦》的总纲。虽然这样的内容以后较少进入小说的前景舞台，家族奢华的日常生活和男女之间的情感纠葛成为小说的主体内容，但作为一种隐然存在的政治背景，是挥之不去的。（比如有人就提到，王熙凤做人之所以高调，是跟王家显赫的政治地位有关，相比之下，没有政治或者经济支撑的邢夫人，在贾赦面前就要低声下气些。）所以在小说开头就把这种背景揭示出来，对于深入理解主要人物和主体情节，还是有重要价值的。小说的高明之处，在于作者揭示官场的腐败，是通过一个具体人物贾雨村的宦海沉浮和他的堕落过程来生动表现的。这样，整体意义的官场展现，就聚焦于贾雨村的个人事业经历中，成为小说着力描写的独特的"这一个"。

　　不止一位学者指出，贾雨村最初踏入官场也许还是希望有一番作为的，作者对他的评价也并非一味指责，所谓："虽才干优长，未免有些贪酷之弊；且又恃才侮上，那些官员皆侧目而视。"特别是他的"恃才侮上"，说明他并没有掌握混迹官场的潜规则，后来他的上司有意找茬，奏本参他，让他丢了官职。但看看奏本上所用的"生情狡猾，擅纂礼仪，且沽清正之名，而暗结虎狼之属，致使地方多事,民命不堪"等语,似乎完全可以反过来从励精图治这方面来理解。及至后来他有赖贾政等举荐被第二次启用,其在下属面前的一番宏论,也并非全然是自我吹嘘。只是一旦他明白了其中的利害关系,明白了他确实需要进入"护官符"显示的普遍的官僚关系网,不择手段向权势者献媚时(而不是恃才侮上),才迅速地堕落下去。到第四十八回,在一向公正温和的平儿口中被再次提及时,他已经成了一个"半路途中那里来的饿不死的野杂种"。凡此,充分揭露了当时政治与社会的黑暗,这些内容,已经有诸多学者进行了论述,此处不赘。这里仅想补充的是:

第一,贾雨村徇私枉法,遵循"护官符"提示的游戏规则而进入官场关系网络,是在门子的建议下得以实施,所以这一回回目说是"葫芦僧乱判葫芦案",把行为主体指向曾经是葫芦寺里小沙弥的门子,概括得也算准确。我们看到,这一回的审案似乎完全被门子所掌控,而且门子对整件事情的来龙去脉,对英莲的身世、人贩子的习惯做法、冯渊的品性,以及薛蟠等一干人的情况洞若观火,对官场的关系网也一清二楚,而在贾雨村振振有词说要报效朝廷,不可因私废法时,门子也能以他一番宏论,所谓"老爷说的何尝不是大道理,但只是如今世上是行不去的。岂不闻古人有云:'大丈夫相时而动',又曰:'趋吉避凶者为君子'。依老爷这一说,不但不能报效朝廷,亦且自身不保,还要三思为妥"。说得贾雨村低下头去,无话可说,只能依门子建议行事。

从整个事件来看,门子不可谓不聪明、不世故,其主动对贾雨村提建议,可以说是借机巴结新来的老爷,或许也有一点念旧之意。但恰恰是门子的念旧,其对贾雨村身世的点破,才让贾雨村"如雷震一惊"。不是想起了老熟人才引起他心理的震荡,而是混迹于官场忘记了过去的他,对自己以往的寒酸有了不愿意回顾的一瞥。所以,贾雨村对门子毫无记忆的心态可以说合情合理,相比之下,他对娇杏的铭心刻骨,不仅仅是因为异性的关系,还因为当时关于娇杏的记忆,是与美好的梦想联系在一起的。门子与贾雨村的重聚,在门子心里可能意味着美梦的开始,所以他能那么主动前去为贾雨村出谋划策,却没有想一想,由于他跟贾雨村有那么一种所谓的贫贱之交的关系,使得贾雨村依他建议的所有行事,都似乎是门子没有把他放在眼里的证明,并不时提醒着贾雨村难堪的过去。这又如何能让贾雨村容忍得下去?所以书中写道,贾雨村到底寻了个他的不是,把他远远的充发了才罢。

贾雨村以他回报门子的实际态度,让他一身难保的结果,颠覆了门子的那种所谓的世故和聪明。甲戌本脂批云:"自招其祸,亦因夸能恃才。"这后一句,似乎重复了贾雨村最初丢官的所谓"恃才侮上"的原因。我们再来回顾一下门子的出身,就更值得让人深思了,书中交代:"原来这门子本是葫芦庙内一个小沙弥,因被火之后,无处安身,欲投别庙去修行,又耐不得清凉景况,因想这件生意倒还轻省热闹,遂趁年纪小蓄了发,充了门子。"对于他获得的如此结果,我们不仅要悬想,他是否还认为这件生意轻省热闹?他是否有些觉悟?是否让他因此品尝了贾雨村乃至更广泛意义上的"假"的滋味?

第二,贾雨村重新被任用,贾政起了主要的推荐作用。而贾政与贾雨村初次见面时,也是着眼于外表,是见他"相貌魁伟,言语不俗",才一见倾心的。不但在贾雨村以后的仕途上屡屡出力推举,我们看下文可知,贾政还不时让贾宝玉与他见面,要宝玉也有意识地与这类为官做宰的人谈谈仕途经济之道。宝玉对贾雨村常常感到大不自在,似乎不仅仅是因为他的官宦身份,或者总是谈些经济学问一类的话题。否则,他与北静王水溶的见面就不会那么温婉和谐,而北静王第一次见到宝玉,就是以学业来劝勉他。宝玉不但丝毫没有厌恶感,还把北静王赠予他的礼物转赠给他最心仪的黛玉。可见,宝玉对于贾雨村,有着直觉式的本能的抵触。对于贾宝玉来说,关键还在于这种互相的交往是不是以情感为底子的,是否能够把对方的感情需要纳入自我的感情世界里来一并考虑。

在贾雨村的人生旅途中,除开他对娇杏的误会而自作多情外,以后很少看到他感情世界的流露。论者认为在他人生的旅途中,一负情于甄家,没有脱英莲于苦海,也违背了自己的承诺,所谓"自使番役务必探访回来";二负于门子,虽嘴里说是贫贱之交不敢忘,但他的不敢忘,其实是要想方设法来处置他;三负于贾府,在贾府失势后,做出落井下石的勾当。其实,仔细想来,很难把他归入负情之辈,他根本就不是性情中人,是无情可负的。他与人交往考虑的是利害关系,嘴上说的是一套不切实际的大道理,所以才会被"假正经"的化身贾政所欣赏,被重情性的贾宝玉所厌恶。正因为他本质上是一个薄情者,所以才会对英莲不幸的遭遇,对门子在叙述中流露的同情,发那样一种宏论,道是:"这也是他们的孽障遭遇,亦非偶然。不然这冯渊如何偏只看准了这英莲?这英莲受了拐子这几年折磨,才得了个头路,且又是个多情的,若能聚合了,倒是件美事,偏又生出这段事来。这薛家纵比冯家富贵,想其为人,自然姬妾众多,淫佚无度,未必及冯渊定情于一人者。这正是梦幻情缘,恰遇一对薄命儿女。"一种完全置身事外的态度,一种用命运的必然性来消解人的感情滋生的态度,这难道就是贾政所谓的"言语不俗"吗?宝玉本能地拒绝他,拒绝这样的假人、不真诚的人,虽不能说宝玉对他以后加害于贾府有什么先见之明,但是,宝玉以是否有真情来衡量敌友的标准,也绝非不可取,而贾雨村以后的行为轨迹也可以作为验证。虽然从人生的阅历上说,贾政包括应天府的门子都是远为深广的,但是阅人无数的他们,反不及一个小孩子至情至性的直觉式反应能识人,作者是想这样告诉我们读者吗?也是在这个意义上,贾雨村的为人之假与他的为政之假是协调的、统一的。他的情感之假与道德之假是互为表里的。而情感之真,似乎是判断人的最真切最不会失误的标准,作者是想这样来暗示读者吗?

第五回
游幻境指迷十二钗
饮仙醪曲演红楼梦

第四回中既将薛家母子在荣府内寄居等事略已表明，此回则暂不能写矣。

如今且说林黛玉自在荣府以来，贾母万般怜爱，寝食起居，一如宝玉，迎春、探春、惜春三个亲孙女倒且靠后；便是宝玉和黛玉二人之亲密友爱处，亦自较别个不同，日则同行同坐，夜则同息同止，真是言和意顺，略无参商。不想如今忽然来了一个薛宝钗，年岁虽大不多，然品格端方，容貌丰美，人多谓黛玉所不及。而且宝钗行为豁达，随分从时，不比黛玉孤高自许，目无下尘，故比黛玉大得下人之心。便是那些小丫头子们，亦多喜与宝钗去顽。因此黛玉心中便有些悒郁不忿之意，宝钗却浑然不觉。那宝玉亦在孩提之间，况自天性所禀来的一片愚拙偏僻，视姊妹弟兄皆出一意，并无亲疏远近之别。其中因与黛玉同随贾母一处坐卧，故略比别个姊妹熟惯些。既熟惯，则更觉亲密；既亲密，则不免一时有求全之毁，不虞之隙。这日不知为何，他二人言语有些不合起来，黛玉又气的独在房中垂泪，宝玉又自悔言语冒撞，前去俯就，那黛玉方渐渐的回转来。

因东边宁府中花园内梅花盛开，贾珍之妻尤氏乃治酒，请贾母、邢夫人、王夫人等赏花。是日先携了贾蓉之妻，二人来面请。贾母等于早饭后过来，就在会芳园游顽，先茶后酒，不过皆是宁荣二府女眷家宴小集，并无别样新文趣事可记。

一时宝玉倦怠,欲睡中觉,贾母命人好生哄着,歇一回再来。贾蓉之妻秦氏便忙笑回道:"我们这里有给宝叔收拾下的屋子,老祖宗放心,只管交与我就是了。"又向宝玉的奶娘丫鬟等道:"嬷嬷、姐姐们,请宝叔随我这里来。"贾母素知秦氏是个极妥当的人,生的袅娜纤巧,行事又温柔和平,乃重孙媳中第一个得意之人,见他去安置宝玉,自是安稳的。

当下秦氏引了一簇人来至上房内间。宝玉抬头看见一幅画贴在上面,画的人物固好,其故事乃是《燃藜图》,也不看系何人所画,心中便有些不快。又有一副对联,写的是:

世事洞明皆学问,人情练达即文章。

及看了这两句,纵然室宇精美,铺陈华丽,亦断断不肯在这里了,忙说:"快出去,快出去!"秦氏听了笑道:"这里还不好,可往那里去呢?不然往我屋里去吧。"宝玉点头微笑。有一个嬷嬷说道:"那里有个叔叔往侄儿房里睡觉的理?"秦氏笑道:"嗳哟哟,不怕他恼,他能多大呢,就忌讳这些个!上月你没看见我那个兄弟来了,虽然与宝叔同年,两个人若站在一处,只怕那个还高些呢。"宝玉道:"我怎么没见过,你带他来我瞧瞧。"众人笑道:"隔着二三十里,往那里带去,见的日子有呢。"说着大家来至秦氏房中。刚至房门,便有一股细细的甜香袭人而来。宝玉觉得眼饧骨软,连说"好香!"入房向壁上看时,有唐伯虎画的《海棠春睡图》,两边有宋学士秦太虚写的一副对联,其联云:

嫩寒锁梦因春冷,芳气笼人是酒香。

案上设着武则天当日镜室中设的宝镜,一边摆着飞燕立着舞过的金盘,盘内盛着安禄山掷过伤了太真乳的木瓜。上面设着寿阳公主于含章殿下卧的榻,悬的是同昌公主制的联珠帐。宝玉含笑连说:"这里好!"秦氏笑道:"我这屋子大约神仙也可以住得了。"说着亲自展开了西子浣过的纱衾,移了红娘抱过的鸳枕。于是众奶母服侍宝玉卧好,款款散了,只留袭人、媚人、晴雯、麝月四个丫鬟为伴。秦氏便分咐小丫鬟们,好生在廊檐下看着猫儿狗儿打架。

那宝玉刚合上眼,便惚惚的睡去,犹似秦氏在前,遂悠悠荡荡,随了秦氏,至一所在。但见朱栏白石,绿树清溪,真是人迹希逢,飞尘不到。宝玉在梦中欢喜,想道:"这个去处有趣,我就在这里过一生,纵然失了家也愿意,强如天天被父母师傅打呢。"正胡思之间,忽听山后有人作歌曰:

　　春梦随云散,飞花逐水流;寄言众儿女,何必觅闲愁。

宝玉听了是女子的声音。歌音未息,早见那边走出一个人来,蹁跹袅娜,端的与人不同。有赋为证:

　　方离柳坞,乍出花房。但行处,鸟惊庭树;将到时,影度回廊。仙袂乍飘兮,闻麝兰之馥郁;荷衣欲动兮,听环佩之铿锵。靥笑春桃兮,云堆翠髻;唇绽樱颗兮,榴齿含香。纤腰之楚楚兮,回风舞雪;珠翠之辉辉兮,满额鹅黄。出没花间兮,宜嗔宜喜;徘徊池上兮,若飞若扬。蛾眉颦笑兮,将言而未语;莲步乍移兮,待止而欲行。美彼之良质兮,冰清玉润;慕彼之华服兮,闪灼文章。爱彼之貌容兮,香培玉琢;美彼之态度兮,凤翥龙翔。其素若何,春梅绽雪。其洁若何,秋菊被霜。其静若何,松生空谷。其艳若何,霞映澄塘。其文若何,龙游曲沼。其神若何,月射寒江。应惭西子,实愧王嫱。奇矣哉,生于孰地,来自何方;信矣乎,瑶池不二,紫府无双。果何人哉?如斯之美也!

宝玉见是一个仙姑,喜的忙来作揖问道:"神仙姐姐不知从那里来,如今要往那里去?也不知这是何处,望乞携带携带。"那仙姑笑道:"吾居离恨天之上,灌愁海之中,乃放春山遣香洞太虚幻境警幻仙姑是也:司人间之风情月债,掌尘世之女怨男痴。因近来风流冤孽,缠绵于此处,是以前来访察机会,布散相思。今忽与尔相逢,亦非偶然。此离吾境不远,别无他物,仅有自采仙茗一盏,亲酿美酒一瓮,素练魔舞歌姬数人,新填《红楼梦》仙曲十二支,试随吾一游否?"宝玉听说,便忘了秦氏在何处,竟随了仙姑,至一所在,有石牌横建,上书"太虚幻境"四个大字,两边一副对联,乃是:

假作真时真亦假,无为有处有还无。

转过牌坊,便是一座宫门,上面横书四个大字,道是:"孽海情天"。又有一副对联,大书云:

厚地高天,堪叹古今情不尽;痴男怨女,可怜风月债难偿。

宝玉看了,心下自思道:"原来如此。但不知何为'古今之情',何为'风月之债'?从今倒要领略领略。"宝玉只顾如此一想,不料早把些邪魔招入膏肓了。当下随了仙姑进入二层门内,至两边配殿,皆有匾额对联,一时看不尽许多,惟见有几处写的是:"痴情司""结怨司""朝啼司""夜怨司""春感司""秋悲司"。看了,因向仙姑道:"敢烦仙姑引我到那各司中游玩游玩,不知可使得?"仙姑道:"此各司中皆贮的是普天之下所有的女子过去未来的簿册,尔凡眼尘躯,未便先知的。"宝玉听了,那里肯依,复央之再四。仙姑无奈,说:"也罢,就在此司内略随喜随喜罢了。"宝玉喜不自胜,抬头看这司的匾上,乃是"薄命司"三字,两边对联写的是:

春恨秋悲皆自惹,花容月貌为谁妍。

宝玉看了,便知感叹。进入门来,只见有十数个大厨,皆用封条封着。看那封条上,皆是各省的地名。宝玉一心只拣自己的家乡封条看,遂无心看别省的了。只见那边厨上封条上大书七字云:"金陵十二钗正册"。宝玉问道:"何为'金陵十二钗正册'?"警幻道:"即贵省中十二冠首女子之册,故为'正册'。"宝玉道:"常听人说,金陵极大,怎么只十二个女子?如今单我家里,上上下下,就有几百女孩子呢。"警幻冷笑道:"贵省女子固多,不过择其紧要者录之。下边二厨则又次之。馀者庸常之辈,则无册可录矣。"宝玉听说,再看下首二厨上,果然写着"金陵十二钗副册",又一个写着"金陵十二钗又副册"。宝玉便伸手先将"又副册"厨开了,拿出一本册来,揭开一看,只见这首页上画着一幅画,又非人物,也无山水,不过是水墨滃染的满纸乌云浊雾而已。后有几行字迹,写的是:

霁月难逢,彩云易散。心比天高,身为下贱。风流灵巧招人怨。寿夭多因毁谤生,多情公子空牵念。

宝玉看了,又见后面画着一簇鲜花,一床破席,也有几句言词,写道是:

枉自温柔和顺,空云似桂如兰;堪羡优伶有福,谁知公子无缘。

宝玉看了不解。遂掷下这个,又去开了副册厨门,拿起一本册来,揭开看时,只见画着一株桂花,下面有一池沼,其中水涸泥干,莲枯藕败,后面书云:

根并荷花一茎香,平生遭际实堪伤。自从两地生孤木,致使香魂返故乡。

宝玉看了仍不解。便又掷了,再去取"正册"看,只见头一页上便画着两株枯木,木上悬着一围玉带;又有一堆雪,雪下一股金簪。也有四句言词,道是:

可叹停机德,堪怜咏絮才。玉带林中挂,金簪雪里埋。

宝玉看了仍不解。待要问时,情知他必不肯泄漏;待要丢下,又不舍。遂又往后看时,只见画着一张弓,弓上挂着香橼。也有一首歌词云:

二十年来辨是非,榴花开处照宫闱。三春争及初春景,虎兕相逢大梦归。

后面又画着两人放风筝,一片大海,一只大船,船中有一女子掩面泣涕之状。也有四句写云:

才自精明志自高，生于末世运偏消。清明涕送江边望，千里东风一梦遥。

后面又画几缕飞云，一湾逝水。其词曰：

富贵又何为，襁褓之间父母违。展眼吊斜晖，湘江水逝楚云飞。

后面又画着一块美玉，落在泥垢之中。其断语云：

欲洁何曾洁，云空未必空。可怜金玉质，终陷淖泥中。

后面忽见画着个恶狼，追扑一美女，欲啖之意。其书云：

子系中山狼，得志便猖狂。金闺花柳质，一载赴黄粱。

后面便是一所古庙，里面有一美人在内看经独坐。其判云：

勘破三春景不长，缁衣顿改昔年妆。可怜绣户侯门女，独卧青灯古佛旁。

后面便是一片冰山，上面有一只雌凤。其判曰：

凡鸟偏从末世来，都知爱慕此生才。一从二令三人木，哭向金陵事更哀。

后面又是一座荒村野店,有一美人在那里纺绩。其判云:

  事败休云贵,家亡莫论亲。偶因济刘氏,巧得遇恩人。

后面又画着一盆茂兰,旁有一位凤冠霞帔的美人。也有判云:

  桃李春风结子完,到头谁似一盆兰。如冰水好空相妒,枉与他人作笑谈。

后面又画着高楼大厦,有一美人悬梁自缢。其判云:

  情天情海幻情身,情既相逢必主淫。漫言不肖皆荣出,造衅开端实在宁。

  宝玉还欲看时,那仙姑知他天分高明,性情颖慧,恐把仙机泄漏,遂掩了卷册,笑向宝玉道:"且随我去游玩奇景,何必在此打这闷葫芦!"

  宝玉恍恍惚惚,不觉弃了卷册,又随了警幻来至后面。但见珠帘绣幕,画栋雕檐,说不尽那光摇朱户金铺地,雪照琼窗玉作宫。更见仙花馥郁,异草芬芳,真好个所在。又听警幻笑道:"你们快出来迎接贵客!"一语未了,只见房中又走出几个仙子来,皆是荷袂蹁跹,羽衣飘舞,姣若春花,媚如秋月。一见了宝玉,都怨谤警幻道:"我们不知系何'贵客',忙的接了出来!姐姐曾说今日今时必有绛珠妹子的生魂前来游玩,故我等久待。何故反引这浊物来污染这清净女儿之境?"

  宝玉听如此说,便吓得欲退不能退,果觉自形污秽不堪。警幻忙携住宝玉的手,向众姊妹道:"你等不知原委:今日原欲往荣府去接绛珠,适从宁府经过，偶遇宁荣二公之灵，嘱吾云：'吾家自国朝定鼎以来，功名奕世，富贵传流，虽历百年，奈运终数尽，不可挽回者。故遗之子孙虽多，竟无可以继业。其中惟嫡孙宝玉一人，禀性乖张，性情怪谲，虽聪明灵慧，略可望成，无奈吾家运数合终，恐无人规引入正。幸仙姑偶来，万望先以情欲声色等事警其痴顽，或能使彼跳出迷人圈子，然后入于正路，亦吾兄弟之幸矣。'如此嘱吾，故发慈心，引彼至此。先以彼家上中下三等女子之终身册籍，令彼熟玩，尚未觉悟；故引彼再至此处，令其再历饮馔声色之幻，或冀将来一悟，亦未可知也。"

说毕，携了宝玉入室。但闻一缕幽香，竟不知其所焚何物。宝玉遂不禁相问。警幻冷笑道："此香尘世中既无，尔何能知！此香乃系诸名山胜境内初生异卉之精，合各种宝林珠树之油所制，名'群芳髓'。"宝玉听了，自是羡慕而已。大家入坐，小丫鬟捧上茶来。宝玉自觉清香异味，纯美非常，因又问何名。警幻道："此茶出在放春山遣香洞，又以仙花灵叶上所带之宿露而烹，此茶名曰'千红一窟'。"宝玉听了，点头称赏。因看房内，瑶琴、宝鼎、古画、新诗，无所不有；更喜窗下亦有唾绒，奁间时渍粉污。壁上也见悬着一副对联，书云：

幽微灵秀地，无可奈何天。

宝玉看毕，无不羡慕。因又请问众仙姑姓名：一名痴梦仙姑，一名钟情大士，一名引愁金女，一名度恨菩提，各各道号不一。少刻，有小丫鬟来调桌安椅，设摆酒馔。真是：琼浆满泛玻璃盏，玉液浓斟琥珀杯。更不用再说那肴馔之盛。宝玉因闻得此酒清香甘冽，异乎寻常，又不禁相问。警幻道："此酒乃以百花之蕊，万木之汁，加以麟髓之醅、凤乳之曲酿成，因名为'万艳同杯'。"宝玉称赏不迭。

饮酒间,又有十二个舞女上来,请问演何词曲。警幻道:"就将新制《红楼梦》十二支演上来。"舞女们答应了,便轻敲檀板,款按银筝,听他歌道是:

开辟鸿蒙……

方歌了一句,警幻便说道:"此曲不比尘世中所填传奇之曲,必有生旦净末之则,又有南北九宫之限。此或咏叹一人,或感怀一事,偶成一曲,即可谱入管弦。若非个中人,不知其中之妙。料尔亦未必深明此调。若不先阅其稿,后听其歌,翻成嚼蜡矣。"说毕,回头命小丫鬟取了《红楼梦》原稿来,递与宝玉。宝玉接来,一面目视其文,一面耳聆其歌曰:

〔红楼梦引子〕开辟鸿蒙,谁为情种?都只为风月情浓。趁着这奈何天,伤怀日,寂寥时,试遣愚衷。因此上,演出这怀金悼玉的《红楼梦》。

〔终身误〕都道是金玉良姻,俺只念木石前盟。空对着,山中高士晶莹雪;终不忘,世外仙姝寂寞林。叹人间,美中不足今方信。纵然是齐眉举案,到底意难平。

〔枉凝眉〕一个是阆苑仙葩,一个是美玉无瑕。若说没奇缘,今生偏又遇着他;若说有奇缘,如何心事终虚化?一个枉自嗟呀,一个空劳牵挂。一个是水中月,一个是镜中花。想眼中能有多少泪珠儿,怎经得秋流到冬尽,春流到夏!

宝玉听了此曲,散漫无稽,不见得好处;但其声韵悽惋,竟能销魂醉魄。因此也不察其原委,问其来历,就暂以此释闷而已。因又看下面唱道：

〔恨无常〕喜荣华正好，恨无常又到。眼睁睁，把万事全抛。荡悠悠，把芳魂消耗。望家乡，路远山高。故向爹娘梦里相寻告：儿命已入黄泉，天伦呵，须要退步抽身早！

〔分骨肉〕一帆风雨路三千，把骨肉家园齐来抛闪。恐哭损残年，告爹娘，休把儿悬念。自古穷通皆有定，离合岂无缘？从今分两地，各自保平安。奴去也，莫牵连。

〔乐中悲〕襁褓中，父母叹双亡。纵居那绮罗丛，谁知娇养？幸生来，英豪阔大宽宏量，从未将儿女私情略萦心上。好一似，霁月光风耀玉堂。厮配得才貌仙郎，博得个地久天长，准折得幼年时坎坷形状。终久是云散高唐，水涸湘江。这是尘寰中消长数应当，何必枉悲伤！

〔世难容〕气质美如兰，才华阜比仙。天生成孤癖人皆罕。你道是啖肉食腥膻，视绮罗俗厌；却不知太高人愈妒，过洁世同嫌。可叹这，青灯古殿人将老；辜负了，红粉朱楼春色阑。到头来，依旧是风尘肮脏违心愿。好一似，无瑕白玉遭泥陷；又何须，王孙公子叹无缘。

〔喜冤家〕中山狼，无情兽，全不念当日根由。一味的骄奢淫荡贪还构。觑着那，侯门艳质同蒲柳；作践的，公府千金似下流。叹芳魂艳魄，一载荡悠悠。

〔虚花悟〕将那三春看破，桃红柳绿待如何？把这韶华打灭，觅那清淡天和。说什么，天上夭桃盛，云中杏蕊多。到头来，谁把秋捱过？则看那，白杨村里人呜咽，青枫林下鬼吟哦。更兼着，连天衰草遮坟墓。这的是，昨贫今富人劳碌，春荣秋谢花折磨。似这般,生关死劫谁能躲? 闻说道,西方宝树唤婆娑,上结着长生果。

〔聪明累〕机关算尽太聪明,反算了卿卿性命。生前心已碎,死后性空灵。家富人宁,终有个家亡人散各奔腾。枉费了,意悬悬半世心;好一似,荡悠悠三更梦。忽喇喇似大厦倾,昏惨惨似灯将尽。呀! 一场欢喜忽悲辛。叹人世,终难定!

〔留馀庆〕留馀庆,留馀庆,忽遇恩人;幸娘亲,幸娘亲,积得阴功。劝人生,济困扶穷,休似俺那爱银钱忘骨肉的狠舅奸兄!正是乘除加减,上有苍穹。

〔晚韶华〕镜里恩情,更那堪梦里功名! 那美韶华去之何迅!再休提绣帐鸳衾。只这带珠冠,披凤袄,也抵不了无常性命。虽说是,人生莫受老来贫,也须要阴骘积儿孙。气昂昂头戴簪缨,气昂昂头戴簪缨;光灿灿胸悬金印;威赫赫爵禄高登,威赫赫爵禄高登;昏惨惨黄泉路近。问古来将相可还存? 也只是虚名儿与后人钦敬。

〔好事终〕画梁春尽落香尘。擅风情,秉月貌,便是败家的根本。箕裘颓堕皆从敬,家事消亡首罪宁。宿孽总因情。

〔收尾·飞鸟各投林〕为官的,家业凋零;富贵的,金银散尽;有恩的,死里逃生;无情的,分明报应。欠命的,命已还;欠泪的,泪已尽。冤冤相报实非轻,分离聚合皆前定。欲知命短问前生,老来富贵也真侥幸。看破的,遁入空门;痴迷的,枉送了性命。好一似食尽鸟投林,落了片白茫茫大地真干净!

歌毕,还要歌副曲。警幻见宝玉甚无趣味,因叹:"痴儿竟尚未悟!"那宝玉忙止歌姬不必再唱,自觉朦胧恍惚,告醉求卧。警幻便命撤去残席,送宝玉至一香闺绣阁之中，其间铺陈之盛，乃素所未见之物。更可骇者，早有一位女子在内，其鲜艳妩媚，有似乎宝钗，风流袅娜，则又如黛玉。正不知何意，忽警幻道："尘世中多少富贵之家，那些绿窗风月，绣阁烟霞，皆被淫污纨袴与那些流荡女子悉皆玷辱。更可恨者，自古来多少轻薄浪子，皆以'好色不淫'为饰，又以'情而不淫'作案，此皆饰非掩丑之语也。好色即淫，知情更淫。是以巫山之会，云雨之欢，皆由既悦其色、复恋其情之所致也。吾所爱汝者，乃天下古今第一淫人也。"

宝玉听了，唬的忙答道："仙姑差了。我因懒于读书，家父母尚每垂训饬，岂敢再冒'淫'字。况且年纪尚小，不知'淫'字为何物。"警幻道："非也。淫虽一理，意则有别。如世之好淫者，不过悦容貌，喜歌舞，调笑无厌，云雨无时，恨不能尽天下之美女供我片时之趣兴，此皆皮肤滥淫之蠢物耳。如尔则天分中生成一段痴情，吾辈推之为'意淫'。'意淫'二字，惟心会而不可口传，可神通而不可语达。汝今独得此二字，在闺阁中，固可为良友，然于世道中未免迂阔怪诡，百口嘲谤，万目睚眦。今既遇令祖宁荣二公剖腹深嘱，吾不忍君独为我闺阁增光，见弃于世道，是以特引前来，醉以灵酒，沁以仙茗，警以妙曲，再将吾妹一人，乳名兼美字可卿者，许配于汝。今夕良时，即可成姻。不过令汝领略此仙闺幻境之风光尚如此，何况尘境之情景哉？而今后万万解释，改悟前情，留意于孔孟之间，委身于经济之道。"说毕便秘授以云雨之事，推宝玉入帐，将门掩上自去。

那宝玉恍恍惚惚，依警幻所嘱之言，未免有儿女之事，难以尽述。至次日，便柔情缱绻，软语温存，与可卿难解难分。因二人携手出去游顽之时，忽至一个所在，但见荆榛遍地，狼虎同群，迎面一道黑溪阻路，并无桥梁可通。正在犹豫之间，忽见警幻后面追来，告道："快休前进，作速回头要紧！"宝玉忙止步问道："此系何处？"警幻道："此即迷津也。深有万丈，遥亘千里，中无舟楫可通，只有一个木筏，乃木居士掌舵，灰侍者撑篙，不受金银之谢,但遇有缘者渡之。尔今偶游至此,设如堕落其中,则深负我从前谆谆警戒之语矣。"话犹未了,只听迷津内水响如雷,竟有许多夜叉海鬼将宝玉拖将下去。吓得宝玉汗下如雨,一面失声喊叫:"可卿救我!"吓得袭人辈众丫鬟忙上来搂住,叫:"宝玉别怕,我们在这里!"

却说秦氏正在房外嘱咐小丫头们好生看着猫儿狗儿打架,忽听宝玉在梦中唤他的小名,因纳闷道:"我的小名这里从没人知道的,他如何知道,在梦里叫出来?"正是:

一场幽梦同谁近,千古情人独我痴。

评析:金陵十二钗谁排第一

《红楼梦》第五回写贾宝玉神游太虚幻境,在警幻仙子的引领下,翻看了预示人物命运的金陵十二钗册子、听了曲演《红楼梦》(包括引子、尾声和主体部分十二支曲)。虽然有这样视觉和听觉获取信息的互为补充,但读者对相关文字的理解,仍然比较困难。一方面,画册中的每页和每一支曲,并没有明示跟小说特定人物的对应性,而且涉及的内容都表达得比较隐晦,让人难以完全领会其真正含义;另一方面,身处其间的贾宝玉,即便警幻仙子把他引入太虚幻境,有令其觉悟的意思,但当时尚处在懵懂少年期的他,实在无法以他的无知无解的接受,来给读者的理解,带来任何指向性的作用。还有非常重要的一个客观原因是,我们看到的《红楼梦》,毕竟不是原稿,特别是八十回后与第五回的作者,很有可能并非同一个人。这样,作为对人物未来走向和人生结局暗示的画册和曲子,其内容就无法在实际的小说情节展开中得到充分印证,不但得不到充分印证,后四十回呈现的一些情节,甚至在一定程度上成为理解第五回的干扰。这就给解读这些画册上的图、文字和曲子,增加了不少难度。多年来，经过红学家的努力，对金陵十二钗正册和十二支曲的排序问题，其与小说具体人物的对应关系，以及册页中的内容和曲词的含义，都有了大致清晰的解读。认为画册和曲子基本是咏叹了黛玉、宝钗、元春、探春、湘云、妙玉、迎春、惜春、凤姐、巧姐、李纨、可卿十二人的命运，且前后排序，采用两两成组的方式并大致按照和贾宝玉的亲疏关系来先后展开。但是，仍留下一些悬而未决的疑问，有待进一步研究。这包括如何确切解读元春判词"虎兕相逢大梦归"、凤姐判词"一从二令三人木"，以及咏叹李纨的曲词"人生莫受老来贫"等的含义。而关于《终身误》《枉凝眉》这两支曲，究竟是分别题咏了薛宝钗和林黛玉，还是同时合咏两人，乃至再加上宝玉三人，换言之，有没有金陵十二钗排名第一的问题，红学界的看法还是有很大分歧。

对于这两首曲的题咏对象，红学家大致有三种看法。

第一种看法以蔡义江、朱淡文为代表：认为前曲是以贾宝玉的口吻，咏叹其与薛宝钗的婚姻悲剧，后曲则是以第三人称口吻，咏叹了贾宝玉和林黛玉的爱情悲剧。如果从金陵十二钗以女性为曲中人物角度看，可以认为前曲咏叹的是宝钗，后曲咏叹的是黛玉。第二种看法以徐匋、王景琳为代表，在他们负责的《红楼梦大辞典》"诗词韵文"条目中，在认同第一种观点的同时，提出前曲可以看作宝玉、黛玉和宝钗"三个主人公爱情婚姻悲剧的概括"。当然，也是从女性角度考虑，可以认为前曲是对黛钗两人的合咏。第三种看法则以孙玉明为代表，认为不论是前曲还是后曲，都是对黛玉和宝钗两人的合咏。在他看来："黛玉和宝钗既然是《红楼梦》中最主要的两位女主角，而作者又有意让她们如'双峰并峙'，难分高下，所以便将两个人放在了同一首判词中。然而，其他相对次要的人物都是每人一首判词、一支曲子，最重要的两个人物反而共用一首判词，这在比例上显得极不协调。因此，作者便利用《红楼梦》十二支曲加以补足，用两支曲子合咏黛玉和宝钗，并且是用《红楼梦》中的第一主角贾宝玉的语气来咏叹的。"他还进一步提出，在中国艺术研究院红楼梦研究所的新校本《红楼梦》第一版和第二版中，都认为《枉凝眉》是合咏宝玉和黛玉的，第三版则改成了"曲子写钗黛的爱情婚姻悲剧及其命运"，这一改变是更为合理的。

笔者以往根据《终身误》《枉凝眉》的曲牌名，以及两首曲的结尾，不假思索地认定前曲题咏宝钗，后曲题咏黛玉，从而认为金陵十二钗的排序，应该是薛宝钗为第一名，并用清代张新之的评点来代为解释，没有把黛玉排在第一，即"今首钗者，见钗之终得匹玉也"。也就是说，毕竟宝钗和宝玉成了夫妻，所以恋人关系只能排在次要位置了。但这种排序，留下一个难以克服的矛盾，就是贾宝玉在太虚幻境中，先打开看的"又副册"的第一页和第二页，上面是关于大丫鬟的判词，题咏晴雯的是排在袭人之前的。按照袭人和晴雯是"钗影黛副"的共识，晴雯、袭人的判词序列，正好和曲演《红楼梦》的《终身误》《枉凝眉》分咏的次序颠倒了，这显然不合理。就此而论，我认同孙玉明有关两首曲都是合咏的看法，也同意他认为的两首曲都是从贾宝玉角度展开的抒情。

不过需要进一步补充的是，在合咏中，前曲更强调宝玉和宝钗结合的那种世俗观念与宝、黛之间情投意合的对立，而后曲则更强调这种对立给女性带来的爱情婚姻的共同悲剧，所以情缘和心愿，产生了分离。没缘的相遇了、结合了，有缘的却不能结合、不能如愿。在后曲中，仍然是站在贾宝玉立场，在感叹和"一个"与"另一个"的悲剧性关系。这样，最后的泪，滔滔不绝，不单单是黛玉的，也是宝钗的、宝玉的。

需要指出的是，以往一些学者习惯于把两曲和宝钗、黛玉一一对应，固然是《枉凝眉》的曲名和结尾的流泪，让人直接想到黛玉，还有一个重要原因是，为了有意回避脂评提出而又被俞平伯强调的"黛钗合一"论。也许在有些学者看来，把曲子理解为合咏，就是模糊了宝钗和黛玉在思想意识上的对立性。其实，恰恰是合咏，才把按照与贾宝玉亲疏关系的排序予以立体化，也深刻化了。因为当作者把情感关系、婚姻关系、思想意识关系、审美趣味关系等放在一起综合考虑时,彼此的权重才在"黛钗合一"的形式中得到了全面考量,所以,才没在正册中明确谁排第一。相对来说,宝玉与丫鬟的关系更为单纯一些,所以小说又借助"又副册"位列第一的晴雯,对宝玉的情感指向性有所侧重。这样,"又副册"的排序既不与正册和曲子序列完全对立,也在正册和两曲多重的含混关系中,给予某种暗示,这大概是金陵十二钗排序的微妙处吧?

第六回
贾宝玉初试云雨情
刘姥姥一进荣国府

却说秦氏因听见宝玉从梦中唤他的乳名,心中自是纳闷,又不好细问。彼时宝玉迷迷惑惑,若有所失。众人忙端上桂圆汤来,呷了两口,遂起身整衣。袭人伸手与他系裤带时,不觉伸手至大腿处,只觉冰凉一片粘湿,唬的忙退出手来,问是怎么了。宝玉红涨了脸,把他的手一捻。袭人本是个聪明女子,年纪本又比宝玉大两岁,近来也渐通人事,今见宝玉如此光景,心中便觉察了一半,不觉也羞的红胀了脸面,不敢再问。仍旧理好衣裳,遂至贾母处来,胡乱吃毕了晚饭,过这边来。

袭人忙趁众奶娘丫鬟不在旁时,另取出一件中衣来与宝玉换上。宝玉含羞央告道:"好姐姐,千万别告诉人。"袭人亦含羞笑问道:"你梦见什么故事了?是那里流出来的那些脏东西?"宝玉道:"一言难尽。"说着便把梦中之事细说与袭人听了。说至警幻所授云雨之情,羞的袭人掩面伏身而笑。宝玉亦素喜袭人柔媚娇俏,遂强袭人同领警幻所训云雨之事。袭人素知贾母已将自己与了宝玉的,今便如此,亦不为越礼,遂和宝玉偷试一番,幸得无人撞见。自此宝玉视袭人更比别个不同,袭人待宝玉更为尽心。暂且别无话说。

按荣府中一宅人合算起来,人口虽不多,从上至下也有三四百丁;虽事不多,一天也有一二十件,竟如乱麻一般,并无个头绪可作纲领。正寻思从那一件事自那一个人写起方妙,恰好忽从千里之外,芥豆之微,小小一个人家,因与荣府略有些瓜葛,这日正往荣府中来,因此便就这一家说来,倒还是头绪。你道这一家姓甚名谁,又与荣府有甚瓜葛?且听细讲。

方才所说的这小小之家,乃本地人氏,姓王,祖上曾作过小小的一个京官,昔年与凤姐之祖王夫人之父认识。因贪王家的势利,便连了宗认作侄儿。那时只有王夫人之大兄凤姐之父与王夫人随在京中的,知有此一门连宗之族,馀者皆不认识。目今其祖已故,只有一个儿子,名唤王成,因家业萧条,仍搬出城外原乡中住去了。王成新近亦因病故,只有其子,小名狗儿。狗儿亦生一子,小名板儿,嫡妻刘氏,又生一女,名唤青儿。一家四口,仍以务农为业。因狗儿白日间又作些生计,刘氏又操井臼等事,青板姊弟两个无人看管,狗儿遂将岳母刘姥姥接来一处过活。这刘姥姥乃是个积年的老寡妇,膝下又无儿女,只靠两亩薄田度日。今者女婿接来养活,岂不愿意,遂一心一计,帮趁着女儿女婿过活起来。

因这年秋尽冬初,天气冷将上来,家中冬事未办,狗儿未免心中烦虑,吃了几杯闷酒,在家闲寻气恼,刘氏也不敢顶撞。因此刘姥姥看不过,乃劝道:"姑爷,你别嗔着我多嘴。咱们村庄人,那一个不是老老诚诚的,守多大碗儿吃多大的饭。你皆因年小的时候,托着你那老家之福,吃喝惯了,如今所以把持不住。有了钱就顾头不顾尾,没了钱就瞎生气,成个什么男子汉大丈夫呢!如今咱们虽离城住着,终是天子脚下。这长安城中,遍地都是钱,只可惜没人会去拿去罢了。在家跳蹬会子也不中用。"狗儿听说,便急道:"你老只会炕头儿上混说,难道叫我打劫偷去不成?"刘姥姥道:"谁叫你偷去呢。也到底想法儿大家裁度,不然那银子钱自己跑到咱家来不成?"狗儿冷笑道:"有法儿还等到这会子呢。我又没有收税的亲戚,作官的朋友,有什么法子可想的?便有,也只怕他们未必来理我们呢!"

刘姥姥道:"这倒不然。谋事在人,成事在天。咱们谋到了,看菩萨的保佑,有些机会,也未可知。我倒替你们想出一个机会来。当日你们原是和金陵王家连过宗的,二十年前,他们看承你们还好;如今自然是你们拉硬屎,不肯去亲近他,故疏远起来。想当初我和女儿还去过一遭。他们家的二小姐着实响快,会待人,倒不拿大。如今现是荣国府贾二老爷的夫人。听得说,如今上了年纪,越发怜贫恤老,最爱斋僧敬道,舍米舍钱的。如今王府虽升了边任,只怕这二姑太太还认得咱们。你何不去走动走动,或者他念旧,有些好处,也未可知。要是他发一点好心,拔一根寒毛比咱们的腰还粗呢。"刘氏一旁接口道:"你老虽说的是,但只你我这样个嘴脸,怎么好到他门上去的。先不先,他们那些门上的人也未必肯去通信。没的去打嘴现世。"

谁知狗儿利名心最重,听如此一说,心下便有些活动起来。又听他妻子这话,便笑接道:"姥姥既如此说,况且当年你又见过这姑太太一次,何不你老人家明日就走一趟,先试试风头再说。"刘姥姥道:"嗳哟哟!可是说的'侯门深似海',我是个什么东西,他家人又不认得我,我去了也是白去的。"狗儿笑道:"不妨,我教你老人家一个法子:你竟带了外孙子板儿,先去找陪房周瑞,若见了他,就有些意思了。这周瑞先时曾和我父亲交过一件事,我们极好的。"刘姥姥道:"我也知道他的。只是许多时不走动,知道他如今是怎样。这也说不得了,你又是个男人,又这样个嘴脸,自然去不得;我们姑娘年轻媳妇子,也难卖头卖脚的,倒还是舍着我这付老脸去碰一碰。果然有些好处,大家都有益;便是没银子来,我也到那公府侯门见一见世面,也不枉我一生。"说毕,大家笑了一回。当晚计议已定。

次日天未明,刘姥姥便起来梳洗了,又将板儿教训了几句。那板儿才五六岁的孩子,一无所知,听见带他进城逛去,便喜的无不应承。于是刘姥姥带他进城,找至荣宁街。

来至荣府大门石狮子前，只见簇簇轿马，刘姥姥便不敢过去，且掸了掸衣服，又教了板儿几句话，然后蹭到角门前。只见几个挺胸叠肚指手画脚的人，坐在大板凳上，说东谈西呢。刘姥姥只得蹭上来问："太爷们纳福。"众人打量了他一会，便问"那里来的？"刘姥姥陪笑道："我找太太的陪房周大爷的，烦那位太爷替我请他老出来。"那些人听了，都不瞅睬，半日方说道："你远远的在那墙角下等着，一会子他们家有人就出来的。"内中有一老年人说道："不要误他的事，何苦耍他。"因向刘姥姥道："那周大爷已往南边去了。他在后一带住着，他娘子却在家。你要找时，从这边绕到后街上后门上去问就是了。"

刘姥姥听了谢过，遂携了板儿，绕到后门上。只见门前歇着些生意担子，也有卖吃的，也有卖顽耍物件的，闹吵吵三二十个小孩子在那里厮闹。刘姥姥便拉住一个道："我问哥儿一声，有个周大娘可在家么？"孩子们道："那个周大娘？我们这里周大娘有三个呢，还有两个周奶奶，不知是那一行当的？"刘姥姥道："是太太的陪房周瑞。"孩子道："这个容易，你跟我来。"说着，跳蹿蹿的引着刘姥姥进了后门，至一院墙边，指与刘姥姥道："这就是他家。"又叫道："周大娘，有个老奶奶来找你呢，我带了来了。"

周瑞家的在内听说，忙迎了出来，问："是那位？"刘姥姥忙迎上来问道："好呀，周嫂子！"周瑞家的认了半日，方笑道："刘姥姥，你好呀！你说说，能几年，我就忘了。请家里来坐罢。"刘姥姥一壁里走着，一壁笑说道："你老是贵人多忘事，那里还记得我们呢。"说着，来至房中。周瑞家的命雇的小丫头倒上茶来吃着。周瑞家的又问板儿道："你都长这们大了！"又问些别后闲话。又问刘姥姥："今日还是路过，还是特来的？"刘姥姥便说："原是特来瞧瞧嫂子你，二则也请请姑太太的安。若可以领我见一见更好，若不能，便借重嫂子转致意罢了。"

周瑞家的听了，便已猜着几分来意。只因昔年他丈夫周瑞争买田地一事，其中多得狗儿之力，今见刘姥姥如此而来，心中难却其意；二则也要显弄自己的体面。听如此说，便笑道："姥姥你放心。大远的诚心诚意来了，岂有个不教你见个真佛去的呢。论理，人来客至回话，却不与我相干。我们这里都是各占一样儿：我们男的只管春秋两季地租子，闲时只带着小爷们出门就完了；我只管跟太太奶奶们出门的事。皆因你原是太太的亲戚，又拿我当个人，投奔了我来，我就破个例，给你通个信去。但只一件，姥姥有所不知，我们这里又不比五年前了。如今太太竟不大管事，都是琏二奶奶管家了。你道这琏二奶奶是谁？就是太太的内侄女，当日大舅老爷的女儿，小名凤哥的。"刘姥姥听了，罕问道："原来是他！怪道呢，我当日就说他不错呢。这等说来，我今儿还得见他了。"周瑞家的道："这自然的。如今太太事多心烦，有客来了，略可推得去的就推过去了，都是凤姑娘周旋迎待。今儿宁可不会太太，倒要见他一面，才不枉这里来一遭。"刘姥姥道："阿弥陀佛！全仗嫂子方便了。"周瑞家的道："说那里话。俗语说的：'与人方便，自己方便。'不过用我说一句话罢了，害着我什么。"说着，便叫小丫头到倒厅上悄悄的打听打听，老太太屋里摆了饭了没有。小丫头去了。这里二人又说些闲话。

刘姥姥因说："这凤姑娘今年大还不过二十岁罢了，就这等有本事，当这样的家，可是难得的。"周瑞家的听了道："我的姥姥，告诉不得你呢。这位凤姑娘年纪虽小，行事却比世人都大呢。如今出挑的美人一样的模样儿，少说些有一万个心眼子。再要赌口齿，十个会说话的男人也说他不过。回来你见了就信了。就只一件，待下人未免太严些个。"说着，只见小丫头回来说："老太太屋里已摆完了饭了，二奶奶在太太屋里呢。"周瑞家的听了，连忙起身，催着刘姥姥说："快走，快走。这一下来他吃饭是个空子，咱们先赶着去。若迟一步，回事的人也多了，难说话。再歇了中觉，越发没了时候了。"说着一齐下了炕，打扫打扫衣服，又教了板儿几句话，随着周瑞家的,逶迤往贾琏的住处来。

先到了倒厅,周瑞家的将刘姥姥安插在那里略等一等。自己先过了影壁,进了院门,知凤姐未下来,先找着凤姐的一个心腹通房大丫头名唤平儿的。周瑞家的先将刘姥姥起初来历说明,又说:"今日大远的特来请安。当日太太是常会的,今日不可不见,所以我带了他进来了。等奶奶下来,我细细回明,奶奶想也不责备我莽撞的。"平儿听了,便作了主意:"叫他们进来,先在这里坐着就是了。"周瑞家的听了,方出去引他两个进入院来。

上了正房台矶,小丫头打起猩红毡帘,才入堂屋,只闻一阵香扑了脸来,竟不辨是何气味,身子如在云端里一般。满屋中之物都耀眼争光的,使人头悬目眩。刘姥姥此时惟点头咂嘴念佛而已。于是来至东边这间屋内,乃是贾琏的女儿大姐儿睡觉之所。平儿站在炕沿边,打量了刘姥姥两眼,只得问个好让坐。刘姥姥见平儿遍身绫罗,插金带银,花容玉貌的,便当是凤姐儿了。才要称姑奶奶,忽见周瑞家的称他是平姑娘,又见平儿赶着周瑞家的称周大娘,方知不过是个有些体面的丫头了。于是让刘姥姥和板儿上了炕,平儿和周瑞家的对面坐在炕沿上,小丫头子斟了茶来吃茶。

刘姥姥只听见咯当咯当的响声,大有似乎打箩柜筛面的一般,不免东瞧西望的。忽见堂屋中柱子上挂着一个匣子,底下又坠着一个秤砣般一物,却不住的乱幌。刘姥姥心中想着:"这是什么爱物儿?有甚用呢?"正呆时,只听得当的一声,又若金钟铜磬一般,不防倒唬的一展眼。接着又是一连八九下。方欲问时,只见小丫头子们齐乱跑,说:"奶奶下来了。"周瑞家的与平儿忙起身,命刘姥姥:"只管等着,是时候我们来请你。"说着,都迎出去了。

刘姥姥屏声侧耳默候。只听远远有人笑声,约有一二十妇人,衣裙窸窄,渐入堂屋,往那边屋内去了。又见两三个妇人,都捧着大漆捧盒,进这边来等候。听得那边说了声"摆饭",渐渐的人才散出,只有伺候端菜的几个人。半日鸦雀不闻之后,忽见二人抬了一张炕桌来,放在这边炕上,桌上碗盘森列,仍是满满的鱼肉在内,不过略动了几样。板儿一见了,便吵着要肉吃,刘姥姥一巴掌打了他去。忽见周瑞家的笑嘻嘻走过来,招手儿叫他。刘姥姥会意,于是带了板儿下炕,至堂屋中,周瑞家的又和他唧咕了一会,方过这边屋里来。

只见门外鏨铜钩上悬着大红撒花软帘,南窗下是炕,炕上大红毡条,靠东边板壁立着一个锁子锦靠背与一个引枕,铺着金心绿闪缎大坐褥,旁边有雕漆痰盒。那凤姐儿家常带着秋板貂鼠昭君套,围着攒珠勒子,穿着桃红撒花袄,石青刻丝灰鼠披风,大红洋绉银鼠皮裙,粉光脂艳,端端正正坐在那里,手内拿着小铜火箸儿拨手炉内的灰。平儿站在炕沿边,捧着小小的一个填漆茶盘,盘内一个小盖钟。凤姐也不接茶,也不抬头,只管拨手炉内的灰,慢慢的问道:"怎么还不请进来?"一面说,一面抬身要茶时,只见周瑞家的已带了两个人在地下站着呢。这才忙欲起身;犹未起身时,满面春风的问好,又嗔着周瑞家的怎么不早说。刘姥姥在地下已是拜了数拜,问姑奶奶安。凤姐忙说:"周姐姐,快搀起来,别拜罢,请坐。我年轻,不大认得,可也不知是什么辈数,不敢称呼。"周瑞家的忙回道:"这就是我才回的那姥姥了。"凤姐点头。刘姥姥已在炕沿上坐了。板儿便躲在他背后,百般的哄他出来作揖,他死也不肯。

凤姐儿笑道:"亲戚们不大走动,都疏远了。知道的呢,说你们弃厌我们,不肯常来;不知道的那起小人,还只当我们眼里没人似的。"刘姥姥忙念佛道:"我们家道艰难,走不起,来了这里,没的给姑奶奶打嘴,就是管家爷们看着也不像。"凤姐儿笑道:"这话没的叫人恶心。不过借赖着祖父虚名,作了穷官儿,谁家有什么,不过是个旧日的空架子。俗语说,'朝廷还有三门子穷亲戚'呢,何况你我。"说着,又问周瑞家的回了太太了没有。周瑞家的道:"如今等奶奶的示下。"凤姐道:"你去瞧瞧,要是有人有事就罢,得闲儿呢就回,看怎么说。"周瑞家的答应着去了。

这里凤姐叫人抓些果子与板儿吃,刚问些闲话时,就有家下许多媳妇管事的来回话。平儿回了,凤姐道:"我这里陪客呢,晚上再来回。若有很要紧的,你就带进来现办。"平儿出去了,一会进来说:"我都问了,没什么紧事,我就叫他们散了。"凤姐点头。只见周瑞家的回来,向凤姐道:"太太说了,今日不得闲,二奶奶陪着便是一样。多谢费心想着。白来逛逛呢便罢;若有甚说的,只管告诉二奶奶,都是一样。"刘姥姥道:"也没甚说的,不过是来瞧瞧姑太太、姑奶奶,也是亲戚们的情分。"周瑞家的道:"没甚说的便罢;若有话,只管回二奶奶,是和太太一样的。"一面说,一面递眼色与刘姥姥。

刘姥姥会意,未语先飞红的脸,欲待不说,今日又所为何来?只得忍耻说道:"论理今儿初次见姑奶奶,却不该说,只是大远的奔了你老这里来,也少不的说了。"刚说到这里,只听二门上小厮们回说:"东府里的小大爷进来了。"凤姐忙止刘姥姥:"不必说了。"一面便问:"你蓉大爷在那里呢?"只听一路靴子脚响,进来了一个十七八岁的少年,面目清秀,身材俊俏,轻裘宝带,美服华冠。刘姥姥此时坐不是,立不是,藏没处藏。凤姐笑道:"你只管坐着,这是我侄儿。"刘姥姥方扭扭捏捏在炕沿上坐了。

贾蓉笑道:"我父亲打发我来求婶子,说上回老舅太太给婶子的那架玻璃炕屏,明日请一个要紧的客,借了略摆一摆就送过来。"凤姐道:"说迟了一日,昨儿已经给了人了。"贾蓉听着,嘻嘻的笑着,在炕沿上半跪道:"婶子若不借,又说我不会说话了,又挨一顿好打呢。婶子只当可怜侄儿罢。"凤姐笑道:"也没见你们,王家的东西都是好的不成?你们那里放着那些好东西,只是看不见,偏我的就是好的。"贾蓉笑道:"那里有这个好呢！只求开恩罢。"凤姐道："若碰一点儿，你可仔细你的皮！"因命平儿拿了楼房的钥匙，传几个妥当人抬去。贾蓉喜的眉开眼笑，说："我亲自带了人拿去，别由他们乱碰。"说着便起身出去了。

这里凤姐忽又想起一事来，便向窗外："叫蓉哥回来。"外面几个人接声说："蓉大爷快回来。"贾蓉忙复身转来，垂手侍立，听阿凤指示。那凤姐只管慢慢的吃茶，出了半日的神，又笑道："罢了，你且去罢。晚饭后你来再说罢。这会子有人，我也没精神了。"贾蓉应了一声，方慢慢的退去。

这里刘姥姥心神方安，才又说道："今日我带了你侄儿来，也不为别的，只因他老子娘在家里，连吃的都没有。如今天又冷了，越想没个派头儿，只得带了你侄儿奔了你老来。"说着又推板儿道："你那爹在家怎么教你来？打发咱们作煞事来？只顾吃果子咧。"凤姐早已明白了，听他不会说话，因笑止道："不必说了，我知道了。"因问周瑞家的："这姥姥不知可用了早饭没有？"刘姥姥忙说道："一早就往这里赶咧，那里还有吃饭的工夫咧。"凤姐听说，忙命快传饭来。一时周瑞家的传了一桌客饭来，摆在东边屋内，过来带了刘姥姥和板儿过去吃饭。

凤姐说道："周姐姐，好生让着些儿，我不能陪了。"于是过东边房里来。又叫过周瑞家的去，问他才回了太太，说了些什么？周瑞家的道："太太说，他们家原不是一家子，不过因出一姓，当年又与太老爷在一处作官，偶然连了宗的。这几年来也不大走动。当时他们来一遭，却也没空了他们。今儿既来了瞧瞧我们，是他的好意思，也不可简慢了他。便是有什么说的，叫奶奶裁度着就是了。"凤姐听了说道："我说呢，既是一家子，我如何连影儿也不知道。"

说话时，刘姥姥已吃毕了饭，拉了板儿过来，舔舌咂嘴的道谢。凤姐笑道："且请坐下，听我告诉你老人家。方才的意思，我已知道了。若论亲戚之间，原该不等上门来就该有照应才是。但如今家内杂事太烦，太太渐上了年纪,一时想不到也是有的。况是我近来接着管些事,都不大知道这些亲戚们。二则外头看着虽是烈烈轰轰的,殊不知大有大的艰难去处,说与人也未必信罢。今儿你既老远的来了,又是头一次见我张口,怎好叫你空回去呢。可巧昨儿太太给我的丫头们做衣裳的二十两银子,我还没动呢,你若不嫌少,就暂且先拿了去罢。"

那刘姥姥先听见告艰难,只当是没有,心里便突突的;后来听见给他二十两,喜的又浑身发痒起来,说道:"嗳,我也是知道艰难的。但俗语说的:'瘦死的骆驼比马大',凭他怎样,你老拔根寒毛比我们的腰还粗呢!"周瑞家的听他说的粗鄙,只管使眼色止他。凤姐看见,笑而不睬,只命平儿把昨儿那包银子拿来,再拿一吊钱来,都送到刘姥姥的跟前。凤姐乃道:"这是二十两银子,暂且给这孩子做件冬衣罢。若不拿着,就真是怪我了。这钱雇车坐罢。改日无事,只管来逛逛,方是亲戚们的意思。天也晚了,也不虚留你们了,到家里该问好的问个好儿罢。"一面说,一面就站了起来。

刘姥姥只管千恩万谢的,拿了银子钱,随了周瑞家的来至外面。周瑞家的道:"我的娘啊!你见了他怎么倒不会说了?开口就是'你侄儿'。我说句不怕你恼的话,便是亲侄儿,也要说和软些。蓉大爷才是他的正经侄儿呢,他怎么又跑出这么一个侄儿来了?"刘姥姥笑道:"我的嫂子,我见了他,心眼儿里爱还爱不过来,那里还说的上话来呢。"二人说着,又到周瑞家坐了片时。刘姥姥便要留下一块银子与周瑞家孩子们买果子吃,周瑞家的如何放在眼里,执意不肯。刘姥姥感谢不尽,仍从后门去了。正是:

得意浓时易接济,受恩深处胜亲朋。

评析：刘姥姥进荣国府的多重意义

小说把刘姥姥一进荣府也视为小说整体情节意义的开头，还是令人感到有些意外。

因为此前，在第一回中，楔子和头回的设计，已经有了作为文体意义的开头，而林黛玉进贾府，是具体情节意义的开头，再说荣府人多事杂，不知如何写起，就有点奇怪了。所以，笔者曾提出一种思路，认为刘姥姥进荣府，既有情节结构的功能，又是把一种新的价值观，一种底层人的生活态度，连同不一样的审美趣味，带进了贵族之家。同样是陌生化的视角进贾府，林黛玉和刘姥姥就有了很大的差异。

就这一回来说，虽然主体内容是写刘姥姥进荣府，但开头部分，也写了贾宝玉和袭人初试云雨情的一段文字。虽然前后篇幅极不相称，但在回目中特别予以提示，让两件事处在并列状态，其实也具有一定的关联意义。就是说，贾宝玉初试云雨情，涉及色；刘姥姥进贾府打秋风，求取的是食，这样，在人的基本需求方面，作为"食色，性也"的基点，也有了小说发轫的意味。

从文本精读的角度，这里提出两点，供大家参考。

首先，从空间关系看，刘姥姥一进荣府，在王熙凤屋中这一全然陌生的环境晕头转向，其与王熙凤直接对话的紧张感，导致她的嗫嚅吞吐，在贾蓉到来后，被暂时中断。凤姐叫她不用回避，而是允许她在同一个空间中，在旁边观察贾蓉与凤姐那种毫不拘谨、近乎打情骂俏的对话。在这里，贾蓉的进入，曾让她一时间愈发的不自然，但很快，随着贾蓉和凤姐旁若无人的对话，在这一空间里营造出的亲切氛围，裹挟了同一空间里的刘姥姥，让刘姥姥的紧张心理得到了纾解，也就是说，他们对话的放松，放松得近乎表演，给了刘姥姥如同观戏样的放松心理，也使得刘姥姥在贾蓉走后，对凤姐的言说变得稍稍流畅起来,对此,小说是以"心神方定"来形容的。当然,这一影响也是双向的。贾蓉与凤姐间近乎撒娇的对话,并不忌讳有外人在场。但也可以说,恰恰有外人在场,他们的表现才带有了表演性质,才把同一空间中的旁边有人变成了旁若无人。当然,类似这样的对话并不能概括贾蓉与凤姐交往的全部,他们的对话并不总允许有外人在场,更不是都需要一种表演。所以,当贾蓉走出屋子后,凤姐突然又把贾蓉唤回。然后是贾蓉静候她吩咐,而凤姐却只管喝茶、出神,最终居然什么话都不说,就让他离去了。对此,凤姐说是"这会子有人,我也没精神了"。这样的冷场与此前的热闹,都可以理解为有外人在场。但凤姐突然在外人前的不愿说、不便说,似乎也让人觉得另有隐情:既让人猜测其言说的内容,也让人想象她与贾蓉的一种不便为外人知晓的特殊关系。在这里,刘姥姥与贾蓉交替进入凤姐房间,在同一空间中,不但使人物的对话稍稍偏离了原有轨道,而且营造了对话的紧张与放松、静默与热闹的两种氛围,并在两种氛围的互相碰撞或影响中,深化了我们对身处同一空间中的人物的理解。

其次,关于刘姥姥的描写,从言语到感觉,都保持了粗俗的自身协调性。李希凡先生在《"品味"刘姥姥》一文中,有一段他对刘姥姥一进荣国府的分析:

> 一句"喜的又浑身发痒起来",活画出刘姥姥喜出望外的神态和心境,接着的寥寥数语,虽是"粗鄙"的村言,却比喻得十分贴切。我们从她与周瑞家的周旋中,看到了她的庄户人的精明、世故与圆滑;从她见凤姐时的忐忑不安和"忍耻"的应答中,看到她天性中的质朴以及若隐若现的庄户人的心计。当从凤姐房里出来,周瑞家的埋怨她不会说话时,她立刻笑道:"我的嫂子,我见了他,心眼儿里爱还爱不过来,那里还说的上话来呢。"又表现出她的随机应变和会讨人欢

喜的本事。在"一进荣国府"的情节里,曹雪芹所描绘的刘姥姥的言谈举止和复杂心态,可谓活灵活现,且真实可信、耐人寻味。

这里,他解析出刘姥姥形象的多面性,对于读者全面认识刘姥姥这个人物是有帮助的,而从传神的"喜的又浑身发痒起来"这句语言入手来分析,也是颇有见地的。遗憾的是,当他指出了这句话是"活画出刘姥姥喜出望外的神态和心境"时,就转而讨论刘姥姥向王熙凤说的粗鄙的村言了。粗心的读者确实有可能忽略他举出的这句描写,所以指出这句话的价值是有眼光的,也是有意义的。但读者如果受此提醒而注意这句话时,他们大多是能够从中感受到刘姥姥的那种"喜出望外"的神态和心境的,这样,我们的分析就不能止步于此。而要注意到,写刘姥姥的这一句心理感觉,与下文她自己说话的粗鄙是互为贯通的。"浑身发痒"让她出离了常态,才一定程度上加剧了她的口不择言,她后来向周瑞家的解释说是见到了凤姐,"爱还爱不过来,那里还说的上话来",其实只道出了一半实情。也许是她听到有了二十两银子,才让她爱都爱不过来,也让她在惊喜中不知说啥好了。但我们这样说,还只是指出了前后语句可能的逻辑关系。从语言特色来说,用"浑身发痒"来描写一种感觉,即便这样的描写是传神的,也已经流于粗鄙了,只适用于对刘姥姥的描写。据此,特殊的形式与内容就紧密关联起来,阐释语言的形式意义,其实是为了更深刻地揭示内容的本质。同时,这样描写的意义,又不局限于揭示刘姥姥本人的真实状态,这与她所面对的矜持的凤姐那种不温不火的态度和不紧不慢的说话风格,形成了鲜明对照。从大处说,曹雪芹把描写刘姥姥的语言与描写王熙凤的语言并置于同一空间时,显示了他有魄力把多样化的语言同时也是文化风格乃至不同生活方式熔铸在自己的集大成式的作品中,从而也对作品的接受者如何更全面地理解、客观地评价它的思想艺术提出了更高的要求。

第七回
送宫花贾琏戏熙凤
宴宁府宝玉会秦钟

话说周瑞家的送了刘姥姥去后,便上来回王夫人话。谁知王夫人不在上房,问丫鬟们时,方知往薛姨妈那边闲话去了。周瑞家的听说,便转出东角门至东院,往梨香院来。刚至院门前,只见王夫人的丫鬟金钏儿,和一个才留了头的小女孩儿站在台阶坡上顽。见周瑞家的来了,便知有话回,因向内努嘴儿。

周瑞家的轻轻掀帘进去,只见王夫人和薛姨妈长篇大套的说些家务人情等语。周瑞家的不敢惊动,遂进里间来。只见薛宝钗穿着家常衣服,头上只散挽着䯼儿,坐在炕里边,伏在小炕桌上同丫鬟莺儿正描花样子呢。见他进来,宝钗才放下笔,转过身来,满面堆笑让:"周姐姐坐。"周瑞家的也忙陪笑问"姑娘好?"一面炕沿上坐了,因说:"这有两三天也没见姑娘到那边逛逛去,只怕是你宝兄弟冲撞了你不成?"宝钗笑道:"那里的话。只因我那种病又发了,所以这两天没出屋子。"周瑞家的道:"正是呢,姑娘到底有什么病根儿,也该趁早儿请个大夫来,好生开个方子,认真吃几剂药,一势儿除了根才是。小小的年纪倒作下个病根儿,也不是顽的。"宝钗听了便笑道:"再不要提吃药。为这病请大夫吃药,也不知白花了多少银子钱呢。凭你什么名医仙药,从不见一点儿效。后来还亏了一个秃头和尚,说专治无名之症,因请他看了。他说我这是从胎里带来的一股热毒,幸而先天壮,还不相干;若吃寻常药,是不中用的。他就说了一个海上方,又给了一包药末子作引子,异香异气的,不知是那里弄了来的。他说发了时吃一丸就好。倒也奇怪,吃他的药倒效验些。"

周瑞家的因问:"不知是个什么海上方儿?姑娘说了,我们也记着,说与人知道,倘遇见这样病,也是行好的事。"宝钗见问,乃笑道:"不用这方儿还好,若用了这方儿,真真把人琐碎死。东西药料一概都有限,只难得'可巧'二字:要春天开的白牡丹花蕊十二两,夏天开的白荷花蕊十二两,秋天的白芙蓉蕊十二两,冬天的白梅花蕊十二两。将这四样花蕊,于次年春分这日晒干,和在药末子一处,一齐研好。又要雨水这日的雨水十二钱,……"周瑞家的忙道:"嗳哟!这么说来,这就得三年的工夫。倘或雨水这日竟不下雨,这却怎处呢?"宝钗笑道:"所以说那里有这样可巧的雨,便没雨也只好再等罢了。还要白露这日的露水十二钱,霜降这日的霜十二钱,小雪这日的雪十二钱。把这四样水调匀,和了药,再加十二钱蜂蜜,十二钱白糖,丸了龙眼大的丸子,盛在旧磁坛内,埋在花根底下。若发了病时,拿出来吃一丸,用十二分黄柏煎汤送下。"

周瑞家的听了笑道:"阿弥陀佛,真巧死人的事儿!等十年未必都这样巧的呢。"宝钗道:"竟好,自他说了去后,一二年间可巧都得了,好容易配成一料。如今从南带至北,现在就埋在梨花树底下呢。"周瑞家的又问道:"这药可有名字没有呢?"宝钗道:"有。这也是那癞头和尚说下的,叫作'冷香丸'。"周瑞家的听了点头儿,因又说:"这病发了时到底觉怎么着?"宝钗道:"也不觉甚怎么着,只不过喘嗽些,吃一丸下去也就好些了。"

周瑞家的还欲说话时,忽听王夫人问:"谁在房里呢?"周瑞家的忙出去答应了,趁便回了刘姥姥之事。略待半刻,见王夫人无话,方欲退出,薛姨妈忽又笑道:"你且站住。我有一宗东西,你带了去罢。"说着便叫香菱。只听帘栊响处,方才和金钏顽的那个小丫头进来了,问:"奶奶叫我作什么?"薛姨妈道:"把匣子里的花儿拿来。"香菱答应了,向那边捧了个小锦匣来。薛姨妈道:"这是宫里头的新鲜样法,拿纱堆的花儿十二枝。昨儿我想起来,白放着可惜儿的,何不给他们姊妹们戴去。昨儿要送去,偏又忘了。你今儿来的巧,就带了去罢。你家的三位姑娘,每人一对,剩下的六枝,送林姑娘两枝,那四枝给了凤哥罢。"王夫人道:"留着给宝丫头戴罢,又想着他们作什么。"薛姨妈道:"姨娘不知道,宝丫头古怪着呢,他从来不爱这些花儿粉儿的。"

说着,周瑞家的拿了匣子,走出房门,见金钏仍在那里晒日阳儿。周瑞家的因问他道:"那香菱小丫头子,可就是常说临上京时买的、为他打人命官司的那个小丫头么?"金钏道:"可不就是他。"正说着,只见香菱笑嘻嘻的走来。周瑞家的便拉了他的手,细细的看了一会,因向金钏儿笑道:"倒好个模样儿,竟有些像咱们东府里蓉大奶奶的品格儿。"金钏儿笑道:"我也是这们说呢。"周瑞家的又问香菱:"你几岁投身到这里?"又问:"你父母今在何处?今年十几岁了?本处是那里人?"香菱听问,都摇头说:"不记得了。"周瑞家的和金钏儿听了,倒反为叹息伤感一回。

一时间周瑞家的携花至王夫人正房后头来。原来近日贾母说孙女儿们太多了,一处挤着倒不方便,只留宝玉黛玉二人这边解闷,却将迎、探、惜三人移到王夫人这边房后三间小抱厦内居住,令李纨陪伴照管。如今周瑞家的故顺路先往这里来,只见几个小丫头子都在抱厦内听呼唤呢。迎春的丫鬟司棋与探春的丫鬟待书二人正掀帘子出来,手里都捧着茶钟,周瑞家的便知他们姊妹在一处坐着呢,遂进入房内,只见迎春、探春二人正在窗下围棋。周瑞家的将花送上,说明缘故。二人忙住了棋,都欠身道谢,命丫鬟们收了。

周瑞家的答应了,因说:"四姑娘不在房里,只怕在老太太那边呢。"丫鬟们道:"那屋里不是四姑娘?"周瑞家的听了,便往这边屋里来。只见惜春正同水月庵的小姑子智能儿一处顽耍呢,见周瑞家的进来,惜春便问他何事。周瑞家的便将花匣打开,说明原故。惜春笑道:"我这里正和智能儿说,我明儿也剃了头同他作姑子去呢,可巧又送了花儿来;若剃了头,可把这花儿戴在那里呢?"说着,大家取笑一回,惜春命丫鬟入画来收了。

周瑞家的因问智能儿:"你是什么时候来的?你师父那秃歪剌往那里去了?"智能儿道:"我们一早就来了。我师父见了太太,就往于老爷府内去了,叫我在这里等他呢。"周瑞家的又道:"十五的月例香供银子可曾得了没有?"智能儿摇头儿说:"我不知道。"惜春听了,便问周瑞家的:"如今各庙月例银子是谁管着?"周瑞家的道:"是余信管着。"惜春听了笑道:"这就是了。他师父一来,余信家的就赶上来,和他师父咕唧了半日,想是就为这事了。"

那周瑞家的又和智能儿唠叨了一会,便往凤姐儿处来。穿夹道从李纨后窗下过,隔着玻璃窗户,见李纨在炕上歪着睡觉呢,遂越过西花墙,出西角门进入凤姐院中。走至堂屋,只见小丫头丰儿坐在凤姐房门槛上,见周瑞家的来了,连忙摆手儿叫他往东屋里去。周瑞家的会意,忙蹑手蹑足往东边房里来,只见奶子正拍着大姐儿睡觉呢。周瑞家的悄问奶子道:"姐儿睡中觉呢?也该清醒了。"奶子摇头儿。正说着,只听那边一阵笑声,却有贾琏的声音。接着房门响处,平儿拿着大铜盆出来,叫丰儿舀水进去。平儿便到这边来,一见了周瑞家的便问:"你老人家又跑了来作什么?"周瑞家的忙起身,拿匣子与他,说送花儿一事。平儿听了,便打开匣子,拿了四枝,转身去了。半刻工夫,手里拿出两枝来,先叫彩明吩咐道:"送到那边府里给小蓉大奶奶戴去。"次后方命周瑞家的回去道谢。

周瑞家的这才往贾母这边来。穿过了穿堂,抬头忽见他女儿打扮着才从他婆家来。周瑞家的忙问:"你这会子跑来作什么?"他女儿笑道:"妈一向身上好?我在家里等了这半日,妈竟不出去,什么事情这样忙的不回家？我等烦了，自己先到了老太太跟前请了安了，这会子请太太的安去。妈还有什么不了的差事，手里是什么东西？"周瑞家的笑道："嗳！今儿偏偏的来了个刘姥姥，我自己多事，为他跑了半日；这会子又被姨太太看见了，送这几枝花儿与姑娘奶奶们。这会子还没送清楚呢。你这会子跑了来，一定有什么事。"他女儿笑道："你老人家倒会猜。实对你老人家说，你女婿前儿因多吃了两杯酒，和人分争，不知怎的被人放了一把邪火，说他来历不明，告到衙门里，要递解还乡。所以我来和你老人家商议商议，这个情分，求那一个可了事呢？"周瑞家的听了道："我就知道呢。这有什么大不了的事！你且家去等我，我给林姑娘送了花儿去就回家去。此时太太二奶奶都不得闲儿，你回去等我。这有什么，忙的如此。"女儿听说，便回去了，又说："妈，好歹快来。"周瑞家的道："是了。小人儿家没经过什么事，就急得你这样。"说着，便到黛玉房中去了。

谁知此时黛玉不在自己房中，却在宝玉房中大家解九连环玩呢。周瑞家的进来笑道："林姑娘，姨太太着我送花儿与姑娘戴来了。"宝玉听说，便先问："什么花儿？拿来给我。"一面早伸手接过来了。开匣看时，原来是宫制堆纱新巧的假花儿。黛玉只就宝玉手中看了一看，便问道："还是单送我一人的，还是别的姑娘们都有呢？"周瑞家的道："各位都有了，这两枝是姑娘的了。"黛玉冷笑道："我就知道，别人不挑剩下的也不给我。"周瑞家的听了，一声儿不言语。宝玉便问道："周姐姐，你作什么到那边去了？"周瑞家的因说："太太在那里，因回话去了，姨太太就顺便叫我带来了。"宝玉道："宝姐姐在家作什么呢？怎么这几日也不过这边来？"周瑞家的道："身上不大好呢。"宝玉听了，便和丫头说："谁去瞧瞧？只说我与林姑娘打发了来问姨太太姐姐安，问姐姐是什么病，现吃什么药。论理我该亲自来的，就说才从学里来，也着了些凉，异日再亲自来看罢。"说着，茜雪便答应去了。周瑞家的自去，无话。

原来这周瑞的女婿,便是雨村的好友冷子兴,近因卖古董和人打官司,故教女人来讨情分。周瑞家的仗着主子的势利,把这些事也不放在心上,晚间只求求凤姐儿便完了。

至掌灯时分,凤姐已卸了妆,来见王夫人回话:"今儿甄家送了来的东西,我已收了。咱们送他的,趁着他家有年下进鲜的船回去,一并都交给他们带了去罢。"王夫人点头。凤姐又道:"临安伯老太太生日的礼已经打点了,派谁送去呢?"王夫人道:"你瞧谁闲着,就叫他们去四个女人就是了,又来当什么正经事问我。"凤姐又笑道:"今日珍大嫂子来,请我明日过去逛逛,明日倒没有什么事情。"王夫人道:"有事没事都害不着什么。每常他来请,有我们,你自然不便意;他既不请我们,单请你,可知是他诚心叫你散淡散淡,别辜负了他的心,便有事也该过去才是。"凤姐答应了。当下李纨、迎、探等姐妹们亦来定省毕,各自归房无话。

次日凤姐梳洗了,先回王夫人毕,方来辞贾母。宝玉听了,也要跟了逛去。凤姐只得答应,立等着换了衣服,姐儿两个坐了车,一时进入宁府。早有贾珍之妻尤氏与贾蓉之妻秦氏婆媳两个,引了多少姬妾丫鬟媳妇等接出仪门。那尤氏一见了凤姐,必先嘲笑一阵,一手携了宝玉同入上房来归坐。秦氏献茶毕,凤姐因说:"你们请我来作什么?有什么好东西孝敬我,就快献上来,我还有事呢。"尤氏秦氏未及答话,地下几个姬妾先就笑说:"二奶奶今儿不来就罢,既来了就依不得二奶奶了。"正说着,只见贾蓉进来请安。宝玉因问:"大哥哥今日不在家么?"尤氏道:"出城与老爷请安去了。可是,你怪闷的,坐在这里作什么?何不也去逛逛。"

秦氏笑道:"今儿巧,上回宝叔立刻要见的我那兄弟,他今儿也在这里,想在书房里呢,宝叔何不去瞧一瞧?"宝玉听了,即便下炕要走。尤氏凤姐都忙说:"好生着,忙什么?"一面便吩咐好生小心跟着,别委曲着他,倒比不得跟了老太太过来就罢了。凤姐说道:"既这么着,何不请进这秦小爷来,我也瞧一瞧。难道我见不得他不成?"尤氏笑道:"罢,罢!可以不必见,他比不得咱们家的孩子们,胡打海摔的惯了。人家的孩子都是斯斯文文的惯了,乍见了你这破落户,还被人笑话死了呢。"凤姐笑道:"普天下的人,我不笑话就罢了。竟叫这小孩子笑话我不成?"贾蓉道:"不是这话,他生的腼腆,没见过大阵仗儿,婶子见了,没的生气。"凤姐道:"凭他什么样儿的,我也要见一见!别放你娘的屁了。再不带我看看,给你一顿好嘴巴。"贾蓉笑嘻嘻的说:"我不敢扭着,就带他来。"

说着,果然出去带进一个小后生来,较宝玉略瘦些,眉清目秀,粉面朱唇,身材俊俏,举止风流,似在宝玉之上,只是怯怯羞羞,有女儿之态,腼腆含糊,慢向凤姐作揖问好。凤姐喜的先推宝玉,笑道:"比下去了!"便探身一把携了这孩子的手,就命他身傍坐了,慢慢的问他:几岁了,读什么书,弟兄几个,学名唤什么。秦钟一一答应了。早有凤姐的丫鬟媳妇们见凤姐初会秦钟,并未备得表礼来,遂忙过那边去告诉平儿。平儿知道凤姐与秦氏厚密,虽是小后生家,亦不可太俭,遂自作主意,拿了一匹尺头、两个"状元及第"的小金锞子,交付与来人送过去。凤姐犹笑说太简薄等语。秦氏等谢毕。一时吃过饭,尤氏、凤姐、秦氏等抹骨牌,不在话下。

那宝玉自见了秦钟的人品出众,心中似有所失,痴了半日,自己心中又起了呆意,乃自思道:"天下竟有这等人物!如今看来,我竟成了泥猪癞狗了。可恨我为什么生在这侯门公府之家,若也生在寒门薄宦之家,早得与他交结,也不枉生了一世。我虽如此比他尊贵,可知锦绣纱罗,也不过裹了我这根死木头;美酒羊羔,也不过填了我这粪窟泥沟。'富贵'二字,不料遭我荼毒了!"秦钟自见了宝玉形容出众,举止不凡,更兼金冠绣服,骄婢侈童,心中亦自思道:"果然这宝玉怨不得人溺爱他。可恨我偏生于清寒之家,不能与他耳鬓交接,可知'贫窭'二字限人,亦世间之大不快事。"二人一样的胡思乱想。忽然宝玉问他读什么书。秦钟见问,因而答以实话。二人你言我语，十来句后，越觉亲密起来。

一时摆上茶果，宝玉便说："我两个又不吃酒，把果子摆在里间小炕上，我们那里坐去，省得闹你们。"于是二人进里间来吃茶。秦氏一面张罗与凤姐摆酒果，一面忙进来嘱宝玉道："宝叔，你侄儿倘或言语不防头，你千万看着我，不要理他。他虽腼腆，却性子左强，不大随和此是有的。"宝玉笑道："你去罢，我知道了。"秦氏又嘱了他兄弟一回，方去陪凤姐。

一时凤姐尤氏又打发人来问宝玉："要吃什么，外面有，只管要去。"宝玉只答应着，也无心在饮食上，只问秦钟近日家务等事。秦钟因说："业师于去年病故，家父又年纪老迈，残疾在身，公务繁冗，因此尚未议及再延师一事，目下不过在家温习旧课而已。再读书一事，必须有一二知己为伴，时常大家讨论，才能进益。"宝玉不待说完，便答道："正是呢，我们却有个家塾，合族中有不能延师的，便可入塾读书，子弟们中亦有亲戚在内可以附读。我因业师上年回家去了，也现荒废着呢。家父之意，亦欲暂送我去温习旧书，待明年业师上来，再各自在家读。家祖母因说：一则家学里之子弟太多，生恐大家淘气，反不好；二则也因我病了几天，遂暂且耽搁着。如此说来，尊翁如今也为此事悬心。今日回去，何不禀明，就往我们敝塾中来，我亦相伴，彼此有益，岂不是好事？"秦钟笑道："家父前日在家提起延师一事，也曾提起这里的义学倒好，原要来和这里的亲翁商议引荐。因这里又事忙，不便为这点小事来聒絮的。宝叔果然度小侄或可磨墨涤砚，何不速速的作成，又彼此不致荒废，又可以常相谈聚，又可以慰父母之心，又可以得朋友之乐，岂不是美事？"宝玉道："放心，放心。咱们回来告诉你姐夫姐姐和琏二嫂子。你今日回家就禀明令尊，我回去再禀明祖母，再无不速成之理。"二人计议已定。那天气已是掌灯时候，出来又看他们顽了一回牌。算帐时，却又是秦氏尤氏二人输了戏酒的东道，言定后日吃这东道。一面就叫送饭。

吃毕晚饭，因天黑了，尤氏说："先派两个小子送了这秦相公家去。"媳妇们传出去半日，秦钟告辞起身。尤氏问："派了谁送去？"媳妇们回说："外头派了焦大，谁知焦大醉了，又骂呢。"尤氏秦氏都说道："偏又派他作什么！放着这些小子们，那一个派不得？偏要惹他去。"凤姐道："我成日家说你太软弱了，纵的家里人这样还了得了。"尤氏叹道："你难道不知这焦大的？连老爷都不理他的，你珍大哥哥也不理他。只因他从小儿跟着太爷们出过三四回兵，从死人堆里把太爷背了出来，得了命；自己挨着饿，却偷了东西来给主子吃；两日没得水，得了半碗水给主子喝，他自己喝马溺。不过仗着这些功劳情分，有祖宗时都另眼相待，如今谁肯难为他去。他自己又老了，又不顾体面，一味吃酒，吃醉了，无人不骂。我常说给管事的，不要派他差事，全当一个死的就完了。今儿又派了他。"凤姐道："我何曾不知这焦大。倒是你们没主意，有这样的，何不打发他远远的庄子上去就完了。"说着，因问："我们的车可齐备了？"地下众人都应道："伺候齐了。"

　　凤姐起身告辞，和宝玉携手同行。尤氏等送至大厅，只见灯烛辉煌，众小厮都在丹墀侍立。那焦大又恃贾珍不在家，即在家亦不好怎样他，更可以任意洒落洒落。因趁着酒兴，先骂大总管赖二，说他不公道，欺软怕硬，"有了好差事就派别人，像这等黑更半夜送人的事，就派我。没良心的王八羔子！瞎充管家！你也不想想，焦大太爷跷跷脚，比你的头还高呢。二十年头里的焦大太爷眼里有谁？别说你们这一起杂种王八羔子们！"

　　正骂的兴头上，贾蓉送凤姐的车出去，众人喝他不听，贾蓉忍不得，便骂了他两句，使人捆起来，"等明日酒醒了，问他还寻死不寻死了！"那焦大那里把贾蓉放在眼里，反大叫起来，赶着贾蓉叫："蓉哥儿，你别在焦大跟前使主子性儿。别说你这样儿的，就是你爹、你爷爷，也不敢和焦大挺腰子！不是焦大一个人，你们就做官儿享荣华受富贵？你祖宗九死一生挣下这家业,到如今了,不报我的恩,反和我充起主子来了。不和我说别的还可,若再说别的,咱们红刀子进去白刀子出来!"凤姐在车上说与贾蓉道:"以后还不早打发了这个没王法的东西!留在这里岂不是祸害?倘或亲友知道了,岂不笑话咱们,这样的人家连个王法规矩都没有。"贾蓉答应"是"。

众小厮见他太撒野了,只得上来几个,揪翻捆倒,拖往马圈里去。焦大越发连贾珍都说出来,乱嚷乱叫说:"我要往祠堂里哭太爷去。那里承望到如今生下这些畜牲来!每日家偷狗戏鸡,爬灰的爬灰,养小叔子的养小叔子,我什么不知道?咱们'胳膊折了往袖子里藏'!"众小厮听他说出这些没天日的话来,唬的魂飞魄散,也不顾别的了,便把他捆起来,用土和马粪满满的填了他一嘴。

凤姐和贾蓉等也遥遥的闻得,便都装作没听见。宝玉在车上见这般醉闹,倒也有趣,因问凤姐道:"姐姐,你听他说'爬灰的爬灰',什么是'爬灰'?"凤姐听了,连忙立眉嗔目断喝道:"少胡说!那是醉汉嘴里混嗳,你是什么样的人,不说没听见,还倒细问!等我回去回了太太,仔细捶你不捶你!"唬的宝玉忙央告道:"好姐姐,我再不敢了。"凤姐道:"这才是呢。等到了家,咱们回了老太太,打发你同你秦家侄儿学里念书去要紧。"说着,却自回往荣府而来。正是:

不因俊俏难为友,正为风流始读书。

评析:日常生活中的对照

这一回回目的前半部分是"送宫花贾琏戏熙凤",周瑞家的送宫花来到王熙凤住所,丫鬟摆手示意到东屋,而周瑞家的听到凤姐屋中一阵笑声,其中有贾琏的声音,以及接下来平儿关照小丫鬟打水进去,暗示了贾琏和凤姐在过夫妻生活。贾琏的名字虽然在此前已经提及,但较具形象的出场,恰恰是在这一回。尽管只是听闻笑声未见面貌,但其好色的特性,已有所暗示。在以后的描写中,也有反复提及。问题是,贾琏虽然好色,风流韵事不断,但书中很少直接描写他和熙凤的亲密行为。也许,有人会认为,《红楼梦》不是《金瓶梅》,回避这类描写,恰恰是全书的旨趣所在,也是小说一贯的基调。但是,王熙凤对贾瑞的惩戒,贾琏与多姑娘的偷情,都曾有过露骨的描写,何以提及贾琏和熙凤的亲密行为时,就回避了呢?送宫花的周瑞家的被丫鬟挡在凤姐的屋外,当然是必然的。但在我看来,这种必然,既是小说内部人物关系处在分隔空间中的必然,体现出房屋空间分隔的基本功能之一,也跟人物自身的行为是否合乎礼仪有一定关联。对于贾琏和熙凤的亲密行为,我们不能不受到周瑞家的视角制约,不能像后文那样,能从叙述者的全知视角获得相关信息,是因为作为正当夫妻,他们没有越过礼法所限制的基本底线,是受礼法保护的。这样,即便我们可以直接借助叙述者,看到贾琏与其他人偷情,或者贾瑞行为的不堪入目,但在涉及贾琏和凤姐类似的行为时,隐然存在的礼法,使得作者在叙事策略上,设置了相应的回避措施,把周瑞家的,同时也是把读者的目光阻遏在屋子的外面。笔法的含蓄成了一种礼之必然。

也是在第七回,当周瑞家的被凤姐的丫鬟挡在屋外时,此前她曾经过李纨的屋子。因为李纨一向守寡,所以周瑞家的在分发宫花时,没有把宫花带给她。但从她卧房外经过时,作者特意写周瑞家的隔着玻璃窗,看到李纨歪在炕上睡午觉。这样的描写,曾经让一些研究者感到不可思议。如蔡义江先生对李纨睡午觉的描写提出了三点不妥的理由:

一、早过了睡中觉的时间,故下文有"也该清醒了"的议论;
二、李纨非慵懒娇弱小姐,怎么会白昼如此贪睡;三、过往者从玻璃窗外直接看到女子在卧室内睡觉的样子，实在过于"开放"。

因为早期抄本的文字并非一致，甲戌本并没有"隔着玻璃窗户，见李纨在炕上歪着睡觉呢"这一句，只是在己卯、庚辰等本子上才有这样的描写。据此，蔡义江推测：己卯、庚辰等本子的"过录者嫌原文过简，遂添此蛇足"。确实，李纨的卧室窗户开得太低，且玻璃透明，可以让仆妇直接看到其睡相，这样的描写显然不合贾府分隔空间的应有礼仪。张爱玲也曾提出过类似异议。但我们也不妨换一种思路来看待此问题。

李纨的睡相可以轻易让周瑞家的看到，而王熙凤和贾琏在屋内却只能听闻其声，不单单是空间阻隔与敞开的方式合不合礼的问题，而且，卧室空间之于他们的主人，是有完全不同意义的。作为守寡的李纨，其空间的私密性较为弱化，也使得周瑞家的一瞥，缺少了一点窥探的意味，无礼的行为也同样得到了弱化（就此而论，后文写坠儿和小红在滴翠亭讨论该给贾芸定情物时，他们本来是在门窗紧闭的状态下说话的，只是当他们怕有人来听到时才把窗户打开，这既是为了便于观察是否有人走近，也是把自己放在一个敞开的空间中，表示他们无私密可言）。而熙凤屋中仅仅是飘出的笑声，也引发了别人的许多遐想。由此自然而然比较了李纨和王熙凤的两种生活状态。蔡义江认为李纨不会贪睡如此，但从叙事策略看，描写午间弯着睡觉的无事可干，与贾琏、凤姐的白日亲密行为和飘出的笑声，似乎也暗示了孤寂与喧闹的两种人生的差异。所以，单单把贾琏的白日宣淫视为对贾琏凤姐生活状态的一种贬斥，还是把问题理解得简单化了。这里，不同空间的两种人生状态并列呈现，让人看到的一览无余和看不到的大有深意，是否也蕴含人生活动的空泛和充溢的不同意味，并引发人们对生活的不同价值取向的思考？

且不说凤姐和李纨状态构成的强烈对比，还考虑到周瑞家的送宫花一路走来，所送达的对象，无一例外均有玩伴在一起，比如宝钗与莺儿在一起描画,迎春和探春在一起下棋,惜春和智能儿在一起聊天,黛玉和宝玉在一起玩解连环的游戏,那么,在这样的鲜明对照下,李纨独自一个的状态,也同样得到了凸显。

有意思的还在于,当周瑞家的去最后一站给黛玉送宫花时,她女儿急忙来找她商量女婿冷子兴打官司的重要事情,想不到周瑞家的却根本没放在心里,说先要把宫花送完再回去,还说小儿家没经过什么事。其仗着主人势力的说话口气,把自家遭遇的打官司事件与送宫花对照起来,孰轻孰重的判断,让人感叹不已。

这一回的后半部分写焦大醉骂,也是小说中重要的场景。鲁迅曾在杂文《论言论自由》中尖锐指出,焦大醉骂,其实不是为了要打倒宁府,而是真心为了主子好,是怨恨主子的不争气,所以本质上还是跟主子站同一立场的,可惜这样的苦心,未必得到主子的理解,所以最终还是被塞了一嘴的马粪。

不过笔者想指出的是,焦大借着醉骂,把荣国府内部鲜为人知的一面也翻了出来。具体说来,这样的醉骂,显示了两方面的意义:其一是对贾府发家史的一种回顾,焦大醉骂自然要摆谱,但既是醉骂,自然是抒情式的表达,也不会有多少逻辑可言。而借着尤氏与王熙凤等人的叙述,把他们以往发家的艰难作了概要式的回顾,与焦大的醉骂构成了呼应关系。其二是对现在宁府丑陋一面的揭露。所谓"爬灰的爬灰,养小叔子的养小叔子"。贾府后代的乱伦行为带来的衰败之象,自然跟先祖创业的艰难联系起来,其意义也只有在互相比照中才得到凸显。所以,焦大醉骂的两方面内容,又是有内在逻辑联系的。但这毕竟是醉话。虽然大家都心知肚明,特别是对宁府的丑陋一面,但处在清醒状态的人,是不会去说的。一个大家族的体面,大家都在心照不宣地维护着,尽量避免在这体面上捅一个窟窿。我们看到,当焦大在屋外开骂时,王熙凤和宝玉也准备离开。书中写道:

凤姐起身告辞，和宝玉携手同行。尤氏等送至大厅，只见灯烛辉煌，众小厮都在丹墀侍立。那焦大又恃贾珍不在家，即在家亦不好怎样他，更可以任意洒落洒落。因趁着酒兴，先骂大总管赖二。

　　这里，焦大醉骂的状态，出现在"灯烛辉煌，众小厮都在丹墀侍立"这样的画面中，让人感到一种尖锐的不和谐、一种强烈的对照。而这样不和谐的对照效果，是因为醉闹打破了小厮们的肃立。从而把肃立掩盖着的一面，闹腾到表面上，并因为焦大的醉，换来了读者的醒：使我们没有被贾府表面的华丽所掩盖，使我们的头脑更清醒，目光更敏锐了。

第八回
比通灵金莺微露意
探宝钗黛玉半含酸

话说凤姐和宝玉回家，见过众人。宝玉先便回明贾母秦钟要上家塾之事，自己也有了个伴读的朋友，正好发奋；又着实的称赞秦钟的人品行事，最使人怜爱。凤姐又在一旁帮着说"过日他还来拜老祖宗"等语，说的贾母喜欢起来。凤姐又趁势请贾母后日过去看戏。贾母虽年老，却极有兴头。至后日，又有尤氏来请，遂携了王夫人林黛玉宝玉等过去看戏。至晌午，贾母便回来歇息了。王夫人本是好清净的，见贾母回来也就回来了。然后凤姐坐了首席，尽欢至晚无话。

却说宝玉因送贾母回来，待贾母歇了中觉，意欲还去看戏取乐，又恐扰的秦氏等人不便，因想起近日薛宝钗在家养病，未去亲候，意欲去望他一望。若从上房后角门过去，又恐遇见别事缠绕，再或可巧遇见他父亲，更为不妥，宁可绕远路罢了。当下众嬷嬷丫鬟伺候他换衣服，见他不换，仍出二门去了。众嬷嬷丫鬟只得跟随出来，还只当他去那府中看戏。谁知到穿堂，便向东向北绕厅后而去。偏顶头遇见了门下清客相公詹光单聘仁二人走来，一见了宝玉，便都笑着赶上来，一个抱住腰，一个携着手，都道："我的菩萨哥儿，我说作了好梦呢，好容易得遇见了你。"说着，请了安，又问好，劳叨半日，方才走开。老嬷嬷叫住，因问："二位爷是从老爷跟前来的不是？"二人点头道："老爷在梦坡斋小书房里歇中觉呢，不妨事的。"一面说,一面走了。说的宝玉也笑了。

于是转弯向北奔梨香院来。可巧银库房的总领名唤吴新登与仓上的头目名戴良,还有几个管事的头目,共有七个人,从帐房里出来,一见了宝玉,赶来都一齐垂手站住。独有一个买办名唤钱华,因他多日未见宝玉,忙上来打千儿请安,宝玉忙含笑携他起来。众人都笑说:"前儿在一处看见二爷写的斗方儿,字法越发好了,多早晚儿赏我们几张贴贴。"宝玉笑道:"在那里看见了?"众人道:"好几处都有,都称赞的了不得,还和我们寻呢。"宝玉笑道:"不值什么,你们说与我的小幺儿们就是了。"一面说,一面前走,众人待他过去,方都各自散了。

闲言少述,且说宝玉来至梨香院中,先入薛姨妈室中来,正见薛姨妈打点针黹与丫鬟们呢。宝玉忙请了安,薛姨妈忙一把拉了他,抱入怀内,笑说:"这们冷天,我的儿,难为你想着来,快上炕来坐着罢。"命人倒滚滚的茶来。宝玉因问:"哥哥不在家?"薛姨妈叹道:"他是没笼头的马,天天忙不了,那里肯在家一日。"宝玉道:"姐姐可大安了?"薛姨妈道:"可是呢,你前儿又想着打发人来瞧他。他在里间不是,你去瞧他,里间比这里暖和,那里坐着,我收拾收拾就进去和你说话儿。"

宝玉听说,忙下了炕来至里间门前,只见吊着半旧的红绸软帘。宝玉掀帘一迈步进去,先就看见薛宝钗坐在炕上作针线,头上挽着漆黑油光的鬏儿,蜜合色棉袄,玫瑰紫二色金银鼠比肩褂,葱黄绫棉裙,一色半新不旧,看去不觉奢华。唇不点而红,眉不画而翠,脸若银盆,眼如水杏。罕言寡语,人谓藏愚;安分随时,自云守拙。宝玉一面看,一面问:"姐姐可大愈了?"宝钗抬头只见宝玉进来,连忙起身含笑答说:"已经大好了,倒多谢记挂着。"说着,让他在炕沿上坐了,即命莺儿斟茶来。一面又问老太太姨娘安,别的姐妹们都好。一面看宝玉头上戴着累丝嵌宝紫金冠,额上勒着二龙抢珠金抹额,身上穿着秋香色立蟒白狐腋箭袖,系着五色蝴蝶鸾绦,项上挂着长命锁、记名符，另外有一块落草时衔下来的宝玉。

宝钗因笑说道："成日家说你的这玉，究竟未曾细细的赏鉴，我今儿倒要瞧瞧。"说着便挪近前来。宝玉亦凑了上去，从项上摘了下来，递在宝钗手内。宝钗托于掌上，只见大如雀卵，灿若明霞，莹润如酥，五色花纹缠护。这就是大荒山中青埂峰下的那块顽石的幻相。后人曾有诗嘲云：

女娲炼石已荒唐，又向荒唐演大荒。
失去幽灵真境界，幻来亲就臭皮囊。
好知运败金无彩，堪叹时乖玉不光。
白骨如山忘姓氏，无非公子与红妆。

那顽石亦曾记下他这幻相并癞僧所镌的篆文，今亦按图画于后。但其真体最小，方能从胎中小儿口内衔下。今若按其体画，恐字迹过于微细，使观者大废眼光，亦非畅事。故今只按其形式，无非略展些规矩，使观者便于灯下醉中可阅。今注明此故，方无胎中之儿口有多大，怎得衔此狼犺蠢大之物等语之谤。

通灵宝玉正面图式　　通灵宝玉反面图式

宝钗看毕,又从新翻过正面来细看,口内念道:"莫失莫忘,仙寿恒昌。"念了两遍,乃回头向莺儿笑道:"你不去倒茶,也在这里发呆作什么?"莺儿嘻嘻笑道:"我听这两句话,倒像和姑娘的项圈上的两句话是一对儿。"宝玉听了,忙笑道:"原来姐姐那项圈上也有八个字,我也赏鉴赏鉴"。宝钗道:"你别听他的话,没有什么字。"宝玉笑央:"好姐姐,你怎么瞧我的了呢。"宝钗被缠不过,因说道:"也是个人给了两句吉利话儿,所以錾上了,叫天天带着;不然,沉甸甸的有什么趣儿。"一面说,一面解了排扣,从里面大红袄上将那珠宝晶莹黄金灿烂的璎珞掏将出来。宝玉忙托了锁看时,果然一面有四个篆字,两面八字,共成两句吉谶。亦曾按式画下形相:

　　宝玉看了,也念了两遍,又念自己的两遍,因笑问:"姐姐这八个字倒真与我的是一对。"莺儿笑道:"是个癞头和尚送的,他说必须錾在金器上——"宝钗不待说完,便嗔他不去倒茶,一面又问宝玉从那里来。

　　宝玉此时与宝钗就近,只闻一阵阵凉森森甜丝丝的幽香,竟不知系何香气,遂问:"姐姐熏的是什么香?我竟从未闻见过这味儿。"宝钗笑道:"我最怕熏香,好好的衣服,熏的烟燎火气的。"宝玉道:"既如此,这是什么香?"宝钗想了一想,笑道:"是了,是我早起吃了丸药的香气。"宝玉笑道:"什么丸药这么好闻?好姐姐,给我一丸尝尝。"宝钗笑道:"又混闹了,一个药也是混吃的?"

一语未了,忽听外面人说:"林姑娘来了。"话犹未了,林黛玉已摇摇的走了进来,一见宝玉,便笑道:"嗳哟,我来的不巧了!"宝玉等忙起身笑让坐,宝钗因笑道:"这话怎么说?"黛玉笑道:"早知他来,我就不来了。"宝钗道:"我更不解这意。"黛玉笑道:"要来一群都来,要不来一个也不来;今儿他来了,明儿我再来,如此间错开了来着,岂不天天有人来了?也不至于太冷落,也不至于太热闹了。姐姐如何反不解这意思?"

宝玉因见他外面罩着大红羽缎对衿褂子,因问:"下雪了么?"地下婆娘们道:"下了这半日雪珠儿了。"宝玉道:"取了我的斗篷来不曾?"黛玉便道:"是不是,我来了他就该去了。"宝玉笑道:"我多早晚儿说要去了?不过拿来预备着。"宝玉的奶母李嬷嬷因说道:"天又下雪,也好早晚的了,就在这里同姐姐妹妹一处顽顽罢。姨妈那里摆茶果子呢。我叫丫头去取了斗篷来,说给小幺儿们散了罢。"宝玉应允。李嬷嬷出去,命小厮们都各散去不提。

这里薛姨妈已摆了几样细巧茶果来留他们吃茶。宝玉因夸前日在那府里珍大嫂子的好鹅掌鸭信。薛姨妈听了,忙也把自己糟的取了些来与他尝。宝玉笑道:"这个须得就酒才好。"薛姨妈便令人去灌了最上等的酒来。李嬷嬷便上来道:"姨太太,酒倒罢了。"宝玉央道:"妈妈,我只喝一钟。"李嬷嬷道:"不中用!当着老太太、太太,那怕你吃一坛呢。想那日我眼错不见一会,不知是那一个没调教的,只图讨你的好儿,不管别人死活,给了你一口酒吃,葬送的我挨了两日骂。姨太太不知道,他性子又可恶,吃了酒更弄性。有一日老太太高兴了,又尽着他吃,什么日子又不许他吃,何苦我白赔在里面。"薛姨妈笑道:"老货,你只放心吃你的去。我也不许他吃多了。便是老太太问,有我呢。"一面令小丫鬟:"来,让你奶奶们去,也吃一杯搪搪雪气。"那李嬷嬷听如此说,只得和众人去吃些酒水。

这里宝玉又说:"不必温暖了,我只爱吃冷的。"薛姨妈忙道:"这可使不得,吃了冷酒,写字手打飐儿。"宝钗笑道:"宝兄弟,亏你每日家杂学旁收的,难道就不知道酒性最热,若热吃下去,发散的就快;若冷吃下去,便凝结在内,以五脏去暖他,岂不受害?从此还不快不要吃那冷的了。"宝玉听这话有情理,便放下冷酒,命人暖来方饮。

黛玉嗑着瓜子儿,只抿着嘴笑。可巧黛玉的小丫鬟雪雁走来与黛玉送小手炉,黛玉因含笑问他说:"谁叫你送来的?难为他费心,那里就冷死了我!"雪雁道:"紫鹃姐姐怕姑娘冷,使我送来的。"黛玉一面接了,抱在怀中,笑道:"也亏你倒听他的话。我平日和你说的,全当耳旁风;怎么他说了你就依,比圣旨还快些!"宝玉听这话,知是黛玉借此奚落他,也无回复之词,只嘻嘻的笑两声罢了。宝钗素知黛玉是如此惯了的,也不去睬他。薛姨妈因道:"你素日身子弱,禁不得冷的,他们记挂着你倒不好?"黛玉笑道:"姨妈不知道。幸亏是姨妈这里,倘或在别人家,人家岂不恼?好说就看的人家连个手炉也没有,巴巴的从家里送个来。不说丫鬟们太小心过馀,还只当我素日是这等轻狂惯了呢。"薛姨妈道:"你这个多心的,有这样想,我就没这样心了。"

说话时,宝玉已是三杯过去。李嬷嬷又上来拦阻。宝玉正在心甜意洽之时,和宝黛姊妹说说笑笑的,那肯不吃。宝玉只得屈意央告:"好妈妈,我再吃两钟就不吃了。"李嬷嬷道:"你可仔细老爷今儿在家,堤防问你的书!"宝玉听了此话,便心中大不自在,慢慢的放下酒,垂了头。黛玉先忙的说:"别扫大家的兴!舅舅若叫你,只说姨妈留着呢。这个妈妈,他吃了酒,又拿我们来醒脾了!"一面悄推宝玉,使他赌气;一面悄悄的咕哝说:"别理那老货,咱们只管乐咱们的。"那李嬷嬷不知黛玉的意思,因说道:"林姐儿,你不要助着他了。你倒劝劝他,只怕他还听些。"林黛玉冷笑道:"我为什么助他?我也不犯着劝他。你这妈妈太小心了,往常老太太又给他酒吃,如今在姨妈这里多吃一口,料也不妨事。必定姨妈这里是外人,不当在这里的也未可定。"李嬷嬷听了,又是急,又是笑,说道:"真真这林姐儿,说出一句话来,比刀子还尖。你——这算了什么。"宝钗也忍不住笑着,把黛玉腮上一拧,说道:"真真这个颦丫头的一张嘴,叫人恨又不是,喜欢又不是。"薛姨妈一面又说:"别怕,别怕,我的儿!来这里没好的你吃,别把这点子东西唬的存在心里,倒叫我不安。只管放心吃,都有我呢。越发吃了晚饭去,便醉了,就跟着我睡罢。"因命:"再烫热酒来!姨妈陪你吃两杯,可就吃饭罢。"宝玉听了,方又鼓起兴来。

李嬷嬷因吩咐小丫头子们:"你们在这里小心着,我家里换了衣服就来,悄悄的回姨太太,别由着他,多给他吃。"说着便家去了。这里虽还有三两个婆子,都是不关痛痒的,见李嬷嬷走了,也都悄悄去寻方便去了。只剩了两个小丫头子,乐得讨宝玉的欢喜。幸而薛姨妈千哄万哄的,只容他吃了几杯,就忙收过了。作酸笋鸡皮汤,宝玉痛喝了两碗,吃了半碗碧粳粥。一时薛林二人也吃完了饭,又酽酽的沏上茶来大家吃了。薛姨妈方放了心。雪雁等三四个丫头已吃了饭,进来伺候。黛玉因问宝玉道:"你走不走?"宝玉乜斜倦眼道:"你要走,我和你一同走。"黛玉听说,遂起身道:"咱们来了这一日,也该回去了。还不知那边怎么找咱们呢。"说着,二人便告辞。

小丫头忙捧过斗笠来,宝玉便把头略低一低,命他戴上。那丫头便将着大红猩毡斗笠一抖,才往宝玉头上一合,宝玉便说:"罢,罢!好蠢东西,你也轻些儿!难道没见过别人戴过的?让我自己戴罢。"黛玉站在炕沿上道:"罗唆什么,过来,我瞧瞧罢。"宝玉忙就近前来。黛玉用手整理,轻轻笼住束发冠,将笠沿披在抹额之上,将那一颗核桃大的绛绒簪缨扶起,颤巍巍露于笠外。整理已毕,端相了端相,说道:"好了,披上斗篷罢。"宝玉听了,方接了斗篷披上。薛姨妈忙道:"跟你们的妈妈都还没来呢,且略等等不迟。"宝玉道:"我们倒去等他们,有丫头们跟着也够了。"薛姨妈不放心,到底命两个妇女跟随他兄妹方罢。他二人道了扰,一径回至贾母房中。

贾母尚未用晚饭,知是薛姨妈处来,更加欢喜。因见宝玉吃了酒,遂命他自回房去歇着,不许再出来了。因命人好生看侍着。忽想起跟宝玉的人来,遂问众人:"李奶子怎么不见?"众人不敢直说家去了,只说:"才进来的,想有事才去了。"宝玉跟跄回头道:"他比老太太还受用呢,问他作什么!没有他只怕我还多活两日。"一面说,一面来至自己的卧室。只见笔墨在案,晴雯先接出来,笑说道:"好,好,要我研了那些墨,早起高兴,只写了三个字,丢了笔就走了,哄的我们等了一日。快来与我写完这些墨才罢!"宝玉忽然想起早起的事来,因笑道:"我写的那三个字在那里呢?"晴雯笑道:"这个人可醉了。你头里过那府里去,嘱咐贴在这门斗上,这会子又这么问。我生怕别人贴坏了,我亲自爬高上梯的贴上,这会子还冻的手僵冷的呢。"宝玉听了,笑道:"我忘了。你的手冷,我替你渥着。"说着便伸手携了晴雯的手,同仰首看门斗上新书的三个字。

一时黛玉来了,宝玉笑道:"好妹妹,你别撒谎,你看这三个字那一个好?"黛玉仰头看里间门斗上,新贴了三个字,写着"绛云轩"。黛玉笑道:"个个都好。怎么写的这们好了?明儿也与我写一个匾。"宝玉嘻嘻的笑道:"又哄我呢。"说着又问:"袭人姐姐呢?"晴雯向里间炕上努嘴。宝玉一看,只见袭人和衣睡着在那里。宝玉笑道:"好,太渥早了些。"因又问晴雯道:"今儿我在那府里吃早饭,有一碟子豆腐皮的包子,我想着你爱吃,和珍大奶奶说了,只说我留着晚上吃,叫人送过来的,你可吃了?"晴雯道:"快别提。一送了来,我知道是我的,偏我才吃了饭,就放在那里。后来李奶奶来了看见,说:'宝玉未必吃了,拿来给我孙子吃去罢。'他就叫人拿了家去了。"接着茜雪捧上茶来。宝玉因让"林妹妹吃茶。"众人笑说:"林妹妹早走了,还让呢。"

宝玉吃了半碗茶，忽又想起早起的茶来，因问茜雪道："早起沏了一碗枫露茶，我说过，那茶是三四次后才出色的，这会子怎么又沏了这个来？"茜雪道："我原是留着的，那会子李奶奶来了，他要尝尝，就给他吃了。"宝玉听了，将手中的茶杯只顺手往地下一掷，豁啷一声，打了个粉碎，泼了茜雪一裙子的茶。又跳起来问着茜雪道："他是你那一门子的奶奶，你们这么孝敬他？不过是仗着我小时候吃过他几日奶罢了。如今逞的他比祖宗还大了。如今我又吃不着奶了，白白的养着祖宗作什么！撵了出去，大家干净！"说着便要去立刻回贾母，撵他乳母。

原来袭人实未睡着，不过故意装睡，引宝玉来怄他顽耍。先闻得说字问包子等事，也还可不必起来；后来摔了茶钟，动了气，遂连忙起来解释劝阻。早有贾母遣人来问是怎么了。袭人忙道："我才倒茶来，被雪滑倒了，失手砸了钟子。"一面又安慰宝玉道："你立意要撵他，也好，我们也都愿意出去，不如趁势连我们一齐撵了。我们也好，你也不愁再有好的来服侍你。"宝玉听了这话，方无了言语，被袭人等扶至炕上，脱换了衣服。不知宝玉口内还说些什么，只觉口齿缠绵，眼眉愈加饧涩，忙服侍他睡下。袭人伸手从他项上摘下那通灵玉来，用自己的手帕包好，塞在褥下，次日带时便冰不着脖子。那宝玉就枕便睡着了。彼时李嬷嬷等已进来了，听见醉了，不敢前来再加触犯，只悄悄的打听睡了，方放心散去。

次日醒来，就有人回："那边小蓉大爷带了秦相公来拜。"宝玉忙接了出去，领了拜见贾母。贾母见秦钟形容标致，举止温柔，堪陪宝玉读书，心中十分欢喜，便留茶留饭，又命人带去见王夫人等。众人因素爱秦氏，今见了秦钟是这般的人品，也都欢喜，临去时都有表礼。贾母又与了一个荷包并一个金魁星，取"文星和合"之意。又嘱咐他道："你家住的远，或有一时寒热饥饱不便，只管住在这里，不必限定了。只和你宝叔在一处，别跟着那些不长进的东西们学。"秦钟一一的答应，回去禀知。

他父秦业现任营缮郎，年近七十，夫人早亡。因当年无儿女，便向养生堂抱了一个儿子并一个女儿。谁知儿子又死了，只剩女儿，小名唤可儿，长大时，生的形容袅娜，性格风流。因素与贾家有些瓜葛，故结了亲，许与贾蓉为妻。那秦业至五旬之上方得了秦钟。因去岁业师亡故，未暇延请高明之士，只得暂时在家温习旧课。正思要和亲家去商议送往他家塾中，暂且不致荒废，可巧遇见了宝玉这个机会。又知贾家塾中现今司塾的是贾代儒，乃当今之老儒，秦钟此去，学业料必进益，成名可望，因此十分喜悦。只是宦囊羞涩，那贾家上上下下都是一双富贵眼睛，赞见礼必须丰厚，容易拿不出来，又恐误了儿子的终身大事，说不得东拼西凑的恭恭敬敬封了二十四两赞见礼，亲自带了秦钟，来代儒家拜见了。然后听宝玉上学之日，好一同入塾。正是：

早知日后闲争气，岂肯今朝错读书。

评析：黛玉的"酸闹"和宝玉的"醉闹"

黛玉初进贾府，与宝玉第一次见面，作者给了彼此特写式的肖像描写，也写了双方在各自心目中一见如故的感觉，成为以后情感发展的起点。薛宝钗第四回进贾府时，我们却找不到她和宝玉第一次见面的肖像特写，直到第八回，当宝玉得知宝钗身体不适去她住所问候时，才通过他的视角，对宝钗有了比较仔细的肖像描写。此时，距离宝钗进贾府，已经过去许多日子，宝玉与宝钗也不应该是第一次见面了。为什么会有这样的差异？为什么作者没有向读者展示出宝玉和宝钗第一次见面的情景？这里的关键是，宝玉和黛玉第一次见面，他们在人生道路的相遇，是作为一种事件的起点，是作为引发彼此心灵震动的意义才获得特写的价值的，所以相遇本身，彼此的对视，就构成了事件,而薛宝钗和宝玉的相遇,对彼此来说确实稀松平常,并不具有多大的心理的乃至人生改变的意义,所以作者没有把他们的第一次相遇,作为一次事件加以凸显。

与此相对比的是,宝玉和宝钗的联系性描写,不是着重于人的内心感觉,而是由各自附带的一个外在物,产生了某种关联。当时宝钗笑向宝玉说,要细细赏鉴他的通灵宝玉,接下来一段描写,经常引起大家的讨论,即宝钗细看了通灵宝玉上面所镌刻的字,口内念道:"莫失莫忘,仙寿恒昌。"念了两遍后,才回头向她的丫鬟莺儿说:"你不去倒茶,也在这里发呆作什么?"莺儿嘻嘻笑道:"我听这两句话,倒像和姑娘的项圈上的两句话是一对儿。"这一下引发了宝玉的兴趣,也缠着宝钗看了她金项圈上的字,"不离不弃,芳龄永继",果然是一对。

许多学者认为,薛宝钗表面上催促莺儿去倒茶,但问她何以在此发呆,其实是诱导莺儿说出自己金项圈的字和通灵宝玉上的成一对,这样才会引起宝玉的好奇心来一看究竟。因为字的配对问题,是跟金玉姻缘的说法紧密相关的,薛宝钗明知这一点,所以有意不从自己口中吐露,要借莺儿的口说出来,这正是体现薛宝钗为人含蓄的一贯特点。但她毕竟有诱导莺儿的嫌疑,以便把这一信息传递到宝玉那边,从而能够让自己和宝玉有某种联系。或许这说明,宝钗还是稍稍得意于这点联系,而这种小得意,倒是更能说明少女的情怀。至于采用拐弯抹角的方式,则体现了宝钗为人含蓄的特点。当然,当这种金玉姻缘的说法渐渐明朗时,她似乎又刻意回避了自己和宝玉的联系。小说展现出这样的矛盾,就把薛宝钗的形象刻画得更丰富、更深刻了。

当宝玉与宝钗间,因外部的附属物发生了一点联系,当宝玉又陶醉于宝钗服用冷香丸产生的香气,进一步纠缠宝钗,也要尝一丸冷香丸,似乎要把两人的联系由外部向内部延伸时,恰好林黛玉到来了。

林黛玉的突然插入,虽然并不知道此前宝玉和宝钗交谈过什么,但她惯有的醋意，使她一开口，就歪打正着。她所谓"我来的不巧了"，大有破坏别人私密好事的意味，但可能的醋意，薛宝钗认为她并不敢挑明，所以会装傻地反问"这话怎么说？"想不到林黛玉会直接挑明了说："早知他来，我就不来了。"薛宝钗就说"我更不解这意"。在这里，林黛玉说出的话其实已经非常无礼，不过她像走钢丝一样，玩了一个险招。因为在古代社会，女性表现出忌妒是不合传统礼仪的，所以薛宝钗步步紧逼，把她逼到死角，看林黛玉怎么翻身。想不到林黛玉见招拆招，回答非常轻巧，说是："要来一群都来，要不来一个也不来；今儿他来了，明儿我再来，如此间错开了来着，岂不天天有人来了？也不至于太冷落，也不至于太热闹了。姐姐如何反不解这意思？"

这里，林黛玉的聪明之处在于通过自己的这番解释，将本来紧张的对立关系巧妙地转换成了一种合作关系。但其中更深刻的是，这话也暴露了林黛玉的焦虑，她的焦虑在于她希望自己与贾宝玉有特殊的关系，但是她又担心别人也会跟贾宝玉有这种特殊关系。所以为了化解这种特殊性，她就将空间里的所有人加以了均质化处理，其中没有一个人是特殊的，这样她才会说"今天他来了，明儿我再来……也不至于太冷落，也不至于太热闹了"，当她这样说的时候，其实就将自己所在空间内的每一个人（包括自己）都均质化了、无差别化了，也因为个体的无差别，相应地也抹除了个体间有特殊关系的可能，这是焦虑中的林黛玉才有的应对策略，也是对自己的一种心理安慰。

如果说，因为黛玉此前不在场，所以她言辞开始咄咄逼人多少有点盲目或者说抽象，而且还差点陷自己于可笑的境地，那么，接下来，因为目睹了宝玉听从了宝钗的一番劝说，尽管不喝冷酒的劝说其实在理，但还是让黛玉心生不满，借着雪雁听从紫鹃的话来给她送手炉，对宝玉进行了旁敲侧击，那种言辞的犀利和巧妙，那种对不同语境组合的想象力，那种攻击的同时又不授人以话柄的机智，都让人对其口才深深折服。不过，黛玉那种陷于情感旋涡中而不认道理只顾立场的取向，还是令人颇为感慨的。

与黛玉因吃醋而四面出击的线索一起发展的，是宝玉喝酒而渐入醉态的线索，也如草蛇灰线般若断若续，最后，当宝玉因受李嬷嬷的气积累下来，终于发泄到无辜的小丫鬟茜雪头上时，也是他醉态大爆发的时候。脂评就是以醉态来解释这样一个重情之人做出的不情之事。但不管怎么说，在一定的机缘凑合中，情种贾宝玉也会表现出他情绪化的、近乎冷酷的一面，这同样是小说写出多元的贾宝玉的某个侧面，在一定程度上，似乎暗示了他最后可能也会不管不顾地弃绝一切、离家而去的。

第十一回
庆寿辰宁府排家宴
见熙凤贾瑞起淫心

话说是日贾敬的寿辰，贾珍先将上等可吃的东西、稀奇些的果品，装了十六大捧盒，着贾蓉带领家下人等与贾敬送去，向贾蓉说道："你留神看太爷喜欢不喜欢，你就行了礼来。你说：'我父亲遵太爷的话不敢来，在家里率领合家都朝上行了礼了。'"贾蓉听罢，即率领家人去了。

这里渐渐的就有人来了。先是贾琏、贾蔷到来，先看了各处的座位，并问："有什么顽意儿没有？"家人答道："我们爷原算计请太爷今日来家来，所以并未敢预备顽意儿。前日听见太爷又不来了，现叫奴才们找了一班小戏儿并一档子打十番的，都在园子里戏台上预备着呢。"

次后邢夫人、王夫人、凤姐儿、宝玉都来了，贾珍并尤氏接了进去。尤氏的母亲已先在这里呢。大家见过了，彼此让了坐。贾珍尤氏二人亲自递了茶，因说道："老太太原是老祖宗，我父亲又是侄儿，这样日子，原不敢请他老人家；但是这个时候，天气正凉爽，满园的菊花又盛开，请老祖宗过来散散闷，看着众儿孙热闹热闹，是这个意思。谁知老祖宗又不肯赏脸。"凤姐儿未等王夫人开口，先说道："老太太昨日还说要来着呢，因为晚上看着宝兄弟他们吃桃儿，老人家又嘴馋，吃了有大半个，五更天的时候就一连起来了两次，今日早晨略觉身子倦些。因叫我回大爷，今日断不能来了，说有好吃的要几样，还要很烂的。"贾珍听了笑道："我说老祖宗是爱热闹的,今日不来,必定有个原故,若是这么着就是了。"

王夫人道:"前日听见你大妹妹说,蓉哥儿媳妇儿身上有些不大好,到底是怎么样?"尤氏道:"他这个病得的也奇。上月中秋还跟着老太太、太太们顽了半夜,回家来好好的。到了二十后,一日比一日觉懒,也懒待吃东西,这将近有半个多月了。经期又有两个月没来。"邢夫人接着说道:"别是喜罢?"

正说着,外头人回道:"大老爷、二老爷并一家子的爷们都来了,在厅上呢。"贾珍连忙出去了。这里尤氏方说道:"从前大夫也有说是喜的。昨日冯紫英荐了他从学过的一个先生,医道很好,瞧了说不是喜,竟是很大的一个症候。昨日开了方子,吃了一剂药,今日头眩的略好些,别的仍不见怎么样大见效。"凤姐儿道:"我说他不是十分支持不住,今日这样的日子,再也不肯不扎挣着上来。"尤氏道:"你是初三日在这里见他的,他强扎挣了半天,也是因你们娘儿两个好的上头,他才恋恋的舍不得去。"凤姐儿听了,眼圈儿红了半天,半日方说道:"真是'天有不测风云,人有旦夕祸福'。这个年纪,倘或就因这个病上怎么样了,人还活着有什么趣儿!"

正说话间,贾蓉进来,给邢夫人、王夫人、凤姐儿前都请了安,方回尤氏道:"方才我去给太爷送吃食去,并回说我父亲在家中伺候老爷们,款待一家子的爷们,遵太爷的话并未敢来。太爷听了甚喜欢,说:'这才是。'叫告诉父亲母亲好生伺候太爷太太们,叫我好生伺候叔叔婶子们并哥哥们。还说那《阴骘文》,叫急急的刻出来,印一万张散人。我将此话都回了我父亲了。我这会子得快出去打发太爷们并合家爷们吃饭。"凤姐儿说:"蓉哥儿,你且站住。你媳妇今日到底是怎么着?"贾蓉皱皱眉说道:"不好么!婶子回来瞧瞧去就知道了。"于是贾蓉出去了。

这里尤氏向邢夫人、王夫人道:"太太们在这里吃饭呵,还是在园子里吃去好?小戏儿现预备在园子里呢。"王夫人向邢夫人道:"我们索性吃了饭再过去罢,也省好些事。"邢夫人道:"很好。"于是尤氏就吩咐媳妇婆子们:"快送饭来。"门外一齐答应了一声,都各人端各人的去了。不多一时,摆上了饭。尤氏让邢夫人、王夫人并他母亲都上了坐,他与凤姐儿、宝玉侧席坐了。邢夫人、王夫人道:"我们来原为给大老爷拜寿,这不竟是我们来过生日来了么?"凤姐儿说道:"大老爷原是好养静的,已经修炼成了,也算得是神仙了。太太们这么一说,这就叫作'心到神知'了。"一句话说的满屋里的人都笑起来了。

  于是,尤氏的母亲并邢夫人、王夫人、凤姐儿都吃毕饭,漱了口,净了手;才说要往园子里去,贾蓉进来向尤氏说道:"老爷们并众位叔叔哥哥兄弟们也都吃了饭了。大老爷说家里有事,二老爷是不爱听戏又怕人闹的慌,都才去了。别的一家子爷们都被琏二叔并蔷兄弟让过去听戏去了。方才南安郡王、东平郡王、西宁郡王、北静郡王四家王爷,并镇国公牛府等六家,忠靖侯史府等八家,都差人持了名帖送寿礼来,俱回了我父亲,先收在帐房里了,礼单都上上档子了。老爷的领谢的名帖都交给各来人了,各来人也都照旧例赏了,众来人都让吃了饭去了。母亲该请二位太太、老娘、婶子都过园子里坐着去罢。"尤氏道:"也是才吃完了饭,就要过去了。"

  凤姐儿说:"我回太太,我先瞧瞧蓉哥儿媳妇,我再过去。"王夫人道:"很是。我们都要去瞧瞧他,倒怕他嫌闹的慌,说我们问他好罢。"尤氏道:"好妹妹,媳妇听你的话,你去开导开导他,我也放心。你就快些过园子里来。"宝玉也要跟了凤姐儿去瞧秦氏去,王夫人道:"你看看就过去罢,那是侄儿媳妇。"于是尤氏请了邢夫人、王夫人并他母亲都过会芳园去了。

  凤姐儿、宝玉方和贾蓉到秦氏这边来了。进了房门,悄悄的走到里间房门口,秦氏见了,就要站起来,凤姐儿说:"快别起来,看起猛了头晕。"于是凤姐儿就紧走了两步,拉住秦氏的手,说道:"我的奶奶!怎么几日不见,就瘦的这么着了。"于是就坐在秦氏坐的褥子上。宝玉也问了好,坐在对面椅子上。贾蓉叫:"快倒茶来,婶子和二叔在上房还未喝茶呢。"

秦氏拉着凤姐儿的手,强笑道:"这都是我没福。这样人家,公公婆婆当自己的女孩儿似的待。婶娘的侄儿虽说年轻,却也是他敬我,我敬他,从来没有红过脸儿。就是一家子的长辈同辈之中,除了婶子倒不用说了,别人也从无不疼我的,也无不和我好的。这如今得了这个病,把我那要强的心一分也没了。公婆跟前未得孝顺一天;就是婶娘这样疼我,我就有十分孝顺的心,如今也不能够了。我自想着,未必熬的过年去呢。"

宝玉正眼瞅着那《海棠春睡图》并那秦太虚写的"嫩寒锁梦因春冷,芳气笼人是酒香"的对联,不觉想起在这里睡晌觉梦到"太虚幻境"的事来。正自出神,听得秦氏说了这些话,如万箭攒心,那眼泪不知不觉就流下来了。凤姐儿心中虽十分难过,但恐病人见了众人这个样儿反添心酸,倒不是来开导劝解的意思了。见宝玉这个样子,因说道:"宝兄弟,你忒婆婆妈妈的了。他病人不过是这么说,那里就到得这个田地了?况且能多大年纪的人,略病一病儿就这么想那么想的,这不是自己倒给自己添病了么?"贾蓉道:"他这病也不用别的,只是吃得些饮食就不怕了。"凤姐儿道:"宝兄弟,太太叫你快过去呢。你别在这里只管这么着,倒招的媳妇也心里不好。太太那里又惦着你。"因向贾蓉说道:"你先同你宝叔叔过去罢,我还略坐一坐儿。"贾蓉听说,即同宝玉过会芳园来了。

这里凤姐儿又劝解了秦氏一番,又低低的说了许多衷肠话儿。尤氏打发人请了两三遍,凤姐儿才向秦氏说道:"你好生养着罢,我再来看你。合该你这病要好,所以前日就有人荐了这个好大夫来,再也是不怕的了。"秦氏笑道:"任凭神仙也罢,治得病治不得命。婶子,我知道我这病不过是挨日子。"凤姐儿说道:"你只管这么想着,病那里能好呢?总要想开了才是。况且听得大夫说,若是不治,怕的是春天不好呢。如今才九月半,还有四五个月的工夫,什么病治不好呢?咱们若是不能吃人参的人家,这也难说了；你公公婆婆听见治得好你，别说一日二钱人参，就是二斤也能够吃的起。好生养着罢，我过园子里去了。"秦氏又道："婶子，恕我不能跟过去了。闲了时候还求婶子常过来瞧瞧我，咱们娘儿们坐坐，多说几遭话儿。"凤姐儿听了，不觉得又眼圈儿一红，遂说道："我得了闲儿必常来看你。"

于是凤姐儿带领跟来的婆子丫头并宁府的媳妇婆子们，从里头绕进园子的便门来。但只见：

> 黄花满地，白柳横坡。小桥通若耶之溪，曲径接天台之路。石中清流激湍，篱落飘香；树头红叶翩翩，疏林如画。西风乍紧，初罢莺啼；暖日当暄，又添蛩语。遥望东南，建几处依山之榭；纵观西北，结三间临水之轩。笙簧盈耳，别有幽情；罗绮穿林，倍添韵致。

凤姐儿正自看园中的景致，一步步行来赞赏。猛然从假山石后走过一个人来，向前对凤姐儿说道："请嫂子安。"凤姐儿猛然见了，将身子望后一退，说道："这是瑞大爷不是？"贾瑞说道："嫂子连我也不认得了？不是我是谁！"凤姐儿道："不是不认得，猛然一见，不想到是大爷到这里来。"贾瑞道："也是合该我与嫂子有缘。我方才偷出了席，在这个清净地方略散一散，不想就遇见嫂子也从这里来。这不是有缘么？"一面说着，一面拿眼睛不住的觑着凤姐儿。

凤姐儿是个聪明人，见他这个光景，如何不猜透八九分呢，因向贾瑞假意含笑道："怨不得你哥哥时常提你，说你很好。今日见了，听你说这几句话儿，就知道你是个聪明和气的人了。这会子我要到太太那里去，不得和你说话儿，等闲了咱们再说话儿罢。"贾瑞道："我要到嫂子家里去请安，又恐怕嫂子年轻,不肯轻易见人。"凤姐儿假意笑道:"一家子骨肉,说什么年轻不年轻的话。"贾瑞听了这话,再不想到今日得这个奇遇,那神情光景亦发不堪难看了。凤姐儿说道:"你快入席去罢,仔细他们拿住,罚你酒。"贾瑞听了,身上已木了半边,慢慢的一面走着,一面回过头来看。凤姐儿故意的把脚步放迟了些儿,见他去远了,心里暗忖道:"这才是知人知面不知心呢,那里有这样禽兽的人呢。他如果如此,几时叫他死在我的手里,他才知道我的手段!"

于是凤姐儿方移步前来。将转过了一重山坡,见两三个婆子慌慌张张的走来,见了凤姐儿,笑说道:"我们奶奶见二奶奶只是不来,急的了不得,叫奴才们又来请奶奶来了。"凤姐儿说道:"你们奶奶就是这么急脚鬼似的。"凤姐儿慢慢的走着,问:"戏唱了几出了?"那婆子回道:"有八九出了。"说话之间,已到了天香楼的后门,见宝玉和一群丫头们在那里玩呢。凤姐儿说道:"宝兄弟,别忒淘气了。"有一个丫头说道:"太太们都在楼上坐着呢,请奶奶就从这边上去罢。"

凤姐儿听了,款步提衣上了楼来,见尤氏已在楼梯口等着呢。尤氏便笑道:"你们娘儿两个忒好了,见了面总舍不得来了。你明日搬来和他住着罢。你坐下,我先敬你一钟。"于是凤姐儿在邢、王二夫人前告了坐,又在尤氏的母亲前周旋了一遍,仍同尤氏坐一桌上吃酒听戏。尤氏叫拿戏单来,让凤姐儿点戏,凤姐儿说道:"亲家太太和太太们在这里,我如何敢点。"邢夫人王夫人说道:"我们和亲家太太都点了好几出了,你点两出好的我们听。"凤姐儿立起身来答应了一声,方接过戏单,从头一看,点了一出《还魂》,一出《弹词》,递过戏单去说:"现在唱的这《双官诰》,唱完了,再唱这两出,也就是时候了。"王夫人道:"可不是呢,也该趁早叫你哥哥嫂子歇歇,他们又心里不静。"尤氏说道:"太太们又不常过来,娘儿们多坐一会子去,才有趣儿,天还早呢。"凤姐儿立起身来望楼下一看,说:"爷们都往那里去了?"旁边一个婆子道:"爷们才到凝曦轩,带了打十番的那里吃酒去了。"凤姐儿说道:"在这里不便宜,背地里又不知干什么去了!"尤氏笑道:"那里都像你这么正经人呢。"

于是说说笑笑,点的戏都唱完了,方才撤下酒席,摆上饭来。吃毕,大家才出园子来,到上房坐下,吃了茶,方才叫预备车,向尤氏的母亲告了辞。尤氏率同众姬妾并家下婆子媳妇们方送出来;贾珍率领众子侄都在车旁侍立,等候着呢,见了邢夫人、王夫人道:"二位婶子明日还过来逛逛。"王夫人道:"罢了,我们今日整坐了一日,也乏了,明日歇歇罢。"于是都上车去了。贾瑞犹不时拿眼睛觑着凤姐儿。贾珍等进去后,李贵才拉过马来,宝玉骑上,随了王夫人去了。这里贾珍同一家子的弟兄子侄吃过晚饭,方大家散了。

次日,仍是众族人等闹了一日,不必细说。此后凤姐儿不时亲自来看秦氏。秦氏也有几日好些,也有几日仍是那样。贾珍、尤氏、贾蓉好不焦心。

且说贾瑞到荣府来了几次,偏都遇见凤姐儿往宁府那边去了。这年正是十一月三十日冬至。到交节的那几日,贾母、王夫人、凤姐儿日日差人去看秦氏,回来的人都说:"这几日也没见添病,也不见甚好。"王夫人向贾母说:"这个症候,遇着这样大节不添病,就有好大的指望了。"贾母说:"可是呢,好个孩子,要是有些原故,可不叫人疼死。"说着,一阵心酸,叫凤姐儿说道:"你们娘儿两个也好了一场,明日大初一,过了明日,你后日再去看一看他去。你细细的瞧瞧他那光景,倘或好些儿,你回来告诉我,我也喜欢喜欢。那孩子素日爱吃的,你也常叫人做些给他送过去。"凤姐儿一一的答应了。

到了初二日,吃了早饭,来到宁府,看见秦氏的光景,虽未甚添病,但是那脸上身上的肉全瘦干了。于是和秦氏坐了半日,说了些闲话儿,又将这病无妨的话开导了一遍。秦氏说道："好不好,春天就知道了。如今现过了冬至,又没怎么样,或者好的了也未可知。婶子回老太太、太太放心罢。昨日老太太赏的那枣泥馅的山药糕,我倒吃了两块,倒像克化的动似的。"凤姐儿说道："明日再给你送来。我到你婆婆那里瞧瞧,就要赶着回去回老太太的话去。"秦氏道："婶子替我请老太太、太太的安罢。"

凤姐答应着就出来了,到了尤氏上房坐下。尤氏道："你冷眼瞧媳妇是怎么样?"凤姐儿低了半日头,说道："这实在无法了！你也该将一应的后事用的东西给他料理料理,冲一冲也好。"尤氏道："我也叫人暗暗的预备了。就是那件东西不得好木头,暂且慢慢的办罢。"于是凤姐儿吃了茶,说了一会子话儿,说道："我要快回去回老太太的话去呢。"尤氏道："你可缓缓的说,别吓着老太太。"凤姐儿道："我知道。"

于是凤姐儿就回来了。到了家中,见了贾母,说："蓉哥儿媳妇请老太太安,给老太太磕头,说他好些了,求老祖宗放心罢。他再略好些,还要给老祖宗磕头请安来呢。"贾母道："你看他是怎么样?"凤姐儿说："暂且无妨,精神还好呢。"贾母听了,沉吟了半日,因向凤姐儿说："你换换衣服歇歇去罢。"

凤姐儿答应着出来,见过了王夫人,到了房中,平儿将烘的家常的衣服给凤姐儿换了。凤姐儿方坐下,问道："家里没有什么事么?"平儿方端了茶来,递了过去,说道："没有什么事。就是那三百银子的利银,旺儿媳妇送进来,我收了。再有瑞大爷使人来打听奶奶在家没有,他要来请安说话。"凤姐儿听了,哼了一声,说道："这畜生合该作死,看他来了怎么样！"平儿因问道："这瑞大爷是因什么只管来?"凤姐儿遂将九月里宁府园子里遇见他的光景,他说的话,都告诉了平儿。平儿说道："癞蛤蟆想天鹅肉吃,没人伦的混帐东西,起这个念头,叫他不得好死！"凤姐儿道："等他来了,我自有道理。"不知贾瑞来时作何光景,且听下回分解。

评析：凤姐的复杂性

王熙凤是《红楼梦》中主要的人物，也可能是小说中塑造得最成功的艺术形象。在第三回林黛玉进贾府时，已经初步呈现了她的特有神采。而在这一回，虽然小说主要的活动内容是交代为宁国府的贾敬庆祝生日，但因为贾敬沉醉于道观中的修炼，不愿回家来享受俗世生活，所以给了来参加聚会的王熙凤反客为主的机会，在遭遇的各种情境中，其性格的多面性充分展示了出来。下面笔者从这一回里摘录王熙凤说的几段话，然后来试着分析。

（1）凤姐儿未等王夫人开口，先说道："老太太昨日还说要来着呢，因为晚上看着宝兄弟他们吃桃儿，老人家又嘴馋，吃了有大半个，五更天的时候就一连起来了两次，今日早晨略觉身子倦些。因叫我回大爷，今日断不能来了，说有好吃的要几样，还要很烂的。"贾珍听了笑道："我说老祖宗是爱热闹的，今日不来，必定有个原故，若是这么着就是了。"

（2）邢夫人、王夫人道："我们来原为给大老爷拜寿，这不竟是我们来过生日来了么？"凤姐儿说道："大老爷原是好养静的，已经修炼成了，也算得是神仙了。太太们这么一说，这就叫作'心到神知'了。"一句话说的满屋里的人都笑起来了。

（3）凤姐儿听了，眼圈儿红了半天，半日方说道："真是'天有不测风云，人有旦夕祸福'。这个年纪，倘或就因这个病上怎么样了，人还活着有什么趣儿！"

（4）凤姐儿道："宝兄弟，太太叫你快过去呢。你别在这里只管这么着，倒招的媳妇也心里不好。太太那里又惦着你。"因向贾蓉说道:"你先同你宝叔叔过去罢,我还略坐一坐儿。"

(5)贾母道:"你看他是怎么样?"凤姐儿说:"暂且无妨,精神还好呢。"

(6)因向贾瑞假意含笑道:"怨不得你哥哥时常提你,说你很好。今日见了,听你说这几句话儿,就知道你是个聪明和气的人了。这会子我要到太太那里去,不得和你说话儿,等闲了咱们再说话儿罢。"

(7)凤姐儿故意的把脚步放迟了些儿,见他去远了,心里暗忖道:"这才是知人知面不知心呢,那里有这样禽兽样的人呢。他如果如此,几时叫他死在我的手里,他才知道我的手段!"

这里笔者摘录的有关凤姐的话语,并不是按照原文中出现的先后顺序排列的,而是据内容性质,把它分为三组。

第一组,(1)(2)两段对话,有人缺席导致在场者的遗憾,凤姐所作出的解释。先是贾珍遗憾老祖宗没有到场,似乎没给他父亲甚至他本人脸面,因为虽属晚辈,毕竟是贾府长房的大事,对此凤姐给出了合情合理的解释,强调老祖宗心愿和身体无法协调,使得贾珍的那点遗憾被一扫而空,也可见凤姐的临场机智,以及对他人心理揣摩的能力相当高强。而随后,邢夫人、王夫人共同表达的那种扫兴,又被凤姐一番颇具幽默感的解读,奇妙化解。说其巧妙,是因为她的说辞,既能顾及缺席者的自身特点或者状况,又总能体贴到表示遗憾者的内心世界,特别是像邢夫人、王夫人一番有吐槽嫌疑的话,也可以被解读成对主人的隔空祝福了。但同样是解释,对贾珍说的和对邢夫人、王夫人说的,风格完全不一样,前番话说得是那么诚恳,没有掺杂任何风趣、幽默的元素。那是因为凤姐根据了不同对象的不同心情,在言语风格上的不同处理。

第二组,(3)(4)(5)三段话,围绕着秦可卿的病情而展开。先是被贾蓉告知可卿病情严重,流露出她对人生的感慨。这种感慨,恰体现了凤姐和可卿有着真情的一面。而这种真情,在可卿病床前,又表现出她的节制,纵然是真情流露,也要考虑可卿内心的感受,所以她很理智地把在旁掉泪的宝玉支开了。至于后来在老祖宗面前那样字斟句酌的委婉回复,同样是担心会影响到老祖宗的情绪。让贾蓉陪宝玉先离开,自己单独留下来,一方面是为了防止宝玉情绪失控可能影响到可卿,另一方面似乎为了方便两位闺蜜说点知心话。这也为凤姐接下来独自穿过会芳园,慢步下来留意景色,为觊觎她美色的贾瑞前来搭讪,创造了条件。而凤姐离开可卿病床后,有兴致欣赏起会芳园的景色,曾让作家毕飞宇感到凤姐的可怕,认为凤姐心情变得也太快,这样的判断似乎有些大惊小怪(当然,一惊一乍是毕飞宇写小说鉴赏的惯有风格)。即便可卿是凤姐的闺蜜,但还不是骨肉相连的亲人,而且当时也不是她生命垂危或者弥留时刻,所以,有心情欣赏美景,也属正常。更何况,有些人也恰恰要借助欣赏风景,让自己沉重的心情得以缓释。倒是遇见贾瑞后的一番话,才与她对待可卿的真情形成了尖锐对比。

第三组,(6)(7)两段话,前段是和贾瑞的对话,后段是她的内心独白。与许多女子不同的是,她明知贾瑞不怀好意,也根本对贾瑞不感兴趣,却依然用虚情假意向他传递错误信息,让贾瑞进一步掉进幻觉的泥坑中不能自拔,这才是让人感到凤姐可怕的地方。也许从常理出发,即使贾瑞对她动了非分之念,凤姐也不应该如此来报复他。关键是,贾瑞对她心生好感,并没有让她获得虚荣心的满足,因为贾瑞实在与她太不般配,被贾瑞喜欢,或者贾瑞胆敢把这种喜欢向她表露,这未必是道德不道德的问题,而是无形中拉低了凤姐自身的层次,成为对她的一种侮辱,所以凤姐才会那么狠狠报复他。这一过程的展开,使小说呈现的凤姐形象更复杂了。

总之,在这一回中,凤姐在各种场合不经意的寥寥数语,把她的善解人意、她的幽默风趣、她的真情实感或者相反的虚情假意,还有她欣赏美景的雅趣,等等,都较为生动地展现了,而这些展现,又是跟平淡的、并无大事发生的情节结合在一起的,这也在一定程度上,体现了《红楼梦》刻画人物的特点。

第十七回至十八回
大观园试才题对额
荣国府归省庆元宵

话说秦钟既死,宝玉痛哭不已,李贵等好容易劝解半日方住,归时犹是凄恻哀痛。贾母帮了几十两银子,外又另备奠仪,宝玉去吊纸。七日后便送殡掩埋了,别无述记。只有宝玉日日思慕感悼,然亦无可如何了。

又不知历几何时,这日贾珍等来回贾政:"园内工程俱已告竣,大老爷已瞧过了,只等老爷瞧了,或有不妥之处,再行改造,好题匾额对联的。"贾政听了,沉思一会,说道:"这匾额对联倒是一件难事。论理该请贵妃赐题才是,然贵妃若不亲睹其景,大约亦必不肯妄拟;若直待贵妃游幸过再请题,偌大景致,若干亭榭,无字标题,也觉寥落无趣,任有花柳山水,也断不能生色。"众清客在旁笑答道:"老世翁所见极是。如今我们有个愚见:各处匾额对联断不可少,亦断不可定名。如今且按其景致,或两字、三字、四字,虚合其意,拟了出来,暂且做灯匾联悬了。待贵妃游幸时,再请定名,岂不两全?"贾政等听了,都道:"所见不差。我们今日且看看去,只管题了,若妥当便用;不妥时,然后将雨村请来,令他再拟。"众人笑道:"老爷今日一拟定佳,何必又待雨村。"贾政笑道:"你们不知,我自幼于花鸟山水题咏上就平平;如今上了年纪,且案牍劳烦,于这怡情悦性文章上更生疏了。纵拟了出来,不免迂腐古板,反不能使花柳园亭生色,似不妥协,反没意思。"众清客笑道:"这也无妨。我们大家看了公拟,各举其长,优则存之,劣则删之，未为不可。"贾政道："此论极是。且喜今日天气和暖，大家去逛逛。"说着起身，引众人前往。

贾珍先去园中知会众人。可巧近日宝玉因思念秦钟，忧戚不尽，贾母常命人带他到园中来戏耍。此时亦才进去，忽见贾珍走来，向他笑道："你还不出去，老爷就来了。"宝玉听了，带着奶娘小厮们，一溜烟就出园来。方转过弯，顶头贾政引众客来了，躲之不及，只得一边站了。贾政近因闻得塾掌称赞宝玉专能对对联，虽不喜读书，偏倒有些歪才情似的，今日偶然撞见这机会，便命他跟来。宝玉只得随往，尚不知何意。

贾政刚至园门前，只见贾珍带领许多执事人来，一傍侍立。贾政道："你且把园门都关上，我们先瞧了外面再进去。"贾珍听说，命人将门关了。贾政先秉正看门。只见正门五间，上面桶瓦泥鳅脊；那门栏窗槅，皆是细雕新鲜花样，并无朱粉涂饰；一色水磨群墙，下面白石台矶，凿成西番草花样。左右一望，皆雪白粉墙，下面虎皮石，随势砌去，果然不落富丽俗套，自是欢喜。遂命开门，只见迎面一带翠嶂挡在前面。众清客都道："好山，好山！"贾政道："非此一山，一进来园中所有之景悉入目中，则有何趣。"众人道："极是。非胸中大有丘壑，焉想及此。"说毕，往前一望，见白石崚嶒，或如鬼怪，或如猛兽，纵横拱立，上面苔藓成斑，藤萝掩映，其中微露羊肠小径。贾政道："我们就从此小径游去，回来由那一边出去，方可遍览。"

说毕，命贾珍前引导，自己扶了宝玉，逶迤进入山口。抬头忽见山上有镜面白石一块，正是迎面留题处。贾政回头笑道："诸公请看，此处题以何名方妙？"众人听说，也有说该题"叠翠"二字，也有说该题"锦嶂"的，又有说"赛香炉"的，又有说"小终南"的，种种名色，不止几十个。

原来众客心中早知贾政要试宝玉的功业进益如何，只将些俗套来敷衍。宝玉亦料定此意。贾政听了，便回头命宝玉拟来。宝玉道："尝闻古人有云：'编新不如述旧，刻古终胜雕今。'况此处并非主山正景，原无可题之处,不过是探景一进步耳。莫若直书'曲径通幽处'这句旧诗在上,倒还大方气派。"众人听了,都赞道:"是极!二世兄天分高,才情远,不似我们读腐了书的。"贾政笑道:"不可谬奖。他年小,不过以一知充十用,取笑罢了。再俟选拟。"

说着,进入石洞来。只见佳木茏葱,奇花熌灼,一带清流,从花木深处曲折泻于石隙之下。再进数步,渐向北边,平坦宽豁,两边飞楼插空,雕甍绣槛,皆隐于山坳树杪之间。俯而视之,则清溪泻雪,石磴穿云,白石为栏,环抱池沿,石桥三港,兽面衔吐。桥上有亭。贾政与诸人上了亭子,倚栏坐了,因问:"诸公以何题此?"诸人都道:"当日欧阳公《醉翁亭记》有云:'有亭翼然',就名'翼然'。"贾政笑道:"'翼然'虽佳,但此亭压水而成,还须偏于水题方称。依我拙裁,欧阳公之'泻出于两峰之间',竟用他这一个'泻'字。"有一客道:"是极,是极。竟是'泻玉'二字妙。"贾政拈髯寻思,因抬头见宝玉侍侧,便笑命他也拟一个来。

宝玉听说,连忙回道:"老爷方才所议已是。但是如今追究了去,似乎当日欧阳公题酿泉用一'泻'字则妥,今日此泉若亦用'泻'字,则觉不妥。况此处虽云省亲驻跸别墅,亦当入于应制之例,用此等字眼,亦觉粗陋不雅。求再拟较此蕴藉含蓄者。"贾政笑道:"诸公听此论若何?方才众人编新,你又说不如述古;如今我们述古,你又说粗陋不妥。你且说你的来我听。"宝玉道:"有用'泻玉'二字,则莫若'沁芳'二字,岂不新雅?"贾政拈髯点头不语。众人都忙迎合,赞宝玉才情不凡。贾政道:"匾上二字容易。再作一副七言对联来。"宝玉听说,立于亭上,四顾一望,便机上心来,乃念道:

绕堤柳借三篙翠,隔岸花分一脉香。

贾政听了，点头微笑。众人先称赞不已。

于是出亭过池，一山一石，一花一木，莫不着意观览。忽抬头看见前面一带粉垣，里面数楹修舍，有千百竿翠竹遮映。众人都道："好个所在！"于是大家进入，只见入门便是曲折游廊，阶下石子漫成甬路。上面小小两三间房舍，一明两暗，里面都是合着地步打就的床几椅案。从里间房内又得一小门，出去则是后院，有大株梨花兼着芭蕉。又有两间小小退步。后院墙下忽开一隙，得泉一派，开沟仅尺许，灌入墙内，绕阶缘屋至前院，盘旋竹下而出。贾政笑道："这一处还罢了。若能月夜坐此窗下读书，不枉虚生一世。"说毕，看着宝玉，唬的宝玉忙垂了头。

众客忙用话开释，又说道："此处的匾该题四个字。"贾政笑问："那四字？"一个道是"淇水遗风"。贾政道："俗。"又一个是"睢园雅迹"。贾政道："也俗。"贾珍笑道："还是宝兄弟拟一个来。"贾政道："他未曾作，先要议论人家的好歹，可见就是个轻薄人。"众客道："议论的极是，其奈他何。"贾政忙道："休如此纵了他。"因命他道："今日任你狂为乱道，先设议论来，然后方许你作。方才众人说的，可有使得的？"宝玉见问，答道："都似不妥。"贾政冷笑道："怎么不妥？"宝玉道："这是第一处行幸之处，必须颂圣方可。若用四字的匾，又有古人现成的，何必再作。"贾政道："难道'淇水''睢园'不是古人的？"宝玉道："这太板腐了。莫若'有凤来仪'四字。"众人都哄然叫妙。贾政点头道："畜生，畜生，可谓'管窥蠡测'矣。"因命："再题一联来。"宝玉便念道：

宝鼎茶闲烟尚绿，幽窗棋罢指犹凉。

贾政摇头说道："也未见长。"说毕，引众人出来。

方欲走时，忽又想起一事来，因问贾珍道："这些院落房宇并几案桌椅都算有了，还有那些帐幔帘子并陈设玩器古董，可也都是一处一处合式配就的？"贾珍回道："那陈设的东西早已添了许多，自然临期合式陈设。帐幔帘子，昨日听见琏兄弟说，还不全。那原是一起工程之时就画了各处的图样，量准尺寸，就打发人办去的。想必昨日得了一半。"贾政听了，便知此事不是贾珍的首尾，便命人去唤贾琏。

一时，贾琏赶来，贾政问他共有几种，现今得了几种，尚欠几种。贾琏见问，忙向靴桶取靴掖内装的一个纸折略节来，看了一看，回道："妆蟒绣堆、刻丝弹墨并各色绸绫大小幔子一百二十架，昨日得了八十架，下欠四十架。帘子二百挂，昨日俱得了。外有猩猩毡帘二百挂，金丝藤红漆竹帘二百挂，墨漆竹帘二百挂，五彩线络盘花帘二百挂，每样得了一半，也不过秋天都全了。椅搭、桌围、床裙、桌套，每分一千二百件，也有了。"

一面走，一面说，倏尔青山斜阻。转过山怀中，隐隐露出一带黄泥筑就矮墙，墙头皆用稻茎掩护。有几百株杏花，如喷火蒸霞一般。里面数楹茅屋。外面却是桑、榆、槿、柘，各色树稚新条，随其曲折，编就两溜青篱。篱外山坡之下，有一土井，旁有桔槔辘轳之属。下面分畦列亩，佳蔬菜花，漫然无际。

贾政笑道："倒是此处有些道理。固然系人力穿凿，此时一见，未免勾引起我归农之意。我们且进去歇息歇息。"说毕，方欲进篱门去，忽见路旁有一石碣，亦为留题之备。众人笑道："更妙，更妙！此处若悬匾待题，则田舍家风一洗尽矣。立此一碣，又觉生色许多，非范石湖田家之咏不足以尽其妙。"贾政道："诸公请题。"众人道："方才世兄有云，'编新不如述旧'，此处古人已道尽矣，莫若直书'杏花村'妙极。"贾政听了，笑向贾珍道："正亏提醒了我。此处都妙极，只是还少一个酒幌。明日竟作一个，不必华丽，就依外面村庄的式样作来，用竹竿挑在树梢。"贾珍答应了，又回道："此处竟还不可养别的雀鸟，只是买些鹅鸭鸡类，才都相称了。"贾政与众人都道:"更妙。"贾政又向众人道:"'杏花村'固佳,只是犯了正名,村名直待请名方可。"众客都道:"是呀。如今虚的,便是什么字样好?"

大家想着,宝玉却等不得了,也不等贾政的命,便说道:"旧诗有云:'红杏梢头挂酒旗。'如今莫若'杏帘在望'四字。"众人都道:"好个'在望'!又暗合'杏花村'意。"宝玉冷笑道:"村名若用'杏花'二字,则俗陋不堪了。又有古人诗云:'柴门临水稻花香',何不就用'稻香村'的妙?"众人听了,亦发哄声拍手道:"妙!"贾政一声断喝:"无知的业障!你能知道几个古人,能记得几首熟诗,也敢在老先生前卖弄!你方才那些胡说的,不过是试你的清浊,取笑而已,你就认真了。"

说着,引人步入茆堂,里面纸窗木榻,富贵气象一洗皆尽。贾政心中自是欢喜,却瞅宝玉道,"此处如何?"众人见问,都忙悄悄的推宝玉,教他说好。宝玉不听人言,便应声道:"不及'有凤来仪'多矣。"贾政听了道:"无知的蠢物!你只知朱楼画栋、恶赖富丽为佳,那里知道这清幽气象。终是不读书之过!"宝玉忙答道:"老爷教训的固是,但古人常云'天然'二字,不知何意?"

众人见宝玉牛心,都怪他呆痴不改。今见问"天然"二字,众人忙道:"别的都明白,为何连'天然'不知?'天然'者,天之自然而有,非人力之所成也。"宝玉道:"却又来!此处置一田庄,分明见得人力穿凿扭捏而成。远无邻村,近不负郭,背山山无脉,临水水无源,高无隐寺之塔,下无通市之桥,峭然孤出,似非大观。争似先处有自然之理,得自然之气,虽种竹引泉,亦不伤于穿凿。古人云'天然图画'四字,正畏非其地而强为地,非其山而强为山,虽百般精而终不相宜……"未及说完,贾政气的喝命:"叉出去!"刚出去,又喝命:"回来!"命:"再题一联,若不通,一并打嘴!"宝玉只得念道:

新涨绿添浣葛处,好云香护采芹人。

贾政听了,摇头说:"更不好。"一面引人出来,转过山坡,穿花度柳,抚石依泉,过了荼䕷架,再入木香棚,越牡丹亭,度芍药圃,入蔷薇院,出芭蕉坞,盘旋曲折。忽闻水声潺湲,泻出石洞,上则萝薜倒垂,下则落花浮荡。众人都道:"好景,好景!"贾政道:"诸公题以何名?"众人道:"再不必拟了,恰恰乎是'武陵源'三个字。"贾政笑道:"又落实了,而且陈旧。"众人笑道:"不然就用'秦人旧舍'四字也罢了。"宝玉道:"这越发过露了。'秦人旧舍'说避乱之意,如何使得?莫若'蓼汀花溆'四字。"贾政听了,更批胡说。

于是要进港洞时,又想起有船无船。贾珍道:"采莲船共四只,座船一只,如今尚未造成。"贾政笑道:"可惜不得入了。"贾珍道:"从山上盘道亦可以进去。"说毕,在前导引,大家攀藤抚树过去。只见水上落花愈多,其水愈清,溶溶荡荡,曲折萦迂。池边两行垂柳,杂着桃杏,遮天蔽日,真无一些尘土。忽见柳阴中又露出一个折带朱栏板桥来,度过桥去,诸路可通,便见一所清凉瓦舍,一色水磨砖墙,清瓦花堵。那大主山所分之脉,皆穿墙而过。

贾政道:"此处这所房子,无味的很。"因而步入门时,忽迎面突出插天的大玲珑山石来,四面群绕各式石块,竟把里面所有房屋悉皆遮住,而且一株花木皆无。只见许多异草:或有牵藤的,或有引蔓的,或垂山巅,或穿石隙,甚至垂檐绕柱,萦砌盘阶,或如翠带飘飘,或如金绳盘屈,或实若丹砂,或花如金桂,味芬气馥,非花香之可比。贾政不禁笑道:"有趣!只是不大认识。"有的说:"是薜荔藤萝。"贾政道:"薜荔藤萝不得如此异香。"宝玉道:"果然不是。这些之中也有藤萝薜荔。那香的是杜若蘅芜,那一种大约是茝兰,这一种大约是清葛,那一种是金䔶草,这一种是玉蕗藤,红的自然是紫芸,绿的定是清芷。想来《离骚》《文选》等书上所有的那些异草,也有叫作什么藿蒳姜荨的,也有叫作什么纶组紫绛的,还有石帆、水松、扶留等样,又有叫什么绿荑的,还有什么丹椒、蘼芜、风连。如今年深岁改,人不能识,故皆像形夺名,渐渐的唤差了,也是有的。"未及说完,贾政喝道:"谁问你来!"唬的宝玉倒退,不敢再说。

贾政因见两边俱是超手游廊,便顺着游廊步入。只见上面五间清厦连着卷棚,四面出廊,绿窗油壁,更比前几处清雅不同。贾政叹道:"此轩中煮茶操琴,亦不必再焚名香矣。此造已出意外,诸公必有佳作新题以颜其额,方不负此。"众人笑道:"再莫若'兰风蕙露'贴切了。"贾政道:"也只好用这四字。其联若何?"一人道:"我倒想了一对,大家批削改正。"念道是:

麝兰芳霭斜阳院,杜若香飘明月洲。

众人道:"妙则妙矣,只是'斜阳'二字不妥。"那人道:"古人诗云:'蘼芜满手泣斜晖。'"众人道:"颓丧,颓丧。"又一人道:"我也有一联,诸公评阅评阅。"因念道:

三径香风飘玉蕙,一庭明月照金兰。

贾政拈髯沉吟,意欲也题一联。忽抬头见宝玉在旁不敢则声,因喝道:"怎么你应说话时又不说了?还要等人请教你不成!"宝玉听说,便回道:"此处并没有什么'兰麝''明月''洲渚'之类,若要这样着迹说起来,就题二百联也不能完。"贾政道:"谁按着你的头,叫你必定说这些字样呢?"宝玉道:"如此说,匾上则莫如'蘅芷清芬'四字。对联则是:

吟成荳蔻才犹艳,睡足荼蘼梦也香。"

贾政笑道:"这是套的'书成蕉叶文犹绿',不足为奇。"众客道:"李太白'凤凰台'之作,全套'黄鹤楼',只要套得妙。如今细评起来,方才这一联,竟比'书成蕉叶'犹觉幽娴活泼。视'书成'之句,竟似套此而来。"贾政笑说:"岂有此理!"

说着,大家出来。行不多远,则见崇阁巍峨,层楼高起,面面琳宫合抱,迢迢复道萦纡,青松拂檐,玉栏绕砌,金辉兽面,彩焕螭头。贾政道:"这是正殿了,只是太富丽了些。"众人都道:"要如此方是。虽然贵妃崇节尚俭,天性恶繁悦朴,然今日之尊,礼仪如此,不为过也。"一面说,一面走,只见正面现出一座玉石牌坊来,上面龙蟠螭护,玲珑凿就。贾政道:"此处书以何文?"众人道:"必是'蓬莱仙境'方妙。"贾政摇头不语。

宝玉见了这个所在,心中忽有所动,寻思起来,倒像那里曾见过的一般,却一时想不起那年月日的事了。贾政又命他作题,宝玉只顾细思前景,全无心于此了。众人不知其意,只当他受了这半日的折磨,精神耗散,才尽词穷了;再要考难逼迫,着了急,或生出事来,倒不便。遂忙都劝贾政:"罢,罢,明日再题罢了。"贾政心中也怕贾母不放心,遂冷笑道:"你这畜生,也竟有不能之时了。也罢,限你一日,明日若再不能,我定不饶。这是要紧一处,更要好生作来!"

说着,引人出来,再一观望,原来自进门起,所行至此,才游了十之五六。又值人来回,有雨村处遣人回话。贾政笑道:"此数处不能游了。虽如此,到底从那一边出去,纵不能细观,也可稍览。"说着,引客行来,至一大桥前,见水如晶帘一般奔入。原来这桥便是通外河之闸,引泉而入者。贾政因问:"此闸何名?"宝玉道:"此乃沁芳泉之正源,就名'沁芳闸'。"贾政道:"胡说,偏不用'沁芳'二字。"

于是一路行来，或清堂茅舍，或堆石为垣，或编花为牖，或山下得幽尼佛寺，或林中藏女道丹房，或长廊曲洞，或方厦圆亭，贾政皆不及进去。因说半日腿酸，未尝歇息，忽又见前面又露出一所院落来，贾政笑道："到此可要进去歇息歇息了。"说着，一径引人绕着碧桃花，穿过一层竹篱花障编就的月洞门，俄见粉墙环护，绿柳周垂。贾政与众人进去。

一入门，两边都是游廊相接。院中点衬几块山石，一边种着数本芭蕉；那一边乃是一颗西府海棠，其势若伞，丝垂翠缕，葩吐丹砂。众人赞道："好花，好花！从来也见过许多海棠，那里有这样妙的。"贾政道："这叫作'女儿棠'，乃是外国之种。俗传系出'女儿国'中，云彼国此种最盛，亦荒唐不经之说罢了。"众人笑道："然虽不经，如何此名传久了？"宝玉道："大约骚人咏士，以此花之色红晕若施脂，轻弱似扶病，大近乎闺阁风度，所以以'女儿'命名。想因被世间俗恶听了，他便以野史纂入为证，以俗传俗，以讹传讹，都认真了。"众人都摇身赞妙。

一面说话，一面都在廊外抱厦下打就的榻上坐了。贾政因问："想几个什么新鲜字来题此？"一客道："'蕉鹤'二字最妙。"又一个道："'崇光泛彩'方妙。"贾政与众人都道："好个'崇光泛彩'！"宝玉也道："妙极。"又叹："只是可惜了。"众人问："如何可惜？"宝玉道："此处蕉棠两植，其意暗蓄'红''绿'二字在内。若只说蕉，则棠无着落；若只说棠，蕉亦无着落。固有蕉无棠不可，有棠无蕉更不可。"贾政道："依你如何？"宝玉道："依我，题'红香绿玉'四字，方两全其妙。"贾政摇头道："不好，不好！"

说着，引人进入房内。只见这几间房内收拾的与别处不同，竟分不出间隔来的。原来四面皆是雕空玲珑木板，或'流云百蝠'，或'岁寒三友'，或山水人物，或翎毛花卉，或集锦，或博古，或卍㠭卍。各种花样，皆是名手雕镂，五彩销金嵌宝的。一槅一槅，或有贮书处，或有设鼎处，或安置笔砚处，或供花设瓶、安放盆景处。其槅各式各样，或天圆地方，或葵花蕉叶，或连环半璧。真是花团锦簇，剔透玲珑。倏尔五色纱糊就，竟系小窗；倏尔彩绫轻覆，竟系幽户。且满墙满壁，皆系随依古董玩器之形抠成的槽子。诸如琴、剑、悬瓶、桌屏之类，虽悬于壁，却都是与壁相平的。众人都赞："好精致想头！难为怎么想来！"

原来贾政等走了进来，未进两层，便都迷了旧路，左瞧也有门可通，右瞧又有窗暂隔，及到了跟前，又被一架书挡住。回头再走，又有窗纱明透，门径可行；及至门前，忽见迎面也进来了一群人，都与自己形相一样，——却是一架玻璃大镜相照。及转过镜去，益发见门子多了。贾珍笑道："老爷随我来。从这门出去，便是后院，从后院出去，倒比先近了。"说着，又转了两层纱厨锦槅，果得一门出去，院中满架蔷薇、宝相。转过花障，则见清溪前阻。众人诧异："这股水又是从何而来？"贾珍遥指道："原从那闸起流至那洞口，从东北山坳里引到那村庄里，又开一道岔口，引到西南上，共总流到这里，仍旧合在一处，从那墙下出去。"众人听了，都道："神妙之极！"说着，忽见大山阻路。众人都道："迷了路了。"贾珍笑道："随我来。"仍在前导引，众人随他，直由山脚边忽一转，便是平坦宽阔大路，豁然大门前见。众人都道："有趣，有趣，真搜神夺巧之至！"于是大家出来。

那宝玉一心只记挂着里边，又不见贾政吩咐，少不得跟到书房。贾政忽想起他来，方喝道："你还不去？难道还逛不足！也不想逛了这半日，老太太必悬挂着。快进去，疼你也白疼了。"宝玉听说，方退了出来。

至院外，就有跟贾政的几个小厮上来拦腰抱住，都说："今儿亏我们，老爷才喜欢，老太太打发人出来问了几遍，都亏我们回说喜欢；不然，若老太太叫你进去，就不得展才了。人人都说，你才那些诗比世人的都强。今儿得了这样的彩头，该赏我们了。"宝玉笑道："每人一吊钱。"众人道："谁没见那一吊钱！把这荷包赏了罢。"说着，一个上来解荷包，那一个解扇囊，不容分说，将宝玉所佩之物尽行解去。又道："好生送上去罢。"一个抱了起来,几个围绕,送至贾母二门前。那时贾母已命人看了几次。众奶娘丫鬟跟上来,见过贾母,知不曾难为着他,心中自是欢喜。

少时袭人倒了茶来,见身边佩物一件无存,因笑道:"带的东西又是那起没脸的东西们解了去了。"林黛玉听说,走来瞧瞧,果然一件无存,因向宝玉道:"我给的那个荷包也给他们了?你明儿再想我的东西,可不能够了!"说毕,赌气回房,将前日宝玉所烦他作的那个香袋儿——才做了一半——赌气拿过来就铰。宝玉见他生气,便知不妥,忙赶过来,早剪破了。

宝玉已见过这香囊,虽尚未完,却十分精巧,费了许多工夫。今见无故剪了,却也可气。因忙把衣领解了,从里面红袄襟上将黛玉所给的那荷包解了下来,递与黛玉瞧道:"你瞧瞧,这是什么!我那一回把你的东西给人了?"林黛玉见他如此珍重,带在里面,可知是怕人拿去之意,因此又自悔莽撞,未见皂白,就剪了香袋。因此又愧又气,低头一言不发。宝玉道:"你也不用剪,我知道你是懒待给我东西。我连这荷包奉还,何如?"说着,掷向他怀中便走。黛玉见如此,越发气起来,声咽气堵,又汪汪的滚下泪来,拿起荷包来又剪。宝玉见他如此,忙回身抢住,笑道:"好妹妹,饶了他罢。"黛玉将剪子一摔,拭泪说道:"你不用同我好一阵歹一阵的,要恼,就撂开手。这当了什么!"说着,赌气上床,面向里倒下拭泪。禁不住宝玉上来"妹妹"长"妹妹"短赔不是。

前面贾母一片声找宝玉。众奶娘丫鬟们忙回说:"在林姑娘房里呢。"贾母听说道:"好,好,好!让他姊妹们一处顽顽罢。才他老子拘了他这半天,让他开心一会子罢。只别叫他们拌嘴,不许扭了他。"众人答应着。黛玉被宝玉缠不过,只得起来道:"你的意思不叫我安生,我就离了你。"说着往外就走。宝玉笑道:"你到那里,我跟到那里。"一面仍拿起荷包来带上。黛玉伸手抢道:"你说不要了,这会子又带上,我也替你怪臊的!"说着,"嗤"的一声又笑了。宝玉道:"好妹妹,明儿另替我作个香袋儿罢。"黛玉道："那也只瞧我高兴罢了。"一面说，一面二人出房，到王夫人上房中去了，可巧宝钗亦在那里。

此时王夫人那边热闹非常。原来贾蔷已从姑苏采买了十二个女孩子——并聘了教习——以及行头等事来了。那时薛姨妈另迁于东北上一所幽静房舍居住，将梨香院早已腾挪出来，另行修理了，就令教习在此教演女戏。又另派家中旧有曾演学过歌唱的女人们——如今皆已皤然老妪了，着他们带领管理。就令贾蔷总理其日用出入银钱等事，以及诸凡大小所需之物料帐目。

又有林之孝家的来回："采访聘买得十个小尼姑、小道姑都有了，连新作的二十四分道袍也有了。外有一个带发修行的，本是苏州人氏，祖上也是读书仕官之家。因生了这位姑娘自小多病，买了许多替身儿皆不中用，足的这位姑娘亲自入了空门，方才好了，所以带发修行，今年才十八岁，法名妙玉。如今父母俱已亡故，身边只有两个老嬷嬷、一个小丫头服侍。文墨也极通，经文也不用学了，模样儿又极好。因听见'长安'都中有观音遗迹并贝叶遗文，去岁随了师父上来，现在西门外牟尼院住着。他师父极精演先天神数，于去冬圆寂了。妙玉本欲扶灵回乡的，他师父临寂遗言，说他'衣食起居不宜回乡，在此静居，后来自然有你的结果'。所以他竟未回乡。"王夫人不等回完，便说："既这样，我们何不接了他来。"林之孝家的回道："请他，他说'侯门公府，必以贵势压人，我再不去的。'"王夫人笑道："他既是官宦小姐，自然骄傲些，就下个帖子请他何妨。"林之孝家的答应了出去，命书启相公写请帖去请妙玉。次日遣人备车轿去接等后话，暂且搁过，此时不能表白。

当下又有人回，工程上等着糊东西的纱绫，请凤姐去开楼拣纱绫；又有人来回，请凤姐开库，收金银器皿。连王夫人并上房丫鬟等众，皆一时不得闲的。宝钗便说："咱们别在这里碍手碍脚，找探丫头去。"说着，同宝玉黛玉往迎春等房中来闲顽,无话。

　　王夫人等日日忙乱,直到十月将尽,幸皆全备:各处监管都交清帐目;各处古董文玩,皆已陈设齐备;采办鸟雀的,自仙鹤、孔雀以及鹿、兔、鸡、鹅等类,悉已买全,交于园中各处像景饲养;贾蔷那边也演出二十出杂戏来;小尼姑、道姑也都学会了念几卷经咒。贾政方略心意宽畅,又请贾母等进园,色色斟酌,点缀妥当,再无一些遗漏不当之处了。于是贾政方择日题本。本上之日,奉朱批准奏:次年正月十五上元之日,恩准贾妃省亲。贾府领了此恩旨,益发日夜不闲,年也不曾好生过的。

　　展眼元宵在迩,自正月初八日,就有太监出来先看方向:何处更衣,何处燕坐,何处受礼,何处开宴,何处退息。又有巡察地方总理关防太监等,带了许多小太监出来,各处关防,挡围幔;指示贾宅人员何处退,何处跪,何处进膳,何处启事,种种仪注不一。外面又有工部官员并五城兵备道打扫街道,撵逐闲人。贾赦等督率匠人扎花灯烟火之类,至十四日,俱已停妥。这一夜,上下通不曾睡。

　　至十五日五鼓,自贾母等有爵者,按品服大妆。园内各处,帐舞蟠龙,帘飞彩凤,金银焕彩,珠宝争辉,鼎焚百合之香,瓶插长春之蕊,静悄无人咳嗽。贾赦等在西街门外,贾母等在荣府大门外。街头巷口,俱系围幔挡严。正等的不耐烦,忽一太监坐大马而来,贾母忙接入,问其消息。太监道:"早多着呢!未初刻用过晚膳,未正二刻还到宝灵宫拜佛,酉初刻进大明宫领宴看灯方请旨,只怕戌初才起身呢。"凤姐听了道:"既这么着,老太太、太太且请回房,等是时候再来也不迟。"于是贾母等暂且自便,园中悉赖凤姐照理。又命执事人带领太监们去吃酒饭。

　　一时传人一担一担的挑进蜡烛来,各处点灯。方点完时,忽听外边马跑之声。一时,有十来个太监都喘吁吁跑来拍手儿。这些太监会意,都知道是"来了,来了",各按方向站住。贾赦领合族子侄在西街门外,贾母领合族女眷在大门外迎接。

半日静悄悄的。忽见一对红衣太监骑马缓缓的走来,至西街门下了马,将马赶出围幙之外,便垂手面西站住。半日又是一对,亦是如此。少时便来了十来对,方闻得隐隐细乐之声。一对对龙旌凤翣,雉羽夔头,又有销金提炉焚着御香;然后一把曲柄七凤黄金伞过来,便是冠袍带履。又有值事太监捧着香珠、绣帕、漱盂、拂尘等类。一队队过完,后面方是八个太监抬着一顶金顶金黄绣凤版舆,缓缓行来。贾母等连忙路旁跪下。早飞跑过几个太监来,扶起贾母、邢夫人、王夫人来。那版舆抬进大门,入仪门往东去,到一所院落门前,有执拂太监跪请下舆更衣。于是抬舆入门,太监等散去,只有昭容、彩嫔等引领元春下舆。只见院内各色花灯烂灼,皆系纱绫扎成,精致非常。上面有一匾灯,写着"体仁沐德"四字。元春入室,更衣毕复出,上舆进园。只见园中香烟缭绕,花彩缤纷,处处灯光相映,时时细乐声喧,说不尽这太平气象,富贵风流。

——此时自己回想当初在大荒山中,青埂峰下,那等凄凉寂寞;若不亏癞僧、跛道二人携来到此,又安能得见这般世面。本欲作一篇《灯月赋》《省亲颂》,以志今日之事,但又恐入了别书的俗套。按此时之景,即作一赋一赞,也不能形容得尽其妙;即不作赋赞,其豪华富丽,观者诸公亦可想而知矣。所以倒是省了这工夫纸墨,且说正经的为是。

且说贾妃在轿内看此园内外如此豪华,因默默叹息奢华过费。忽又见执拂太监跪请登舟,贾妃乃下舆。只见清流一带,势如游龙,两边石栏上,皆系水晶玻璃各色风灯,点的如银花雪浪;上面柳杏诸树虽无花叶,然皆用通草绸绫纸绢依势作成,粘于枝上的,每一株悬灯数盏;更兼池中荷荇凫鹭之属,亦皆系螺蚌羽毛之类作就的。诸灯上下争辉,真系玻璃世界,珠宝乾坤。船上亦系各种精致盆景诸灯,珠帘绣幙,桂楫兰桡,自不必说。已而入一石港,港上一面匾灯,明现着"蓼汀花溆"四字。

按此四字并"有凤来仪"等处，皆系上回贾政偶然一试宝玉之课艺才情耳，何今日认真用此匾联？况贾政世代诗书，来往诸客屏侍座陪者，悉皆才技之流，岂无一名手题撰，竟用小儿一戏之辞苟且搪塞？真似暴发新荣之家，滥使银钱，一味抹油涂朱，毕则大书"前门绿柳垂金锁，后户青山列锦屏"之类，则以为大雅可观，岂《石头记》中通部所表之宁荣贾府所为哉！据此论之，竟大相矛盾了。诸公不知，待蠢物将原委说明，大家方知。

当日这贾妃未入宫时，自幼亦系贾母教养。后来添了宝玉，贾妃乃长姊，宝玉为弱弟，贾妃之心上念母年将迈，始得此弟，是以怜爱宝玉，与诸弟待之不同。且同随祖母，刻未暂离。那宝玉未入学堂之先，三四岁时，已得贾妃手引口传，教授了几本书、数千字在腹内了。其名分虽系姊弟，其情状有如母子。自入宫后，时时带信出来与父母说："千万好生扶养，不严不能成器，过严恐生不虞，且致父母之忧。"眷念切爱之心，刻未能忘。前日贾政闻塾师背后赞宝玉偏才尽有，贾政未信，适巧遇园已落成，令其题撰，聊一试其情思之清浊。其所拟之匾联虽非妙句，在幼童为之，亦或可取。即另使名公大笔为之，固不费难，然想来倒不如这本家风味有趣。更使贾妃见之，知系其爱弟所为，亦或不负其素日切望之意。因有这段原委，故此竟用了宝玉所题之联额。那日虽未曾题完，后来亦曾补拟。

闲文少述，且说贾妃看了四字，笑道："'花溆'二字便妥，何必'蓼汀'。"侍座太监听了，忙下小舟登岸，飞传与贾政。贾政听了，即忙移换。

一时，舟临内岸，复弃舟上舆，便见琳宫绰约，桂殿巍峨。石牌坊上明显"天仙宝境"四字，贾妃忙命换"省亲别墅"四字。于是进入行宫。但见庭燎烧空，香屑布地，火树琪花，金窗玉槛。说不尽帘卷虾须，毯铺鱼獭，鼎飘麝脑之香，屏列雉尾之扇。真是：

金门玉户神仙府，桂殿兰宫妃子家。

贾妃乃问："此殿何无匾额？"随侍太监跪启曰："此系正殿，外臣未敢擅拟。"贾妃点头不语。礼仪太监跪请升座受礼，两陛乐起。礼仪太监二人引贾赦、贾政等于月台下排班，殿上昭容传谕曰："免。"太监引贾赦等退出。又有太监引荣国太君及女眷等自东阶升月台上排班，昭容再传谕曰："免。"于是引退。

茶已三献，贾妃降座，乐止。退入侧殿更衣，方备省亲车驾出园。至贾母正室，欲行家礼，贾母等俱跪止不迭。贾妃满眼垂泪，方彼此上前厮见，一手搀贾母，一手搀王夫人，三个人满心里皆有许多话，只是俱说不出，只管呜咽对泣。邢夫人、李纨、王熙凤、迎、探、惜三姊妹等，俱在旁围绕，垂泪无言。

半日，贾妃方忍悲强笑，安慰贾母、王夫人道："当日既送我到那不得见人的去处，好容易今日回家娘儿们一会，不说说笑笑，反倒哭起来。一会子我去了，又不知多早晚才来！"说到这句，不禁又哽咽起来。邢夫人等忙上来解劝。贾母等让贾妃归座，又逐次一一见过，又不免哭泣一番。然后东西两府掌家执事人丁在厅外行礼，及两府掌家执事媳妇领丫鬟等行礼毕。贾妃因问："薛姨妈、宝钗、黛玉因何不见？"王夫人启曰："外眷无职，未敢擅入。"贾妃听了，忙命快请。一时，薛姨妈等进来，欲行国礼，亦命免过，上前各叙阔别寒温。又有贾妃原带进宫去的丫鬟抱琴等上来叩见，贾母等连忙扶起，命人别室款待。执事太监及彩嫔、昭容各侍从人等，宁国府及贾赦那宅两处自有人款待，只留三四个小太监答应。母女姊妹深叙些离别情景，及家务私情。

又有贾政至帘外问安，贾妃垂帘行参等事。又隔帘含泪谓其父曰："田舍之家，虽齑盐布帛，终能聚天伦之乐；今虽富贵已极，骨肉各方，然终无意趣！"贾政亦含泪启道："臣，草莽寒门，鸠群鸦属之中，岂意得征凤鸾之瑞。今贵人上锡天恩，下昭祖德，此皆山川日月之精奇、祖宗之远德钟于一人,幸及政夫妇。且今上启天地生物之大德,垂古今未有之旷恩,虽肝脑涂地,臣子岂能得报于万一!惟朝乾夕惕,忠于厥职外,愿我君万寿千秋,乃天下苍生之同幸也。贵妃切勿以政夫妇残犁为念,懑愤金怀,更祈自加珍爱。惟业业兢兢,勤慎恭肃以侍上,庶不负上体贴眷爱如此之隆恩也。"贾妃亦嘱"只以国事为重,暇时保养,切勿记念"等语。

贾政又启:"园中所有亭台轩馆,皆系宝玉所题;如果有一二稍可寓目者,请别赐名为幸。"元妃听了宝玉能题,便含笑说:"果进益了。"贾政退出。贾妃见宝、林二人亦发比别姊妹不同,真是姣花软玉一般。因问:"宝玉为何不进见?"贾母乃启:"无谕,外男不敢擅入。"元妃命快引进来。小太监出去引宝玉进来,先行国礼毕,元妃命他近前,携手揽于怀内,又抚其头颈笑道:"比先竟长了好些……"一语未终,泪如雨下。

尤氏、凤姐等上来启道:"筵宴齐备,请贵妃游幸。"元妃等起身,命宝玉导引,遂同诸人步至园门前。早见灯光火树之中,诸般罗列非常。进园来先从"有凤来仪""红香绿玉""杏帘在望""蘅芷清芬"等处,登楼步阁,涉水缘山,百般眺览徘徊。一处处铺陈不一,一桩桩点缀新奇。贾妃极加奖赞,又劝:"以后不可太奢,此皆过分之极。"已而至正殿,谕免礼归座,大开筵宴。贾母等在下相陪,尤氏、李纨、凤姐等亲捧羹把盏。

元妃乃命传笔砚伺候,亲搦湘管,择其几处最喜者赐名。按其书云:

"顾恩思义"(匾额)

"天地启宏慈,赤子苍头同感戴;

古今垂旷典,九州万国被恩荣。"(此一匾一联书于正殿)

"大观园"(园之名)

"有凤来仪"赐名曰"潇湘馆"

"红香绿玉"改作"怡红快绿"(即名曰"怡红院")

"蘅芷清芬"赐名曰"蘅芜苑"

"杏帘在望"赐名曰"浣葛山庄"

正楼曰"大观楼",东面飞楼曰"缀锦阁",西面斜楼曰"含芳阁";更有"蓼风轩""藕香榭""紫菱洲""荇叶渚"等名;又有四字的匾额十数个,诸如"梨花春雨""桐剪秋风""荻芦夜雪"等名,此时悉难全记。又命旧有匾联俱不必摘去。于是先题一绝云:

衔山抱水建来精,多少工夫筑始成。

天上人间诸景备,芳园应锡大观名。

写毕,向诸姊妹笑道:"我素乏捷才,且不长于吟咏,妹辈素所深知。今夜聊以塞责,不负斯景而已。异日少暇,必补撰《大观园记》并《省亲颂》等文,以记今日之事。妹辈亦各题一匾一诗,随才之长短,亦暂吟成,不可因我微才所缚。且喜宝玉竟知题咏,是我意外之想。此中'潇湘馆''蘅芜苑'二处,我所极爱,次之'怡红院''浣葛山庄',此四大处,必得别有章句题咏方妙。前所题之联虽佳,如今再各赋五言律一首,使我当面试过,方不负我自幼教授之苦心。"宝玉只得答应了,下来自去构思。

迎、探、惜三人之中,要算探春又出于姊妹之上,然自忖亦难与薛林争衡,只得勉强随众塞责而已。李纨也勉强凑成一律。贾妃先挨次看姊妹们的,写道是:

旷性怡情(匾额) 迎春

园成景备特精奇,奉命羞题额旷怡。

谁信世间有此境,游来宁不畅神思?

万象争辉(匾额) 　　　　　　　　　探　春

名园筑出势巍巍,奉命何惭学浅微。

精妙一时言不出,果然万物生光辉。

文章造化(匾额) 　　　　　　　　　惜　春

山水横拖千里外,楼台高起五云中。

园修日月光辉里,景夺文章造化功。

文采风流(匾额) 　　　　　　　　　李　纨

秀水明山抱复回,风流文采胜蓬莱。

绿裁歌扇迷芳草,红衬湘裙舞落梅。

珠玉自应传盛世,神仙何幸下瑶台。

名园一自邀游赏,未许凡人到此来。

凝晖钟瑞(匾额) 　　　　　　　　　薛宝钗

芳园筑向帝城西,华日祥云笼罩奇。

高柳喜迁莺出谷,修篁时待凤来仪。

文风已著宸游夕,孝化应隆归省时。

睿藻仙才盈彩笔,自惭何敢再为辞。

世外仙源(匾额) 　　　　　　　　　林黛玉

名园筑何处,仙境别红尘。

借得山川秀,添来景物新。

香融金谷酒,花媚玉堂人。

何幸邀恩宠,宫车过往频。

贾妃看毕,称赏一番,又笑道:"终是薛林二妹之作与众不同,非愚姊妹可同列者。"原来林黛玉安心今夜大展奇才,将众人压倒,不想贾妃只命一匾一咏,倒不好违谕多作,只胡乱作一首五言律应景罢了。

彼时宝玉尚未作完，只刚作了"潇湘馆"与"蘅芜苑"二首，正作"怡红院"一首，起草内有"绿玉春犹卷"一句。宝钗转眼瞥见，便趁众人不理论，急忙回身悄推道："他因不喜'红香绿玉'四字，改了'怡红快绿'；你这会子偏用'绿玉'二字，岂不是有意和他争驰了？况且蕉叶之说也颇多，再想一个字改了罢。"宝玉见宝钗如此说，便拭汗道："我这会子总想不起什么典故出处来。"宝钗笑道："你只把'绿玉'的'玉'字改作'蜡'字就是了。"宝玉道："'绿蜡'可有出处？"宝钗见问，悄悄的咂嘴点头笑道："亏你，今夜不过如此，将来金殿对策，你大约连'赵钱孙李'都忘了呢！唐钱珝咏芭蕉诗头一句：'冷烛无烟绿蜡干'，你都忘了不成？"宝玉听了，不觉洞开心臆，笑道："该死，该死！现成眼前之物偏倒想不起来了，真可谓'一字师'了。从此后我只叫你师父，再不叫姐姐了。"宝钗亦悄悄的笑道："还不快作上去，只管姐姐妹妹的。谁是你姐姐，那上头穿黄袍的才是你姐姐！你又认我这姐姐来了。"一面说笑，因说笑又怕他耽延工夫，遂抽身走开了。宝玉只得续成，共有了三首。

此时林黛玉未得展其抱负，自是不快。因见宝玉独作四律，大费神思，何不代他作两首，也省他些精神不到之处。想着，便也走至宝玉案旁，悄问："可都有了？"宝玉道："才有了三首，只少'杏帘在望'一首了。"黛玉道："既如此，你只抄录前三首罢。赶你写完那三首，我也替你作出这首了。"说毕，低头一想，早已吟成一律，便写在纸条上，搓成个团子，掷在他眼前。宝玉打开一看，只觉此首比自己所作的三首高过十倍，真是喜出望外，遂忙恭楷呈上。贾妃看道：

有凤来仪　　　　　　　　臣 宝玉谨题

秀玉初成实，堪宜待凤凰。

竿竿青欲滴，个个绿生凉。

迸砌妨阶水，穿帘碍鼎香。

莫摇清碎影，好梦昼初长。

蘅芷清芬

蘅芜满净苑，萝薜助芬芳。

软衬三春草，柔拖一缕香。

轻烟迷曲径，冷翠滴回廊。

谁谓池塘曲，谢家幽梦长。

怡红快绿

深庭长日静，两两出婵娟。

绿蜡春犹卷，红妆夜未眠。

凭栏垂绛袖，倚石护青烟。

对立东风里，主人应解怜。

杏帘在望

杏帘招客饮，在望有山庄。

菱荇鹅儿水，桑榆燕子梁。

一畦春韭绿，十里稻花香。

盛世无饥馁，何须耕织忙。

贾妃看毕，喜之不尽，说："果然进益了！"又指"杏帘"一首为前三首之冠，遂将"浣葛山庄"改为"稻香村"。又命探春另以彩笺誊录出方才一共十数首诗，令太监传与外厢。贾政等看了，都称颂不已。贾政又进《归省颂》。元春又命以琼酥金脍等物，赐与宝玉并贾兰。此时贾兰极幼，未达诸事，只不过随母依叔行礼，故无别传。贾环从年内染病未痊，自有闲处调养，故亦无传。

那时贾蔷带领十二个女戏，在楼下正等的不耐烦，只见一太监飞跑来

说:"作完了诗,快拿戏目来!"贾蔷急将锦册呈上,并十二个花名单子。少时,太监出来,只点了四出戏:

第一出,《豪宴》;第二出,《乞巧》;第三出,《仙缘》;第四出,《离魂》。

贾蔷忙张罗扮演起来。一个个歌欺裂石之音,舞有天魔之态。虽是妆演的形容,却作尽悲欢情状。刚演完了,一太监执一金盘糕点之属进来,问:"谁是龄官?"贾蔷便知是赐龄官之物,喜的忙接了,命龄官叩头。太监又道:"贵妃有谕,说'龄官极好,再作两出戏,不拘那两出就是了'。"贾蔷忙答应了,因命龄官作《游园》《惊梦》二出。龄官自为此二出原非本角之戏,执意不作,定要作《相约》《相骂》二出。贾蔷扭他不过,只得依他作了。贾妃甚喜,命"不可难为了这女孩子,好生教习",额外赏了两匹宫缎、两个荷包并金银锞子、食物之类。然后撤筵,将未到之处复又游顽。忽见山环佛寺,忙另盥手进去焚香拜佛,又题一匾云:"苦海慈航"。又额外加恩与一般幽尼女道。

少时,太监跪启:"赐物俱齐,请验等例。"乃呈上略节。贾妃从头看了,俱甚妥协,即命照此遵行。太监听了,下来一一发放。原来贾母的是金、玉如意各一柄,沉香拐拄一根,伽楠念珠一串,"富贵长春"宫缎四匹,"福寿绵长"宫绸四匹,紫金"笔锭如意"锞十锭,"吉庆有鱼"银锞十锭。邢夫人、王夫人二分,只减了如意、拐、珠四样。贾敬、贾赦、贾政等,每分御制新书二部,宝墨二匣,金、银爵各二只,表礼按前。宝钗、黛玉诸姊妹等,每人新书一部,宝砚一方,新样格式金银锞二对。宝玉亦同此。贾兰则是金银项圈二个,金银锞二对。尤氏、李纨、凤姐等,皆金银锞四锭,表礼四端。外表礼二十四端,清钱一百串,是赐与贾母、王夫人及诸姊妹房中奶娘众丫鬟的。贾珍、贾琏、贾环、贾蓉等,皆是表礼一分,金锞一双。其馀彩缎百端,金银千两,御酒华筵,是赐东西两府凡园中管理工程、陈设、答应及司戏、掌灯诸人的。外有清钱五百串,是赐厨役、优伶、百戏、杂行人丁的。

众人谢恩已毕,执事太监启道:"时已丑正三刻,请驾回銮。"贾妃听了,不由的满眼又滚下泪来。却又勉强堆笑,拉住贾母、王夫人的手,紧紧的不忍释放,再四叮咛:"不须记挂,好生自养。如今天恩浩荡,一月许进内省视一次,见面是尽有的,何必伤惨。倘明岁天恩仍许归省,万不可如此奢华靡费了!"贾母等已哭的哽噎难言了。贾妃虽不忍别,怎奈皇家规范,违错不得,只得忍心上舆去了。这里诸人好容易将贾母、王夫人安慰解劝,搀扶出园去了。正是——

评析:盛事中的衰兆

在庚辰本中,因为第十七、十八两回尚未分开,所以这里也一起选录了。这两回在内容上也紧密相关:第十七回主要写省亲别墅建成后,借着贾政一试宝玉题额之才,把大观园的环境作了总体介绍;第十八回则重点写了元妃在元宵回贾府省亲。

从表面看,《红楼梦》中三次有关元宵节活动的描写,第一次涉及的甄家和后两次涉及的贾府在性质上有一定的差异。因为不但甄家的地位、人物的身份不能与贾府相提并论,而且甄家关键人物在元宵节的活动及地点,主要也是在户外的城市街道看灯,这跟贾府主要是在自己的园内过节,气氛上有很大区别。但是,最主要的区别还在于,关于甄家的元宵节经历,是写出他们家的一次刻骨铭心的灾难,在元宵夜,他家心爱的女儿英莲被人拐走,让他们全家从佳节的欢乐中一下子跌进了深渊。而贾府,最早写元宵节,就是迎接元妃省亲这样的大喜事。但是这并不意味着,甄家的灾难与贾府的喜事就没有可比性。如果确如脂评所提示我们读者的,甄家的变故是贾府败落的一种缩影,那么,这样的缩影具体到元宵节的情节设计,恰恰在貌似反差极大的灾难与喜事的两次元宵节描写，即甄家的变故与贾府的迎接省亲在意义上有实质性关联，作者的写作意图，才得到了深刻体现。

元宵夜的城市狂欢一般都是以人们走向户外，走出闭锁着的冬天，把群体的热量和热情积聚在一起来相激相荡为特征的。所以，作者写甄家的英莲在半夜看灯被人拐走，虽然关于元宵灯会的盛况、人群的热闹不提一词，但这一由来已久的习俗，人们对此活动的普遍参与，乃至传统诗文的持续描写，以构成英莲被拐事件的现实背景，也是读者理解的前提条件。更何况，甄家之于贾府的缩影式叙述策略，也没有必要详尽展开。所以，展示甄家元宵活动的笔墨，是极为简略的。

当元宵活动在贾府中，是以元妃省亲这样一件大事为内容时，作者一笔不苟地详尽展开，其原因一方面固然是作者把贾府作为描写的主要对象，另一方面元妃在元宵节的省亲活动，具有相当的特殊性。这种特殊性，脂砚斋是从非经历过如何写得出来加以赞誉的，似乎表明了，略写小康百姓的元宵活动而详写元妃省亲，足以让没有此类经历的读者产生独特的阅读体验。由于元妃省亲必须表现出帝王的威仪，程式化的省亲程序，使得元宵节特有的狂欢情绪，在人物的言行中较难得到体现。所以，贾府中人也只能把那种欢乐的气氛、迎接的热情移出人物自身，有意构建起一种光彩照人的园中景观，依靠外观而不是人物自身的情绪，来渲染元宵节庆本应有的狂欢气氛。

这一物质化的欢乐气氛，是以大量的银两耗费为代价的。穷奢极侈可以表现出热情欢乐的程度，也是贵为元妃享受的政治待遇所必需的。然而问题是，当元宵节的省亲喜事变得如此奢侈时，喜事也就变成了贾府一个不堪承受的经济负担。在第二回冷子兴演说荣国府时，对贾府的窘境有着形象的描述，所谓"外面的架子虽未甚倒，内囊却也尽上来了"。但贾府没有对省亲作低调处理。关于此次省亲共耗费多少银两，书中虽然没有列出一张财务明细表，但就从前后文看，论及去苏州采办演戏的女孩子和行头所需三万两，以及添置花烛彩灯并各色帘栊帐幔需要二万两白银,其总支出一定相当惊人。

正因为此,在下一年元宵节前,贾蓉接着贾珍的话头向前来交租的乌进孝大叹苦经,所谓:"头一年省亲连盖花园子,你算算那一注共花了多少,就知道了。再两年再省一回亲,只怕就精穷了。"可算是实话实说。这样,第十三回,小说写秦可卿临死前托梦给王熙凤,关于元妃省亲的所谓"非常喜事",在笔者看来有着别样的理解:

眼见不日又有一件非常喜事,真是烈火烹油、鲜花着锦之盛。要知道,也不过是瞬息的繁华,一时的欢乐,万不可忘了那"盛筵必散"的俗语。

虽然她是以盛筵之散来告诫凤姐的,但这喜事本身给贾府带来的沉重负担,在很大程度上压垮了贾府的经济,使得我们有理由把它与甄家遭受的灾祸联系起来。考虑到作者曹家在历史上数次接驾实际承受的经济负担,并成为导致家族败落的重要原因之一,把贾府的元宵节庆与甄家的灾难联系起来分析,就不是我们读者的异想天开。同样,在第二十二回,元妃从宫里送出的谜底是爆竹的灯谜,其声震如雷与化灰的关联性,虽可以被认为是对自身地位的隐喻,但其喻像本身,也是可以统一在元宵节的总体意象中的。

元宵省亲不仅仅是对贾府物质上的沉重打击,显示了祸福的含混性,而且在情感体验上,也表现出相当的复杂性。亲人团聚本应带来欢乐,但恰恰是元妃在元宵节的省亲,伤感的而不是欢乐的情绪贯串聚会的始末,也渗透在她对三组不同人物的言语中。其对贾母王夫人等道:"当日既送我到那不得见人的去处,好容易今日回家娘儿们一会,不说说笑笑,反倒哭起来。一会子我去了,又不知多早晚才来!"对其父贾政道:"田舍之家,虽齑盐布帛,终能聚天伦之乐;今虽富贵已极,骨肉各方,然终无意趣!"最后对宝玉道:"比先竟长了好些……"一语未终,泪如雨下。这种悲哀,似乎把血缘亲人间的每一类关系都囊括了进来。如果说,节日的意义是在于对刻板的、不自由的日常生活方式的打破,使平日压抑着的一种欢乐情绪充分宣泄出来的话,那么在这里,亲人的一宵团聚并没有从根本上改变日常生活分离的事实,而仅仅是把平日因为分离而压抑着的悲哀释放了出来。因为这样的情绪是省亲的元妃和迎接省亲的贾府中人所共有的,这样,我们也只有在省亲别墅的物质环境中,在借由物质因子营造的气氛中,才感受到了元宵佳节亲人团聚本应有的欢乐和祥和。结果是,这种欢乐气氛越浓重,外观越璀璨华丽,其与贾府中人物的情感体验就越不协调。这种不协调,既从叙述者角度的具体视角中反映了出来,也涉及其他人物(比如众姐妹赋诗)的一种立场。林黛玉用"世外仙源"来题咏省亲别墅,其题咏的如同仙境般的幸福感受,与此前亲人见面时悲悲戚戚的场景联系起来的话,也给小说增添了反讽色彩。

第十九回
情切切良宵花解语
意绵绵静日玉生香

话说贾妃回宫,次日见驾谢恩,并回奏归省之事。龙颜甚悦,又发内帑彩缎金银等物,以赐贾政及各椒房等员,不必细说。

且说荣宁二府中因连日用尽心力,真是人人力倦,各各神疲,又将园中一应陈设动用之物收拾了两三天方完。第一个凤姐事多任重,别人或可偷安躲静,独他是不能脱得的;二则本性要强,不肯落人褒贬,只拄挣着与无事的人一样。

第一个宝玉是极无事最闲暇的。偏这日一早,袭人的母亲又亲来回过贾母,接袭人家去吃年茶,晚间才得回来。因此,宝玉只和众丫头们掷骰子赶围棋作戏。正在房内顽的没兴头,忽见丫头们来回说:"东府珍大爷来请过去看戏、放花灯。"宝玉听了,便命换衣裳。才要去时,忽又有贾妃赐出糖蒸酥酪来;宝玉想上次袭人喜吃此物,便命留与袭人了。自己回过贾母,过去看戏。

谁想贾珍这边唱的是《丁郎认父》《黄伯央大摆阴魂阵》,更有《孙行者大闹天宫》《姜子牙斩将封神》等类的戏文,倏尔神鬼乱出,忽又妖魔毕露,甚至于扬幡过会,号佛行香,锣鼓喊叫之声远闻巷外。满街之人个个都赞:"好热闹戏,别人家断不能有的。"宝玉见繁华热闹到如此不堪的田地,只略坐了一坐,便走开各处闲耍。先是进内去和尤氏和丫鬟姬妾说笑了一回,便出二门来。

尤氏等仍料他出来看戏,遂也不曾照管。贾珍、贾琏、薛蟠等只顾猜枚行令,百般作乐,也不理论,纵一时不见他在座,只道在里边去了,故也不问。至于跟宝玉的小厮们,那年纪大些的,知宝玉这一来了,必是晚间才散,因此偷空也有去会赌的,也有往亲友家去吃年茶的,更有或嫖或饮的,都私散了,待晚间再来;那小些的,都钻进戏房里瞧热闹去了。

宝玉见一个人没有,因想"这里素日有个小书房,内曾挂着一轴美人,极画的得神。今日这般热闹,想那里自然无人,那美人也自然是寂寞的,须得我去望慰他一回"。想着,便往书房里来。刚到窗前,闻得房内有呻吟之韵。宝玉倒唬了一跳:敢是美人活了不成?乃乍着胆子,舔破窗纸,向内一看——那轴美人却不曾活,却是茗烟按着一个女孩子,也干那警幻所训之事。宝玉禁不住大叫:"了不得!"一脚踹进门去,将那两个唬开了,抖衣而颤。

茗烟见是宝玉,忙跪求不迭。宝玉道:"青天白日,这是怎么说。珍大爷知道,你是死是活?"一面看那丫头,虽不标致,倒还白净,些微亦有动人处,羞的脸红耳赤,低首无言。宝玉跺脚道:"还不快跑!"一语提醒了那丫头,飞也似去了。宝玉又赶出去,叫道:"你别怕,我是不告诉人的。"急的茗烟在后叫:"祖宗,这是分明告诉人了!"宝玉因问:"那丫头十几岁了?"茗烟道:"大不过十六七岁了。"宝玉道:"连他的岁属也不问问,别的自然越发不知了。可见他白认得你了。可怜,可怜!"又问:"名字叫什么?"茗烟大笑道:"若说出名字来话长——真真新鲜奇文,竟是写不出来的。据他说,他母亲养他的时节做了个梦,梦见得了一匹锦,上面是五色富贵不断头卍字的花样,所以他的名字叫作卍儿。"宝玉听了笑道:"真也新奇,想必他将来有些造化。"说着,沉思一会。

茗烟因问:"二爷为何不看这样的好戏?"宝玉道:"看了半日,怪烦的,出来逛逛,就遇见你们了。这会子作什么呢?"茗烟吆吆笑道:"这会子没人知道,我悄悄的引二爷往城外逛逛去,一会子再往这里来,他们就不知道了。"宝玉道:"不好,仔细花子拐了去。便是他们知道了,又闹大了,不如往熟近些的地方去,还可就来。"茗烟道:"熟近地方,谁家可去?这却难了。"宝玉笑道:"依我的主意,咱们竟找你花大姐姐去,瞧他在家作什么呢。"茗烟笑道:"好,好!倒忘了他家。"又道:"若他们知道了,说我引着二爷胡走,要打我呢?"宝玉道:"有我呢。"茗烟听说,拉了马,二人从后门就走了。

　　幸而袭人家不远,不过一半里路程,转眼已到门前。茗烟先进去叫袭人之兄花自芳。彼时袭人之母接了袭人与几个外甥女儿、几个侄女儿来家,正吃果茶。听见外面有人叫"花大哥",花自芳慌忙出去看时,见是他主仆两个,唬的惊疑不止,连忙抱下宝玉来,在院内嚷道:"宝二爷来了!"别人听见还可,袭人听了,也不知为何,忙跑出来迎着宝玉,一把拉着问:"你怎么来了?"宝玉笑道:"我怪闷的,来瞧瞧你作什么呢。"袭人听了,才放下心来,嗐了一声,笑道:"你也忒胡闹了,可作什么来呢!"一面又问茗烟:"还有谁跟来?"茗烟笑道:"别人都不知,就只我们两个。"袭人听了,复又惊慌,说道:"这还了得!倘或碰见了人,或是遇见了老爷,街上人挤车碰、马轿纷纷的,若有个闪失,也是顽得的!你们的胆子比斗还大。都是茗烟调唆的,回去我定告诉嬷嬷们打你。"茗烟撅了嘴道:"二爷骂着打着,叫我引了来,这会子推到我身上。我说别来罢,——不然我们还去罢。"花自芳忙劝:"罢了,已是来了,也不用多说了。只是茅檐草舍,又窄又脏,爷怎么坐呢?"

　　袭人之母也早迎了出来。袭人拉了宝玉进去。宝玉见房中三五个女孩儿,见他进来,都低了头,羞惭惭的。花自芳母子两个百般怕宝玉冷,又让他上炕,又忙另摆果桌,又忙倒好茶。袭人笑道:"你们不用白忙,我自然知道。果子也不用摆,也不敢乱给东西吃。"一面说,一面将自己的坐褥拿了铺在一个机上,宝玉坐了;用自己的脚炉垫了脚;向荷包内取出两个梅花香饼儿来,又将自己的手炉掀开焚上,仍盖好,放与宝玉怀内;然后将自己的茶杯斟了茶,送与宝玉。彼时他母兄已是忙另齐齐整整摆上一桌子果品来。袭人见总无可吃之物,因笑道:"既来了,没有空去之理,好歹尝一点儿,也是来我家一趟。"说着,便拈了几个松子穰,吹去细皮,用手帕托着送与宝玉。

宝玉看见袭人两眼微红,粉光融滑,因悄问袭人:"好好的哭什么?"袭人笑道:"何尝哭,才迷了眼揉的。"因此便遮掩过了。当下宝玉穿着大红金蟒狐腋箭袖,外罩石青貂裘排穗褂。袭人道:"你特为往这里来又换新服,他们就不问你往那去了?"宝玉笑道:"珍大爷那里去看戏换的。"袭人点头。又道:"坐一坐就回去罢,这个地方不是你来的。"宝玉笑道:"你就家去才好呢,我还替你留着好东西呢。"袭人悄笑道:"悄悄的,叫他们听着什么意思。"一面又伸手从宝玉项上将通灵玉摘了下来,向他姊妹们笑道:"你们见识见识。时常说起来都当希罕,恨不能一见,今儿可尽力瞧了。再瞧什么希罕物儿,也不过是这么个东西。"说毕,递与他们传看了一遍,仍与宝玉挂好。又命他哥哥去或雇一乘小轿,或雇一辆小车,送宝玉回去。花自芳道:"有我送去,骑马也不妨了。"袭人道:"不为不妨,为的是碰见人。"

花自芳忙去雇了一顶小轿来,众人也不敢相留,只得送宝玉出去。袭人又抓果子与茗烟,又把些钱与他买花炮放,教他"不可告诉人,连你也有不是"。一直送宝玉至门前,看着上轿,放下轿帘。花、茗二人牵马跟随。来至宁府街,茗烟命住轿,向花自芳道:"须等我同二爷还到东府里混一混,才好过去的,不然人家就疑惑了。"花自芳听说有理,忙将宝玉抱出轿来,送上马去。宝玉笑说:"倒难为你了。"于是仍进后门来,俱不在话下。

却说宝玉自出了门,他房中这些丫鬟们都越性恣意的顽笑,也有赶围棋的,也有掷骰抹牌的,磕了一地瓜子皮。偏奶母李嬷嬷拄拐进来请安,瞧瞧宝玉,见宝玉不在家,丫头们只顾顽闹,十分看不过。因叹道:"只从我出去了,不大进来,你们越发没个样儿了,别的妈妈们越不敢说你们了。那宝玉是个丈八的灯台——照见人家,照不见自家的。只知嫌人家脏,这是他的屋子,由着你们遭塌,越不成体统了。"这些丫头们明知宝玉不讲究这些,二则李嬷嬷已是告老解事出去的了,如今管他们不着,因此只顾顽,并不理他。那李嬷嬷还只管问"宝玉如今一顿吃多少饭""什么时辰睡觉"等语。丫头们总胡乱答应。有的说:"好一个讨厌的老货。"

李嬷嬷又问道:"这盖碗里是酥酪,怎不送与我去?我就吃了罢。"说毕,拿匙就吃。一个丫头道:"快别动!那是说了给袭人留着的,回来又惹气了。你老人家自己承认,别带累我们受气。"李嬷嬷听了,又气又愧,便说道:"我不信他这样坏了。别说我吃了一碗牛奶,就是再比这值钱的,也是应该的。难道待袭人比我还重?难道他不想想怎么长大了?我的血变的奶,吃的长这么大,如今我吃他一碗牛奶,他就生气了?我偏吃了,看怎么样!你们看袭人不知怎样,那是我手里调理出来的毛丫头,什么阿物儿!"一面说,一面赌气将酥酪吃尽。又一丫头笑道:"他们不会说话,怨不得你老人家生气。宝玉还时常送东西孝敬你老去,岂有为这个不自在的。"李嬷嬷道:"你们也不必妆狐媚子哄我,打量上次为茶撵茜雪的事我不知道呢。明儿有了不是,我再来领!"说着,赌气去了。

少时,宝玉回来,命人去接袭人。只见晴雯躺在床上不动,宝玉因问:"敢是病了?再不然输了?"秋纹道:"他倒是赢的。谁知李老太太来了,混输了,他气的睡去了。"宝玉笑道:"你别和他一般见识,由他去就是了。"说着,袭人已来,彼此相见。袭人又问宝玉何处吃饭,多早晚回来,又代母妹问诸同伴姊妹好。一时换衣卸妆。宝玉命取酥酪来,丫鬟们回说:"李奶奶吃了。"宝玉才要说话,袭人便忙笑道:"原来是留的这个,多谢费心。前儿我吃的时候好吃,吃过了好肚子疼,足的吐了才好。他吃了倒好,搁在这里倒白遭塌了。我只想风干栗子吃,你替我剥栗子,我去铺床。"

宝玉听了信以为真,方把酥酪丢开,取栗子来,自向灯前检剥。一面见众人不在房中,乃笑问袭人道:"今儿那个穿红的是你什么人?"袭人道:"那是我两姨妹子。"宝玉听了,赞叹了两声。袭人道:"叹什么?我知道你心里的缘故,想是说他那里配红的。"宝玉笑道:"不是,不是。那样的人不配穿红的,谁还敢穿。我因为见他实在好的很,怎么也得他在咱们家就好了。"袭人冷笑道:"我一个人是奴才命罢了,难道连我的亲戚都是奴才命不成?定还要拣实在好的丫头才往你家来。"宝玉听了,忙笑道:"你又多心了。我说往咱们家来,必定是奴才不成?说亲戚就使不得?"袭人道:"那也搬配不上。"

宝玉便不肯再说,只是剥栗子。袭人笑道:"怎么不言语了?想是我才冒撞冲犯了你,明儿赌气花几两银子买他们进来就是了。"宝玉笑道:"你说的话,怎么叫我答言呢。我不过是赞他好,正配生在这深堂大院里,没的我们这种浊物倒生在这里。"袭人道:"他虽没这造化,倒也是娇生惯养的呢,我姨爹姨娘的宝贝。如今十七岁,各样的嫁妆都齐备了,明年就出嫁。"宝玉听了"出嫁"二字,不禁又嗐了两声。正是不自在,又听袭人叹道:"只从我来这几年,姊妹们都不得在一处。如今我要回去了,他们又都去了。"

宝玉听这话内有文章,不觉吃一惊,忙丢下栗子,问道:"怎么,你如今要回去了?"袭人道:"我今儿听见我妈和哥哥商议,教我再耐烦一年,明年他们上来,就赎我出去的呢。"宝玉听了这话,越发怔了,因问:"为什么要赎你?"袭人道:"这话奇了!我又比不得是你这里的家生子儿,一家子都在别处,独我一个人在这里,怎么是个了局?"宝玉道:"我不叫你去也难。"

袭人道："从来没这道理。便是朝廷宫里，也有个定例，或几年一选，几年一入，也没有个长远留下人的理，别说你了！"

宝玉想一想，果然有理。又道："老太太不放你也难。"袭人道："为什么不放？我果然是个最难得的，或者感动了老太太，老太太必不放我出去的，设或多给我们家几两银子，留下我，然或有之；其实我也不过是个平常的人，比我强的多而且多。自我从小儿来了，跟着老太太，先服侍了史大姑娘几年，如今又服侍了你几年。如今我们家来赎，正是该叫去的，只怕连身价也不要，就开恩叫我去呢。若说为服侍的你好，不叫我去，断然没有的事。那服侍的好，是分内应当的，不是什么奇功。我去了，仍旧有好的来，不是没了我就不成事。"

宝玉听了这些话，竟是有去的理，无留的理，心内越发急了，因又道："虽然如此说，我只一心留下你，不怕老太太不和你母亲说。多多给你母亲些银子，他也不好意思接你了。"袭人道："我妈自然不敢强。且慢说和他好说，又多给银子；就便不好和他说，一个钱也不给，安心要强留下我，他也不敢不依。但只是咱们家从没干过这倚势仗贵霸道的事。这比不得别的东西，因为你喜欢，加十倍利弄了来给你，那卖的人不得吃亏，可以行得。如今无故平空留下我，于你又无益，反叫我们骨肉分离，这件事，老太、太太断不肯行的。"宝玉听了，思忖半晌，乃说道："依你说，你是去定了？"袭人道："去定了。"宝玉听了，自思道："谁知这样一个人，这样薄情无义。"乃叹道："早知道都是要去的，我就不该弄了来，临了剩我一个孤鬼儿。"说着，便赌气上床睡去了。

原来袭人在家，听见他母兄要赎他回去，他就说至死也不回去的。又说："当日原是你们没饭吃，就剩我还值几两银子，若不叫你们卖，没有个看着老子娘饿死的理。如今幸而卖到这个地方，吃穿和主子一样，又不朝打暮骂。况且如今爹虽没了，你们却又整理的家成业就，复了元气。若果然还艰难,把我赎出来,再多掏澄几个钱,也还罢了,其实又不难了。这会子又赎我作什么?权当我死了,再不必起赎我的念头!"因此哭闹了一阵。

他母兄见他这般坚执,自然必不出来的了。况且原是卖倒的死契,明仗着贾宅是慈善宽厚之家,不过求一求,只怕身价银一并赏了还是有的事呢。二则,贾府中从不曾作践下人,只有恩多威少的。且凡老少房中所有亲侍的女孩子们,更比待家下众人不同,平常寒薄人家的小姐,也不能那样尊重的。因此,他母子两个也就死心不赎了。次后忽然宝玉去了,他二人又是那般景况,他母子二人心下更明白了,越发石头落了地,而且是意外之想,彼此放心,再无赎念了。

如今且说袭人自幼见宝玉性格异常,其淘气憨顽自是出于众小儿之外,更有几件千奇百怪口不能言的毛病儿。近来仗着祖母溺爱,父母亦不能十分严紧拘管,更觉放荡弛纵,任性恣情,最不喜务正。每欲劝时,料不能听,今日可巧有赎身之论,故先用骗词,以探其情,以压其气,然后好下箴规。今见他默默睡去了,知其情有不忍,气已馁堕。自己原不想栗子吃的,只因怕为酥酪又生事故,亦如茜雪之茶等事,是以假以栗子为由,混过宝玉不提就完了。于是命小丫头子们将栗子拿去吃了,自己来推宝玉。只见宝玉泪痕满面,袭人便笑道:"这有什么伤心的,你果然留我,我自然不出去了。"宝玉听这话有文章,便说道:"你倒说说,我还要怎么留你,我自己也难说了。"袭人笑道:"咱们素日好处,再不用说。但今日你安心留我,不在这上头。我另说出两三件事来,你果然依了我,就是你真心留我了,刀搁在脖子上,我也是不出去的了。"

宝玉忙笑道:"你说,那几件?我都依你。好姐姐,好亲姐姐,别说两三件,就是两三百件,我也依。只求你们同看着我,守着我,等我有一日化成了飞灰,——飞灰还不好,灰还有形有迹,还有知识。——等我化成一股轻烟,风一吹便散了的时候,你们也管不得我,我也顾不得你们了。那时凭我去，我也凭你们爱那里去就去了。"话未说完，急的袭人忙握他的嘴，说："好好的，正为劝你这些，倒更说的狠了。"宝玉忙说道："再不说这话了。"袭人道："这是头一件要改的。"宝玉道："改了，再要说，你就拧嘴。还有什么？"

袭人道："第二件，你真喜读书也罢，假喜也罢，只是在老爷跟前或在别人跟前，你别只管批驳诮谤，只作出个喜读书的样子来，也教老爷少生些气，在人前也好说嘴。他心里想着，我家代代读书，只从有了你，不承望你不喜读书，已经他心里又气又愧了。而且背前背后乱说那些混话，凡读书上进的人，你就起个名字叫作'禄蠹'；又说只除'明明德'外无书，都是前人自己不能解圣人之书，便另出己意，混编纂出来的。这些话，怎么怨得老爷不气，不时时打你。叫别人怎么想你？"宝玉笑道："再不说了。那原是我小时不知天高地厚，信口胡说，如今再不敢说了。还有什么？"

袭人道："再不可毁僧谤道，调脂弄粉。还有更要紧的一件，再不许吃人嘴上擦的胭脂了，与那爱红的毛病儿。"宝玉道："都改，都改。再有什么，快说。"袭人笑道："再也没有了。只是百事检点些，不任意任情的就是了。你若果都依了，便拿八人轿也抬不出我去了。"宝玉笑道："你在这里长远了，不怕没八人轿你坐。"袭人冷笑道："这我可不希罕的。有那个福气，没有那个道理。纵坐了，也没甚趣。"

二人正说着，只见秋纹走进来，说："快三更了，该睡了。方才老太太打发嬷嬷来问，我答应睡了。"宝玉命取表来看时，果然针已指到亥正，方从新盥漱，宽衣安歇，不在话下。

至次日清晨，袭人起来，便觉身体发重，头疼目胀，四肢火热。先时还扎挣的住，次后捱不住，只要睡着，因而和衣躺在炕上。宝玉忙回了贾母，传医诊视，说道："不过偶感风寒，吃一两剂药疏散疏散就好了。"开方去后，令人取药来煎好。刚服下去，命他盖上被渥汗，宝玉自去黛玉房中来看视。

彼时黛玉自在床上歇午,丫鬟们皆出去自便,满屋内静悄悄的。宝玉揭起绣线软帘,进入里间,只见黛玉睡在那里,忙走上来推他道:"好妹妹,才吃了饭,又睡觉。"将黛玉唤醒。黛玉见是宝玉,因说道:"你且出去逛逛。我前儿闹了一夜,今儿还没有歇过来,浑身酸疼。"宝玉道:"酸疼事小,睡出来的病大。我替你解闷儿,混过困去就好了。"黛玉只合着眼,说道:"我不困,只略歇歇儿,你且别处去闹会子再来。"宝玉推他道:"我往那去呢,见了别人就怪腻的。"

黛玉听了,嗤的一声笑道:"你既要在这里,那边去老老实实的坐着,咱们说话儿。"宝玉道:"我也歪着。"黛玉道:"你就歪着。"宝玉道:"没有枕头,咱们在一个枕头上。"黛玉道:"放屁!外头不是枕头?拿一个来枕着。"宝玉出至外间,看了一看,回来笑道:"那个我不要,也不知是那个脏婆子的。"黛玉听了,睁开眼,起身笑道:"真真你就是我命中的'天魔星'!请枕这一个。"说着,将自己枕的推与宝玉,又起身将自己的再拿了一个来,自己枕了,二人对面倒下。

黛玉因看见宝玉左边腮上有钮扣大小的一块血渍,便欠身凑近前来,以手抚之细看,又道:"这又是谁的指甲刮破了?"宝玉侧身,一面躲,一面笑道:"不是刮的,只怕是才刚替他们淘漉胭脂膏子,擩上了一点儿。"说着,便找手帕子要揾拭。黛玉便用自己的帕子替他揾拭了,口内说道:"你又干这些事了。干也罢了,必定还要带出幌子来。便是舅舅看不见,别人看见了,又当奇事新鲜话儿去学舌讨好儿,吹到舅舅耳朵里,又大家不干净惹气。"

宝玉总未听见这些话,只闻得一股幽香,却是从黛玉袖中发出,闻之令人醉魂酥骨。宝玉一把便将黛玉的袖子拉住,要瞧笼着何物。黛玉笑道:"冬寒十月,谁带什么香呢。"宝玉笑道:"既然如此,这香是那里来的?"

黛玉道："连我也不知道。想必是柜子里头的香气，衣服上熏染的也未可知。"宝玉摇头道："未必。这香的气味奇怪，不是那些香饼子、香毬子、香袋子的香。"黛玉冷笑道："难道我也有什么'罗汉''真人'给我些香不成？便是得了奇香，也没有亲哥哥亲兄弟弄了花儿、朵儿、霜儿、雪儿替我炮制。我有的是那些俗香罢了。"

宝玉笑道："凡我说一句，你就拉上这么些，不给你个利害，也不知道，从今儿可不饶你了。"说着翻身起来，将两只手呵了两口，便伸向黛玉膈肢窝内两肋下乱挠。黛玉素性触痒不禁，宝玉两手伸来乱挠，便笑的喘不过气来，口里说："宝玉！你再闹，我就恼了。"宝玉方住了手，笑问道："你还说这些不说了？"黛玉笑道："再不敢了。"一面理鬓笑道："我有奇香，你有'暖香'没有？"

宝玉见问，一时解不来，因问："什么'暖香'？"黛玉点头叹笑道："蠢才，蠢才！你有玉，人家就有金来配你；人家有'冷香'，你就没有'暖香'去配？"宝玉方听出来，笑道："方才求饶，如今更说狠了。"说着，又去伸手。黛玉忙笑道："好哥哥，我可不敢了。"宝玉笑道："饶便饶你，只把袖子我闻一闻。"说着，便拉了袖子笼在面上，闻个不住。黛玉夺了手道："这可该去了。"宝玉笑道："去，不能。咱们斯斯文文的躺着说话儿。"说着，复又倒下。黛玉也倒下，用手帕子盖上脸。宝玉有一搭没一搭的说些鬼话，黛玉只不理。宝玉问他几岁上京，路上见何景致古迹，扬州有何遗迹故事，土俗民风。黛玉只不答。

宝玉只怕他睡出病来，便哄他道："嗳哟！你们扬州衙门里有一件大故事，你可知道？"黛玉见他说的郑重，且又正言厉色，只当是真事，因问："什么事？"宝玉见问，便忍着笑顺口诌道：

"扬州有一座黛山，山上有个林子洞。"

黛玉笑道："就是扯谎，自来也没听见这山。"宝玉道："天下山水多着

呢,你那里知道这些不成。等我说完了,你再批评。"黛玉道:"你且说。"宝玉又诌道:

"林子洞里原来有群耗子精。那一年腊月初七日,老耗子升座议事,因说:'明日乃是腊八,世上人都熬腊八粥。如今我们洞中果品短少,须得趁此打劫些来方妙。'乃拔令箭一枝,遣一能干的小耗前去打听。一时小耗回报:'各处察访打听已毕,惟有山下庙里果米最多。'老耗问:'米有几样?果有几品?'小耗道:'米豆成仓,不可胜记。果品有五种:一红枣,二栗子,三落花生,四菱角,五香芋。'老耗听了大喜,即时点耗前去。乃拔令箭问:'谁去偷米?'一耗便接令箭去偷米。又拔令箭问:'谁去偷豆?'又一耗接令去偷豆。然后一一的都各领令去了。只剩了香芋一种,因又拔令箭问:'谁去偷香芋?'只见一个极小极弱的小耗应道:'我愿去偷香芋。'老耗并众耗见他这样,恐不谙练,且怯懦无力,都不准他去。小耗道:'我虽年小身弱,却是法术无边,口齿伶俐,机谋深远。此去管比他们偷的还巧呢。'众耗忙问:'如何比他们巧呢?'小耗道:'我不学他们直偷。我只摇身一变,也变成个香芋,滚在香芋堆里,使人看不出,听不见,却暗暗的用分身法搬运,渐渐的就搬运尽了。岂不比直偷硬取的巧些?'众耗听了,都道:'妙却妙,只是不知怎么个变法,你先变个我们瞧瞧。'小耗听了,笑道:'这个不难,等我变来。'说毕,摇身说'变',竟变了一个最标致美貌的一位小姐。众耗忙笑道:'变错了,变错了。原说变果子的,如何变出小姐来?'小耗现形笑道:'我说你们没见世面,只认得这果子是香芋,却不知盐课林老爷的小姐才是真正的香玉呢。'"

黛玉听了,翻身爬起来,按着宝玉笑道:"我把你烂了嘴的!我就知道你是编我呢。"说着,便拧的宝玉连连央告,说:"好妹妹,饶我罢,再不敢了!我因为闻你香,忽然想起这个故典来。"黛玉笑道:"饶骂了人,还说是故典呢。"

一语未了，只见宝钗走来，笑问："谁说故典呢？我也听听。"黛玉忙让坐，笑道："你瞧瞧，有谁！他饶骂了人，还说是故典。"宝钗笑道："原来是宝兄弟，怨不得他，他肚子里的故典原多。只是可惜一件，凡该用故典之时，他偏就忘了。有今日记得的，前儿夜里的芭蕉诗就该记得。眼面前的倒想不起来，别人冷的那样，你急的只出汗。这会子偏又有记性了。"黛玉听了笑道："阿弥陀佛！到底是我的好姐姐。你一般也遇见对子了，可知一还一报，不爽不错的。"刚说到这里，只听宝玉房中一片声嚷，吵闹起来。正是——

评析：温情中的轻松与紧张

在这一回，《红楼梦》写出了宝黛情感中最温暖、最纯粹的一面，也写出了宝玉和大丫鬟袭人间同样不乏温情但又不纯粹的另一面。有不少学者对这一回内容作了精彩解读，如李希凡的《"良宵花解语，静日玉生香"——从一回书里看两种"真情"境界》，聂绀弩的《略谈〈红楼梦〉的几个人物》，而舒芜在《说梦录》中，则对其刻画的袭人形象，同样作出了独到解读（见《特殊安排写袭人》一篇）。

这一回的前半部分是写夜里的宝玉和袭人，后半部分才转而写白天的宝玉和黛玉。但女性的温情是前后贯通的，并因为这种感觉上的贯通，又把本质的差异乃至对立凸显了。

因为春节期间，袭人被家里接回吃年茶，宝玉和小厮茗烟百无聊赖中，就偷偷溜出贾府去袭人家玩。舒芜认为，这一段是借袭人在自己家的那种"主人"身份，也就是说在彻底放松中，写出了平日里作为贾府丫鬟不可能展现的另一种状态。底层平民百姓的花家，来了这么一个贵客，确实有点不知所措。花家人不知如何招待宝玉，倒是袭人相对镇定，拿自己的垫子给宝玉坐，拿自己的脚炉、手炉给宝玉用,又拿自己的茶杯给宝玉喝,这固然是为了消解宝玉在陌生环境里的拘束感,但小说叠用四个"自己的",特别是给了宝玉自己的茶杯喝茶,除了说明其对宝玉照顾备至,也说明她跟宝玉有着非同寻常的关系,这一切又都在花家人面前呈现,自然有着特殊的意义。因为此前,她刚刚为了花家人要把她从贾府赎身出去,与她母亲、哥哥吵架,表明不愿离开贾府。那么,此刻表现她和宝玉的亲密关系,其实也是向家人暗示了她不便明说的理由,也无怪乎小说写花家母子看此光景,"心下更明白了"。舒芜认为,袭人在家人面前卖弄自己跟宝玉的特殊亲密关系,卖弄的最高峰是把宝玉挂着的通灵宝玉摘下来,"向他姊妹们笑道:'你们见识见识。时常说起来都当希罕,恨不能一见,今儿可尽力瞧了。再瞧什么希罕物儿,也不过是这么个东西。'说毕,递与他们传看了一遍,仍与宝玉挂好"。这里当然有卖弄的意思,脂评说:"按此言固是袭人得意之语,盖言你等所稀罕不得一见之宝,我却常守常见,视为平物。"但也不排除她有满足自己姊妹们好奇心的愿望,让她们饱饱眼福。说袭人此举是卖弄得近于轻狂,可能还是太贬损袭人了。这么一点虚荣心,大概是普通人都难免的,更别说这里还有她想满足家人好奇心的善意。

　　袭人回到贾府后,没有把自己坚决不同意家人为她赎身的态度告诉宝玉,而是从宝玉善待她中获得灵感,借机威胁宝玉,说家人决定要赎她出去,只有宝玉接受了她规劝而改正不良习气,她才会去说服家人放弃赎身的主意。这就是回目所谓的"情切切良宵花解语",如此情意绵绵中,蕴含的一番思想劝谏的大道理,那种温软情感掺杂进了功利色彩,用李希凡的话来说,"花袭人这番千回百转的'用情',并非为了博取宝玉的所爱,而恰恰是利用这所爱要达到另外的目的",才把一个丫鬟或者说侍妾规劝主人的良苦用心,一个等级社会中忠心奴才的本质特点呈现了出来。于是,来自袭人的女性柔情,最终变了味,成为携带正统意识来向宝玉发起的一场柔性攻击,而花袭人的"袭",也就带有了攻击性的侵袭的意味,如同聂绀弩所分析的那样。而回目中,本是用来赞许女性可爱的"花解语",也变得具有讽刺意味了。

相比之下,第二天午间宝玉去黛玉处闲聊,彼此变着法儿说笑,都有着挖空心思取笑对方的意图,却表现得那么欢乐,又是那么纯洁而美好,谈笑间没有要达到的另外目的,甚至对于彼此的情感交流,也没有直接谈及。但从黛玉为宝玉擦拭脸上留下的胭脂痕迹,从黛玉用手帕盖了脸,躺着听宝玉东拉西扯,还有把宝钗所用的物品和宝玉关联起来的调侃,或者宝玉拉了黛玉袖口闻其中的幽香,以及后来从香气中编排出香芋故事逗黛玉玩,还是能够感受到彼此满满的情意。这与前一晚袭人在情感的传递中夹带着浓郁的功利性规劝,形成了对比。值得注意的是,从宝玉感受黛玉身上的一股香气,贯串了这一回后半部的始终。其目的,是要把来自黛玉身上的幽香,与宝钗身上散发的香气,遥相对照。

在第八回,宝玉去探望病中的宝钗,靠近她身边闻到一阵凉森森甜丝丝的幽香,问了宝钗,宝钗才告诉他是吃冷香丸得来的香气。而在这一回,宝玉在黛玉袖中,也闻到了一阵幽香,令人"醉魂酥骨",但反复追问下,连黛玉也解释不出个所以然。虽然黛玉有意反问宝玉是否有"暖香",来讽刺可以与宝钗配对的冷香丸,但作者真正的意图,是把黛玉难以名状的体香与宝钗服用的冷香丸作对比,强调黛玉香气来自其本身,是与自己一体化的;而宝钗的香气则是外在的、附加的,是通过外服冷香丸才散发出来的。一如黛玉作为草木的先天性和宝钗拥有金项圈的外在性。向外还是向内的区别,从这个角度看,宝玉无意中通过香芋谐音香玉而编造出一个故事,让香和玉合为一体,多少也暗示了黛玉生命价值的类似意义。

第二十七回
滴翠亭杨妃戏彩蝶
埋香冢飞燕泣残红

话说林黛玉正自悲泣，忽听院门响处，只见宝钗出来了，宝玉袭人一群人送了出来。待要上去问着宝玉，又恐当着众人问羞了宝玉不便，因而闪过一旁，让宝钗去了，宝玉等进去关了门，方转过来，犹望着门洒了几点泪。自觉无味，方转身回来，无精打采的卸了残妆。

紫鹃雪雁素日知道林黛玉的情性：无事闷坐，不是愁眉，便是长叹，且好端端的不知为了什么，常常的便自泪道不干的。先时还有人解劝，怕他思父母，想家乡，受了委曲，只得用话宽慰解劝。谁知后来一年一月的竟常常的如此，把这个样儿看惯了，也都不理论了。所以也没人理，由他去闷坐，只管睡觉去了。那林黛玉倚着床栏杆，两手抱着膝，眼睛含着泪，好似木雕泥塑的一般，直坐到二更多天方才睡了。一宿无话。

至次日乃是四月二十六日，原来这日未时交芒种节。尚古风俗：凡交芒种节的这日，都要设摆各色礼物，祭饯花神，言芒种一过，便是夏日了，众花皆卸，花神退位，须要饯行。然闺中更兴这件风俗，所以大观园中之人都早起来了。那些女孩子们，或用花瓣柳枝编成轿马的，或用绫锦纱罗叠成干旄旌幢的，都用彩线系了。每一颗树上，每一枝花上，都系了这些物事。满园里绣带飘飘，花枝招展，更兼这些人打扮得桃羞柳让，燕妒莺惭，一时也道不尽。

且说宝钗、迎春、探春、惜春、李纨、凤姐等并巧姐、大姐、香菱与众丫鬟们在园内玩耍,独不见林黛玉。迎春因说道:"林妹妹怎么不见?好个懒丫头!这会子还睡觉不成?"宝钗道:"你们等着,我去闹了他来。"说着便丢下了众人,一直往潇湘馆来。正走着,只见文官等十二个女孩子也来了,上来问了好,说了一回闲话。宝钗回身指道:"他们都在那里呢,你们找他们去罢。我叫林姑娘去就来。"说着便逶迤往潇湘馆来。

忽然抬头,见宝玉进去了,宝钗便站住低头想了想:宝玉和林黛玉是从小儿一处长大,他兄妹间多有不避嫌疑之处,嘲笑喜怒无常;况且林黛玉素习猜忌,好弄小性儿的。此刻自己也跟了进去,一则宝玉不便,二则黛玉嫌疑。罢了,倒是回来的妙。想毕抽身回来。

刚要寻别的姊妹去,忽见前面一双玉色蝴蝶,大如团扇,一上一下迎风蹁跹,十分有趣。宝钗意欲扑了来玩耍,遂向袖中取出扇子来,向草地下来扑。只见那一双蝴蝶忽起忽落,来来往往,穿花度柳,将欲过河去了。倒引的宝钗蹑手蹑脚的,一直跟到池中滴翠亭上,香汗淋漓,娇喘细细。宝钗也无心扑了,刚欲回来,只听滴翠亭里边嘁嘁喳喳有人说话。原来这亭子四面俱是游廊曲桥,盖造在池中水上,四面雕镂槅子糊着纸。

宝钗在亭外听见说话,便煞住脚往里细听,只听说道:"你瞧瞧这手帕子,果然是你丢的那块,你就拿着;要不是,就还芸二爷去。"又有一人说话:"可不是我那块!拿来给我罢。"又听道:"你拿什么谢我呢?难道白寻了来不成。"又答道:"我既许了谢你,自然不哄你。"又听说道:"我寻了来给你,自然谢我;但只是拣的人,你就不拿什么谢他?"又回道:"你别胡说。他是个爷们家,拣了我的东西,自然该还的。我拿什么谢他呢?"又听说道:"你不谢他,我怎么回他呢?况且他再三再四的和我说了,若没谢的,不许我给你呢。"半晌,又听答道:"也罢,拿我这个给他,算谢他的罢。——你要告诉别人呢?须说个誓来。"又听说道:"我要告诉一个人,就长一个疔，日后不得好死！"又听说道："嗳呀！咱们只顾说话，看有人来悄悄在外头听见。不如把这槅子都推开了，便是有人见咱们在这里，他们只当我们说顽话呢。若走到跟前，咱们也看的见，就别说了。"

宝钗在外面听见这话，心中吃惊，想道："怪道从古至今那些奸淫狗盗的人，心机都不错。这一开了，见我在这里，他们岂不臊了。况才说话的语音，大似宝玉房里的红儿的言语。他素昔眼空心大，是个头等刁钻古怪东西。今儿我听了他的短儿，一时人急造反，狗急跳墙，不但生事，而且我还没趣。如今便赶着躲了，料也躲不及，少不得要使个'金蝉脱壳'的法子。"犹未想完，只听"咯吱"一声，宝钗便故意放重了脚步，笑着说道："颦儿，我看你往那里藏！"一面说，一面故意往前赶。

那亭内的红玉坠儿刚一推窗，只听宝钗如此说着往前赶，两个人都唬怔了。宝钗反向他二人笑道："你们把林姑娘藏在那里了？"坠儿道："何曾见林姑娘了。"宝钗道："我才在河那边看着林姑娘在这里蹲着弄水儿的。我要悄悄的唬他一跳，还没有走到跟前，他倒看见我了，朝东一绕就不见了。别是藏在这里头了。"一面说，一面故意进去寻了一寻，抽身就走，口内说道："一定是又钻在山子洞里去了。遇见蛇，咬一口也罢了。"一面说一面走，心中又好笑：这件事算遮过去了，不知他二人是怎样。

谁知红玉听了宝钗的话，便信以为真，让宝钗去远，便拉坠儿道："了不得！林姑娘蹲在这里，一定听了话去了！"坠儿听说，也半日不言语。红玉又道："这可怎么样呢？"坠儿道："便是听了，管谁筋疼，各人干各人的就完了。"红玉道："若是宝姑娘听见，还倒罢了。林姑娘嘴里又爱刻薄人，心里又细，他一听见了，倘或走露了风声，怎么样呢？"二人正说着，只见文官、香菱、司棋、待书等上亭子来了。二人只得掩住这话，且和他们顽笑。

只见凤姐儿站在山坡上招手叫，红玉连忙弃了众人，跑至凤姐跟前，堆着笑问："奶奶使唤作什么事？"凤姐打谅了一打谅，见他生的干净俏丽，说话知趣，因笑道："我的丫头今儿没跟进我来。我这会子想起一件事来，要使唤个人出去，不知你能干不能干，说的齐全不齐全？"红玉笑道："奶奶有什么话，只管吩咐我说去。若说的不齐全，误了奶奶的事，凭奶奶责罚就是了。"凤姐笑道："你是那位小姐房里的？我使你出去，他回来找你，我好替你说的。"红玉道："我是宝二爷房里的。"凤姐听了笑道："嗳哟！你原来是宝玉房里的，怪道呢。也罢了，等他问，我替你说。你到我们家，告诉你平姐姐：外头屋里桌子上汝窑盘子架儿底下放着一卷银子，那是一百六十两，给绣匠的工价，等张材家的来要，当面称给他瞧了，再给他拿去。再里头床头间有一个小荷包拿了来。"

红玉听说撤身去了，回来只见凤姐不在这山坡子上了。因见司棋从山洞里出来，站着系裙子，便赶上来问道："姐姐，不知道二奶奶往那里去了？"司棋道："没理论。"红玉听了，抽身又往四下里一看，只见那边探春宝钗在池边看鱼。红玉上来陪笑问道："姑娘们可看见二奶奶那去了？"探春道："往你大奶奶院里找去。"红玉听了，才往稻香村来，顶头只见晴雯、绮霞、碧痕、紫绡、麝月、待书、入画、莺儿等一群人来了。

晴雯一见了红玉，便说道："你只是疯罢！院子里花儿也不浇，雀儿也不喂，茶炉子也不爞，就在外头逛。"红玉道："昨儿二爷说了，今儿不用浇花，过一日浇一回罢。我喂雀儿的时候，姐姐还睡觉呢。"碧痕道："茶炉子呢？"红玉道："今儿不该我爞的班儿，有茶没茶别问我。"绮霞道："你听听他的嘴！你们别说了，让他逛去罢。"红玉道："你们再问问我逛了没有。二奶奶使唤我说话取东西的。"说着将荷包举给他们看，方没言语了。

大家分路走开。晴雯冷笑道："怪道呢！原来爬上高枝儿去了，把我们不放在眼里。不知说了一句话半句话，名儿姓儿知道了不曾呢，就把他兴的这样！这一遭半遭儿的算不得什么，过了后儿还得听呵！有本事从今儿出了这园子，长长远远的在高枝儿上才算得。"一面说着去了。

这里红玉听说，不便分证，只得忍着气来找凤姐儿。到了李氏房中，果见凤姐儿在这里和李氏说话儿呢。红玉上来回道："平姐姐说，奶奶刚出来了，他就把银子收了起来，才张材家的来取，当面称了给他拿去了。"说着将荷包递了上去，又道："平姐姐教我回奶奶：才旺儿进来讨奶奶的示下，好往那家子去。平姐姐就把那话按着奶奶的主意打发他去了。"凤姐笑道："他怎么按我的主意打发去了？"红玉道："平姐姐说：我们奶奶问这里奶奶好。原是我们二爷不在家，虽然迟了两天，只管请奶奶放心。等五奶奶好些，我们奶奶还会了五奶奶来瞧奶奶呢。五奶奶前儿打发了人来说，舅奶奶带了信来了，问奶奶好，还要和这里的姑奶奶寻两丸延年神验万全丹。若有了，奶奶打发人来，只管送在我们奶奶这里。明儿有人去，就顺路给那边舅奶奶带去的。"

话未说完，李氏道："嗳哟哟！这些话我就不懂了。什么'奶奶''爷爷'的一大堆。"凤姐笑道："怨不得你不懂，这是四五门子的话呢。"说着，又向红玉笑道："好孩子，难为你说的齐全。别像他们扭扭捏捏的蚊子似的。嫂子你不知道，如今除了我随手使的这几个丫头老婆之外，我就怕和他们说话。他们必定把一句话拉长了作两三截儿，咬文咬字，拿着腔儿，哼哼唧唧的，急的我冒火，他们那里知！先时我们平儿也是这么着，我就问着他：难道必定装蚊子哼哼就是美人了？说了几遭，才好些儿了。"李宫裁笑道："都像你泼皮破落户才好。"凤姐又道："这一个丫头就好。方才两遭，说话虽不多，听那口声就简断。"说着又向红玉笑道："你明儿服侍我去罢。我认你作女儿，我一调理，你就出息了。"

红玉听了，扑哧一笑。凤姐道："你怎么笑？你说我年轻，比你能大几岁，就作你的妈了？你还作春梦呢！你打听打听，这些人头比你大的大的，赶着我叫妈，我还不理。今儿抬举了你呢！"红玉笑道："我不是笑这个，我笑奶奶认错了辈数了。我妈是奶奶的女儿，这会子又认我作女儿。"

凤姐道："谁是你妈？"李宫裁笑道："你原来不认得他？他是林之孝之女。"凤姐听了十分诧异，说道："哦！原来是他的丫头。"又笑道："林之孝两口子都是锥子扎不出一声儿来的。我成日家说，他们倒是配就了的一对夫妻，一个天聋，一个地哑。那里承望养出这么个伶俐丫头来！你十几岁了？"红玉道："十七岁了。"又问名字，红玉道："原叫红玉的，因为重了宝二爷，如今只叫红儿了。"

凤姐听说将眉一皱，把头一回，说道："讨人嫌的很！得了玉的益似的，你也玉，我也玉。"因说道："既这么着，肯跟，我还和他妈说，'赖大家的如今事多，也不知这府里谁是谁，你替我好好的挑两个丫头我使'，他一般答应着。他饶不挑，倒把这女孩子送了别处去。难道跟我必定不好？"李氏笑道："你可是又多心了。他进来在先，你说话在后，怎么怨的他妈！"凤姐道："既这么着，明儿我和宝玉说，叫他再要人，叫这丫头跟我去。可不知本人愿意不愿意？"红玉笑道："愿意不愿意，我们也不敢说。只是跟着奶奶，我们也学些眉眼高低，出入上下，大小的事也得见识见识。"刚说着，只见王夫人的丫头来请，凤姐便辞了李宫裁去了。红玉回怡红院去。不在话下。

如今且说林黛玉因夜间失寐，次日起来迟了，闻得众姊妹都在园中作饯花会，恐人笑他痴懒，连忙梳洗了出来。刚到了院中，只见宝玉进门来了，笑道："好妹妹，你昨儿可告我了不曾？教我悬了一夜心。"林黛玉便回头叫紫鹃道："把屋子收拾了，撂下一扇纱屉；看那大燕子回来，把帘子放下来，拿狮子倚住；烧了香就把炉罩上。"一面说一面又往外走。宝玉见他这样，还认作是昨日中晌的事，那知晚间的这段公案，还打恭作揖的。林黛玉正眼也不看，各自出了院门，一直找别的姊妹去了。宝玉心中纳闷，自己猜疑：看起这个光景来，不像是为昨日的事；但只昨日我回来的晚了，又没有见他，再没有冲撞了他的去处了。一面想，一面由不得随后追了来。

　　只见宝钗探春正在那边看鹤舞,见黛玉去了,三个一同站着说话儿。又见宝玉来了,探春便笑道:"宝哥哥,身上好?我整整的三天没见你了。"宝玉笑道:"妹妹身上好?我前儿还在大嫂子跟前问你呢。"探春道:"宝哥哥,你往这里来,我和你说话。"宝玉听说,便跟了他,离了钗、玉两个,到了一棵石榴树下。

　　探春因说道:"这几天老爷可曾叫你?"宝玉笑道:"没有叫。"探春说:"昨儿我恍惚听见说老爷叫你出去的。"宝玉笑道:"那想是别人听错了,并没叫的。"探春又笑道:"这几个月,我又攒下有十来吊钱了。你还拿了去,明儿出门逛去的时候,或是好字画,好轻巧顽意儿,替我带些来。"宝玉道:"我这么城里城外、大廊小庙的逛,也没见个新奇精致东西,左不过是那些金、玉、铜、磁,没处摆的古董,再就是绸缎吃食衣服了。"探春道:"谁要这些。怎么像你上回买的那柳枝儿编的小篮子,整竹子根抠的香盒儿,胶泥垛的风炉儿,这就好了。我喜欢的什么似的,谁知他们都爱上了,都当宝贝似的抢了去了。"宝玉笑道:"原来要这个。这不值什么,拿五百钱出去给小子们,管拉一车来。"探春道:"小厮们知道什么。你拣那朴而不俗、直而不拙者,这些东西,你多多的替我带了来。我还像上回的鞋作一双你穿,比那一双还加工夫,如何呢?"

　　宝玉笑道:"你提起鞋来,我想起个故事:那一回我穿着,可巧遇见了老爷,老爷就不受用,问是谁作的。我那里敢提'三妹妹'三个字,我就回说是前儿我生日,是舅母给的。老爷听了是舅母给的,才不好说什么,半日还说:'何苦来!虚耗人力,作践绫罗,作这样的东西。'我回来告诉了袭人,袭人说这还罢了,赵姨娘气的抱怨的了不得:'正经兄弟,鞋搭拉袜搭拉的没人看的见,且作这些东西!'"探春听说,登时沉下脸来,道:"这话糊涂到什么田地!怎么我是该作鞋的人么?环儿难道没有分例的?一般的衣裳是衣裳,鞋袜是鞋袜,丫头老婆一屋子,怎么抱怨这些话!给谁听呢!我不过是闲着没事儿,作一双半双,爱给那个哥哥兄弟,随我的心。谁敢管我不成!这也是白气。"宝玉听了,点头笑道:"你不知道,他心里自然又有个想头了。"探春听说,益发动了气,将头一扭,说道:"连你也糊涂了!他那想头自然是有的,不过是那阴微鄙贱的见识。他只管这么想,我只管认得老爷、太太两个人,别人我一概不管。就是姊妹弟兄跟前,谁和我好,我就和谁好,什么偏的庶的,我也不知道。论理我不该说他,但忒昏愦的不像了!还有笑话呢:就是上回我给你那钱,替我带那顽的东西。过了两天,他见了我,也是说没钱使,怎么难,我也不理论。谁知后来丫头们出去了,他就抱怨起来,说我攒的钱为什么给你使,倒不给环儿使呢。我听见这话,又好笑又好气,我就出来往太太跟前去了。"正说着,只见宝钗那边笑道:"说完了,来罢。显见的是哥哥妹妹了,丢下别人,且说梯己去。我们听一句儿就使不得了!"说着,探春宝玉二人方笑着来了。

宝玉因不见了林黛玉,便知他躲了别处去了,想了一想,索性迟两日,等他的气消一消再去也罢了。因低头看见许多凤仙石榴等各色落花,锦重重的落了一地,因叹道:"这是他心里生了气,也不收拾这花儿来了。待我送了去,明儿再问着他。"说着,只见宝钗约着他们往外头去。宝玉道:"我就来。"说毕,等他二人去远了,便把那花兜了起来,登山渡水,过树穿花,一直奔了那日同林黛玉葬桃花的去处来。

将已到了花冢,犹未转过山坡,只听山坡那边有呜咽之声,一行数落着,哭的好不伤感。宝玉心下想道:"这不知是那房里的丫头,受了委曲,跑到这个地方来哭。"一面想,一面煞住脚步,听他哭道是:

花谢花飞花满天,红消香断有谁怜?
游丝软系飘春榭,落絮轻沾扑绣帘。

闺中女儿惜春暮,愁绪满怀无释处,
手把花锄出绣闺,忍踏落花来复去。
柳丝榆荚自芳菲,不管桃飘与李飞。
桃李明年能再发,明年闺中知有谁?
三月香巢已垒成,梁间燕子太无情!
明年花发虽可啄,却不道人去梁空巢也倾。
一年三百六十日,风刀霜剑严相逼,
明媚鲜妍能几时,一朝飘泊难寻觅。
花开易见落难寻,阶前闷杀葬花人,
独倚花锄泪暗洒,洒上空枝见血痕。
杜鹃无语正黄昏,荷锄归去掩重门。
青灯照壁人初睡,冷雨敲窗被未温。
怪奴底事倍伤神,半为怜春半恼春:
怜春忽至恼忽去,至又无言去不闻。
昨宵庭外悲歌发,知是花魂与鸟魂?
花魂鸟魂总难留,鸟自无言花自羞。
愿奴胁下生双翼,随花飞到天尽头。
天尽头,何处有香丘?
未若锦囊收艳骨,一抔净土掩风流。
质本洁来还洁去,强于污淖陷渠沟。
尔今死去侬收葬,未卜侬身何日丧?
侬今葬花人笑痴,他年葬侬知是谁?
试看春残花渐落,便是红颜老死时。
一朝春尽红颜老,花落人亡两不知!

宝玉听了不觉痴倒。要知端详，且听下回分解。

评析：痴情、机心与哲思

宝钗扑蝶，黛玉葬花，可能是涉及《红楼梦》两位主要女性的最具标志性的事件。

小说不止一次写到黛玉的葬花行为，在第二十三回，黛玉还劝阻贾宝玉把落花丢到水里的举动，认为落花随水流到有人家的地方，会把花弄脏弄臭，所以还是埋到花冢里比较干净。但是，在第二十七回，当黛玉葬花的行为与她那回肠荡气的葬花词一起吟出时，才大大强化了黛玉葬花作为标志性事件的感人力量，从而成为情节发展过程中的一个情感高潮。曾经有红学家对戏剧改编的《红楼梦》把黛玉吟唱葬花词段落安排在宝玉挨打的情节后深感不满，认为弄错了宝、黛情感发展的线索。因为引发黛玉吟唱颇为哀婉的葬花词的一个直接原因，是头天晚上黛玉前往怡红院时，阴差阳错吃了丫鬟的闭门羹，遂疑心到宝玉头上。而一般认为，自从宝玉挨打事件发生后，宝玉和黛玉之间的各种误解已涣然冰释，两人几乎达到了心心相印的境界，不可能为了偶然的一次闭门羹，再发生情感上的猜忌。这样的分析当然有道理。但我们同时也应该看到，既然黛玉吟唱葬花词构成情感意义的高潮，那么把这样的高潮挪到后面，以更临近情节发生逆转的段落，就强化了整体节奏的跌宕起伏感，从戏剧效果看，也是有一定合理性的。

不过，小说把宝钗扑蝶和黛玉葬花置于同一回中，其相似中蕴含的对比也是常常引发各种讨论的。就相似来说，无论是宝钗还是黛玉，两人都是为自然现象而感发，即便阳光下翻飞的彩蝶不同于风中飘零的花瓣，但就人对自然现象的敏感而不是麻木来说，都是人的生命力饱满的体现，是人的生机在勃发。

问题是，宝钗扑蝶的行为，并没有一路向前，把她带入自然界而流连忘返，倒是因为跟着彩蝶来到滴翠亭而稍事休息时，无意中听到了本不该听到的对话，于是，本来与大自然协调的少女天真之心，突然被收回了。宝钗隔了闭着的窗户，听到里面有两个丫鬟即小红和坠儿在说着要回赠贾芸小礼物的事，又说要把窗户打开，可以观察到外面的动静。而此时的宝钗已经来不及转身，又怕她们看到自己，恼她听了不该听的话，于是干脆加重脚步，呼着林黛玉的外号，说："看你往那里藏。"正好她们推开窗来，吓了一跳，而宝钗好像不知道她们在此似的，笑着问是否看见黛玉，看她往这里藏了。结果把小红她们吓得不行，都以为自己的悄悄话被林黛玉听去了。由于这段描写富有戏剧性，宝钗从自然之心突然转变为机心，很能够见出她明哲保身、急中生智的性格，所以经常为红学家所引录，有些拥黛贬钗的红学家也拿这个例子来说明薛宝钗为人的不厚道，甚至指责她是故意加害黛玉。不过平心而论，她最大的目的就是自保，以免尴尬，至于拉黛玉来背锅，是因为本来就为找她的，所以立马想到她的名字而不是别人，是最顺理成章的。

不过，这里窗户的特殊作用，也值得一提。当小红提议要打开窗户以留神周围的人时，只想到了窗户的空间作用，可以用它的敞开，把她们自己与周围的人纳入同一个空间中，以互相的透亮、不阻隔，来为自己的内心留一点别人无法窥视的秘密。但是，她显然忘记了，生活中的窗户也是开在时间里的，当她把窗户突然打开，把宝钗一下子拉入同一个空间里，宝钗以她编造的谎言，为小红她们设计出一个先在的人来，并把自己的此在解脱出来。于是，宝钗与小红她们在空间的同在，似乎成了一种共同分享的经验，并且掩盖了宝钗在时间上的先在，而空间上不在的黛玉，反倒被锁定在先到的位置上了。并且也因为空间上的不在所带来的不可捉摸，更加重了小红她们的心理恐慌。

与宝钗从自然生趣转变到对周边社会环境的警觉构成对比的是，黛玉沉浸在葬花词的吟诵中，根本就没有察觉旁边有宝玉在默默观察着、倾听着。于是，我们看到，一个是面对阳光和彩蝶，一个是面对落花和流水；一个是恣意地欢娱，一个是尽情地悲伤；一个是注意自然也警惕周围的环境，一个是专注于自然、专注于自我；一个是欢乐中不忘做人的计谋，一个是从情到情。

然而，耐人寻味的是，宝钗与黛玉构成的这种种对比乃至对立，在宝玉作为观察者的更深层次思考中，又被消解了。在接下来的一回开头，写宝玉的思考，是把黛玉、宝钗与自己、与整个大观园、与整个尘世都放在一起的，所谓：

> 试想林黛玉的花颜月貌，将来亦到无可寻觅之时，宁不心碎肠断！既黛玉终归无可寻觅之时，推之于他人，如宝钗、香菱、袭人等，亦可到无可寻觅之时矣。宝钗等终归无可寻觅之时，则自己又安在哉？且自身尚不知何在何往，则斯处、斯园、斯花、斯柳，又不知当属谁姓矣！——因此一而二，二而三，反复推求了去，真不知此时此际欲为何等蠢物，杳无所知，逃大造，出尘网，始可解释这段悲伤。

这样，宝钗、黛玉在社会和自然、机智和情感等中分出的区别，在宝玉带有哲学意味的更高层次思考中，在对人的生存乃至物的存在的思考中，又合二为一了。正是这种思考，才让宝玉不时散发出一种彻骨的悲凉情绪，向读者扑面而来。

第三十三回
手足眈眈小动唇舌
不肖种种大承笞挞

却说王夫人唤他母亲上来,拿几件簪环当面赏与,又吩咐请几众僧人念经超度。他母亲磕头谢了出去。

原来宝玉会过雨村回来听见了,便知金钏儿含羞赌气自尽,心中早又五内摧伤,进来被王夫人数落教训,也无可回说。见宝钗进来,方得便出来,茫然不知何往,背着手,低头一面感叹,一面慢慢的走着,信步来至厅上。

刚转过屏门,不想对面来了一人正往里走,可巧儿撞了个满怀。只听那人喝一声"站住!"宝玉唬了一跳,抬头一看,不是别人,却是他父亲,不觉的倒抽了一口气,只得垂手一旁站了。贾政道:"好端端的,你垂头丧气嗐些什么?方才雨村来了要见你,叫你那半天你才出来;既出来了,全无一点慷慨挥洒谈吐,仍是葳葳蕤蕤。我看你脸上一团思欲愁闷气色,这会子又咳声叹气。你那些还不足,还不自在?无故这样,却是为何?"宝玉素日虽是口角伶俐,只是此时一心总为金钏儿感伤,恨不得此时也身亡命殒,跟了金钏儿去。如今见了他父亲说这些话,究竟不曾听见,只是怔呵呵的站着。

贾政见他惶悚,应对不似往日,原本无气的,这一来倒生了三分气。方欲说话,忽有回事人来回:"忠顺亲王府里有人来,要见老爷。"贾政听了,心下疑惑,暗暗思忖道:"素日并不和忠顺府来往,为什么今日打发人来?"一面想,一面令"快请",急走出来看时,却是忠顺府长史官,忙接进厅上坐了献茶。

未及叙谈,那长史官先就说道:"下官此来,并非擅造潭府,皆因奉王命而来,有一件事相求。看王爷面上,敢烦老大人作主,不但王爷知情,且连下官辈亦感谢不尽。"贾政听了这话,抓不住头脑,忙陪笑起身问道:"大人既奉王命而来,不知有何见谕,望大人宣明,学生好遵谕承办。"那长史官便冷笑道:"也不必承办,只用大人一句话就完了。我们府里有一个做小旦的琪官,一向好好在府里,如今竟三五日不见回去,各处去找,又摸不着他的道路,因此各处察访。这一城内,十停人倒有八停人都说,他近日和衔玉的那位令郎相与甚厚。下官辈等听了,尊府不比别家,可以擅入索取,因此启明王爷。王爷亦云:'若是别的戏子呢,一百个也罢了;只是这琪官随机应答,谨慎老诚,甚合我老人家的心,竟断断少不得此人。'故此求老大人转谕令郎,请将琪官放回,一则可慰王爷谆谆奉恳,二则下官辈也可免操劳求觅之苦。"说毕,忙打一躬。

贾政听了这话,又惊又气,即命唤宝玉来。宝玉也不知是何原故,忙赶来时,贾政便问:"该死的奴才!你在家不读书也罢了,怎么又做出这些无法无天的事来!那琪官现是忠顺王爷驾前承奉的人,你是何等草芥,无故引逗他出来,如今祸及于我。"宝玉听了唬了一跳,忙回道:"实在不知此事。究竟连'琪官'两个字不知为何物,岂更又加'引逗'二字!"说着便哭了。

贾政未及开言,只见那长史官冷笑道:"公子也不必掩饰。或隐藏在家,或知其下落,早说了出来,我们也少受些辛苦,岂不念公子之德?"宝玉连说不知,"恐是讹传,也未见得"。那长史官冷笑道:"现有据证,何必还赖?必定当着老大人说了出来,公子岂不吃亏?既云不知此人,那红汗巾子怎么到了公子腰里?"宝玉听了这话,不觉轰去魂魄,目瞪口呆,心下自思:"这话他如何得知!他既连这样机密事都知道了,大约别的瞒他不过,不如打发他去了,免的再说出别的事来。"因说道:"大人既知他的底细,如何连他置买房舍这样大事倒不晓得了?听得说他如今在东郊离城二十里有个什么紫檀堡,他在那里置了几亩田地几间房舍。想是在那里也未可知。"那长史官听了,笑道:"这样说,一定是在那里。我且去找一回,若有了便罢,若没有,还要来请教。"说着,便忙忙的走了。

贾政此时气的目瞪口歪,一面送出那长史官,一面回头命宝玉:"不许动!回来有话问你!"一直送那官员去了。才回身,忽见贾环带着几个小厮一阵乱跑。贾政喝令小厮"快打,快打!"贾环见了他父亲,唬的骨软筋酥,忙低头站住。贾政便问:"你跑什么?带着你的那些人都不管你,不知往那里逛去,由你野马一般!"喝令叫跟上学的人来。贾环见他父亲盛怒,便乘机说道:"方才原不曾跑,只因从那井边一过,那井里淹死了一个丫头,我看见人头这样大,身子这样粗,泡的实在可怕,所以才赶着跑了过来。"贾政听了惊疑,问道:"好端端的,谁去跳井?我家从无这样事情,自祖宗以来,皆是宽柔以待下人。——大约我近年于家务疏懒,自然执事人操克夺之权,致使生出这暴殄轻生的祸患。若外人知道,祖宗颜面何在!"喝令快叫贾琏、赖大、来兴来。

小厮们答应了一声,方欲去叫,贾环忙上前拉住贾政的袍襟,贴膝跪下道:"父亲不用生气。此事除太太房里的人,别人一点也不知道。我听见我母亲说……"说到这里,便回头四顾一看。贾政知意,将眼一看众小厮,小厮们明白,都往两边后面退去。贾环便悄悄说道:"我母亲告诉我说,宝玉哥哥前日在太太屋里,拉着太太的丫头金钏儿强奸不遂,打了一顿。那金钏儿便赌气投井死了。"

话未说完,把个贾政气的面如金纸,大喝"快拿宝玉来!"一面说,一面便往里边书房里去，喝令"今日再有人劝我，我把这冠带家私一应交与他与宝玉过去！我免不得做个罪人，把这几根烦恼鬓毛剃去，寻个干净去处自了，也免得上辱先人下生逆子之罪"。众门客仆从见贾政这个形景，便知又是为宝玉了，一个个都是咬指咬舌，连忙退出。那贾政喘吁吁直挺挺坐在椅子上，满面泪痕，一叠声"拿宝玉！拿大棍！拿索子捆上！把各门都关上！有人传信往里头去，立刻打死！"众小厮们只得齐声答应，有几个来找宝玉。

那宝玉听见贾政吩咐他"不许动"，早知凶多吉少，那里承望贾环又添了许多的话。正在厅上干转，怎得个人来往里头去捎信，偏生没个人，连焙茗也不知在那里。正盼望时，只见一个老姆姆出来。宝玉如得了珍宝，便赶上来拉他，说道："快进去告诉：老爷要打我呢！快去，快去！要紧，要紧！"宝玉一则急了，说话不明白；二则老婆子偏生又聋，竟不曾听见是什么话，把"要紧"二字只听作"跳井"二字，便笑道："跳井让他跳去，二爷怕什么？"宝玉见是个聋子，便着急道："你出去叫我的小厮来罢。"那婆子道："有什么不了的事？老早的完了。太太又赏了衣服，又赏了银子，怎么不了事的！"

宝玉急的跺脚，正没抓寻处，只见贾政的小厮走来，逼着他出去了。贾政一见，眼都红紫了，也不暇问他在外流荡优伶，表赠私物，在家荒疏学业，淫辱母婢等语，只喝令"堵起嘴来，着实打死！"小厮们不敢违拗，只得将宝玉按在凳上，举起大板打了十来下。贾政犹嫌打轻了，一脚踢开掌板的，自己夺过来，咬着牙狠命盖了三四十下。众门客见打的不祥了，忙上前夺劝。贾政那里肯听，说道："你们问问他干的勾当可饶不可饶！素日皆是你们这些人把他酿坏了，到这步田地还来解劝。明日酿到他弑君杀父，你们才不劝不成！"

众人听这话不好听，知道气急了，忙又退出，只得觅人进去给信。王夫人不敢先回贾母，只得忙穿衣出来，也不顾有人没人，忙忙赶往书房中来，慌的众门客小厮等避之不及。王夫人一进房来，贾政更如火上浇油一般，那板子越发下去的又狠又快。按宝玉的两个小厮忙松了手走开，宝玉早已动弹不得了。

贾政还欲打时，早被王夫人抱住板子。贾政道："罢了，罢了！今日必定要气死我才罢！"王夫人哭道："宝玉虽然该打，老爷也要自重。况且炎天暑日的，老太太身上也不大好，打死宝玉事小，倘或老太太一时不自在了，岂不事大！"贾政冷笑道："倒休提这话。我养了这不肖的孽障，已不孝；教训他一番，又有众人护持；不如趁今日一发勒死了，以绝将来之患！"说着，便要绳索来勒死。

王夫人连忙抱住哭道："老爷虽然应当管教儿子，也要看夫妻分上。我如今已将五十岁的人，只有这个孽障，必定苦苦的以他为法，我也不敢深劝。今日越发要他死，岂不是有意绝我。既要勒死他，快拿绳子来先勒死我，再勒死他。我们娘儿们不敢含怨，到底在阴司里得个依靠。"说毕，爬在宝玉身上大哭起来。

贾政听了此话，不觉长叹一声，向椅子上坐了，泪如雨下。王夫人抱着宝玉，只见他面白气弱，底下穿着一条绿纱小衣皆是血渍，禁不住解下汗巾看，由臀至胫，或青或紫，或整或破，竟无一点好处，不觉失声大哭起来，"苦命的儿吓！"因哭出"苦命儿"来，忽又想起贾珠来，便叫着贾珠哭道："若有你活着，便死一百个我也不管了。"此时里面的人闻得王夫人出来，那李宫裁王熙凤与迎春姊妹早已出来了。王夫人哭着贾珠的名字，别人还可，惟有宫裁禁不住也放声哭了。贾政听了，那泪珠更似滚瓜一般滚了下来。

正没开交处，忽听丫鬟来说："老太太来了。"一句话未了，只听窗外颤巍巍的声气说道："先打死我，再打死他，岂不干净了！"贾政见他母亲来了,又急又痛,连忙迎接出来,只见贾母扶着丫头,喘吁吁的走来。

贾政上前躬身陪笑道:"大暑热天,母亲有何生气亲自走来?有话只该叫了儿子进去吩咐。"贾母听说,便止住步喘息一回,厉声说道:"你原来是和我说话!我倒有话吩咐,只是可怜我一生没养个好儿子,却叫我和谁说去!"贾政听这话不像,忙跪下含泪说道:"为儿的教训儿子,也为的是光宗耀祖。母亲这话,我做儿的如何禁得起?"贾母听说,便啐了一口,说道:"我说了一句话,你就禁不起,你那样下死手的板子,难道宝玉就禁得起了?你说教训儿子是光宗耀祖,当初你父亲是怎么教训你来!"说着,不觉就滚下泪来。

贾政又陪笑道:"母亲也不必伤感,皆是作儿的一时性起,从此以后再不打他了。"贾母便冷笑道:"你也不必和我使性子赌气的。你的儿子,我也不该管你打不打。我猜着你也厌烦我们娘儿们。不如我们赶早儿离了你,大家干净!"说着便令人去看轿马,"我和你太太宝玉立刻回南京去!"家下人只得干答应着。

贾母又叫王夫人道:"你也不必哭了。如今宝玉年纪小,你疼他,他将来长大成人,为官作宰的,也未必想着你是他母亲了。你如今倒不要疼他,只怕将来还少生一口气呢。"贾政听说,忙叩头哭道:"母亲如此说,贾政无立足之地。"贾母冷笑道:"你分明使我无立足之地,你反说起你来!只是我们回去了,你心里干净,看有谁来许你打。"一面说,一面只令快打点行李车轿回去。贾政苦苦叩求认罪。

贾母一面说话,一面又记挂宝玉,忙进来看时,只见今日这顿打不比往日,又是心疼,又是生气,也抱着哭个不了。王夫人与凤姐等解劝了一会,方渐渐的止住。早有丫鬟媳妇等上来,要搀宝玉,凤姐便骂道:"糊涂东西,也不睁开眼瞧瞧!打的这么个样儿,还要搀着走!还不快进去把那藤屉子春凳抬出来呢。"众人听说连忙进去,果然抬出春凳来,将宝玉抬放凳上,随着贾母王夫人等进去,送至贾母房中。

彼时贾政见贾母气未全消,不敢自便,也跟了进去。看看宝玉,果然打重了。再看看王夫人,"儿"一声,"肉"一声,"你替珠儿早死了,留着珠儿,免你父亲生气,我也不白操这半世的心了。这会子你倘或有个好歹,丢下我,叫我靠那一个!"数落一场,又哭"不争气的儿"。贾政听了,也就灰心,自悔不该下毒手打到如此地步。先劝贾母,贾母含泪说道:"你不出去,还在这里做什么!难道于心不足,还要眼看着他死了才去不成!"贾政听说,方退了出去。

此时薛姨妈同宝钗、香菱、袭人、史湘云也都在这里。袭人满心委屈,只不好十分使出来,见众人围着,灌水的灌水,打扇的打扇,自己插不下手去,便越性走出来到二门前,令小厮们找了焙茗来细问:"方才好端端的,为什么打起来?你也不早来透个信儿!"焙茗急的说:"偏生我没在跟前,打到半中间我才听见了。忙打听原故,却是为琪官金钏姐姐的事。"袭人道:"老爷怎么得知道的?"焙茗道:"那琪官的事,多半是薛大爷素日吃醋,没法儿出气,不知在外头唆挑了谁来,在老爷跟前下的火。那金钏儿的事是三爷说的,我也是听见老爷的人说的。"袭人听了这两件事都对景,心中也就信了八九分。然后回来,只见众人都替宝玉疗治。调停完备,贾母令"好生抬到他房内去"。众人答应,七手八脚,忙把宝玉送入怡红院内自己床上卧好。又乱了半日,众人渐渐散去,袭人方进前来经心服侍,问他端的。且听下回分解。

评析:宝玉挨打的层次解析

虽然一般都把这一回视作贾政与贾宝玉的正面冲突。但仔细想来,又有些认识模糊处,需要澄清。

我们知道，冲突是力量大致相等两方的作用与反作用，其戏剧性也由此产生。但是，在古代社会中，作为一个传统价值维护者的贾政和不肖者的贾宝玉两人之间的力量是无法相提并论的，这不但因为前者正统，后者非正统，而且父与子的身份就表明了前者具有绝对的优势，贾宝玉除了老老实实等着挨打外，并无反作用的力量和形成的戏剧性可言。于是，要使冲突充分展开，要有大致相等的反作用力，就要把冲突的另一方予以替换。这样，本来是贾政和宝玉的冲突，依次变换成贾政与门客等身边人、与王夫人、与贾母的三重冲突。而这三重冲突，在层次上逐步递进，发生了力量的戏剧性变化。

第一，贾政与门客等身边人的冲突。

这里所说的门客等究竟姓甚名谁，书中都没有提及，但是并非意味着不重要就可省略，因为门客的作用在这里不可替代。贾政身边有小厮，但小厮并不代表冲突的另一方，他们只能听命于贾政，既不敢违抗他而不打宝玉，也不敢往里传信，而宝玉也必得被痛打，不痛打不足以显示思想冲突之剧烈，当然也不能因此被打死，所以，只有在旁加一组门客身份的人物，既可劝，又毕竟劝不住后，偷偷往里通报，才将王夫人等一一引出。

第二，贾政与王夫人的冲突。

王夫人和贾母等应该都得到了消息，但毕竟王夫人要比贾母年轻，所以能够先到场。也因为走得太急，连旁人的通报都来不及，这样王夫人的出场有一夹叙就不可或缺，所谓"也不顾有人没人，忙忙赶往书房中来，慌的众门客小厮等避之不及"，写出了当时紧张的场面，渲染了紧张的气氛，也使我们理解在当时社会中，男性客人须回避主家女眷的习惯。而贾政见到王夫人，反而打得更厉害，以发泄对她娇惯儿子的不满。王夫人语言和动作始终是协调的，先是抱住了板子来劝，她的劝，一上来先说宝玉该打，然后从贾政一贯庄重严肃的角度，劝他不要这样失态，这样就跟前文呼应起来，同时，又抬出老祖宗来要挟，当然也是为下文贾母出场作伏笔。这一招不管用，就抱住贾政来求,说明他们母子相依为命,最后,既然贾政要勒死儿子,她只能跟宝玉一块去死,于是就"爬在宝玉身上大哭起来"。事情到了这一步,贾政"不觉长叹一声,向椅子上坐了,泪如雨下"。

第三,贾政与贾母的冲突。

贾母急急赶来,虽然最终会到宝玉身边,但其上场的过程,在空间上有分隔,有层次。王夫人上场,因为走得急,所以通报声未及传到,人已进来,但贾母毕竟年纪大,下人的通报快过了贾母的步履。但关键是,贾母进入现场前,必须有通报声和老祖宗的声音从窗户传入,贾政必须赶紧迎出去,这才是合乎礼仪的。不能等到贾母进入书房,与贾政在同一空间,才有人通报。也因为有通报,贾政就必须迎出去,这样从叙述策略上说,贾政和贾母所在的空间,暂时能与宝玉挨打的空间分隔出来。因为宝玉一时未在贾母视线中,贾母才能够一方面那么情绪激动,另一方面又能在尚不失清醒中严厉谴责贾政,使其言论句句击中要害,不至于在一见到宝玉血肉模糊的身子,因为太感情用事,把该说的话也没法说完整。空间的分隔,把贾母心理世界的理智部分暂时与感情稍稍隔开,而对贾政来说,他的出迎既可说表现了对贾母的孝顺,也未尝不可视为一种挡驾。之前他不许下人往里通报,是怕贾母等来阻拦,及至他痛打宝玉之后,是怕贾母看了心疼,所以他急急走到书房外来迎接贾母,也是希望书房的那一道墙,能把贾母的视线乃至贾母本人挡在外面。这样,表面的迎接与隐含的挡驾心理,也在他背后的那道墙上得到了形象化的表征。

贾母的语言,咄咄逼人,似乎毫无理性可言,但句句话外有话,我们不妨来分析几句。比如贾母对贾政说:"你原来是和我说话!我倒有话吩咐,只是可怜我一生没养个好儿子,却叫我和谁说去!"由于贾政既是父亲又是儿子的双重身份,使听话者觉得这话既可以站在贾政的立场上——他没养个好儿子,也自然可以从贾母的立场上理解——她也没养个好儿子。这样说来,贾母和贾政倒可以同病相怜了,只是因为贾政的双重身份,使这样的同病相怜变成辛辣的讽刺。由于贾政事先没有向贾母告知此事,甚至也禁止家人往里传话,其实也等于取消了贾母的发言权,所以,贾母所谓的不知向谁说,也暗指贾政不给她机会说。贾母这话一说,贾政跪下去,再一次流泪,似乎他有了满肚子的委屈。再如,贾母对王夫人说:"你也不必哭了。如今宝玉年纪小,你疼他,他将来长大成人,为官作宰的,也未必想着你是他母亲了。你如今倒不要疼他,只怕将来还少生一口气呢。"这话真是神来之笔。第一,旁敲侧击,分量极重。第二,把闲置在一边的王夫人一起纳入场面中来,照顾了前后文,也丰富了冲突的因子。第三,也可以把贾政彻底地冷落在一边。终于使贾政叩头认罪,冲突发生了戏剧性逆转。

对于这一场惊动荣国府上下的冲突,我们把贾政视为一方,而把替换宝玉而出场的劝阻者视为另一方,那么依次出场的三波人,从实际效果看,是从"防御"到"相持"再到"反攻",并完成了从守势退让到占据上风的逆转,因为逆转最具有戏剧性,所以第三波贾母的出场,才成为这一冲突描写的重心所在。

"宝玉挨打",宝玉本是读者关注的焦点,也是作者需要着力刻画的。但是,既然宝玉在这整个过程中,处在绝对的被动状态,之后又很快昏死过去,从而情节的展开自然而然地把展现贾政的心态变化作了中心,他的愤怒、他的绝望、他的无奈、他的悲哀、他的至孝、他的委屈、他的可怜、他的后悔,凡此都得到了生动展现。对此,《重读〈红楼梦〉》中的《"宝玉挨打"与冲突的间接性》一文也有过分析,侧重稍有不同,可以参看。

第三十四回
情中情因情感妹妹
错里错以错劝哥哥

话说袭人见贾母王夫人等去后,便走来宝玉身边坐下,含泪问他:"怎么就打到这步田地?"宝玉叹气说道:"不过为那些事,问他做什么!只是下半截疼的很,你瞧瞧打坏了那里。"袭人听说,便轻轻的伸手进去,将中衣褪下。宝玉略动一动,便咬着牙叫"嗳哟",袭人连忙停住手,如此三四次才褪了下来。

袭人看时,只见腿上半段青紫,都有四指宽的僵痕高了起来。袭人咬着牙说道:"我的娘,怎么下这般的狠手!你但凡听我一句话,也不得到这步地位。幸而没动筋骨,倘或打出个残疾来,可叫人怎么样呢!"

正说着,只听丫鬟们说:"宝姑娘来了。"袭人听见,知道穿不及中衣,便拿了一床袷纱被替宝玉盖了。只见宝钗手里托着一丸药走进来,向袭人说道:"晚上把这药用酒研开,替他敷上,把那淤血的热毒散开,可以就好了。"说毕,递与袭人,又问道:"这会子可好些?"宝玉一面道谢,说:"好些了。"又让坐。

宝钗见他睁开眼说话,不像先时,心中也宽慰了好些,便点头叹道:"早听人一句话,也不至今日。别说老太太、太太心疼,就是我们看着,心里也疼。"刚说了半句又忙咽住,自悔说的话急了,不觉的红了脸,低下头来。宝玉听得这话如此亲切稠密,竟大有深意,忽见他又咽住不往下说,红了脸,低下头只管弄衣带,那一种娇羞怯怯,非可形容得出者,不觉心中大畅,将疼痛早丢在九霄云外,心中自思:"我不过挨了几下打,他们一个个就有这些怜惜悲感之态露出,令人可玩可观,可怜可敬。假若我一时竟遭殃横死,他们还不知是何等悲感呢!既是他们这样,我便一时死了,得他们如此,一生事业纵然尽付东流,亦无足叹惜,冥冥之中若不怡然自得,亦可谓糊涂鬼祟矣。"想着,只听宝钗问袭人道:"怎么好好的动了气,就打起来了?"袭人便把焙茗的话说了出来。

宝玉原来还不知道贾环的话,见袭人说出方才知道。因又拉上薛蟠,惟恐宝钗沉心,忙又止住袭人道:"薛大哥哥从来不这样的,你们不可混猜度。"宝钗听说,便知道是怕他多心,用话相拦袭人,因心中暗暗想道:"打的这个形象,疼还顾不过来,还是这样细心,怕得罪了人,可见在我们身上也算是用心了。你既这样用心,何不在外头大事上做工夫,老爷也欢喜了,也不能吃这样亏。但你固然怕我沉心,所以拦袭人的话,难道我就不知我的哥哥素日恣心纵欲,毫无防范的那种心性。当日为一个秦钟,还闹的天翻地覆,自然如今比先又更利害了。"想毕,因笑道:"你们也不必怨这个,怨那个。据我想,到底宝兄弟素日不正,肯和那些人来往,老爷才生气。就是我哥哥说话不防头,一时说出宝兄弟来,也不是有心调唆:一则也是本来的实话,二则他原不理论这些防嫌小事。袭姑娘从小儿只见宝兄弟这么样细心的人,你何尝见过天不怕地不怕、心里有什么口里就说什么的人。"

袭人说出薛蟠来,见宝玉拦他的话,早已明白自己说造次了,恐宝钗没意思,听宝钗如此说,更觉羞愧无言。宝玉又听宝钗这番话,一半是堂皇正大,一半是去己疑心,更觉比先畅快了。方欲说话时,只见宝钗起身说道:"明儿再来看你,你好生养着罢。方才我拿了药来交给袭人,晚上敷上管保就好了。"说着便走出门去。袭人赶着送出院外,说:"姑娘倒费心了。改日宝二爷好了,亲自来谢。"宝钗回头笑道:"有什么谢处。你只劝他好生静养,别胡思乱想的就好了。要想什么吃的、玩的,你悄悄的往我那里取去,不必惊动老太太、太太众人。倘或吹到老爷耳朵里,虽然彼时不怎么样,将来对景,终是要吃亏的。"说着,一回身去了。

袭人抽身回来,心内着实感激宝钗。进来见宝玉沉思默默似睡非睡的模样,因而退出房外,自去栉沐。宝玉默默的躺在床上,无奈臀上作痛,如针挑刀挖一般,更又热如火炙,略展转时,禁不住"嗳哟"之声。那时天色将晚,因见袭人去了,却有三两个丫鬟伺候,此时并无呼唤之事,因说道:"你们且去梳洗,等我叫时再来。"众人听了,也都退出。

这里宝玉昏昏默默,只见蒋玉菡走了进来,诉说忠顺府拿他之事;又见金钏儿进来哭说为他投井之情。宝玉半梦半醒,都不在意。忽又觉有人推他,恍恍忽忽听得有人悲泣之声。宝玉从梦中惊醒,睁眼一看,不是别人,却是林黛玉。

宝玉犹恐是梦,忙又将身子欠起来,向脸上细细一认,只见两个眼睛肿的桃儿一般,满面泪光,不是黛玉,却是那个?宝玉还欲看时,怎奈下半截疼痛难忍,支持不住,便"嗳哟"一声,仍就倒下,叹了一声,说道:"你又做什么跑来!虽说太阳落下去,那地上的馀热未散,走两趟又要受了暑。我虽然捱了打,并不觉疼痛。我这个样儿,只装出来哄他们,好在外头布散与老爷听,其实是假的。你不可认真。"此时林黛玉虽不是嚎啕大哭,然越是这等无声之泣,气噎喉堵,更觉得利害。听了宝玉这番话,心中虽有万句言词,只是不能说得,半日,方抽抽噎噎的说道:"你从此可都改了罢!"宝玉听说,便长叹一声,道:"你放心,别说这样话。就便为这些人死了,也是情愿的!"

一句话未了,只见院外人说:"二奶奶来了。"林黛玉便知是凤姐来了,连忙立起身说道:"我从后院子里去罢,回来再来。"宝玉一把拉住道:"这又奇了，好好的怎么怕起他来。"林黛玉急的跺脚，悄悄的说道："你瞧瞧我的眼睛，又该他取笑开心呢。"宝玉听说赶忙的放了手。黛玉三步两步转过床后，出后院而去。凤姐从前头已进来了，问宝玉："可好些了？想什么吃，叫人往我那里取去。"接着，薛姨妈又来了。一时贾母又打发了人来。

至掌灯时分，宝玉只喝了两口汤，便昏昏沉沉的睡去。接着，周瑞媳妇、吴新登媳妇、郑好时媳妇，这几个有年纪常往来的，听见宝玉挨了打，也都进来。袭人忙迎出来，悄悄的笑道："婶婶们来迟了一步，二爷才睡着了。"说着，一面带他们到那边房里坐了，倒茶与他们吃。那几个媳妇子都悄悄的坐了一回，向袭人说："等二爷醒了，你替我们说罢。"

袭人答应了，送他们出去。刚要回来，只见王夫人使个婆子来，口称"太太叫一个跟二爷的人呢"。袭人见说，想了一想，便回身悄悄告诉晴雯、麝月、檀云、秋纹等说："太太叫人，你们好生在房里，我去了就来。"说毕，同那婆子一径出了园子，来至上房。

王夫人正坐在凉榻上摇着芭蕉扇子，见他来了，说："不管叫个谁来也罢了。你又丢下他来了，谁服侍他呢？"袭人见说，连忙陪笑回道："二爷才睡安稳了，那四五个丫头如今也好了，会服侍二爷了，太太请放心。恐怕太太有什么话吩咐，打发他们来，一时听不明白，倒耽误了。"王夫人道："也没甚话，白问问他这会子疼的怎么样。"袭人道："宝姑娘送去的药，我给二爷敷上了，比先好些了。先疼的躺不稳，这会子都睡沉了，可见好些了。"

王夫人又问："吃了什么没有？"袭人道："老太太给的一碗汤，喝了两口，只嚷干渴，要吃酸梅汤。我想着酸梅是个收敛的东西，才刚挨了打，又不许叫喊，自然急的那热毒热血未免不存在心里，倘或吃下这个去激在心里，再弄出大病来，可怎么样呢。因此我劝了半天才没吃，只拿那糖腌的玫瑰卤子和了吃，吃了半碗，又嫌吃絮了，不香甜。"王夫人道："嗳哟，你不该早来和我说。前儿有人送了两瓶子香露来,原要给他点子的,我怕他胡糟踏了,就没给。既是他嫌那些玫瑰膏子絮烦,把这个拿两瓶子去。一碗水里只用挑一茶匙儿,就香的了不得呢。"说着就唤彩云来,"把前儿的那几瓶香露拿了来"。袭人道:"只拿两瓶来罢,多了也白糟踏。等不够再要,再来取也是一样。"

彩云听说,去了半日,果然拿了两瓶来,付与袭人。袭人看时,只见两个玻璃小瓶,却有三寸大小,上面螺丝银盖,鹅黄笺上写着"木樨清露",那一个写着"玫瑰清露"。袭人笑道:"好金贵东西!这么个小瓶儿,能有多少?"王夫人道:"那是进上的,你没看见鹅黄笺子?你好生替他收着,别糟踏了。"

袭人答应着,方要走时,王夫人又叫:"站着,我想起一句话来问你。"袭人忙又回来。王夫人见房内无人,便问道:"我恍惚听见宝玉今儿捱打,是环儿在老爷跟前说了什么话。你可听见这个了?你要听见,告诉我听听,我也不吵出来教人知道是你说的。"袭人道:"我倒没听见这话,只听说为二爷霸占着戏子,人家来和老爷要,为这个打的。"王夫人摇头说道:"也为这个,还有别的原故。"袭人道:"别的原故实在不知道了。我今儿在太太跟前大胆说句不知好歹的话。论理……"说了半截忙又咽住。王夫人道:"你只管说。"袭人笑道:"太太别生气,我就说了。"王夫人道:"我有什么生气的,你只管说来。"

袭人道:"论理,我们二爷也须得老爷教训两顿。若老爷再不管,将来不知做出什么事来呢。"王夫人一闻此言,便合掌念声"阿弥陀佛",由不得赶着袭人叫了一声"我的儿,亏了你也明白,这话和我的心一样。我何曾不知道管儿子,先时你珠大爷在,我是怎么样管他,难道我如今倒不知管儿子了?只是有个原故:如今我想,我已经快五十岁的人,通共剩了他一个,他又长的单弱,况且老太太宝贝似的,若管紧了他,倘或再有个好歹,或是老太太气坏了,那时上下不安,岂不倒坏了,所以就纵坏了他。我常常掰着口儿劝一阵,说一阵,气的骂一阵,哭一阵,彼时他好,过后儿还是不相干,端的吃了亏才罢了。若打坏了,将来我靠谁呢!"说着,由不得滚下泪来。

袭人见王夫人这般悲感,自己也不觉伤了心,陪着落泪。又道:"二爷是太太养的,岂不心疼。便是我们做下人的服侍一场,大家落个平安,也算是造化了。要这样起来,连平安都不能了。那一日那一时我不劝二爷,只是再劝不醒。偏生那些人又肯亲近他,也怨不得他这样,总是我们劝的倒不好了。今儿太太提起这话来,我还记挂着一件事,每要来回太太,讨太太个主意。只是我怕太太疑心,不但我的话白说了,且连葬身之地都没了。"王夫人听了这话内有因,忙问道:"我的儿,你有话只管说。近来我因听见众人背前背后都夸你,我只说你不过是在宝玉身上留心,或是诸人跟前和气,这些小意思好,所以将你和老姨娘一体行事。谁知你方才和我说的话全是大道理,正和我的想头一样。你有什么只管说什么,只别教别人知道就是了。"

袭人道:"我也没什么别的说。我只想着讨太太一个示下,怎么变个法儿,以后竟还教二爷搬出园外来住就好了。"王夫人听了,吃一大惊,忙拉了袭人的手问道:"宝玉难道和谁作怪了不成?"袭人连忙回道:"太太别多心,并没有这话。这不过是我的小见识。如今二爷也大了,里头姑娘们也大了,况且林姑娘宝姑娘又是两姨姑表姊妹,虽说是姊妹们,到底是男女之分,日夜一处起坐不方便,由不得叫人悬心,便是外人看着也不像。一家子的事,俗语说的'没事常思有事',世上多少无头脑的事,多半因为无心中做出,有心人看见,当作有心事,反说坏了。只是预先不防着,断然不好。二爷素日性格,太太是知道的。他又偏好在我们队里闹,倘或不防,前后错了一点半点,不论真假,人多口杂,那起小人的嘴有什么避讳,心顺了,说的比菩萨还好,心不顺,就贬的连畜牲不如。二爷将来倘或有人说好,不过大家直过没事;若要叫人说出一个不好字来,我们不用说,粉身碎骨,罪有万重,都是平常小事,但后来二爷一生的声名品行岂不完了,二则太太也难见老爷。俗语又说'君子防不然',不如这会子防避的为是。太太事情多,一时固然想不到。我们想不到则可,既想到了,若不回明太太,罪越重了。近来我为这事日夜悬心,又不好说与人,惟有灯知道罢了。"

王夫人听了这话,如雷轰电掣的一般,正触了金钏儿之事,心内越发感爱袭人不尽,忙笑道:"我的儿,你竟有这个心胸,想的这样周全!我何曾又不想到这里,只是这几次有事就忘了。你今儿这一番话提醒了我。难为你成全我娘儿两个声名体面,真真我竟不知道你这样好。罢了,你且去罢,我自有道理。只是还有一句话:你今既说了这样的话,我就把他交给你了,好歹留心,保全了他,就是保全了我。我自然不辜负你。"

袭人连连答应着去了。回来正值宝玉睡醒,袭人回明香露之事。宝玉喜不自禁,即令调来尝试,果然香妙非常。因心下记挂着黛玉,满心里要打发人去,只是怕袭人,便设一法,先使袭人往宝钗那里去借书。

袭人去了,宝玉便命晴雯来吩咐道:"你到林姑娘那里看看他做什么呢。他要问我,只说我好了。"晴雯道:"白眉赤眼,做什么去呢?到底说一句话儿,也像一件事。"宝玉道:"没有什么可说的。"晴雯道:"若不然,或是送件东西,或是取件东西,不然我去了怎么搭讪呢?"宝玉想了一想,便伸手拿了两条手帕子撂与晴雯,笑道:"也罢,就说我叫你送这个给他去了。"晴雯道:"这又奇了。他要这半新不旧的两条手帕子?他又要恼了,说你打趣他。"宝玉笑道:"你放心,他自然知道。"

晴雯听了,只得拿了帕子往潇湘馆来。只见春纤正在栏杆上晾手帕子,见他进来,忙摆手儿,说:"睡下了。"晴雯走进来,满屋魆黑。并未点灯。黛玉已睡在床上。问是谁。晴雯忙答道："晴雯。"黛玉道："做什么？"晴雯道："二爷送手帕子来给姑娘。"黛玉听了，心中发闷："做什么送手帕子来给我？"因问："这帕子是谁送他的？必是上好的。叫他留着送别人罢，我这会子不用这个。"晴雯笑道："不是新的，就是家常旧的。"林黛玉听见，越发闷住，着实细心搜求，思忖一时，方大悟过来，连忙说："放下，去罢。"晴雯听了，只得放下，抽身回去，一路盘算，不解何意。

这里林黛玉体贴出手帕子的意思来，不觉神魂驰荡：宝玉这番苦心，能领会我这番苦意，又令我可喜；我这番苦意，不知将来如何，又令我可悲；忽然好好的送两块旧帕子来，若不是领我深意，单看了这帕子，又令我可笑；再想令人私相传递与我，又可惧；我自己每每好哭，想来也无味，又令我可愧。如此左思右想，一时五内沸然炙起。黛玉由不得余意缠绵，命掌灯，也想不起嫌疑避讳等事，便向案上研墨蘸笔，便向那两块旧帕上走笔写道：

眼空蓄泪泪空垂，暗洒闲抛却为谁？
尺幅鲛绡劳解赠，叫人焉得不伤悲！

其二
抛珠滚玉只偷潸，镇日无心镇日闲；
枕上袖边难拂拭，任他点点与斑斑。

其三
彩线难收面上珠，湘江旧迹已模糊；
窗前亦有千竿竹，不识香痕渍也无？

林黛玉还要往下写时，觉得浑身火热，面上作烧，走至镜台揭起锦袱一照，只见腮上通红，自羡压倒桃花，却不知病由此萌。一时方上床睡去，犹拿着那帕子思索，不在话下。

却说袭人来见宝钗，谁知宝钗不在园内，往他母亲那里去了，袭人便空手回来。等至二更，宝钗方回来。原来宝钗素知薛蟠情性，心中已有一半疑是薛蟠调唆了人来告宝玉的，谁知又听袭人说出来，越发信了。究竟袭人是听焙茗说的，那焙茗也是私心窥度，并未据实，竟认准是他说的。那薛蟠都因素日有这个名声，其实这一次却不是他干的，被人生生的一口咬死是他，有口难分。

这日正从外头吃了酒回来，见过母亲，只见宝钗在这里，说了几句闲话，因问："听见宝兄弟吃了亏，是为什么？"薛姨妈正为这个不自在，见他问时，便咬着牙道："不知好歹的东西，都是你闹的，你还有脸来问！"薛蟠见说，便怔了，忙问道："我何尝闹什么？"薛姨妈道："你还装憨呢！人人都知道是你说的，还赖呢。"薛蟠道："人人说我杀了人，也就信了罢？"薛姨妈道："连你妹妹都知道是你说的，难道他也赖你不成？"宝钗忙劝道："妈和哥哥且别叫喊，消消停停的，就有个青红皂白了。"因向薛蟠道："是你说的也罢，不是你说的也罢，事情也过去了，不必较证，倒把小事儿弄大了。我只劝你从此以后在外头少去胡闹，少管别人的事。天天一处大家胡逛，你是个不防头的人，过后儿没事就罢了，倘或有事，不是你干的，人人都也疑惑是你干的，不用说别人，我就先疑惑。"

薛蟠本是个心直口快的人，一生见不得这样藏头露尾的事，又见那宝钗劝他不要逛去，他母亲又说他犯舌，宝玉之打是他治的，早已急的乱跳，赌身发誓的分辨。又骂众人："谁这样赃派我？我把那囚攘的牙敲了才罢！分明是为打了宝玉，没的献勤儿，拿我来作幌子。难道宝玉是天王？他父亲打他一顿，一家子定要闹几天。那一回为他不好，姨爹打了他两下子，过后老太太不知怎么知道了，说是珍大哥哥治的，好好的叫了去骂了一顿。今儿越发拉上我了！既拉上，我也不怕，越性进去把宝玉打死了，我替他偿了命,大家干净。"一面嚷,一面抓起一根门闩来就跑。慌的薛姨妈一把拉住,骂道:"作死的孽障,你打谁去?你先打我来!"

薛蟠急的眼似铜铃一般,嚷道:"何苦来!又不叫我去,又好好的赖我。将来宝玉活一日,我担一日的口舌,不如大家死了清净。"宝钗忙也上前劝道:"你忍耐些儿罢。妈急的这个样儿,你不说来劝妈,你还反闹的这样。别说是妈,便是旁人来劝你,也为你好,倒把你的性子劝上来了。"薛蟠道:"这会子又说这话。都是你说的!"宝钗道:"你只怨我说,再不怨你顾前不顾后的形景。"薛蟠道:"你只会怨我顾前不顾后,你怎么不怨宝玉外头招风惹草的那个样子!别说多的,只拿前儿琪官的事比给你们听:那琪官,我们见过十来次的,我并未和他说一句亲热话;怎么前儿他见了,连姓名还不知道,就把汗巾子给他了?难道这也是我说的不成?"薛姨妈和宝钗急的说道:"还提这个!可不是为这个打他呢。可见是你说的了。"薛蟠道:"真真的气死人了!赖我说的我不恼,我只为一个宝玉闹的这样天翻地覆的。"宝钗道:"谁闹了?你先持刀动杖的闹起来,倒说别人闹。"

薛蟠见宝钗说的话句句有理,难以驳正,比母亲的话反难回答,因此便要设法拿话堵回他去,就无人敢拦自己的话了;也因正在气头上,未曾想话之轻重,便说道:"好妹妹,你不用和我闹,我早知道你的心了。从先妈和我说,你这金要拣有玉的才可正配,你留了心,见宝玉有那劳什骨子,你自然如今行动护着他。"话未说了,把个宝钗气怔了,拉着薛姨妈哭道:"妈妈你听,哥哥说的是什么话!"薛蟠见妹妹哭了,便知自己冒撞了,便赌气走到自己房里安歇不提。

这里薛姨妈气的乱战,一面又劝宝钗道:"你素日知那孽障说话没道理,明儿我叫他给你陪不是。"宝钗满心委屈气忿,待要怎样,又怕他母亲不安,少不得含泪别了母亲,各自回来,到房里整哭了一夜。

次日早起来,也无心梳洗,胡乱整理整理,便出来瞧母亲。可巧遇见林黛玉独立在花阴之下,问他那里去。薛宝钗因说"家去",口里说着,便只管走。黛玉见他无精打采的去了,又见眼上有哭泣之状,大非往日可比,便在后面笑道:"姐姐也自保重些儿。就是哭出两缸眼泪来,也医不好棒疮!"不知宝钗如何答对,且听下回分解。

评析:也是一种层次关系

宝玉挨打后,一般的评论者让读者注意众人的探访,这里的众人,重点是薛宝钗和林黛玉,她们交替出现,正可以比较两人在贾宝玉前的不同言行,也为我们分析比较两人的性格提供了方便。薛宝钗虽然也动了情,眼圈微红可以证明,但主要目的是给宝玉送去特效的治伤丸药,以给予其皮肉的、物质的抚慰,这当然是跟她家的皇商厚实家底有一定关系。而林黛玉则似乎一无所有,除了贡献她的眼泪,给宝玉看自己哭肿的眼睛,也就再无其他了。但这给了贾宝玉以极大的精神安慰,也让宝玉反过来为黛玉担心,差遣晴雯去看望她,还特意托晴雯带去自己的两块旧手帕。这虽说是为晴雯过去探视找一个送东西的借口,但黛玉哭肿了眼睛,正是需要手帕的。晴雯过去时,已是深夜,小丫鬟还在晾晒洗了的手帕,与晴雯送手帕,恰好构成呼应。

宝钗探视宝玉送去的丸药,同时成了一个伏笔。后来贾赦因贪图石呆子收藏的古扇,动用贾雨村的官府关系,把石呆子弄得家破人亡,被儿子贾琏指责了几句,结果贾赦大怒,打伤了贾琏,平儿到薛宝钗处讨要丸药时,才把事情经过叙述了一番。这样,通过小小的丸药,勾连起两对父子的冲突,一次直接描写,一次借旁人之口简洁交代,以此形成对照,其构思还是相当巧妙的。

关于宝钗探视宝玉的描写,脂抄本系统和程高本有比较大的差异,比较这种差异,可以加深我们对不同版本的思想艺术的理解。比如宝钗去探望,庚辰本中的文字是这样的:

(宝钗)便点头叹道:"早听人一句话,也不至今日。别说老太太、太太心疼,就是我们看着,心里也疼。"刚说了半句又忙咽住,自悔说的话急了,不觉的红了脸,低下头来。

这段文字,程乙本是这样的:

　　(宝钗)便点头叹道:"早听人一句话,也不至有今日!别说老太太、太太心疼,就是我们看着,心里也——"刚说了半句,又忙咽住,不觉眼圈微红,双腮带赤,低头不语了。

　　从逻辑上看,程乙本把宝钗说的那个"疼"字删除,是符合"刚说了半句"这一描写的。但接下去,庚辰本写了宝钗的心理活动,是"自悔说的话急了",而程乙本则全部改为对害羞神态的描写。这样,描写的层次就单调了,而且,庚辰本中的这句心理描写意义非常大。庚辰本写宝钗没有觉得自己说了不该说的话,仅仅是"自悔说的话急了",这其实揭示出,宝钗的内心深处是多么自觉地压制了情感的表达,甚至当这种情感脱口而出时,她自我的意识深处,或者说在下意识中,已经为自己找了一个可以接受的理由,也就是"说的话急",好像这一切问题,最终就是语速太快的问题,即使不应该,她自己还是能够接受下来的。当然,在这个例子中,程乙本的文字本身并不是一种错误,甚至删除了"疼"字,更符合逻辑(当然不写出这个"疼"字,读者也完全能够猜出来,省略之后,并不能增加多少想象的空间),但相比庚辰本的总体表达,程乙本艺术的生动性和思想的深刻性都是打了折扣的。

　　不过,如果回溯上一回贾政和宝玉的冲突,从最重要的意义讲,作为冲突的另一方,贾宝玉事后的态度究竟如何,理应成为焦点所在。贾政毒打他,并没有使他收心,反倒是挨打后众人的关怀,使他感受了强烈的温暖,这样,挨打后的反响，对宝玉而言，用他自己的话来说，就是"死也情愿"。这样的心理，是贾政万万想不到的。既给贾政的行为后果添上了最具讽刺性的一笔，也让我们恍然，曹雪芹表现冲突的独特性还不是一种简单的人物替换，而是一种更为复杂的时空移位。换言之，作为贾宝玉和贾政之间的真正冲突，并不是在同一时空里展开的，贾政毒打宝玉时，宝玉痛苦地承受着，却并没有把他内心深处的感受吐露给贾政；而当贾宝玉发出那样令人感动的誓言时，贾政早已离去。作为维系双方同一冲突的作用与反作用，却是在不同的时空里发生的。如果他们之间还存在着冲突的话，这样的冲突只能说是一种间接的、内化的冲突，在这一冲突中，由时间链维系起的回忆因素发挥了至关重要的作用，面对当下一刻的状态所作出的应对，也许只是过去某件事的回响。由于冲突是以一种单向流动的方式内化为人物独自心态的一种潜流，所以在"宝玉挨打"的正面式冲突对照下，内化式的冲突被许多读者有意无意地忽视了，而这，恰恰是《红楼梦》处理冲突最具本质意义的地方。正由于这一处理冲突的特殊方式，才使表现宝玉挨打这样急风暴雨式的大变故与日常生活中最为平淡、最为琐碎之事的艺术处理发生了某种勾连，并且是其将日常生活的琐碎提升至诗的境界的秘密所在。这样的内容处理，可以和第三十六回结合起来理解。

第三十六回
绣鸳鸯梦兆绛芸轩
识分定情悟梨香院

话说贾母自王夫人处回来,见宝玉一日好似一日,心中自是欢喜。因怕将来贾政又叫他,遂命人将贾政的亲随小厮头儿唤来,吩咐他"以后倘有会人待客诸样的事,你老爷要叫宝玉,你不用上来传话,就回他说我说了:一则打重了,得着实将养几个月才走得;二则他的星宿不利,祭了星不见外人,过了八月才许出二门"。那小厮头儿听了,领命而去。贾母又命李嬷嬷袭人等来,将此话说与宝玉,使他放心。

那宝玉本就懒与士大夫诸男人接谈,又最厌峨冠礼服贺吊往还等事,今日得了这句话,越发得了意,不但将亲戚朋友一概杜绝了,而且连家庭中晨昏定省亦发都随他的便了,日日只在园中游卧,不过每日一清早到贾母王夫人处走走就回来了,却每每甘心为诸丫鬟充役,竟也得十分闲消日月。或如宝钗辈有时见机导劝,反生起气来,只说"好好的一个清净洁白女儿,也学的钓名沽誉,入了国贼禄鬼之流。这总是前人无故生事,立言竖辞,原为导后世的须眉浊物。不想我生不幸,亦且琼闺绣阁中亦染此风,真真有负天地钟灵毓秀之德!"因此祸延古人,除四书外,竟将别的书焚了。众人见他如此疯颠,也都不向他说这些正经话了。独有林黛玉自幼不曾劝他去立身扬名等话,所以深敬黛玉。

闲言少述。如今且说王凤姐自见金钏死后,忽见几家仆人常来孝敬他些东西,又不时的来请安奉承,自己倒生了疑惑,不知何意。这日又见人来孝敬他东西,因晚间无人时笑问平儿道:"这几家人不大管我的事,为什么忽然这么和我贴近?"平儿冷笑道:"奶奶连这个都想不起来了?我猜他们的女儿都必是太太房里的丫头,如今太太房里有四个大的,一个月一两银子的分例,下剩的都是一个月几百钱。如今金钏儿死了,必定他们要弄这一两银子的巧宗儿呢。"凤姐听了,笑道:"是了,是了,倒是你提醒了。我看这些人也太不知足,钱也赚够了,苦事情又侵不着,弄个丫头搪塞着身子也就罢了,又还想这个。也罢了,他们几家的钱容易也不能花到我跟前,这是他们自寻的,送什么来,我就收什么,横竖我有主意。"凤姐儿安下这个心,所以自管迁延着,等那些人把东西送足了,然后乘空方回王夫人。

这日午间,薛姨妈母女两个与林黛玉等正在王夫人房里大家吃西瓜呢,凤姐儿得便回王夫人道:"自从玉钏儿的姐姐死了,太太跟前少着一个人。太太或看准了那个丫头好,就吩咐,下月好发放月钱的。"王夫人听了,想了一想,道:"依我说,什么是例,必定四个五个的,够使就罢了,竟可以免了罢。"凤姐笑道:"论理,太太说的也是。这原是旧例,别人屋里还有两个呢,太太倒不按例了。况且省下一两银子也有限。"王夫人听了,又想一想,道:"也罢,这个分例只管关了来,不用补人,就把这一两银子给他妹妹玉钏儿罢。他姐姐服侍了我一场,没个好结果,剩下他妹妹跟着我,吃个双分子也不为过逾了。"凤姐答应着,回头找玉钏儿,笑道:"大喜,大喜。"玉钏儿过来磕了头。

王夫人问道:"正要问你,如今赵姨娘周姨娘的月例多少?"凤姐道:"那是定例,每人二两。赵姨娘有环兄弟的二两,共是四两,另外四串钱。"王夫人道:"可都按数给他们?"凤姐见问的奇怪,忙道:"怎么不按数给!"王夫人道:"前儿我恍惚听见有人抱怨,说短了一吊钱,是什么原故?"凤姐忙笑道:"姨娘们的丫头,月例原是人各一吊。从旧年他们外头商议的,姨娘们每位的丫头分例减半，人各五百钱，每位两个丫头，所以短了一吊钱。这也抱怨不着我，我倒乐得给他们呢，他们外头又扣着，难道我添上不成。这个事我不过是接手儿，怎么来，怎么去，由不得我作主。我倒说了两三回，仍旧添上这两分的。他们说只有这个项数，叫我也难再说了。如今我手里每月连日子都不错给他们呢。先时在外头关，那个月不打饥荒，何曾顺顺溜溜的得过一遭儿。"

王夫人听说，也就罢了，半日又问："老太太屋里几个一两的？"凤姐道："八个。如今只有七个，那一个是袭人。"王夫人道："这就是了。你宝兄弟也并没有一两的丫头，袭人还算是老太太房里的人。"凤姐笑道："袭人原是老太太的人，不过给了宝兄弟使。他这一两银子还在老太太的丫头分例上领。如今说因为袭人是宝玉的人，裁了这一两银子，断然使不得。若说再添一个人给老太太，这个还可以裁他的。若不裁他的，须得环兄弟屋里也添上一个才公道均匀了。就是晴雯麝月等七个大丫头，每月人各月钱一吊，佳蕙等八个小丫头，每月人各月钱五百，还是老太太的话，别人如何恼得气得呢。"薛姨妈笑道："只听凤丫头的嘴，倒像倒了核桃车子的，只听他的帐也清楚，理也公道。"凤姐笑道："姑妈，难道我说错了不成？"薛姨妈笑道："说的何尝错，只是你慢些说岂不省力。"凤姐才要笑，忙又忍住了，听王夫人示下。

王夫人想了半日，向凤姐儿道："明儿挑一个好丫头送去老太太使，补袭人，把袭人的一分裁了。把我每月的月例二十两银子里，拿出二两银子一吊钱来给袭人。以后凡事有赵姨娘周姨娘的，也有袭人的，只是袭人的这一分都从我的分例上匀出来，不必动官中的就是了。"凤姐一一的答应了，笑推薛姨妈道："姑妈听见了，我素日说的话如何？今儿果然应了我的话。"薛姨妈道："早就该如此。模样儿自然不用说的，他的那一种行事大方，说话见人和气里头带着刚硬要强，这个实在难得。"王夫人含泪说道：

"你们那里知道袭人那孩子的好处？比我的宝玉强十倍！宝玉果然是有造化的，能够得他长长远远的服侍他一辈子，也就罢了。"凤姐道："既这么样，就开了脸，明放他在屋里岂不好？"王夫人道："那就不好了，一则都年轻，二则老爷也不许，三则那宝玉见袭人是个丫头，纵有放纵的事，倒能听他的劝，如今作了跟前人，那袭人该劝的也不敢十分劝了。如今且浑着，等再过二三年再说。"

说毕半日，凤姐见无话，便转身出来。刚至廊檐上，只见有几个执事的媳妇子正等他回事呢，见他出来，都笑道："奶奶今儿回什么事，这半天？可是要热着了。"凤姐把袖子挽了几挽，跐着那角门的门槛子，笑道："这里过门风倒凉快，吹一吹再走。"又告诉众人道："你们说我回了这半日的话，太太把二百年头里的事都想起来问我，难道我不说罢。"又冷笑道："我从今以后倒要干几样克毒事了。抱怨给太太听，我也不怕。糊涂油蒙了心，烂了舌头，不得好死的下作东西，别作娘的春梦！明儿一裹脑子扣的日子还有呢。如今裁了丫头的钱，就抱怨了咱们。也不想一想是奴几，也配使两三个丫头！"一面骂，一面方走了，自去挑人回贾母话去，不在话下。

却说王夫人等这里吃毕西瓜，又说了一回闲话，各自方散去。宝钗与黛玉等回至园中，宝钗因约黛玉往藕香榭去，黛玉回说立刻要洗澡，便各自散了。

宝钗独自行来，顺路进了怡红院，意欲寻宝玉谈讲以解午倦。不想一入院来，鸦雀无闻，一并连两只仙鹤在芭蕉下都睡着了。宝钗便顺着游廊来至房中，只见外间床上横三竖四，都是丫头们睡觉。转过十锦槅子，来至宝玉的房内。宝玉在床上睡着了，袭人坐在身旁，手里做针线，旁边放着一柄白犀麈。宝钗走近前来，悄悄的笑道："你也过于小心了，这个屋里那里还有苍蝇蚊子，还拿蝇帚子赶什么？"袭人不防，猛抬头见是宝钗，忙放下针线，起身悄悄笑道："姑娘来了，我倒也不防，唬了一跳。姑娘不知道,虽然没有苍蝇蚊子,谁知有一种小虫子,从这纱眼里钻进来,人也看不见,只睡着了,咬一口,就像蚂蚁夹的。"宝钗道:"怨不得。这屋子后头又近水,又都是香花儿,这屋子里头又香。这种虫子都是花心里长的,闻香就扑。"

说着,一面又瞧他手里的针线,原来是个白绫红里的兜肚,上面扎着鸳鸯戏莲的花样,红莲绿叶,五色鸳鸯。宝钗道:"嗳哟,好鲜亮活计!这是谁的,也值的费这么大工夫?"袭人向床上努嘴儿。宝钗笑道:"这么大了,还戴这个?"袭人笑道:"他原是不戴,所以特特的做的好了,叫他看见由不得不戴。如今天气热,睡觉都不留神,哄他戴上了,便是夜里纵盖不严些儿,也就不怕了。你说这一个就用了工夫,还没看见他身上现戴的那一个呢。"宝钗笑道:"也亏你奈烦。"袭人道:"今儿做的工夫大了,脖子低的怪酸的。"又笑道:"好姑娘,你略坐一坐,我出去走走就来。"说着便走了。宝钗只顾看着活计,便不留心,一蹲身,刚刚的也坐在袭人方才坐的所在,因又见那活计实在可爱,不由的拿起针来,替他代刺。

不想林黛玉因遇见史湘云约他来与袭人道喜,二人来至院中,见静悄悄,湘云便转身先到厢房里去找袭人。林黛玉却来至窗外,隔着纱窗往里一看,只见宝玉穿着银红纱衫子,随便睡着在床上,宝钗坐在身旁做针线,旁边放着蝇帚子。

林黛玉见了这个景儿,连忙把身子一藏,手握着嘴不敢笑出来,招手儿叫湘云。湘云一见他这般景况,只当有什么新闻,忙也来一看,也要笑时,忽然想起宝钗素日待他厚道,便忙掩住口。知道林黛玉不让人,怕他言语之中取笑,便拉过他来道:"走罢。我想起袭人来,他说午间要到池子里去洗衣裳,想必去了,咱们那里找他去。"林黛玉心下明白,冷笑了两声,只得随他走了。

这里宝钗只刚做了两三个花瓣,忽见宝玉在梦中喊骂说:"和尚道士的话如何信得？什么是金玉姻缘，我偏说是木石姻缘！"薛宝钗听了这话，不觉怔了。忽见袭人走过来，笑道："还没有醒呢。"宝钗摇头。袭人又笑道："我才碰见林姑娘史大姑娘，他们可曾进来？"宝钗道："没见他们进来。"因向袭人笑道："他们没告诉你什么话？"袭人笑道："左不过是他们那些玩话，有什么正经说的。"宝钗笑道："他们说的可不是玩话，我正要告诉你呢，你又忙忙的出去了。"

一句话未完，只见凤姐儿打发人来叫袭人。宝钗笑道："就是为那话了。"袭人只得唤起两个丫鬟来，一同宝钗出怡红院，自往凤姐这里来。果然是告诉他这话，又叫他与王夫人叩头，且不必去见贾母，倒把袭人不好意思的。见过王夫人，急忙回来，宝玉已醒了，问起原故，袭人且含糊答应，至夜间人静，袭人方告诉。

宝玉喜不自禁，又向他笑道："我可看你回家去不去了！那一回往家里走了一趟，回来就说你哥哥要赎你，又说在这里没着落，终久算什么，说了那么些无情无义的生分话唬我。从今以后，我可看谁来敢叫你去。"袭人听了，便冷笑道："你倒别这么说。从此以后我是太太的人了，我要走连你也不必告诉，只回了太太就走。"宝玉笑道："就便算我不好，你回了太太竟去了，叫别人听见说我不好，你去了你也没意思。"袭人笑道："有什么没意思，难道作了强盗贼，我也跟着罢。再不然，还有一个死呢。人活百岁，横竖要死，这一口气不在，听不见看不见就罢了。"

宝玉听见这话，便忙握他的嘴，说道："罢，罢，罢，不用说这些话了。"袭人深知宝玉性情古怪，听见奉承吉利话又厌虚而不实，听了这些尽情实话又生悲感，便悔自己说冒撞了，连忙笑着用话截开，只拣那宝玉素喜谈者问之。先问他春风秋月，再谈及粉淡脂莹，然后谈到女儿如何好，又谈到女儿死，袭人忙掩住口。

宝玉谈至浓快时，见他不说了，便笑道："人谁不死，只要死的好。那些个须眉浊物,只知道文死谏,武死战,这二死是大丈夫死名死节。竟何如不死的好!必定有昏君他方谏,他只顾邀名,猛拼一死,将来弃君于何地!必定有刀兵他方战,猛拼一死,他只顾图汗马之名,将来弃国于何地!所以这皆非正死。"袭人道:"忠臣良将,出于不得已他才死。"宝玉道:"那武将不过仗血气之勇,疏谋少略,他自己无能,送了性命,这难道也是不得已!那文官更不可比武官了,他念两句书污在心里,若朝廷少有疵瑕,他就胡弹乱谏,只顾他邀忠烈之名,浊气一涌,即时拼死,这难道也是不得已!还要知道,那朝廷是受命于天,他不圣不仁,那天也断不把这万几重任与他了。可知那些死的都是沽名,并不知大义。比如我此时若果有造化,该死于此时的,趁你们在,我就死了,再能够你们哭我的眼泪流成大河,把我的尸首漂起来,送到那鸦雀不到的幽僻之处,随风化了,自此再不要托生为人,就是我死的得时了。"袭人忽见说出这些疯话来,忙说困了,不理他。那宝玉方合眼睡着,至次日也就丢开了。

一日,宝玉因各处游的烦腻,便想起《牡丹亭》曲来。自己看了两遍,犹不惬怀,因闻得梨香院的十二个女孩子中有小旦龄官最是唱的好,因着意出角门来找时,只见宝官玉官都在院内,见宝玉来了,都笑嘻嘻的让坐。宝玉因问"龄官独在那里?"众人都告诉他说:"在他房里呢。"

宝玉忙至他房内,只见龄官独自倒在枕上,见他进来,文风不动。宝玉素习与别的女孩子顽惯了的,只当龄官也同别人一样,因进前来身旁坐下,又陪笑央他起来唱"袅晴丝"一套。不想龄官见他坐下,忙抬身起来躲避,正色说道:"嗓子哑了。前儿娘娘传进我们去,我还没有唱呢。"宝玉见他坐正了,再一细看,原来就是那日蔷薇花下划"蔷"字那一个。又见如此景况,从来未经过这番被人弃厌,自己便讪讪的红了脸,只得出来了。

宝官等不解何故,因问其所以。宝玉便说了,遂出来。宝官便说道:"只略等一等,蔷二爷来了叫他唱,是必唱的。"宝玉听了,心下纳闷,因问:

"蔷哥儿那去了?"宝官道:"才出去了,一定还是龄官要什么,他去变弄去了。"宝玉听了,以为奇特,少站片时,果见贾蔷从外头来了,手里又提着个雀儿笼子,上面扎着个小戏台,并一个雀儿,兴兴头头的往里走着找龄官。见了宝玉,只得站住。宝玉问他:"是个什么雀儿,会衔旗串戏台?"贾蔷笑道:"是个玉顶金豆。"宝玉道:"多少钱买的?"贾蔷道:"一两八钱银子。"一面说,一面让宝玉坐,自己往龄官房里来。

宝玉此刻把听曲子的心都没了,且要看他和龄官是怎样。只见贾蔷进去笑道:"你起来,瞧这个顽意儿。"龄官起身问是什么,贾蔷道:"买了雀儿你顽,省得天天闷闷的无个开心。我先顽个你看。"说着,便拿些谷子哄的那个雀儿果然在戏台上乱串,衔鬼脸旗帜。众女孩子都笑道"有趣",独龄官冷笑了两声,赌气仍睡去了。贾蔷还只管陪笑,问他好不好。龄官道:"你们家把好好的人弄了来,关在这牢坑里学这劳什子还不算,你这会子又弄个雀儿来,也偏生干这个。你分明是弄了他来打趣形容我们,还问我好不好。"贾蔷听了,不觉慌起来,连忙赌身立誓。又道:"今儿我那里的香脂油蒙了心!费一二两银子买他来,原说解闷,就没有想到这上头。罢,罢,放了生,免免你的灾病。"说着,果然将雀儿放了,一顿把将笼子拆了。

龄官还说:"那雀儿虽不如人,他也有个老雀儿在窝里,你拿了他来弄这个劳什子也忍得!今儿我咳嗽出两口血来,太太叫大夫来瞧,不说替我细问问,你且弄这个来取笑。偏生我这没人管没人理的,又偏病。"说着又哭起来。贾蔷忙道:"昨儿晚上我问了大夫,他说不相干。他说吃两剂药,后儿再瞧。谁知今儿又吐了。这会子请他去。"说着,便要请去。龄官又叫:"站住,这会子大毒日头地下,你赌气自去请了来我也不瞧。"贾蔷听如此说,只得又站住。

宝玉见了这般景况,不觉痴了,这才领会了划"蔷"深意。自己站不住，便抽身走了。贾蔷一心都在龄官身上，也不顾送，倒是别的女孩子送了出来。

那宝玉一心裁夺盘算，痴痴的回至怡红院中，正值林黛玉和袭人坐着说话儿呢。宝玉一进来，就和袭人长叹，说道："我昨晚上的话竟说错了，怪道老爷说我是'管窥蠡测'。昨夜说你们的眼泪单葬我，这就错了。我竟不能全得了。从此后只是各人各得眼泪罢了。"袭人昨夜不过是些顽话，已经忘了，不想宝玉今又提起来，便笑道："你可真真有些疯了。"宝玉默默不对，自此深悟人生情缘，各有分定，只是每每暗伤"不知将来葬我洒泪者为谁？"此皆宝玉心中所怀，也不可十分妄拟。

且说林黛玉当下见了宝玉如此形象，便知是又从那里着了魔来，也不便多问，因向他说道："我才在舅母跟前听的明儿是薛姨妈的生日，叫我顺便来问你出去不出去。你打发人前头说一声去。"宝玉道："上回连大老爷的生日我也没去，这会子我又去，倘或碰见了人呢？我一概都不去。这么怪热的，又穿衣裳，我不去姨妈也未必恼。"袭人忙道："这是什么话？他比不得大老爷。这里又住的近，又是亲戚，你不去岂不叫他思量。你怕热，只清早起到那里磕个头，吃钟茶再来，岂不好看。"宝玉未说话，黛玉便先笑道："你看着人家赶蚊子分上，也该去走走。"宝玉不解，忙问："怎么赶蚊子？"袭人便将昨日睡觉无人作伴，宝姑娘坐了一坐的话说了出来。宝玉听了，忙说："不该。我怎么睡着了，亵渎了他。"一面又说："明日必去。"

正说着，忽见史湘云穿的齐齐整整的走来辞，说家里打发人来接他。宝玉林黛玉听说，忙站起来让坐。史湘云也不坐，宝林两个只得送他至前面。那史湘云只是眼泪汪汪的，见有他家人在跟前，又不敢十分委曲。少时薛宝钗赶来，愈觉缱绻难舍。还是宝钗心内明白，他家人若回去告诉了他婶娘，待他家去又恐受气，因此倒催他走了。众人送至二门前，宝玉还要往外送，倒是湘云拦住了。一时，回身又叫宝玉到跟前，悄悄的嘱道：

"便是老太太想不起我来,你时常提着打发人接我去。"宝玉连连答应了。眼看着他上车去了,大家方才进来。要知端的,且听下回分解。

评析:否定的辩证法

绣鸳鸯一事的时间是在夏天的中午,薛宝钗意欲寻宝玉闲谈消解困倦,到了宝玉房内,不想宝玉睡着了,而袭人则坐在他身旁,为他绣肚兜上的鸳鸯戏莲图案。袭人见薛宝钗到来,因为自己绣得时间长,脖子太酸,就让薛宝钗略坐坐,她自己出去走走。留下的薛宝钗"只顾看着活计,便不留心,一蹲身,刚刚的也坐在袭人方才坐的所在,因又见那活计实在可爱,不由的拿起针来,替他代刺"。此时,林黛玉和史湘云得知袭人被王夫人提升为宝玉侍妾的消息,相约前来道喜,尚未进门,林黛玉隔着窗户,看到薛宝钗坐在宝玉床头刺绣的一幕,掩口而笑,史湘云念及薛宝钗平日里对自己的善意,就悄悄把林黛玉拉走了。而在屋内的薛宝钗才刚绣了几朵莲花的花瓣,忽听宝玉在梦中喊骂说:"和尚道士的话如何信得? 什么是金玉姻缘,我偏说是木石姻缘!"薛宝钗听了这话,不觉怔了。

耐人寻味的是,关于金玉姻缘,前文中不时有人提及,既让常常是有意识回避自己婚姻问题的薛宝钗也因证实了自己的金玉姻缘而满心喜悦,如书中第八回所示;也曾一度使贾宝玉立场不稳、心摇神迷过,如第二十八回。相形之下,木石姻缘却几乎无人道破,只是当故事进展到这一回,才第一次让贾宝玉从梦中喊出。所以,有学者认为金玉姻缘是四大家族中某些权势者制造出来的一种舆论和神话,是有一定道理的。而此刻,当这种强大的舆论对贾宝玉构成一种心理压力而不得不以另一种婚姻关系与之抗衡时,他在梦中喊出的木石姻缘,与其说是与金玉姻缘的一种尖锐对立,毋宁说是一种心理的平衡更为妥切。因为,在日常生活中,在他清醒的时候,他尽管可以与黛玉进行情感交流，但一旦涉及婚姻，他是无能为力的。这样，他不得不把这种冲突内倾化、心灵化。当贾宝玉在梦中否定了金玉姻缘时，他是无法顾及梦境之外人的反应的，这样，本来是发自他内心的那种自我冲突，却又在他毫不知觉的情况下，传递到当事人的另一方薛宝钗这边了。同样，作为梦境之外的薛宝钗，她也无法对贾宝玉的这种态度作出任何实质性的追问，当然，如果不是梦境将两人隔绝开来，以她的修养，她也不可能与贾宝玉当面论理，但是，那种旁敲侧击的反应，我们还是有机会看到的，而现在，只是一种简单的近似于麻木的反应——"怔了"。

对于这种"怔"，清代三家评本曾在此夹批云："金玉姻缘之说，书中屡见，木石之说，三十六回前无有也。即在宝、黛，自亦不知何所谓木石，乃梦中喊骂和尚、道士，和尚、道士岂任受乎？在钗'绣鸳鸯'方毕，而闻此言，何能不怔？"这一观点可以理解为，书中人物对木石姻缘毫不知晓，如此空穴来风的说法令宝钗发怔，这是一；其二，宝钗正在绣鸳鸯，其蕴含的特殊意义，似乎已经使坐在宝玉身边的宝钗沉浸于一个妻子的角色中，而突如其来的对金玉姻缘的拒斥，自然使宝钗有一种当头棒喝的发怔。这样的解释虽带有很大的悬测成分，但也不能说没有一点道理，如果我们认同第一层理由，那么，我们可以想象，在一个已经有明确指向的金玉姻缘与无从捉摸的木石姻缘之间产生一种抗衡，这会给薛宝钗的内心世界带来一些波澜，那样一种对手的不明朗（虽然薛宝钗在表面上要常常有意识地把自己置身于局外），也许会耗费薛宝钗的心思去努力猜测。但类似的内心活动，也只能是我们的想象而难以坐实的，一如我们无法把贾宝玉的梦中世界加以清晰勾勒。至于评点家论及的第二层理由，值得我们在此作进一步的探讨。

在此之前，是袭人坐在贾宝玉的床头来为他绣鸳鸯戏莲的肚兜的，这样一个特定的位置，这样一个特别的图案，其内涵是不言而喻的，也恰恰是在这一回，袭人的侍妾身份得到了非正式承认。其互相间的呼应关系是显而易见的。而她的暂时离去,使这一特殊位置成了一个空缺,薛宝钗对这一位置的填补,也就意味深长,作者似乎有意要提醒我们注意这一事实,所以,就特别以"不留心""刚刚""不由的"类似的字眼,把薛宝钗所处的位置和她的举动,凸显到我们读者面前。就薛宝钗而言,不管她是否意识到她是多么不适合这样的位置和举动,更不论她是否已经不自觉地沉浸于一个妻子的角色,其行为本身的可笑特别是与她一贯的行为之矛盾、自相冲突,都会直接注入读者内心中。面对此情此景,无怪乎清代的另一位评论家洪秋蕃要发一声感叹:"噫,此何所在,而可蹲身坐乎?宝钗一身精细,到处留心,形影之间,也必筹度行走,以避嫌疑。而况孤男旷女,枕席床帷,反至漫不经心乎!"正是由于这一道理,林黛玉从窗户外见此情景不由得暗暗好笑,也就十分自然了。不过,因为史湘云念及薛宝钗对她的种种好,不但没有参与到林黛玉的偷偷嘲笑中,而是把林黛玉从窗户外拉开了,中断了这种偷笑的扩大化和明朗化,使这种偷笑既不为身处其间的薛宝钗所察觉,也使这种冲突再一次转入林黛玉的内心世界,所谓"林黛玉心下明白,冷笑了两声"。如同梦将贾宝玉与薛宝钗所处的不同世界做了一个隔与不隔的单向的反应,窗户也将薛宝钗与林黛玉等人的环境做了一个似断非断的单向的投射,使贾宝玉、林黛玉、薛宝钗在其各自的内心世界产生了一种深刻的冲突,并在自身毫无知觉的情况下,将一种冲突传递到他人的内心,犹如波纹一样一圈一圈荡漾开来,并最终撞击到读者的心壁上,飞溅起朵朵浪花来,使读者在生活最平静的水面上感受了其内在的深广与丰富。

然而,在这一相对完整的"绣鸳鸯梦兆绛芸轩"段落中,其显示的意义尚不止于此。正是在这一天晚上,当贾宝玉得知了袭人被确立为自己侍妾的身份时,兴奋之中说出了他希望死后能葬在一群姑娘眼泪中的愿望。若干天后,当贾宝玉在梨香院里目睹了十二优伶中的龄官对贾蔷的一片痴情后,再一次让作为旁观者的宝玉产生了无穷感叹。其回到袭人身边时,重新提及一群姑娘眼泪之事,以龄官对贾蔷的痴情纠正了自己曾有的那种自我中心主义,或者说,龄官是以对贾宝玉的无视,把贾宝玉从自我感觉良好的中心位置推到了边缘。于是,在心情沮丧中,他不得不对袭人说,自己当日对她的一番话纯粹是一厢情愿,他其实并不能让所有女孩子的眼泪来单单葬他,只能是各人得各人的眼泪罢了。而袭人对他的言语完全是丈二和尚摸不着头脑,根本没有理会。但她没有想到的是,就在这几天的时间里,她的地位在贾宝玉心中是怎样发生了一个微妙的变化,因为当他领悟到只能独得各人眼泪时,那种在冥冥之中对那唯一者的猜测,基本上就把袭人排除在外了,使袭人成为他侍妾的短时间兴奋一变而为冷静了。当然,在这一回中,作为一个女子与贾宝玉关系的确立,袭人起到的还只是一种穿针引线的作用,她留下的那样一个空缺的特殊位置,给了薛宝钗一窥贾宝玉隐秘内心的机会,而贾宝玉的内心再一次流露,也是由袭人的"位置"所引发,在当事人并不知情的情况下,同样给了局外人以感情上的打击。从这点上说,薛宝钗在绛芸轩,与随后的贾宝玉在梨香院,不但在事件的结构上有着平行性或者说同构性,而且在意义上也有着互为联系和互为隐喻似的关联。当毫不知情的贾宝玉给了薛宝钗一次无法论理的打击后,他自己到梨香院也领受了这样的打击并加以细细品味,他当然也无法与身处其间的龄官论理,只能把感叹如独白一样对袭人倾诉。这样,虽然这一回中,前后的事件看似并无必然的关联,但是让局外人来感受冲突的这一特殊方式在前后的相似性,以及人物所处地位的戏剧性变化,互相拓展了表现的深度,成了曹雪芹以独特情节来连缀日常生活琐碎之事的有力手段。

第三十七回
秋爽斋偶结海棠社
蘅芜苑夜拟菊花题

这年贾政又点了学差,择于八月二十日起身。是日拜过宗祠及贾母起身,宝玉诸子弟等送至洒泪亭。

却说贾政出门去后,外面诸事不能多记。单表宝玉每日在园中任意纵性的逛荡,真把光阴虚度,岁月空添。这日正无聊之际,只见翠墨进来,手里拿着一副花笺送与他。宝玉因道:"可是我忘了,才说要瞧瞧三妹妹去的,可好些了,你偏走来。"翠墨道:"姑娘好了,今儿也不吃药了,不过是凉着一点儿。"宝玉听说,便展开花笺看时,上面写道:

  娣探谨奉

  二兄文几:前夕新霁,月色如洗,因惜清景难逢,讵忍就卧,时漏已三转,犹徘徊于桐槛之下,未防风露所欺,致获采薪之患。昨蒙亲劳抚嘱,复又数遣侍儿问切,兼以鲜荔并真卿墨迹见赐,何痌瘝惠爱之深哉!今因伏几凭床处默之时,因思及历来古人中处名攻利敌之场,犹置一些山滴水之区,远招近揖,投辖攀辕,务结二三同志盘桓于其中,或竖词坛,或开吟社,虽一时之偶兴,遂成千古之佳谈。娣虽不才,窃同叨栖处于泉石之间,而兼慕薛林之技。风庭月榭,惜未宴集诗人;帘杏溪桃,或可醉飞吟盏。

孰谓莲社之雄才,独许须眉;直以东山之雅会,让馀脂粉。若蒙棹雪而来,娣则扫花以待。此谨奉。

宝玉看了,不觉喜的拍手笑道:"倒是三妹妹的高雅,我如今就去商议。"一面说,一面就走,翠墨跟在后面。

刚到了沁芳亭,只见园中后门上值日的婆子手里拿着一个字帖走来,见了宝玉,便迎上去,口内说道:"芸哥儿请安,在后门口等着,叫我送来的。"宝玉打开看时,写道是:

不肖男芸恭请

父亲大人万福金安。男思自蒙天恩,认于膝下,日夜思一孝顺,竟无可孝顺之处。前因买办花草,上托大人金福,竟认得许多花儿匠,并认得许多名园。因忽见有白海棠一种,不可多得。故变尽方法,只弄得两盆。大人若视男是亲男一般,便留下赏玩。因天气暑热,恐园中姑娘们不便,故不敢面见。奉书恭启,并叩

台安。　　　　　　　　　　　　　　　　　男芸跪书

宝玉看了,笑道:"独他来了,还有什么人?"婆子道:"还有两盆花儿。"宝玉道:"你出去说,我知道了,难为他想着。你便把花儿送到我屋里去就是了。"一面说,一面同翠墨往秋爽斋来,只见宝钗、黛玉、迎春、惜春已都在那里了。

众人见他进来,都笑说:"又来了一个。"探春笑道:"我不算俗,偶然起个念头,写了几个帖儿试一试,谁知一招皆到。"宝玉笑道:"可惜迟了,早该起个社的。"黛玉道:"此时还不算迟,也没什么可惜。但是你们只管起

社,可别算上我,我是不敢的。"迎春笑道:"你不敢谁还敢呢。"宝玉道:"这是一件正经大事,大家鼓舞起来,不要你谦我让的。各有主意自管说出来大家平章。宝姐姐也出个主意,林妹妹也说个话儿。"宝钗道:"你忙什么,人还不全呢。"

一语未了,李纨也来了,进门笑道:"雅的紧!要起诗社,我自荐我掌坛。前儿春天我原有这个意思的。我想了一想,我又不会作诗,瞎乱些什么,因而也忘了,就没有说得。既是三妹妹高兴,我就帮你作兴起来。"

黛玉道:"既然定要起诗社,咱们都是诗翁了,先把这些姐妹叔嫂的字样改了才不俗。"李纨道:"极是,何不大家起个别号,彼此称呼则雅。我是定了'稻香老农',再无人占的。"

探春笑道:"我就是'秋爽居士'罢。"宝玉道:"居士、主人到底不恰,且又累赘。这里梧桐芭蕉尽有,或指梧桐芭蕉起个倒好。"探春笑道:"有了,我最喜芭蕉,就称'蕉下客'罢。"众人都道别致有趣。黛玉笑道:"你们快牵了他去,炖了脯子吃酒。"众人不解。黛玉笑道:"古人曾云'蕉叶覆鹿'。他自称'蕉下客',可不是一只鹿了?快做了鹿脯来。"众人听了都笑起来。

探春因笑道:"你别忙中使巧话来骂人,我已替你想了个极当的美号了。"又向众人道:"当日娥皇女英洒泪在竹上成斑,故今斑竹又名湘妃竹。如今他住的是潇湘馆,他又爱哭,将来他想林姐夫,那些竹子也是要变成斑竹的。以后都叫他作'潇湘妃子'就完了。"大家听说,都拍手叫妙。林黛玉低了头方不言语。李纨笑道:"我替薛大妹妹也早已想了个好的,也只三个字。"惜春迎春都问是什么。李纨道:"我是封他为'蘅芜君'了,不知你们以为如何?"探春道:"这个封号极好。"宝玉道:"我呢?你们也替我想一个。"宝钗笑道:"你的号早有了,'无事忙'三字恰当的很。"李纨道:"你还是你的旧号'绛洞花主'就好。"宝玉笑道:"小时候干的营生,还提他作什么。"探春道:"你的号多的很,又起什么。我们爱叫你什么,你就答应着就是了。"宝钗道："还得我送你个号罢。有最俗的一个号，却于你最当。天下难得的是富贵，又难得的是闲散，这两样再不能兼有，不想你兼有了，就叫你'富贵闲人'也罢了。"宝玉笑道："当不起，当不起，倒是随你们混叫去罢。"李纨道："二姑娘四姑娘起个什么号？"迎春道："我们又不大会诗，白起个号作什么？"探春道："虽如此，也起个才是。"宝钗道："他住的是紫菱洲，就叫他'菱洲'；四丫头在藕香榭，就叫他'藕榭'就完了。"

李纨道："就是这样好。但序齿我大，你们都要依我的主意，管情说了大家合意。我们七个人起社，我和二姑娘四姑娘都不会作诗，须得让出我们三个人去。我们三个各分一件事。"探春笑道："已有了号，还只管这样称呼，不如不有了。以后错了，也要立个罚约才好。"李纨道："立定了社，再定罚约。我那里地方大，竟在我那里作社。我虽不能作诗，这些诗人竟不厌俗客，我作个东道主人，我自然也清雅起来了。若是要推我作社长，我一个社长自然不够，必要再请两位副社长，就请菱洲藕榭二位学究来，一位出题限韵，一位誊录监场。亦不可拘定了我们三个不作，若遇见容易些的题目韵脚，我们也随便作一首。你们四个却是要限定的。若如此便起，若不依我，我也不敢附骥了。"迎春惜春本性懒于诗词，又有薛林在前，听了这话便深合己意，二人皆说"极是"。

探春等也知此意，见他二人悦服，也不好强，只得依了。因笑道："这话也罢了，只是自想好笑，好好的我起了个主意，反叫你们三个来管起我来了。"宝玉道："既这样，咱们就往稻香村去。"李纨道："都是你忙，今日不过商议了，等我再请。"宝钗道："也要议定几日一会才好。"探春道："若只管会的多，又没趣了。一月之中，只可两三次才好。"宝钗点头道："一月只要两次就够了。拟定日期，风雨无阻。除这两日外，倘有高兴的，他情愿加一社的，或情愿到他那里去，或附就了来，亦可使得，岂不活泼有趣。"众人都道："这个主意更好。"

探春道:"只是原系我起的意,我须得先作个东道主人,方不负我这兴。"李纨道:"既这样说,明日你就先开一社如何?"探春道:"明日不如今日,此刻就很好。你就出题,菱洲限韵,藕榭监场。"迎春道:"依我说,也不必随一人出题限韵,竟是拈阄公道。"李纨道:"方才我来时,看见他们抬进两盆白海棠来,倒是好花。你们何不就咏起他来?"迎春道:"都还未赏,先倒作诗。"宝钗道:"不过是白海棠,又何必定要见了才作。古人的诗赋,也不过都是寄兴写情耳。若都是等见了作,如今也没这些诗了。"

迎春道:"既如此,待我限韵。"说着,走到书架前抽出一本诗来,随手一揭,这首竟是一首七言律,递与众人看了,都该作七言律。迎春掩了诗,又向一个小丫头道:"你随口说一个字来。"那丫头正倚门立着,便说了个"门"字。迎春笑道:"就是门字韵,'十三元'了。头一个韵定要这'门'字。"说着,又要了韵牌匣子过来,抽出"十三元"一屉,又命那小丫头随手拿四块。那丫头便拿了"盆""魂""痕""昏"四块来。宝玉道:"这'盆''门'两个字不大好作呢。"

待书一样预备下四份纸笔,便都悄然各自思索起来。独黛玉或抚梧桐,或看秋色,或又和丫鬟们嘲笑。迎春又令丫鬟炷了一枝"梦甜香"。原来这"梦甜香"只有三寸来长,有灯草粗细,以其易烬,故以此烬为限,如香烬未成便要罚。

一时探春便先有了,自提笔写出,又改抹了一回,递与迎春。因问宝钗:"蘅芜君,你可有了?"宝钗道:"有却有了,只是不好。"宝玉背着手,在回廊上踱来踱去,因向黛玉说道:"你听,他们都有了。"黛玉道:"你别管我。"宝玉又见宝钗已誊写出来,因说道:"了不得!香只剩了一寸了,我才有了四句。"又向黛玉道:"香就完了,只管蹲在那潮地下作什么?"黛玉也不理。宝玉道:"我可顾不得你了,好歹也写出来罢。"说着也走在案前写了。

李纨道:"我们要看诗了,若看完了还不交卷是必罚的。"宝玉道:"稻香老农虽不善作却善看,又最公道,你就评阅优劣,我们都服的。"众人都道:"自然。"于是先看探春的稿上写道是:

咏白海棠限门盆魂痕昏
斜阳寒草带重门,苔翠盈铺雨后盆。
玉是精神难比洁,雪为肌骨易销魂。
芳心一点娇无力,倩影三更月有痕。
莫谓缟仙能羽化,多情伴我咏黄昏。

大家看了,称赏一回。又看宝钗的是:

珍重芳姿昼掩门,自携手瓮灌苔盆。
胭脂洗出秋阶影,冰雪招来露砌魂。
淡极始知花更艳,愁多焉得玉无痕。
欲偿白帝凭清洁,不语婷婷日又昏。

李纨笑道:"倒的是蘅芜君。"说着又看宝玉的,道是:

秋容浅淡映重门,七节攒成雪满盆。
出浴太真冰作影,捧心西子玉为魂。
晓风不散愁千点,宿雨还添泪一痕。
独倚画栏如有意,清砧怨笛送黄昏。

大家看了,宝玉说探春的好,李纨才要推宝钗这诗有身分,因又催黛玉。

黛玉道："你们都有了？"说着，提笔一挥而就，掷与众人。李纨等看他写道是：

半卷湘帘半掩门，碾冰为土玉为盆。

看了这句，宝玉先喝起彩来，只说"从何处想来！"又看下面道：

偷来梨蕊三分白，借得梅花一缕魂。

众人看了也都不禁叫好，说"果然比别人又是一样心肠"。又看下面道是：

月窟仙人缝缟袂，秋闺怨女拭啼痕。
娇羞默默同谁诉，倦倚西风夜已昏。

众人看了，都道是这首为上。李纨道："若论风流别致，自是这首；若论含蓄浑厚，终让蘅稿。"探春道："这评的有理，潇湘妃子当居第二。"李纨道："怡红公子是压尾，你服不服？"宝玉道："我的那首原不好了，这评的最公。"又笑道："只是蘅潇二首还要斟酌。"李纨道："原是依我评论，不与你们相干，再有多说者必罚。"宝玉听说，只得罢了。

李纨道："从此后，我定于每月初二、十六这两日开社，出题限韵都要依我。这其间你们有高兴的，你们只管另择日子补开，那怕一个月每天都开社，我只不管。只是到了初二、十六这两日，是必往我那里去。"宝玉道："到底要起个社名才是。"探春道："俗了又不好，特新了，刁钻古怪也不好。可巧才是海棠诗开端，就叫个海棠社罢。虽然俗些，因真有此事，也就不碍了。"说毕大家又商议了一回，略用些酒果，方各自散去。也有回家的，也有往贾母王夫人处去的。当下别人无话。

且说袭人因见宝玉看了字帖儿便慌慌张张的同翠墨去了,也不知是何事。后来又见后门上婆子送了两盆海棠花来。袭人问是那里来的,婆子便将宝玉前一番缘故说了。袭人听说便命他们摆好,让他们在下房里坐了,自己走到自己房内秤了六钱银子封好,又拿了三百钱走来,都递与那两个婆子道:"这银子赏那抬花来的小子们,这钱你们打酒吃罢。"那婆子们站起来,眉开眼笑,千恩万谢的不肯受,见袭人执意不收,方领了。

袭人又道:"后门上外头可有该班的小子们?"婆子忙应道:"天天有四个,原预备里面差使的。姑娘有什么差使,我们吩咐去。"袭人笑道:"有什么差使?今儿宝二爷要打发人到小侯爷家与史大姑娘送东西去,可巧你们来了,顺便出去叫后门小子们雇辆车来。回来你们就往这里拿钱,不用叫他们又往前头混碰去。"婆子答应着去了。

袭人回至房中,拿碟子盛东西与史湘云送去,却见槅子上碟槽空着。因回头见晴雯、秋纹、麝月等都在一处做针黹,袭人问道:"这一个缠丝白玛瑙碟子那去了?"众人见问,都你看我我看你,都想不起来。半日,晴雯笑道:"给三姑娘送荔枝去的,还没送来呢。"袭人道:"家常送东西的家伙也多,巴巴的拿这个去。"晴雯道:"我何尝不也这样说。他说这个碟子配上鲜荔枝才好看。我送去,三姑娘见了也说好看,叫连碟子放着,就没带来。你再瞧,那槅子尽上头的一对联珠瓶还没收来呢。"

秋纹笑道:"提起瓶来,我又想起笑话。我们宝二爷说声孝心一动,也孝敬到二十分。因那日见园里桂花,折了两枝,原是自己要插瓶的,忽然想起来说,这是自己园里的才开的新鲜花,不敢自己先顽,巴巴的把那一对瓶拿下来,亲自灌水插好了,叫个人拿着,亲自送一瓶进老太太,又进一瓶与太太。谁知他孝心一动,连跟的人都得了福了。可巧那日是我拿去的。老太太见了这样,喜的无可无不可,见人就说:'到底是宝玉孝顺我,连一枝花儿也想的到。别人还只抱怨我疼他。'他们知道,老太太素日不大同我说话的,有些不入他老人家的眼的。那日竟叫人拿几百钱给我,说我可怜见的,生的单柔。这可是再想不到的福气。几百钱是小事,难得这个脸面。及至到了太太那里,太太正和二奶奶、赵姨奶奶、周姨奶奶好些人翻箱子,找太太当日年轻的颜色衣裳,不知给那一个。一见了,连衣裳也不找了,且看花儿。又有二奶奶在旁边凑趣儿,夸宝玉又是怎么孝敬,又是怎样知好歹,有的没的说了两车话。当着众人,太太自为又增了光,堵了众人的嘴。太太越发喜欢了,现成的衣裳就赏了我两件。衣裳也是小事,年年横竖也得,却不像这个彩头。"

晴雯笑道:"呸!没见世面的小蹄子!那是把好的给了人,挑剩下的才给你,你还充有脸呢。"秋纹道:"凭他给谁剩的,到底是太太的恩典。"晴雯道:"要是我,我就不要。若是给别人剩下的给我,也罢了。一样这屋里的人,难道谁又比谁高贵些?把好的给他,剩下的才给我,我宁可不要,冲撞了太太,我也不受这口软气。"秋纹忙问:"给这屋里谁的?我因为前儿病了几天,家去了,不知是给谁的。好姐姐,你告诉我知道知道。"晴雯道:"我告诉了你,难道你这会退还太太去不成?"秋纹笑道:"胡说。我白听了喜欢喜欢。那怕给这屋里的狗剩下的,我只领太太的恩典,也不犯管别的事。"众人听了都笑道:"骂的巧,可不是给了那西洋花点子哈巴儿了。"袭人笑道:"你们这起烂了嘴的!得了空就拿我取笑打牙儿。一个个不知怎么死呢。"秋纹笑道:"原来姐姐得了,我实在不知道。我陪个不是罢。"

袭人笑道:"少轻狂罢。你们谁取了碟子来是正经。"麝月道:"那瓶得空儿也该收来了。老太太屋里还罢了,太太屋里人多手杂。别人还可以,赵姨奶奶一伙的人见是这屋里的东西,又该使黑心弄坏了才罢。太太也不大管这些,不如早些收来是正经。"晴雯听说,便掷下针黹道:"这话倒是,等我取去。"秋纹道:"还是我取去罢,你取你的碟子去。"晴雯笑道:"我偏取一遭儿去。是巧宗儿你们都得了,难道不许我得一遭儿?"麝月笑道:"通共秋丫头得了一遭儿衣裳,那里今儿又巧,你也遇见找衣裳不成。"晴雯冷笑道:"虽然碰不见衣裳,或者太太看见我勤谨,一个月也把太太的公费里分出二两银子来给我,也定不得。"说着,又笑道:"你们别和我装神弄鬼的,什么事我不知道。"一面说,一面往外跑了。秋纹也同他出来,自去探春那里取了碟子来。

袭人打点齐备东西,叫过本处的一个老宋妈妈来,向他说道:"你先好生梳洗了,换了出门的衣裳来,如今打发你与史姑娘送东西去。"那宋嬷嬷道:"姑娘只管交给我,有话说与我,我收拾了就好一顺去的。"袭人听说,便端过两个小捐丝盒子来。先揭开一个,里面装的是红菱和鸡头两样鲜果;又揭那一个,是一碟子桂花糖蒸新栗粉糕。又说道:"这都是今年咱们这里园里新结的果子,宝二爷送来与姑娘尝尝。再前日姑娘说这玛瑙碟子好,姑娘就留下顽罢。这绢包儿里是姑娘上日叫我作的活计,姑娘别嫌粗糙,能着用罢。替我们请安,替二爷问好就是了。"宋嬷嬷道:"宝二爷不知还有什么说的,姑娘再问问去,回来又别说忘了。"袭人因问秋纹:"方才可见在三姑娘那里?"秋纹道:"他们都在那里商议起什么诗社呢,又都作诗。想来没话,你只去罢。"宋嬷嬷听了,便拿了东西出去,另外穿戴了。袭人又嘱咐他:"从后门出去,有小子和车等着呢。"宋妈去后,不在话下。

宝玉回来,先忙着看了一回海棠,至房内告诉袭人起诗社的事。袭人也把打发宋妈妈与史湘云送东西去的话告诉了宝玉。宝玉听了,拍手道:"偏忘了他。我自觉心里有件事,只是想不起来,亏你提起来,正要请他去。这诗社里若少了他还有什么意思。"袭人劝道:"什么要紧,不过玩意儿。他比不得你们自在,家里又作不得主儿。告诉他,他要来又由不得他;不来,他又牵肠挂肚的,没的叫他不受用。"宝玉道:"不妨事,我回老太太打发人接他去。"正说着,宋妈妈已经回来,回复道生受,与袭人道乏,又说:"问二爷作什么呢,我说和姑娘们起什么诗社作诗呢。史姑娘说,他们作诗也不告诉他去,急的了不的。"宝玉听了立身便往贾母处来,立逼着叫人接去。贾母因说:"今儿天晚了,明日一早再去。"宝玉只得罢了,回来闷闷的。

次日一早,便又往贾母处来催逼人接去。直到午后,史湘云才来,宝玉方放了心,见面时就把始末原由告诉他,又要与他诗看。李纨等因说道:"且别给他诗看,先说与他韵。他后来,先罚他和了诗:若好,便请入社;若不好,还要罚他一个东道再说。"史湘云道:"你们忘了请我,我还要罚你们呢。就拿韵来,我虽不能,只得勉强出丑。容我入社,扫地焚香我也情愿。"

众人见他这般有趣,越发喜欢,都埋怨昨日怎么忘了他,遂忙告诉他韵。史湘云一心兴头,等不得推敲删改,一面只管和人说着话,心内早已和成,即用随便的纸笔录出,先笑说道:"我却依韵和了两首,好歹我却不知,不过应命而已。"说着递与众人。众人道:"我们四首也算想绝了,再一首也不能了。你倒弄了两首,那里有许多话说,必要重了我们。"一面说,一面看时,只见那两首诗写道:

其一

神仙昨日降都门,种得蓝田玉一盆。
自是霜娥偏爱冷,非关倩女亦离魂。
秋阴捧出何方雪,雨渍添来隔宿痕。
却喜诗人吟不倦,岂令寂寞度朝昏。

其二

蘅芷阶通萝薜门,也宜墙角也宜盆。
花因喜洁难寻偶,人为悲秋易断魂。

玉烛滴干凤里泪，晶帘隔破月中痕。
幽情欲向嫦娥诉，无奈虚廊夜色昏。

众人看一句，惊讶一句，看到了，赞到了，都说："这个不枉作了海棠诗，真该要起海棠社了。"史湘云道："明日先罚我个东道，就让我先邀一社可使得？"众人道："这更妙了。"因又将昨日的与他评论了一回。

至晚，宝钗将湘云邀往蘅芜苑安歇去。湘云灯下计议如何设东拟题。宝钗听他说了半日，皆不妥当，因向他说道："既开社，便要作东。虽然是个顽意儿，也要瞻前顾后，又要自己便宜，又要不得罪了人，然后方大家有趣。你家里你又作不得主，一个月通共那几串钱，你还不够盘缠呢。这会子又干这没要紧的事，你婶子听见了，越发抱怨你了。况且你就都拿出来，做这个东道也是不够。难道为这个家去要不成？还是往这里要呢？"一席话提醒了湘云，倒踌蹰起来。

宝钗道："这个我已经有个主意。我们当铺里有个伙计，他家田上出的很好的肥螃蟹，前儿送了几斤来。现在这里的人，从老太太起连上园里的人，有多一半都是爱吃螃蟹的。前日姨娘还说要请老太太在园里赏桂花吃螃蟹，因为有事还没有请呢。你如今且把诗社别提起，只管普通一请。等他们散了，咱们有多少诗作不得的。我和我哥哥说，要几篓极肥极大的螃蟹来，再往铺子里取上几坛好酒，再备上四五桌果碟，岂不又省事又大家热闹了。"湘云听了，心中自是感服，极赞他想的周到。

宝钗又笑道："我是一片真心为你的话。你千万别多心，想着我小看了你，咱们两个就白好了。你若不多心，我就好叫他们办去的。"湘云忙笑道："好姐姐，你这样说，倒多心待我了。凭他怎么糊涂，连个好歹也不知，还成个人了？我若不把姐姐当作亲姐姐一样看，上回那些家常话烦难事也不肯尽情告诉你了。"宝钗听说，便叫一个婆子来："出去和大爷说，依前日的大螃蟹要几篓来,明日饭后请老太太姨娘赏桂花。你说大爷好歹别忘了,我今儿已请下人了。"那婆子出去说明,回来无话。

这里宝钗又向湘云道:"诗题也不要过于新巧了。你看古人诗中那些刁钻古怪的题目和那极险的韵了,若题过于新巧,韵过于险,再不得有好诗,终是小家气。诗固然怕说熟话,更不可过于求生,只要头一件立意清新,自然措词就不俗了。究竟这也算不得什么,还是纺绩针黹是你我的本等。一时闲了,倒是于你我深有益的书看几章是正经。"

湘云只答应着,因笑道:"我如今心里想着,昨日作了海棠诗,我如今要作个菊花诗如何?"宝钗道:"菊花倒也合景,只是前人太多了。"湘云道:"我也是如此想着,恐怕落套。"宝钗想了一想,说道:"有了,如今以菊花为宾,以人为主,竟拟出几个题目来,都是两个字:一个虚字,一个实字,实字便用'菊'字,虚字就用人事双关的。如此又是咏菊,又是赋事,前人也没作过,也不能落套。赋景咏物两关着,又新鲜,又大方。"

湘云笑道:"这却很好。只是不知用何等虚字才好。你先想一个我听听。"宝钗想了一想,笑道:"《菊梦》就好。"湘云笑道:"果然好。我也有一个,《菊影》可使得?"宝钗道:"也罢了。只是也有人作过,若题目多,这个也算的上。我又有了一个。"湘云道:"快说出来。"宝钗道:"《问菊》如何?"湘云拍案叫妙,因接说道:"我也有了,《访菊》如何?"宝钗也赞有趣,因说道:"越性拟出十个来,写上再来。"说着,二人研墨蘸笔,湘云便写,宝钗便念,一时凑了十个。湘云看了一遍,又笑道:"十个还不成幅,越性凑成十二个便全了,也如人家的字画册页一样。"

宝钗听说,又想了两个,一共凑成十二。又说道:"既这样,越性编出他个次序先后来。"湘云道:"如此更妙,竟弄成个菊谱了。"宝钗道:"起首是《忆菊》;忆之不得,故访,第二是《访菊》;访之既得,便种,第三是《种菊》;种既盛开,故相对而赏,第四是《对菊》;相对而兴有馀,故折来供瓶为玩，第五是《供菊》；既供而不吟，亦觉菊无彩色，第六便是《咏菊》；既入词章，不可不供笔墨，第七便是《画菊》；既为菊如是碌碌，究竟不知菊有何妙处，不禁有所问，第八便是《问菊》；菊如解语，使人狂喜不禁，第九便是《簪菊》；如此人事虽尽，犹有菊之可咏者，《菊影》《菊梦》二首续在第十第十一；末卷便以《残菊》总收前题之盛。这便是三秋的妙景妙事都有了。"

湘云依说将题录出，又看了一回，又问"该限何韵？"宝钗道："我平生最不喜限韵的，分明有好诗，何苦为韵所缚。咱们别学那小家派，只出题不拘韵。原为大家偶得了好句取乐，并不为此而难人。"湘云道："这话很是。这样大家的诗还进一层。但只咱们五个人，这十二个题目，难道每人作十二首不成？"宝钗道："那也太难人了。将这题目誊好，都要七言律，明日贴在墙上。他们看了，谁作那一个就作那一个。有力量者，十二首都作也可；不能的，一首不成也可。高才捷足者为尊。若十二首已全，便不许他后赶着又作，罚他就完了。"湘云道："这倒也罢了。"二人商议妥贴，方才息灯安寝。要知端的，且听下回分解。

评析：评诗中见为人

第三十七回探春发起成立诗社，诗社众人借咏白海棠来决胜负。其中，宝钗起笔的"珍重芳姿昼掩门"，以及颈联中的"淡极始知花更艳，愁多焉得玉无痕"，那种自我封闭，那种更希望把情感平抑在不留痕迹的状态，等等，在咏花的端庄内敛气质中，也把她自身对淑女形象的期许透露了出来。相比之下，黛玉的诗作以"半卷湘帘半掩门"起笔，又写出颈联的"月窟仙人缝缟袂，秋闺怨女拭啼痕"，似乎直接对峙了薛宝钗的矜持与含蓄，而那种无须过于掩饰情感的潇洒和自然态度，也跃然纸上。关于对林黛玉和薛宝钗各自创作的海棠诗的理解，红学界似乎并无分歧，倒是如何看待周边人对两人诗作的评价,具体到如何理解李纨和探春的论断,还是有了不同看法。而这种不同看法,还牵涉了整理者的标点问题。

在小说中,林黛玉的咏海棠诗是最后写就的,当她把构思好的诗作写到纸上时,几乎赢得了大家的一致好评,但接下来,小说写评判者李纨发表意见时,却把薛宝钗评为第一,跟众人意见明显不合。小说写道:

> 众人看了,都道是这首为上。李纨道:"若论风流别致,自是这首;若论含蓄浑厚,终让蘅稿。"探春道:"这评的有理,潇湘妃子当居第二。"

关于这段描写,北师大的李小龙老师在比较各家不同整理本时,细致地发现,俞平伯先生的整理本,与多种通行的整理本不同,是在探春所说的"这评的有理"后面加句号的。对此,李老师颇加赞赏,并对这里加句号而不是逗号,给出了一个比较别致的解释。在他看来,通过把探春说的话用句号断开,使得两句话分属于两个层次,前一句话是认同李纨的判断,把薛宝钗的诗作评为第一,当这层意思通过句号归结后,探春又在她的第二句话中,说出了另一层意思,就是在余下的写诗群体中,林黛玉是最好的,所以应该为第二。换句话说,她所谓黛玉"当居第二",主要不是在跟宝钗比,因为冠军争夺结束后,就该评亚军了。而黛玉当亚军,无可置疑。由此见出,探春说这话,既肯定了宝钗,又在很大程度上照顾了黛玉的脸面,符合探春之"敏"的特点。这样的解释固然别致,但也是建立在推测乃至想象的基础上的,而且其对探春这一人物的建构性想象,想象探春会在那样的周全思考后又加以曲折表达,已经不是探春的做派而更像宝钗了。

从小说上下文看,作为刺玫瑰形象而出名的探春,说话要直率得多。当然,关键还要把探春的话放在当时的特定语境来理解。首先,当李纨说出她的意见时，虽然从语气及其评价黛、钗诗作的先后次序看，她是认同宝钗为第一的，但毕竟她也说了，这里有"风流别致"和"含蓄浑厚"两种评价标准，而宝钗只有在李纨选取了"含蓄浑厚"标准的前提下才能得第一。其次，李纨没有明确说她会采用哪种标准来评价，但是从李纨的说话风格看，她是认同这样的标准的，也就是说，她是以自己践行"含蓄浑厚"的说话方式，认同了这样的一种创作标准，且不说这样的标准也是符合传统诗教的。虽然小说以李纨自身的含蓄话语来表明对宝钗诗歌的认同，体现出话语形式和内容倾向的高度协调，这样的处理极富艺术匠心，但毕竟李纨说话太含蓄了，所以就需要探春接话直接挑明结果，其实也是在凸显一向公正无私且心直口快的探春形象。

许多整理者在这两句话之间加逗号，把这两句话理解为一气贯注，其实还是顺理成章的，这倒未必如李小龙老师认为的，真是唐突了黛玉，或者说，也许正需要让某些人感觉的稍许唐突，体现了探春实话实说的直爽个性，并与李纨为人的含蓄构成鲜明对照。有意思的是，写出人物气质的黛玉、宝钗的两首海棠诗具有很大的风格差异，与此相对应，李纨和探春评诗的说话方式，也呈现了近似的风格差异，而且还给人留下较大的想象空间。李小龙老师提出了一种解释，即便结论显得迂回，跟笔者的理解有较大差异，但他提出具有想象力的别致见解，还是值得重视。这不但能够对人物形象的建构有所启发，而且在一定程度上，丰富了红楼人物的理解空间，也可以对读者自身惯有的思维定式，保持一种警觉。

此外，这一回除开探春发给宝玉帖子，邀请他前往讨论成立诗社事外，贾芸送给宝玉海棠花欣赏的同时，也附带了一封帖子。探春写的是典雅文言，而贾芸写的是大白话，前者以巾帼不让须眉的英气让人为之动容，而后者那种自我矮化以讨好对方的不伦不类，让人忍俊不禁。两者对读，也是一大快事。

这一回中，人物的诗作，他人的点评，还有发出的不同帖子，既是文体的差异，也是语言的多姿多彩，值得读者细细品味。

第四十回
史太君两宴大观园
金鸳鸯三宣牙牌令

话说宝玉听了，忙进来看时，只见琥珀站在屏风跟前说："快去吧，立等你说话呢。"宝玉来至上房，只见贾母正和王夫人众姊妹商议给史湘云还席。宝玉因说道："我有个主意。既没有外客，吃的东西也别定了样数，谁素日爱吃的拣样儿做几样。也不要按桌席，每人跟前摆一张高几，各人爱吃的东西一两样，再一个什锦攒心盒子，自斟壶，岂不别致。"贾母听了，说"很是"，忙命人传与厨房："明日就拣我们爱吃的东西作了，按着人数，再装了盒子来。早饭也摆在园里吃。"商议之间早又掌灯，一夕无话。

次日清早起来，可喜这日天气清朗。李纨侵晨先起，看着老婆子丫头们扫那些落叶，并擦抹桌椅，预备茶酒器皿。只见丰儿带了刘姥姥板儿进来，说"大奶奶倒忙的紧"。李纨笑道："我说你昨儿去不成，只忙着要去。"刘姥姥笑道："老太太留下我，叫我也热闹一天去。"丰儿拿了几把大小钥匙，说道："我们奶奶说了，外头的高几恐不够使，不如开了楼把那收着的拿下来使一天罢。奶奶原该亲自来的，因和太太说话呢，请大奶奶开了，带着人搬罢。"李氏便令素云接了钥匙，又令婆子出去把二门上的小厮叫几个来。李氏站在大观楼下往上看，令人上去开了缀锦阁，一张一张往下抬。小厮老婆子丫头一齐动手，抬了二十多张下来。李纨道："好生着，别慌慌张张鬼赶来似的，仔细碰了牙子。"又回头向刘姥姥笑道："姥姥，你也上去瞧瞧。"刘姥姥听说,巴不得一声儿,便拉了板儿登梯上去。进里面,只见乌压压的堆着些围屏、桌椅、大小花灯之类,虽不大认得,只见五彩炫耀,各有奇妙。念了几声佛,便下来了。然后锁上门,一齐才下来。李纨道:"恐怕老太太高兴,越性把舡上划子、篙桨、遮阳幔子都搬了下来预备着。"众人答应,复又开了,色色的搬了下来。命小厮传驾娘们到舡坞里撑出两只船来。

正乱着安排,只见贾母已带了一群人进来了。李纨忙迎上去,笑道:"老太太高兴,倒进来了。我只当还没梳头呢,才撷了菊花要送去。"一面说,一面碧月早捧过一个大荷叶式的翡翠盘子来,里面盛着各色的折枝菊花。贾母便拣了一朵大红的簪于鬓上。因回头看见了刘姥姥,忙笑道:"过来带花儿。"一语未完,凤姐便拉过刘姥姥来,笑道:"让我打扮你。"说着,将一盘子花横三竖四的插了一头。贾母和众人笑的不住。刘姥姥笑道:"我这头也不知修了什么福,今儿这样体面起来。"众人笑道:"你还不拔下来摔到他脸上呢,把你打扮的成了个老妖精了。"刘姥姥笑道:"我虽老了,年轻时也风流,爱个花儿粉儿的,今儿老风流才好。"

说笑之间,已来至沁芳亭子上。丫鬟们抱了一个大锦褥子来,铺在栏杆榻板上。贾母倚柱坐下,命刘姥姥也坐在旁边,因问他:"这园子好不好?"刘姥姥念佛说道:"我们乡下人到了年下,都上城来买画儿贴。时常闲了,大家都说,怎么得也到画儿上去逛逛。想着那个画儿也不过是假的,那里有这个真地方呢。谁知我今儿进这园里一瞧,竟比那画儿还强十倍。怎么得有人也照着这个园子画一张,我带了家去,给他们见见,死了也得好处。"贾母听说,便指着惜春笑道:"你瞧我这个小孙女儿,他就会画。等明儿叫他画一张如何?"刘姥姥听了,喜的忙跑过来,拉着惜春说道:"我的姑娘,你这么大年纪儿,又这么个好模样,还有这个能干,别是神仙托生的罢。"

贾母少歇一回,自然领着刘姥姥都见识见识。先到了潇湘馆。一进门,只见两边翠竹夹路,土地下苍苔布满,中间羊肠一条石子漫的路。刘姥姥让出路来与贾母众人走,自己却逶走土地。琥珀拉着他说道:"姥姥,你上来走,仔细苍苔滑了。"刘姥姥道:"不相干的,我们走熟了的,姑娘们只管走罢。可惜你们的那绣鞋,别沾脏了。"他只顾上头和人说话,不防底下果踩滑了,咕咚一跤跌倒。众人拍手都哈哈的笑起来。贾母笑骂道:"小蹄子们,还不搀起来,只站着笑。"说话时,刘姥姥已爬了起来,自己也笑了,说道:"才说嘴就打了嘴。"贾母问他:"可扭了腰了不曾?叫丫头们捶一捶。"刘姥姥道:"那里说的我这么娇嫩了。那一天不跌两下子,都要捶起来,还了得呢。"

紫鹃早打起湘帘,贾母等进来坐下。林黛玉亲自用小茶盘捧了一盖碗茶来奉与贾母。王夫人道:"我们不吃茶,姑娘不用倒了。"林黛玉听说,便命丫头把自己窗下常坐的一张椅子挪到下首,请王夫人坐了。刘姥姥因见窗下案上设着笔砚,又见书架上磊着满满的书,刘姥姥道:"这必定是那位哥儿的书房了。"贾母笑指黛玉道:"这是我这外孙女儿的屋子。"刘姥姥留神打量了黛玉一番,方笑道:"这那像个小姐的绣房,竟比那上等的书房还好。"贾母因问:"宝玉怎么不见?"众丫头们答说:"在池子里舡上呢。"贾母道:"谁又预备下舡了?"李纨忙回说:"才开楼拿几,我恐怕老太太高兴,就预备下了。"贾母听了方欲说话时,有人回说:"姨太太来了。"贾母等刚站起来,只见薛姨妈早进来了,一面归坐,笑道:"今儿老太太高兴,这早晚就来了。"贾母笑道:"我才说来迟了的要罚他,不想姨太太就来迟了。"

说笑一会,贾母因见窗上纱的颜色旧了,便和王夫人说道:"这个纱新糊上好看,过了后来就不翠了。这个院子里头又没有个桃杏树,这竹子已是绿的,再拿这绿纱糊上反不配。我记得咱们先有四五样颜色糊窗的纱呢,明儿给他把这窗上的换了。"凤姐儿忙道:"昨儿我开库房,看见大板箱里还有好些匹银红蝉翼纱,也有各样折枝花样的,也有流云卍福花样的,也有百蝶穿花花样的,颜色又鲜,纱又轻软,我竟没见过这样的。拿了两匹出来,作两床绵纱被,想来一定是好的。"贾母听了笑道:"呸,人人都说你没有不经过不见过,连这个纱还不认得呢,明儿还说嘴。"薛姨妈等都笑说:"凭他怎么经过见过,如何敢比老太太呢。老太太何不教导了他,我们也听听。"凤姐儿也笑说:"好祖宗,教给我罢。"

贾母笑向薛姨妈众人道:"那个纱,比你们的年纪还大呢。怪不得他认作蝉翼纱,原也有些像,不知道的,都认作蝉翼纱。正经名字叫作'软烟罗'。"凤姐儿道:"这个名儿也好听。只是我这么大了,纱罗也见过几百样,从没听见过这个名色。"贾母笑道:"你能够活了多大,见过几样没处放的东西,就说嘴来了。那个软烟罗只有四样颜色:一样雨过天晴,一样秋香色,一样松绿的,一样就是银红的,若是做了帐子,糊了窗屉,远远的看着,就似烟雾一样,所以叫作'软烟罗'。那银红的又叫作'霞影纱'。如今上用的府纱也没有这样软厚轻密的了。"薛姨妈笑道:"别说凤丫头没见,连我也没听见过。"

凤姐儿一面说,早命人取了一匹来了。贾母说:"可不是这个!先时原不过是糊窗屉,后来我们拿这个作被作帐子,试试也竟好。明儿就找出几匹来,拿银红的替他糊窗子。"凤姐答应着。众人都看了,称赞不已。刘姥姥也觑着眼看个不了,念佛说道:"我们想他作衣裳也不能,拿着糊窗子,岂不可惜?"贾母道:"倒是做衣裳不好看。"凤姐忙把自己身上穿的一件大红绵纱袄子襟儿拉了出来,向贾母薛姨妈道:"看我的这袄儿。"贾母薛姨妈都说:"这也是上好的了,这是如今的上用内造的,竟比不上这个。"凤姐儿道:"这个薄片子,还说是上用内造呢,竟连官用的也比不上了。"贾母道:"再找一找,只怕还有青的。若有时都拿出来,送这刘亲家两匹,做一个帐子我挂,下剩的添上里子,做些夹背心子给丫头们穿,白收着霉坏了。"凤姐儿忙答应了，仍令人送去。

贾母起身笑道："这屋里窄，再往别处逛去。"刘姥姥念佛道："人人都说大家子住大房。昨儿见了老太太正房，配上大箱大柜大桌子大床，果然威武。那柜子比我们一间房子还大还高。怪道后院子里有个梯子。我想并不上房晒东西，预备个梯子作什么？后来我想起来，定是为开顶柜收放东西，非离了那梯子，怎么得上去呢。如今又见了这小屋子，更比大的越发齐整了。满屋里的东西都只好看，都不知叫什么，我越看越舍不得离了这里。"凤姐道："还有好的呢，我都带你去瞧瞧。"说着一径离了潇湘馆。

远远望见池中一群人在那里撑舡。贾母道："他们既预备下船，咱们就坐。"一面说着，便向紫菱洲蓼溆一带走来。未至池前，只见几个婆子手里都捧着一色捏丝戗金五彩大盒子走来。凤姐忙问王夫人早饭在那里摆。王夫人道："问老太太在那里，就在那里罢了。"贾母听说，便回头说："你三妹妹那里就好。你就带了人摆去，我们从这里坐了舡去。"

凤姐听说，便回身同了探春、李纨、鸳鸯、琥珀带着端饭的人等，抄着近路到了秋爽斋，就在晓翠堂上调开桌案。鸳鸯笑道："天天咱们说外头老爷们吃酒吃饭都有一个篾片相公，拿他取笑儿。咱们今儿也得了一个女篾片了。"李纨是个厚道人，听了不解。凤姐儿却知是说的是刘姥姥了，也笑说道："咱们今儿就拿他取个笑儿。"二人便如此这般的商议。李纨笑劝道："你们一点好事也不做，又不是个小孩儿，还这么淘气，仔细老太太说。"鸳鸯笑道："很不与你相干，有我呢。"

正说着，只见贾母等来了，各自随便坐下。先着丫鬟端过两盘茶来，大家吃毕。凤姐手里拿着西洋布手巾，裹着一把乌木三镶银箸，敁敠人位，按席摆下。贾母因说："把那一张小楠木桌子抬过来，让刘亲家近我这边坐着。"众人听说，忙抬了过来。凤姐一面递眼色与鸳鸯，鸳鸯便拉了刘姥姥出去，悄悄的嘱咐了刘姥姥一席话，又说："这是我们家的规矩，若错了我们就笑话呢。"调停已毕,然后归坐。

薛姨妈是吃过饭来的,不吃,只坐在一边吃茶。贾母带着宝玉、湘云、黛玉、宝钗一桌,王夫人带着迎春姊妹三个人一桌,刘姥姥傍着贾母一桌。贾母素日吃饭,皆有小丫鬟在旁边,拿着漱盂、麈尾、巾帕等物。如今鸳鸯是不当这差的了,今日鸳鸯偏接过麈尾来拂着。丫鬟们知道他要撮弄刘姥姥,便躲开让他。鸳鸯一面侍立,一面悄向刘姥姥说道:"别忘了。"刘姥姥道:"姑娘放心。"那刘姥姥入了坐,拿起箸来,沉甸甸的不伏手。原是凤姐和鸳鸯商议定了,单拿了一双老年四楞象牙镶金的筷子与刘姥姥。刘姥姥见了,说道:"这叉爬子比俺那里铁锹还沉,那里犟的过他。"说的众人都笑起来。

只见一个媳妇端了一个盒子站在当地,一个丫鬟上来揭去盒盖,里面盛着两碗菜。李纨端了一碗放在贾母桌上。凤姐儿偏拣了一碗鸽子蛋放在刘姥姥桌上。贾母这边说声"请",刘姥姥便站起身来,高声说道:"老刘,老刘,食量大似牛,吃一个老母猪不抬头。"自己却鼓着腮不语。

众人先是发怔,后来一听,上上下下都哈哈的大笑起来。史湘云撑不住,一口饭都喷了出来;林黛玉笑岔了气,伏着桌子叫"嗳哟";宝玉早滚到贾母怀里,贾母笑的搂着宝玉叫"心肝";王夫人笑的用手指着凤姐儿,只说不出话来;薛姨妈也撑不住,口里茶喷了探春一裙子;探春手里的饭碗都合在迎春身上;惜春离了坐位,拉着他奶母叫揉一揉肠子。地下的无一个不弯腰屈背,也有躲出去蹲着笑去的,也有忍着笑上来替他姊妹换衣裳的,独有凤姐鸳鸯二人撑着,还只管让刘姥姥。

刘姥姥拿起箸来,只觉不听使,又说道:"这里的鸡儿也俊,下的这蛋也小巧,怪俊的。我且捎攮一个。"众人方住了笑,听见这话又笑起来。贾母笑的眼泪出来,琥珀在后捶着。贾母笑道:"这定是凤丫头促狭鬼儿闹的,快别信他的话了。"那刘姥姥正夸鸡蛋小巧,要捎攮一个,凤姐儿笑道:

"一两银子一个呢,你快尝尝罢,那冷了就不好吃了。"刘姥姥便伸箸子要夹,那里夹的起来,满碗里闹了一阵好的,好容易撮起一个来,才伸着脖子要吃,偏又滑下来滚在地下,忙放下箸子要亲自去捡,早有地下的人捡了出去了。刘姥姥叹道:"一两银子,也没听见个响声儿就没了。"

众人已没心吃饭,都看着他笑。贾母又说:"这会子又把那个筷子拿了出来,又不请客摆大筵席。都是凤丫头支使的,还不换了呢。"地下的人原不曾预备这牙箸,本是凤姐和鸳鸯拿了来的,听如此说,忙收了过去,也照样换上一双乌木镶银的。刘姥姥道:"去了金的,又是银的,到底不及俺们那个伏手。"凤姐儿道:"菜里若有毒,这银子下去了就试的出来。"刘姥姥道:"这个菜里若有毒,俺们那菜都成了砒霜了。那怕毒死了也要吃尽了。"贾母见他如此有趣,吃的又香甜,把自己的也都端过来与他吃。又命一个老嬷嬷来,将各样的菜给板儿夹在碗上。

一时吃毕,贾母等都往探春卧室中去说闲话。这里收拾过残桌,又放了一桌。刘姥姥看着李纨与凤姐儿对坐着吃饭,叹道:"别的罢了,我只爱你们家这行事。怪道说'礼出大家'。"凤姐儿忙笑道:"你可别多心,才刚不过大家取笑儿。"一言未了,鸳鸯也进来笑道:"姥姥别恼,我给你老人家赔个不是。"刘姥姥笑道:"姑娘说那里话,咱们哄着老太太开个心儿,可有什么恼的!你先嘱咐我,我就明白了,不过大家取个笑儿。我要心里恼,也就不说了。"鸳鸯便骂人"为什么不倒茶给姥姥吃"。刘姥姥忙道:"刚才那个嫂子倒了茶来,我吃过了。姑娘也该用饭了。"凤姐儿便拉鸳鸯:"你坐下和我们吃了罢,省的回来又闹。"鸳鸯便坐下了。婆子们添上碗箸来,三人吃毕。

刘姥姥笑道:"我看你们这些人都只吃这一点儿就完了,亏你们也不饿。怪只道风儿都吹的倒。"鸳鸯便问:"今儿剩的菜不少,都那去了?"婆子们道:"都还没散呢,在这里等着一齐散与他们吃。"鸳鸯道:"他们吃不了这些,挑两碗给二奶奶屋里平丫头送去。"凤姐儿道:"他早吃了饭了,不用给他。"鸳鸯道:"他不吃了,喂你们的猫。"婆子听了,忙拣了两样拿盒子送去。鸳鸯道:"素云那去了?"李纨道:"他们都在这里一处吃,又找他作什么。"鸳鸯道:"这就罢了。"凤姐儿道:"袭人不在这里,你倒是叫人送两样给他去。"鸳鸯听说,便命人也送两样去后,鸳鸯又问婆子们:"回来吃酒的攒盒可装上了?"婆子道:"想必还得一会子。"鸳鸯道:"催着些儿。"婆子应喏了。

凤姐儿等来至探春房中,只见他娘儿们正说笑。探春素喜阔朗,这三间屋子并不曾隔断。当地放着一张花梨大理石大案,案上磊着各种名人法帖,并数十方宝砚,各色笔筒,笔海内插的笔如树林一般。那一边设着斗大的一个汝窑花囊,插着满满的一囊水晶球儿的白菊。西墙上当中挂着一大幅米襄阳《烟雨图》,左右挂着一副对联,乃是颜鲁公墨迹,其词云:

烟霞闲骨格　泉石野生涯

案上设着大鼎。左边紫檀架上放着一个大观窑的大盘,盘内盛着数十个娇黄玲珑大佛手。右边洋漆架上悬着一个白玉比目磬,旁边挂着小锤。那板儿略熟了些,便要摘那锤子要击,丫鬟们忙拦住他。他又要那佛手吃,探春拣了一个与他说:"玩罢,吃不得的。"东边便设着卧榻,拔步床上悬着葱绿双绣花卉草虫的纱帐。板儿又跑过来看,说"这是蝈蝈,这是蚂蚱"。刘姥姥忙打了他一巴掌,骂道:"下作黄子,没干没净的乱闹。倒叫你进来瞧瞧,就上脸了。"打的板儿哭起来,众人忙劝解方罢。贾母因隔着纱窗往后院内看了一回,说道:"后廊檐下的梧桐也好了,就只细些。"

正说话,忽一阵风过,隐隐听得鼓乐之声。贾母问"是谁家娶亲呢?这里临街倒近"。王夫人等笑回道:"街上的那里听的见,这是咱们的那十几个女孩子们演习吹打呢。"贾母便笑道:"既是他们演,何不叫他们进来演习。他们也逛一逛,咱们可又乐了。"凤姐听说,忙命人出去叫来,又一面吩咐摆下条桌,铺上红毡子。贾母道:"就铺排在藕香榭的水亭子上,借着水音更好听。回来咱们就在缀锦阁底下吃酒,又宽阔,又听的近。"众人都说那里好。

贾母向薛姨妈笑道:"咱们走罢。他们姊妹们都不大喜欢人来坐着,怕脏了屋子。咱们别没眼色,正经坐一回子船喝酒去。"说着大家起身便走。探春笑道:"这是那里的话,求着老太太、姨妈、太太来坐坐还不能呢。"贾母笑道:"我的这三丫头却好,只有两个玉儿可恶。回来吃醉了,咱们偏往他们屋里闹去。"

说着,众人都笑了,一齐出来。走不多远,已到了荇叶渚。那姑苏选来的几个驾娘早把两只棠木舫撑来,众人扶了贾母、王夫人、薛姨妈、刘姥姥、鸳鸯、玉钏儿上了这一只,落后李纨也跟上去。凤姐儿也上去,立在舡头上,也要撑舡。贾母在舱内道:"这不是顽的,虽不是河里,也有好深的。你快不给我进来。"凤姐儿笑道:"怕什么!老祖宗只管放心。"说着便一篙点开。到了池当中,舡小人多,凤姐只觉乱晃,忙把篙子递与驾娘,方蹲下了。然后迎春姊妹等并宝玉上了那只,随后跟来。其余老嬷嬷散众丫鬟俱沿河随行。

宝玉道:"这些破荷叶可恨,怎么还不叫人来拔去。"宝钗笑道:"今年这几日,何曾饶了这园子闲了,天天逛,那里还有叫人来收拾的工夫。"林黛玉道:"我最不喜欢李义山的诗,只喜他这一句:'留得残荷听雨声'。偏你们又不留着残荷了。"宝玉道:"果然好句,以后咱们就别叫人拔去了。"说着已到了花溆的萝港之下,觉得阴森透骨,两滩上衰草残菱,更助秋情。

贾母因见岸上的清厦旷朗,便问"这是你薛姑娘的屋子不是?"众人道:"是。"贾母忙命拢岸,顺着云步石梯上去,一同进了蘅芜苑,只觉异香扑鼻。那些奇草仙藤愈冷愈苍翠,都结了实,似珊瑚豆子一般,累垂可爱。及进了房屋,雪洞一般,一色玩器全无,案上只有一个土定瓶中供着数枝菊花,并两部书,茶奁茶杯而已。床上只吊着青纱帐幔,衾褥也十分朴素。

贾母叹道:"这孩子太老实了。你没有陈设,何妨和你姨娘要些。我也不理论,也没想到,你们的东西自然在家里没带了来。"说着,命鸳鸯去取些古董来,又嗔着凤姐儿:"不送些玩器来与你妹妹,这样小器。"王夫人凤姐儿等都笑回说:"他自己不要的。我们原送了来,他都退回去了。"薛姨妈也笑说:"他在家里也不大弄这些东西的。"贾母摇头道:"使不得。虽然他省事,倘或来一个亲戚,看着不像;二则年轻的姑娘们,房里这样素净,也忌讳。我们这老婆子,越发该住马圈去了。你们听那些书上戏上说的小姐们的绣房,精致的还了得呢。他们姊妹们虽不敢比那些小姐们,也不要很离了格儿。有现成的东西,为什么不摆?若很爱素净,少几样倒使得。我最会收拾屋子的,如今老了,没有这些闲心了。他们姊妹们也还学着收拾的好,只怕俗气,有好东西也摆坏了。我看他们还不俗。如今让我替你收拾,包管又大方又素净。我的梯己两件,收到如今,没给宝玉看见过,若经了他的眼,也没了。"说着叫过鸳鸯来,亲吩咐道:"你把那石头盆景儿和那架纱桌屏,还有个墨烟冻石鼎,这三样摆在这案上就够了。再把那水墨字画白绫帐子拿来,把这帐子也换了。"鸳鸯答应着,笑道:"这些东西都搁在东楼上的不知那个箱子里,还得慢慢找去,明儿再拿去也罢了。"贾母道:"明日后日都使得,只别忘了。"说着,坐了一回方出来,一径来至缀锦阁下。文官等上来请过安,因问"演习何曲"。贾母道:"只拣你们生的演习几套罢。"文官等下来,往藕香榭去不提。

这里凤姐儿已带着人摆设整齐,上面左右两张榻,榻上都铺着锦裀蓉簟,每一榻前有两张雕漆几,也有海棠式的,也有梅花式的,也有荷叶式的,也有葵花式的,也有方的,也有圆的,其式不一。一个上面放着炉瓶,一分攒盒；一个上面空设着，预备放人所喜食物。上面二榻四几，是贾母薛姨妈；下面一椅两几，是王夫人的，馀者都是一椅一几。东边是刘姥姥，刘姥姥之下便是王夫人。西边便是史湘云，第二便是宝钗，第三便是黛玉，第四迎春、探春、惜春挨次下去，宝玉在末。李纨凤姐二人之几设于三层槛内，二层纱厨之外。攒盒式样，亦随几之式样。每人一把乌银洋錾自斟壶，一个十锦珐琅杯。

大家坐定，贾母先笑道："咱们先吃两杯，今日也行一令才有意思。"薛姨妈等笑道："老太太自然有好酒令，我们如何会呢，安心要我们醉了。我们都多吃两杯就有了。"贾母笑道："姨太太今儿也过谦起来，想是厌我老了。"薛姨妈笑道："不是谦，只怕行不上来倒是笑话了。"王夫人忙笑道："便说不上来，就便多吃一杯酒，醉了睡觉去，还有谁笑话咱们不成。"薛姨妈点头笑道："依令。老太太到底吃一杯令酒才是。"贾母笑道："这个自然。"说着便吃了一杯。

凤姐儿忙走至当地，笑道："既行令，还叫鸳鸯姐姐来行更好。"众人都知贾母所行之令必得鸳鸯提着，故听了这话，都说"很是"。凤姐儿便拉了鸳鸯过来。王夫人笑道："既在令内，没有站着的理。"回头命小丫头子："端一张椅子，放在你二位奶奶的席上。"鸳鸯也半推半就，谢了坐，便坐下，也吃了一钟酒，笑道："酒令大如军令，不论尊卑，惟我是主。违了我的话，是要受罚的。"王夫人等都笑道："一定如此，快些说来。"鸳鸯未开口，刘姥姥便下了席，摆手道："别这样捉弄人，我家去了。"众人都笑道："这却使不得。"鸳鸯喝令小丫头子们："拉上席去！"小丫头子们也笑着，果然拉入席中。刘姥姥只叫"饶了我罢！"鸳鸯道："再多言的罚一壶。"刘姥姥方住了声。

鸳鸯道："如今我说骨牌副儿，从老太太起，顺领说下去，至刘姥姥止。比如我说一副儿，将这三张牌拆开，先说头一张，次说第二张，再说第三张,说完了,合成这一副儿的名字。无论诗词歌赋,成语俗话,比上一句,都要叶韵。错了的罚一杯。"众人笑道:"这个令好,就说出来。"

鸳鸯道:"有了一副了。左边是张'天'。"贾母道:"头上有青天。"众人道:"好。"鸳鸯道:"当中是个'五与六'。"贾母道:"六桥梅花香彻骨。"鸳鸯道:"剩得一张'六与幺'。"贾母道:"一轮红日出云霄。"鸳鸯道:"凑成便是个'蓬头鬼'。"贾母道:"这鬼抱住钟馗腿。"说完,大家笑说:"极妙。"贾母饮了一杯。

鸳鸯又道:"有了一副。左边是个'大长五'。"薛姨妈道:"梅花朵朵风前舞。"鸳鸯道:"右边还是个'大五长'。"薛姨妈道:"十月梅花岭上香。"鸳鸯道:"当中'二五'是杂七。"薛姨妈道:"织女牛郎会七夕。"鸳鸯道:"凑成'二郎游五岳'。"薛姨妈道:"世人不及神仙乐。"说完,大家称赏,饮了酒。

鸳鸯又道:"有了一副。左边'长幺'两点明。"湘云道:"双悬日月照乾坤。"鸳鸯道:"右边'长幺'两点明。"湘云道:"闲花落地听无声。"鸳鸯道:"中间还得'幺四'来。"湘云道:"日边红杏倚云栽。"鸳鸯道:"凑成'樱桃是九熟'。"湘云道:"御园却被鸟衔出。"说完饮了一杯。

鸳鸯道:"有了一副。左边是'长三'。"宝钗道:"双双燕子语梁间。"鸳鸯道:"右边是'三长'。"宝钗道:"水荇牵风翠带长。"鸳鸯道:"当中'三六'九点在。"宝钗道:"三山半落青天外。"鸳鸯道:"凑成'铁锁练孤舟'。"宝钗道:"处处风波处处愁。"说完饮毕。

鸳鸯又道:"左边一个'天'。"黛玉道:"良辰美景奈何天。"宝钗听了,回头看着他。黛玉只顾怕罚,也不理论。鸳鸯道:"中间'锦屏'颜色俏。"黛玉道:"纱窗也没有红娘报。"鸳鸯道:"剩了'二六'八点齐。"黛玉道:"双瞻玉座引朝仪。"鸳鸯道:"凑成'篮子'好采花。"黛玉道:"仙杖香挑芍药花。"说完,饮了一口。

鸳鸯道:"左边'四五'成花九。"迎春道:"桃花带雨浓。"众人道:"该罚！错了韵,而且又不像。"迎春笑着饮了一口。原是凤姐儿和鸳鸯都要听刘姥姥的笑话,故意都令说错,都罚了。至王夫人,鸳鸯代说了个,下便该刘姥姥。

刘姥姥道:"我们庄家人闲了,也常会几个人弄这个,但不如说的这么好听。少不得我也试一试。"众人都笑道:"容易说的。你只管说,不相干。"鸳鸯笑道:"左边'四四'是个人。"刘姥姥听了,想了半日,说道:"是个庄家人罢。"众人哄堂笑了。贾母笑道:"说的好,就是这样说。"刘姥姥也笑道:"我们庄家人,不过是现成的本色,众位别笑。"鸳鸯道:"中间'三四'绿配红。"刘姥姥道:"大火烧了毛毛虫。"众人笑道:"这是有的,还说你的本色。"鸳鸯道:"右边'幺四'真好看。"刘姥姥道:"一个萝卜一头蒜。"众人又笑了。鸳鸯笑道:"凑成便是一枝花。"刘姥姥两只手比着,说道:"花儿落了结个大倭瓜。"众人大笑起来。只听外面乱嚷——

评析:无礼的狂欢与"礼出大家"

刘姥姥二进贾府,根据王熙凤、鸳鸯的安排,开饭时念出"老刘,老刘,食量大似牛"等戏语时,小说接下来对众人各种笑态的描写,受到读者一致欣赏,这里试从两点切入分析。

其一,对众人的笑从无法克制到克制进行层次划分,大致分为三层。第一层是桌边吃饭包括喝茶的薛姨妈各种笑翻了的举动,她们以彻底放松、难以克制为特征。第二层是在旁边站着伺候的丫鬟婆子,她们也都笑着弯腰屈背,不同的是,她们有的躲到外面蹲下去笑,有的忍住笑上前给主人换弄脏的衣服,这样的退出和上前行为,多少显示了笑与克制的兼而有之。第三层就是王熙凤和鸳鸯两人,能够努力克制自己,忍住不笑,继续着这幕喜剧的"导演"工作。

其二,各人笑态的个性化问题,这里可借助比较来稍加分析。比如林黛玉体弱多病,经不起大喜大悲的折腾,所以容易笑岔气。而长辈贾母和王夫人都知道是王熙凤等在搞鬼,本来都可以来数落她,只不过贾母先顾及的是滚到她怀里的宝玉,当然自己也处在笑神经的剧烈震荡中,还来不及数落王熙凤,等缓过一阵后,才来笑骂凤丫头这个"促狭鬼"。王夫人则是笑得想说而说不出来,所以一边笑一边用手指着王熙凤。再比如,同样是依靠老人,贾宝玉是滚到贾母的怀里,而惜春是离开座位拉着奶母叫揉揉肠子,两人动作幅度、闹出动静的差异,还是跟各自的习性有一定关系,也说明在此时,只有宝玉最有资格也最习惯到贾母怀里去撒娇。薛姨妈的茶喷到了探春身上,探春把手中的碗扣到了迎春身上,这样,既有因刘姥姥而大笑的指向一致性,也在彼此间,形成大笑导致失礼行为的连锁反应。根据文中"独有凤姐鸳鸯二人撑着,还只管让刘姥姥"这一句判断,在场的除了上述两人,其他人都已忍俊不禁。但是,为何小说没有写在场的迎春、薛宝钗的笑态呢?没有直接写迎春可以理解,因为当小说写探春笑得把碗扣到迎春身上时,当小说写那些丫鬟婆子忍住笑上来给姐妹换衣裳时,其实已经或明或暗写到了迎春,我们可以想象,此时的她,一边笑一边正在忙着打理自己的衣服。但是薛宝钗呢?作者略去在场的薛宝钗不给出特写镜头,确实是耐人寻味的。让我们好奇的是,这样一个最懂得恪守传统礼仪的人,如何在这种场合自处?又如何来面对他人甚至其母亲的失态?虽然事后薛宝钗也说:"昨儿那些笑话儿虽然可笑,回想是没味的。"但这也无法说明宝钗没笑,反倒说明要写宝钗笑的状态更困难了。笔者觉得一个可能是,作者这样的略而不写,是他自己感觉到了书写的困难,无法把控好写薛宝钗因笑得失态或者并不失态的分寸感,所以干脆采取回避的方式,从而留给读者以更大的想象空间。

更值得注意的是,大家在饭桌前上演了笑翻一幕后,刘姥姥和作为笑剧观众的众人吃饭完毕,有这样一段文字颇耐人寻味:

贾母等都往探春卧室中去说闲话。这里收拾过残桌,又放了一桌。刘姥姥看着李纨与凤姐儿对坐着吃饭,叹道:"别的罢了,我只爱你们家这行事。怪道说'礼出大家'。"凤姐儿忙笑道:"你可别多心,才刚不过大家取笑儿。"一言未了,鸳鸯也进来笑道:"姥姥别恼,我给你老人家赔个不是。"刘姥姥笑道:"姑娘说那里话,咱们哄着老太太开个心儿,可有什么恼的!你先嘱咐我,我就明白了,不过大家取个笑儿。我要心里恼,也就不说了。"鸳鸯便骂人"为什么不倒茶给姥姥吃"。刘姥姥忙道:"刚才那个嫂子倒了茶来,我吃过了。姑娘也该用饭了。"凤姐儿便拉鸳鸯:"你坐下和我们吃了罢,省的回来又闹。"鸳鸯便坐下了。婆子们添上碗箸来,三人吃毕。

按照大家族的礼仪,媳妇们是不跟贾母和公子小姐还有客人一起进餐的,而本来,鸳鸯等丫鬟吃饭更要靠后。这样井然有序的礼仪,让刘姥姥感叹"礼出大家"。这当然可以理解为是她看见这一幕的即兴发挥。但此前众人放肆笑闹的一幕,恰恰是大家在对礼仪的极大破坏中享受乐趣的,而刘姥姥既没有享受到这种乐趣,还成了这种礼仪破坏的牺牲品,"无理取闹"中的丑角。所以,由她来感叹"礼出大家",我们就很难判断,她是就事论事的真诚感叹,还是也有反讽式的弦外之音。但王熙凤和鸳鸯敏捷而又过度的反应,可能暗示她们多少有些在意刘姥姥话中有话。不过刘姥姥的真实想法呢?她立马声明自己不会计较,究竟是真诚的,还是在王熙凤和鸳鸯表示了歉意后的客套?这有待我们联系前后文去深入讨论。但不管怎么说,刘姥姥"礼出大家"这一感叹,对这场王熙凤、鸳鸯主导下的笑闹具有一种总结意味,是值得我们予以充分重视的。

第四十一回
栊翠庵茶品梅花雪
怡红院劫遇母蝗虫

话说刘姥姥两只手比着说道:"花儿落了结个大倭瓜。"众人听了哄堂大笑起来。于是吃过门杯,因又逗趣笑道:"实告诉说罢,我的手脚子粗笨,又喝了酒,仔细失手打了这瓷杯。有木头的杯取个子来,我便失了手,掉了地下也无碍。"众人听了,又笑起来。

凤姐儿听如此说,便忙笑道:"果真要木头的,我就取了来。可有一句先说下:这木头的可比不得瓷的,他都是一套,定要吃遍一套方使得。"刘姥姥听了心下战嗾道:"我方才不过是趣话取笑儿,谁知他果真竟有。我时常在村庄乡绅大家也赴过席,金杯银杯倒都也见过,从来没见有木头杯之说。哦,是了,想必是小孩子们使的木碗儿,不过诳我多喝两碗。别管他,横竖这酒蜜水儿似的,多喝点子也无妨。"想毕,便说:"取来再商量。"凤姐乃命丰儿:"到前面里间屋,书架子上有十个竹根套杯取来。"

丰儿听了,答应才然要去,鸳鸯笑道:"我知道你这十个杯还小。况且你才说是木头的,这会子又拿了竹根子的来,倒不好看。不如把我们那里的黄杨木根整抠的十个大套杯拿来,灌他十下子。"凤姐儿笑道:"更好了。"鸳鸯果命人取来。刘姥姥一看,又惊又喜:惊的是一连十个,挨次大小分下来,那大的足似个小盆子,第十个极小的还有手里的杯子两个大;喜的是雕镂奇绝,一色山水树木人物,并有草字以及图印。因忙说道:"拿了那小的来就是了,怎么这样多?"凤姐儿笑道:"这个杯没有喝一个的理。我们家因没有这大量的,所以没人敢使他。姥姥既要,好容易寻了出来,必定要挨次吃一遍才使得。"刘姥姥唬的忙道:"这个不敢。好姑奶奶,饶了我罢。"贾母、薛姨妈、王夫人知道他上了年纪的人,禁不起,忙笑道:"说是说,笑是笑,不可多吃了,只吃这头一杯罢。"刘姥姥道:"阿弥陀佛!我还是小杯吃罢。把这大杯收着,我带了家去慢慢的吃罢。"说的众人又笑起来。鸳鸯无法,只得命人满斟了一大杯,刘姥姥两手捧着喝。

贾母薛姨妈都道:"慢些,不要呛了。"薛姨妈又命凤姐儿布了菜。凤姐笑道:"姥姥要吃什么,说出名儿来,我搛了喂你。"刘姥姥道:"我知什么名儿,样样都是好的。"贾母笑道:"你把茄鲞搛些喂他。"凤姐儿听说,依言搛些茄鲞送入刘姥姥口中,因笑道:"你们天天吃茄子,也尝尝我们的茄子弄的可口不可口。"刘姥姥笑道:"别哄我了,茄子跑出这个味儿来了,我们也不用种粮食,只种茄子了。"众人笑道:"真是茄子,我们再不哄你。"刘姥姥诧异道:"真是茄子?我白吃了半日。姑奶奶再喂我些,这一口细嚼嚼。"凤姐儿果又搛了些放入口内。

刘姥姥细嚼了半日,笑道:"虽有一点茄子香,只是还不像是茄子。告诉我是个什么法子弄的,我也弄着吃去。"凤姐儿笑道:"这也不难。你把才下来的茄子把皮刨了,只要净肉,切成碎钉子,用鸡油炸了,再用鸡脯子肉并香菌、新笋、蘑菇、五香腐干、各色干果子,俱切成钉子,用鸡汤煨了,将香油一收,外加糟油一拌,盛在瓷罐子里封严,要吃时拿出来,用炒的鸡瓜一拌就是。"刘姥姥听了,摇头吐舌说道:"我的佛祖!倒得十来只鸡来配他,怪道这个味儿!"一面说笑,一面慢慢的吃完了酒,还只管细玩那杯。

凤姐笑道:"还是不足兴,再吃一杯罢。"刘姥姥忙道:"了不得,那就醉死了。我因为爱这样范,亏他怎么作了。"鸳鸯笑道:"酒吃完了,到底这杯子是什么木的?"刘姥姥笑道:"怨不得姑娘不认得,你们在这金门绣户的,如何认得木头！我们成日家和树林子作街坊，困了枕着他睡，乏了靠着他坐，荒年间饿了还吃他，眼睛里天天见他，耳朵里天天听他，口儿里天天讲他，所以好歹真假，我是认得的。让我认一认。"一面说，一面细细端详了半日，道："你们这样人家断没有那贱东西，那容易得的木头，你们也不收着了。我掂着这杯体重，断乎不是杨木，这一定是黄松的。"众人听了，哄堂大笑起来。

只见一个婆子走来请问贾母，说："姑娘们都到了藕香榭，请示下，就演罢还是再等一会子？"贾母忙笑道："可是倒忘了他们，就叫他们演罢。"那婆子答应去了。不一时，只听得箫管悠扬，笙笛并发。正值风清气爽之时，那乐声穿林度水而来，自然使人神怡心旷。

宝玉先禁不住，拿起壶来斟了一杯，一口饮尽。复又斟上，才要饮，只见王夫人也要饮，命人换暖酒，宝玉连忙将自己的杯捧了过来，送到王夫人口边，王夫人便就他手内吃了两口。一时暖酒来了，宝玉仍归旧坐，王夫人提了暖壶下席来，众人皆都出了席，薛姨妈也立起来，贾母忙命李、凤二人接过壶来："让你姨妈坐了，大家才便。"王夫人见如此说，方将壶递与凤姐，自己归坐。贾母笑道："大家吃上两杯，今日着实有趣。"说着擎杯让薛姨妈，又向湘云宝钗道："你姐妹两个也吃一杯。你妹妹虽不大会吃，也别饶他。"说着自己已干了。湘云、宝钗、黛玉也都干了。当下刘姥姥听见这般音乐，且又有了酒，越发喜的手舞足蹈起来。宝玉因下席过来向黛玉笑道："你瞧刘姥姥的样子。"黛玉笑道："当日圣乐一奏，百兽率舞，如今才一牛耳。"众姐妹都笑了。

须臾乐止，薛姨妈出席笑道："大家的酒想也都有了，且出去散散再坐罢。"贾母也正要散散，于是大家出席，都随着贾母游玩。贾母因要带着刘姥姥散闷，遂携了刘姥姥至山前树下盘桓了半晌，又说与他这是什么树，这是什么石，这是什么花。刘姥姥一一的领会，又向贾母道："谁知城里不但人尊贵,连雀儿也是尊贵的。偏这雀儿到了你们这里,他也变俊了,也会说话了。"众人不解,因问什么雀儿变俊了,会讲话。刘姥姥道:"那廊下金架子上站的绿毛红嘴是鹦哥儿,我是认得的。那笼子里黑老鸹子怎么又长出凤头来,也会说话呢。"众人听了都笑将起来。

　　一时只见丫鬟们来请用点心。贾母道:"吃了两杯酒,倒也不饿。也罢,就拿了这里来,大家随便吃些罢。"丫鬟听说,便去抬了两张几来,又端了两个小捧盒。揭开看时,每个盒内两样:这盒内一样是藕粉桂糖糕,一样是松穰鹅油卷。那盒内一样是一寸来大的小饺儿。贾母因问什么馅儿,婆子们忙回是螃蟹的。贾母听了,皱眉说:"这油腻腻的,谁吃这个!"那一样是奶油炸的各色小面果,也不喜欢。因让薛姨妈吃,薛姨妈只拣了一块糕。贾母拣了一个卷子,只尝了一尝,剩的半个递与丫鬟了。

　　刘姥姥因见那各式各样的小面果子都玲珑剔透,便拣了一朵牡丹花样的笑道:"我们那里最巧的姐儿们,也不能铰出这么个纸的来。我又爱吃,又舍不得吃,包些家去给他们做花样子去倒好。"众人都笑了。贾母道:"家去我送你一瓷坛子。你先趁热吃这个罢。"别人不过拣各人爱吃的一两点就罢了;刘姥姥原不曾吃过这些东西,且都作的小巧,不显盘堆的,他和板儿每样吃了些,就去了半盘子。剩的,凤姐又命攒了两盘并一个攒盒,与文官等吃去。

　　忽见奶子抱了大姐儿来,大家哄他顽了一回。那大姐儿因抱着一个大柚子玩的,忽见板儿抱着一个佛手,便也要佛手。丫鬟哄他取去,大姐儿等不得,便哭了。众人忙把柚子与了板儿,将板儿的佛手哄过来与他才罢。那板儿因顽了半日佛手,此刻又两手抓着些果子吃,又忽见这柚子又香又圆,更觉好顽,且当球踢着玩去,也就不要佛手了。

　　当下贾母等吃过茶,又带了刘姥姥至栊翠庵来。妙玉忙接了进去。至院中见花木繁盛,贾母笑道:"到底是他们修行的人,没事常常修理,比别处越发好看。"一面说,一面便往东禅堂来。妙玉笑往里让,贾母道:"我们才都吃了酒肉,你这里头有菩萨,冲了罪过。我们这里坐坐,把你的好茶拿来,我们吃一杯就去了。"妙玉听了,忙去烹了茶来。

宝玉留神看他是怎么行事。只见妙玉亲自捧了一个海棠花式雕漆填金云龙献寿的小茶盘,里面放一个成窑五彩小盖钟,捧与贾母。贾母道:"我不吃六安茶。"妙玉笑说:"知道。这是老君眉。"贾母接了,又问是什么水。妙玉笑回"是旧年蠲的雨水"。贾母便吃了半盏,便笑着递与刘姥姥说:"你尝尝这个茶。"刘姥姥便一口吃尽,笑道:"好是好,就只淡些,再熬浓些更好了。"贾母众人都笑起来。然后众人都是一色官窑脱胎填白盖碗。

那妙玉便把宝钗和黛玉的衣襟一拉,二人随他出去,宝玉悄悄的随后跟了来。只见妙玉让他二人在耳房内,宝钗坐在榻上,黛玉便坐在妙玉的蒲团上。妙玉自向风炉上扇滚了水,另泡一壶茶。宝玉便走了进来,笑道:"偏你们吃梯己茶呢。"二人都笑道:"你又赶了来饔茶吃。这里并没你的。"妙玉刚要去取杯,只见道婆收了上面的茶盏来。妙玉忙命:"将那成窑的茶杯别收了,搁在外头去罢。"宝玉会意,知为刘姥姥吃了,他嫌脏不要了。

又见妙玉另拿出两只杯来。一个旁边有一耳,杯上镌着"瓟斝"三个隶字,后有一行小真字是"晋王恺珍玩",又有"宋元丰五年四月眉山苏轼见于秘府"一行小字。妙玉便斟了一斝,递与宝钗。那一只形似钵而小,也有三个垂珠篆字,镌着"点犀䀉"。妙玉斟了一䀉与黛玉。仍将前番自己常日吃茶的那只绿玉斗来斟与宝玉。

宝玉笑道:"常言'世法平等',他两个就用那样古玩奇珍,我就是个俗器了。"妙玉道:"这是俗器?不是我说狂话,只怕你家里未必找的出这么一个俗器来呢。"宝玉笑道:"俗话说'随乡入乡',到了你这里,自然把那金玉珠宝一概贬为俗器了。"妙玉听如此说,十分欢喜,遂又寻出一只九曲十环一百二十节蟠虬整雕竹根的一个大盉出来,笑道:"就剩了这一个,你可吃的了这一海?"宝玉喜的忙道:"吃的了。"妙玉笑道:"你虽吃的了,也没这些茶糟踏。岂不闻'一杯为品,二杯即是解渴的蠢物,三杯便是饮牛饮骡了'。你吃这一海便成什么?"说的宝钗、黛玉、宝玉都笑了。妙玉执壶,只向海内斟了约有一杯。宝玉细细吃了,果觉轻浮无比,赏赞不绝。妙玉正色道:"你这遭吃的茶是托他两个福,独你来了,我是不给你吃的。"宝玉笑道:"我深知道的,我也不领你的情,只谢他二人便是了。"妙玉听了,方说:"这话明白。"

黛玉因问:"这水也是旧年的雨水?"妙玉冷笑道:"你这么个人,竟是大俗人,连水也尝不出来。这是五年前我在玄墓蟠香寺住着,收的梅花上的雪,共得了那一鬼脸青的花瓮一瓮,总舍不得吃,埋在地下,今年夏天才开了。我只吃过一回,这是第二回了。你怎么尝不出来?隔年蠲的雨水那有这样轻浮,如何吃得。"黛玉知他天性怪僻,不好多话,亦不好多坐,吃完茶,便约着宝钗走了出来。

宝玉和妙玉陪笑道:"那茶杯虽然脏了,白撂了岂不可惜?依我说,不如就给那贫婆子罢,他卖了也可以度日。你道可使得?"妙玉听了,想了一想,点头说道:"这也罢了。幸而那杯子是我没吃过的,若是我吃过的,我就砸碎了也不能给他。你要给他,我也不管你,只交给你,快拿了去罢。"宝玉笑道:"自然如此,你那里和他说话授受去,越发连你也脏了。只交与我就是了。"妙玉便命人拿来递与宝玉。

宝玉接了,又道:"等我们出去了,我叫几个小幺儿来河里打几桶水来洗地如何?"妙玉笑道:"这更好了。只是你嘱咐他们,抬了水只搁在山门外头墙根下,别进门来。"宝玉道:"这是自然的。"说着,便袖着那杯,递与贾母房中小丫头拿着,说:"明日刘姥姥家去,给他带去罢。"交代明白,贾母已经出来要回去。妙玉亦不甚留，送出山门，回身便将门闭了。不在话下。

且说贾母因觉身上乏倦，便命王夫人和迎春姊妹陪了薛姨妈去吃酒，自己便往稻香村来歇息。凤姐忙命人将小竹椅抬来，贾母坐上，两个婆子抬起，凤姐李纨和众丫鬟婆子围随去了，不在话下。这里薛姨妈也就辞出。王夫人打发文官等出去，将攒盒散与众丫鬟们吃去，自己便也乘空歇着，随便歪在方才贾母坐的榻上，命一个小丫头放下帘子来，又命他捶着腿，吩咐他："老太太那里有信，你就叫我。"说着也歪着睡着了。

宝玉湘云等看着丫鬟们将攒盒搁在山石上，也有坐在山石上的，也有坐在草地下的，也有靠着树的，也有傍着水的，倒也十分热闹。一时又见鸳鸯来了，要带着刘姥姥各处去逛，众人也都赶着取笑。一时来至"省亲别墅"的牌坊底下，刘姥姥道："嗳呀！这里还有个大庙呢。"说着，便爬下磕头。众人笑弯了腰。刘姥姥道："笑什么？这牌楼上字我都认得。我们那里这样的庙宇最多，都是这样的牌坊，那字就是庙的名字。"众人笑道："你认得这是什么庙？"刘姥姥便抬头指那字道："这不是'玉皇宝殿'四字？"众人笑的拍手打脚，还要拿他取笑。刘姥姥觉得腹内一阵乱响，忙的拉着一个小丫头，要了两张纸就解衣。众人又是笑，又忙喝他："这里使不得！"忙命一个婆子带了他东北角上去了。那婆子指与地方，便乐得走开去歇息。

那刘姥姥因喝了些酒，他脾气不与黄酒相宜，且吃了许多油腻饮食，发渴多喝了几碗茶，不免通泻起来，蹲了半日方完。及出厕来，酒被风禁，且年迈之人，蹲了半天，忽一起身，只觉得眼花头眩，辨不出路径。四顾一望，皆是树木山石楼台房舍，却不知那一处是往那里去的了，只得认着一条石子路慢慢的走来。及至到了房舍跟前，又找不着门，再找了半日，忽见一带竹篱，刘姥姥心中自忖道："这里也有扁豆架子。"

一面想，一面顺着花障走了来，得了一个月洞门进去。只见迎面忽有一带水池，只有七八尺宽，石头砌岸，里面碧浏清水流往那边去了，上面有一块白石横架在上面。刘姥姥便度石过去，顺着石子甬路走去，转了两个弯子，只见有一房门。于是进了房门，只见迎面一个女孩儿，满面含笑迎了出来。刘姥姥忙笑道："姑娘们把我丢下来了，要我碰头碰到这里来。"说了，只觉那女孩儿不答。刘姥姥便赶来拉他的手，"咕咚"一声，便撞到板壁上，把头碰的生疼。细瞧了一瞧，原来是一幅画儿。刘姥姥自忖道："原来画儿有这样活凸出来的。"一面想，一面看，一面又用手摸去，却是一色平的，点头叹了两声。一转身方得了一个小门，门上挂着葱绿撒花软帘。

刘姥姥掀帘进去，抬头一看，只见四面墙壁玲珑剔透，琴剑瓶炉皆贴在墙上，锦笼纱罩，金彩珠光，连地下踩的砖，皆是碧绿凿花，竟越发把眼花了，找门出去，那里有门？左一架书，右一架屏。刚从屏后得了一门转去，只见他亲家母也从外面迎了进来。刘姥姥诧异，忙问道："你想是见我这几日没家去，亏你找我来。那一位姑娘带你进来的？"他亲家只是笑，不还言。刘姥姥笑道："你好没见世面，见这园里的花好，你就没死活戴了一头。"他亲家也不答。便心下忽然想起："常听大富贵人家有一种穿衣镜，这别是我在镜子里头呢罢？"说毕伸手一摸，再细一看，可不是，四面雕空紫檀板壁将这镜子嵌在中间。因说："这已经拦住，如何走出去呢？"一面说，一面只管用手摸。

这镜子原是西洋机括，可以开合。不意刘姥姥乱摸之间，其力巧合，便撞开消息，掩过镜子，露出门来。刘姥姥又惊又喜，迈步出来，忽见有一副最精致的床帐。他此时又带了七八分醉，又走乏了，便一屁股坐在床上，只说歇歇，不承望身不由己，前仰后合的，朦胧着两眼，一歪身就睡熟在床上。

且说众人等他不见，板儿见没了他姥姥，急的哭了。众人都笑道："别是掉在茅厕里了？快叫人去瞧瞧。"因命两个婆子去找，回来说没有。众人各处搜寻不见。袭人掇其道路："是他醉了迷了路，顺着这一条路往我们后院子里去了。若进了花障子到后房门进去，虽然碰头，还有小丫头们知道；若不进花障子再往西南上去，若绕出去还好，若绕不出去，可够他绕回子好的。我且瞧瞧去。"一面想，一面回来，进了怡红院便叫人，谁知那几个房子里小丫头已偷空顽去了。

袭人一直进了房门，转过集锦槅子，就听的鼾齁如雷。忙进来，只闻见酒屁臭气。满屋一瞧，只见刘姥姥扎手舞脚的仰卧在床上。袭人这一惊不小，慌忙赶上来将他没死活的推醒。那刘姥姥惊醒，睁眼见了袭人，连忙爬起来道："姑娘，我失错了！并没弄脏了床帐。"一面说，一面用手去掸。

袭人恐惊动了人被宝玉知道了，只向他摇手，不叫他说话。忙将鼎内贮了三四把百合香，仍用罩子罩上。些须收拾收拾，所喜不曾呕吐，忙悄悄的笑道："不相干，有我呢。你随我出来。"刘姥姥满口答应跟了袭人出至小丫头们房中。命他坐了，向他说道："你就说醉倒在山子石上打了个盹儿。"刘姥姥答应知道。又与他两碗茶吃，方觉酒醒了，因问道："这是那个小姐的绣房，这样精致？我就像到了天宫里的一样。"袭人微微笑道："这个么，是宝二爷的卧室。"那刘姥姥吓的不敢作声。袭人带他从前面出去，见了众人，只说他在草地下睡着了，带了他来的。众人都不理会，也就罢了。

一时贾母醒了，就在稻香村摆晚饭。贾母因觉懒懒的，也不吃饭，便坐了竹椅小敞轿，回至房中歇息，命凤姐儿等去吃饭。他姊妹方复进园来。要知端的——

> 评析：怡红院的劫难，也是刘姥姥的狂欢

贾母带着刘姥姥等去妙玉的栊翠庵喝茶，妙玉把黛玉宝钗等带进耳房去

喝所谓的"梯己茶"。宝玉紧随其后,揭开了宝玉与妙玉之间一层隐秘的关系。书中写道:"(妙玉)仍将前番自己常日吃茶的那只绿玉斗来斟与宝玉。"对此,一些评点家对妙玉把自己的茶具给宝玉深感纳罕,更何况用一"仍"字,显得并非首次(不过,北京大学的陈熙中经过考证,认为这个"仍"是"乃""就"的意思,不宜用"不止一次"来解读)。王梦阮、沈瓶庵的《红楼梦索隐》中曰:"志此一笔,尤诋妙玉之深。寻常一未经用之盏,经老老一啜,便弃而不复顾;宝玉男子,反以己所常用者共之,独不虑口泽及人乎?写妙玉处处是假惺惺,见所欲则忘其洁矣。"如果去除"索隐"刻意诋毁的成见,那么他们的点评还是颇有道理的。而接下来的发展是,宝玉好像非但不领情,反而对茶具有些抱怨,道是:"常言'世法平等',他两个就用那样古玩奇珍,我就是个俗器了。"这真是让人觉得有些奇怪了。对此,还是"索隐"派给出了一种解释,认为是:"宝哥盖正以用情之深,留心之细,见妙玉之忘情造次,故诘一语,词若有憾,以代妙玉在钗黛前掩盖也。"原来是妙玉没有顾及黛玉、宝钗在场,怕引起她们的猜疑,所以用这样的话来掩饰,好让她们不要注意到自己手中的茶具。想不到心气高傲的妙玉不领情,反以为是看低了她,所以说出"只怕你家里未必找的出这么一个俗器来呢",这样,宝玉不得不顺着妙玉的思路,另外找出一番理由,总算哄得妙玉开心了。由此见出宝玉的心思缜密和体贴入微。而因为饮茶时用及的茶具映带出宝玉和妙玉的感情问题,就这么迷离恍惚地闪现出来,也无怪乎在金陵十二钗正册中,妙玉可以占到第六位,甚至超过了贾府的堂姐妹迎春和惜春,这用一般的男女间友情来解释,未必能自洽。

　　此回的重点,是写了刘姥姥酒醉后,居然昏睡到宝玉的卧榻。其意义也特别深长。

　　《红楼梦》中的刘姥姥第二次进贾府,跟贾母闲聊投了缘,受到她格外热情招待,大吃大喝不算,又把人间美景大观园几乎逛个遍。不料曲终奏"俗",她喝醉后,一不小心昏睡在贾宝玉的卧榻,还好这事被袭人遮掩过去。但由此引发的意义,值得我们来探究一番。关于刘姥姥昏睡的具体情景,小说是从两个视角来交替写的。先是以刘姥姥的视角,写其误打误撞进入一所院落的房间:

> 刘姥姥又惊又喜,迈步出来,忽见有一副最精致的床帐。他此时又带了七八分醉,又走乏了,便一屁股坐在床上,只说歇歇,不承望身不由己,前仰后合的,朦胧着两眼,一歪身就睡熟在床上。

然后,再从寻找刘姥姥的袭人视角来描写:

> (袭人)进了怡红院便叫人,谁知那几个房子里小丫头已偷空顽去了。袭人一直进了房门,转过集锦槅子,就听的鼾齁如雷。忙进来,只闻见酒屁臭气。满屋一瞧,只见刘姥姥扎手舞脚的仰卧在床上。

我们看到,这两次不同描写,不但有视角的差异,而且所展现对象的层次感也是有差异的。在前一段文字中,因为采用醉酒之人刘姥姥的视角,所以除开一连串的动作,这动作本身又是极为笨重的,如"一屁股""一歪身""前仰后合"等,就不再有其他更细腻的笔触,视觉中所看到的"最精致的床帐",只是一种笼统含糊的描写。而从袭人视角展现出的则不然。首先是听觉:鼾声如雷;其次是嗅觉:酒屁臭气;最后是视觉:扎手舞脚地仰睡着。这种差异,当然是醉酒之人的朦胧感觉与清醒者的感觉区别在文字上的具体表现。但可以追问的是,为什么要对对象作两次反复描写?如果要说明刘姥姥的酒醉,一次描写不已经能把事情交代清楚了吗?这种表现方式究竟暗示着怎样的写作意图?

笔者认为，尽管《红楼梦》写了不少人的醉酒状态，但与其他描写笔法不同的是，恰恰是把醉者与其他人隔绝起来的表现，成为描写刘姥姥醉酒状态的特点。如果说，醉酒总有可能催生一种戏剧冲突，而这种冲突又因为常常发生在人与人之间，体现出一种直接的社会学意义，那么关于刘姥姥的醉态描写却未必是，或者至少在表面上不是。刘姥姥因醉酒而昏睡于宝玉卧榻，其冲突主要是人与物质环境间的冲突，尽管这样的冲突与小说描写的人与人的冲突最终都会汇聚到读者的眼前和心里，产生阅读感受的冲突，但我们无论从冲突发生学角度还是从阅读接受角度着眼，还是可以把刘姥姥式的醉酒状态，与那种人与人之间的直接冲突方式做一基本的区分。因为这一冲突并不如人与人之间展开的那样有强烈的动作性，比如焦大醉骂、宝玉醉中撵走茜雪。

于是，从刘姥姥误打误撞进入贾宝玉卧室后（开始刘姥姥并不知道自己身在何处），由袭人这一清醒者的视角切入，并让刘姥姥包括读者也被蒙在鼓里的意识突然清醒，恍然明白刘姥姥居然是在宝玉卧榻上，一种人与环境的冲突感就得到强化。后来，当刘姥姥被唤醒，她以为是哪个女孩子的卧室而向袭人询问时，袭人的回答，故意用了中间停顿的方式："这个么，是宝二爷的卧室。"其曾经给袭人带来的紧张与惊吓，现在也要由刘姥姥来体验了。不过，袭人毕竟是个有主见有能力的大丫鬟，当她把一切安排妥当后，能以这样一种故意卖关子的方式回答刘姥姥的提问，显得她已成竹在胸，她紧张的心理状态已经缓释。问题是，作者为何要强调刘姥姥引发的这样的冲突呢？为何作者没有设计成让她睡在野外石头上，就像后来史湘云醉酒后那样做的，却让刘姥姥睡到宝玉卧榻呢？

笔者一直认为，从整体看，作者设计刘姥姥多次进贾府，并不简单是为反映贾府由盛而衰提供一个外在的视角，主要还在于确立了一种新的人生价值观，这种价值观因其功利实用且朴素健康而与贾宝玉等人的价值观产生了对照。但这种对照是多方面的,既有人生哲学的意义,也有审美方面的意义,所以,当刘姥姥的人生价值观如同给大观园吹进一阵清新自然之风时,风里不但带着泥土香,也带着粪土味。这样的复杂状态,一种审美趣味上的冲突,把人生价值观的冲突进一步深刻化了,而刘姥姥在贾宝玉卧室的难堪一幕,虽然是最具体的,但也因此获得了形而上的意义。而这样的意义,就刘姥姥自身而言是没有自觉意识的,她可能会因为误睡他人卧室而不安,仅仅向旁人声明自己没有弄脏床,却无法理解这潜在冲突的全部意义。比如,引起我们思考的是,贾宝玉出于善意,可以建议妙玉把本打算丢弃的古董茶杯赠送给刘姥姥,但如果他得知刘姥姥糟蹋了自己的睡榻,他还会这样建议吗?

由此带来的一个更深刻问题是,上一回,当刘姥姥在餐桌边用粗俗的言辞让大家笑翻时,大家充分体会了"无礼"的狂欢,但其中,刘姥姥自身未必能感受这种快乐,她甚至会因为自己作为一个笑料,而有隐隐的不快。所以,她对随后凤姐她们分桌而食的礼仪,表示了赞赏,却让凤姐、鸳鸯等听出了反讽的意味,以为是对此前的无礼行为表示抗议,所以赶紧上前赔不是。但是,当刘姥姥在醉酒状态后,无意间似乎也经历了一场彻底放松的狂欢,其对宝玉卧室构成的"杀伤力",在一定意义上,成了别人对她可能伤害的补偿。但作为一种狂欢的本质,似乎又可以说是前后贯通的。就像这一回的回目"怡红院劫遇母蝗虫"提示给读者的,对于怡红院来说,刘姥姥的大吃大喝倒也稀松平常,而其醉卧才是一场劫难。但相对于刘姥姥来说,这种在醉酒中的身心彻底放松,也许更像是一场狂欢,尽管这场狂欢,是在她不自觉的状态下发生的。

第四十八回
滥情人情误思游艺
慕雅女雅集苦吟诗

且说薛蟠听见如此说了，气方渐平。三五日后，疼痛虽愈，伤痕未平，只装病在家，愧见亲友。

展眼已到十月，因有各铺面伙计内有算年帐要回家的，少不得家内治酒饯行。内有一个张德辉，年过六十，自幼在薛家当铺内揽总，家内也有二三千金的过活，今岁也要回家，明春方来。因说起，"今年纸札香料短少，明年必是贵的。明年先打发大小儿上来当铺内照管，赶端阳前我顺路贩些纸札香扇来卖。除去关税花销，亦可以剩得几倍利息"。薛蟠听了，心中忖度："我如今捱了打，正难见人，想着要躲个一年半载，又没处去躲。天天装病，也不是事。况且我长了这么大，文又不文，武又不武，虽说做买卖，究竟戥子算盘从没拿过，地土风俗远近道路又不知道，不如也打点几个本钱，和张德辉逛一年来。赚钱也罢，不赚钱也罢，且躲躲羞去。二则逛逛山水也是好的。"心内主意已定，至酒席散后，便和张德辉说知，命他等一二日一同前往。

晚间薛蟠告诉了他母亲。薛姨妈听了虽是欢喜，但又恐他在外生事，花了本钱倒是末事，因此不命他去。只说："好歹你守着我，我还能放心些。况且也不用做这买卖，也不等着这几百银子来用。你在家里安分守己的，就强似这几百银子了。"薛蟠主意已定，那里肯依。只说："天天又说我不知世事,这个也不知,那个也不学。如今我发狠把那些没要紧的都断了,如今要成人立事,学习着做买卖,又不准我了,叫我怎么样呢?我又不是个丫头,把我关在家里,何日是个了日?况且那张德辉又是个年高有德的,咱们和他世交,我同他去,怎么得有舛错?我就一时半刻有不好的去处,他自然说我劝我。就是东西贵贱行情,他是知道的,自然色色问他,何等顺利,倒不叫我去。过两日我不告诉家里,私自打点了一走,明年发了财回来,那时才知道我呢。"说毕,赌气睡觉去了。

　　薛姨妈听他如此说,因和宝钗商议。宝钗笑道:"哥哥果然要经历正事,正是好的了。只是他在家时说着好听,到了外头,旧病复犯,越发难拘束了。但也愁不得许多。他若是真改了,是他一生的福。若不改,妈也不能又有别的法子。一半尽人力,一半听天命罢了。这么大人了,若只管怕他不知世路,出不得门,干不得事,今年关在家里,明年还是这个样儿。他既说的名正言顺,妈就打谅着丢了八百一千银子,竟交与他试一试。横竖有伙计们帮着,也未必好意思哄骗他的。二则他出去了,左右没有助兴的人,又没了倚仗的人,到了外头,谁还怕谁,有了的吃,没了的饿着,举眼无靠,他见这样,只怕比在家里省了事也未可知。"薛姨妈听了,思忖半晌说道:"倒是你说的是。花两个钱,叫他学些乖来也值了。"商议已定,一宿无话。

　　至次日,薛姨妈命人请了张德辉来,在书房中命薛蟠款待酒饭,自己在后廊下,隔着窗子,向里千言万语嘱托张德辉照管薛蟠。张德辉满口应承,吃过饭告辞,又回说:"十四日是上好出行日期,大世兄即刻打点行李,雇下骡子,十四一早就长行了。"薛蟠喜之不尽,将此话告诉了薛姨妈。薛姨妈便和宝钗香菱并两个老年的嬷嬷连日打点行装,派下薛蟠之乳父老苍头一名,当年谙事旧仆二名,外有薛蟠随身常使小厮二人,主仆一共六人,雇了三辆大车,单拉行李使物,又雇了四个长行骡子。薛蟠自骑一匹家内养的铁青大走骡,外备一匹坐马。诸事完毕,薛姨妈宝钗等连日劝戒之言,自不必备说。

至十三日,薛蟠先去辞了他舅舅,然后过来辞了贾宅诸人。贾珍等未免又有饯行之说,也不必细述。至十四日一早,薛姨妈宝钗等直同薛蟠出了仪门,母女两个四只泪眼看他去了,方回来。

薛姨妈上京带来的家人不过四五房,并两三个老嬷嬷小丫头,今跟了薛蟠一去,外面只剩了一两个男子。因此薛姨妈即日到书房,将一应陈设玩器并帘幔等物尽行搬了进来收贮,命那两个跟去的男子之妻一并也进来睡觉。又命香菱将他屋里也收拾严紧,"将门锁了,晚间和我去睡"。宝钗道:"妈既有这些人作伴,不如叫菱姐姐和我作伴去。我们园里又空,夜长了,我每夜作活,越多一个人岂不越好。"薛姨妈听了,笑道:"正是我忘了,原该叫他同你去才是。我前日还同你哥哥说,文杏又小,道三不着两,莺儿一个人不够服侍的,还要买一个丫头来你使。"宝钗道:"买的不知底里,倘或走了眼,花了钱小事,没的淘气。倒是慢慢的打听着,有知道来历的,买个还罢了。"一面说,一面命香菱收拾了衾褥妆奁,命一个老嬷嬷并臻儿送至蘅芜苑去,然后宝钗和香菱才同回园中来。

香菱道:"我原要和奶奶说的,大爷去了,我和姑娘作伴儿去。又恐怕奶奶多心,说我贪着园里来顽;谁知你竟说了。"宝钗笑道:"我知道你心里羡慕这园子不是一日两日了,只是没个空儿。就每日来一趟,慌慌张张的,也没趣儿。所以趁着机会,越性住上一年,我也多个作伴的,你也遂了心。"香菱笑道:"好姑娘,你趁着这个工夫,教给我作诗罢。"宝钗笑道:"我说你'得陇望蜀'呢。我劝你今儿头一日进来,先出园东角门,从老太太起,各处各人你都瞧瞧,问候一声儿,也不必特意告诉他们说搬进园来。若有提起因由,你只带口说我带了你进来作伴儿就完了。回来进了园,再到各姑娘房里走走。"

香菱应着才要走时,只见平儿忙忙的走来。香菱忙问了好,平儿只得陪笑相问。宝钗因向平儿笑道:"我今儿带了他来作伴儿,正要去回你奶奶一声儿。"平儿笑道:"姑娘说的是那里话?我竟没话答言了。"宝钗道:"这才是正理。店房也有个主人,庙里也有个住持。虽不是大事,到底告诉一声,便是园里坐更上夜的人知道添了他两个,也好关门候户的了。你回去告诉一声罢,我不打发人去了。"平儿答应着,因又向香菱笑道:"你既来了,也不拜一拜街坊邻舍去?"宝钗笑道:"我正叫他去呢。"平儿道:"你且不必往我们家去,二爷病了在家里呢。"香菱答应着去了,先从贾母处来,不在话下。

且说平儿见香菱去了,便拉宝钗忙说道:"姑娘可听见我们的新闻了?"宝钗道:"我没听见新闻。因连日打发我哥哥出门,所以你们这里的事,一概也不知道,连姊妹们这两日也没见。"平儿笑道:"老爷把二爷打了个动不得,难道姑娘就没听见?"宝钗道:"早起恍惚听见了一句,也信不真。我也正要瞧你奶奶去呢,不想你来了。又是为了什么打他?"

平儿咬牙骂道:"都是那贾雨村什么风村,半路途中那里来的饿不死的野杂种!认了不到十年,生了多少事出来!今年春天,老爷不知在那个地方看见了几把旧扇子,回家看家里所有收着的这些好扇子都不中用了,立刻叫人各处搜求。谁知就有一个不知死的冤家,混号儿世人叫他作石呆子,穷的连饭也没的吃,偏他家就有二十把旧扇子,死也不肯拿出大门来。二爷好容易烦了多少情,见了这个人,说之再三,把二爷请到他家里坐着,拿出这扇子略瞧了一瞧。据二爷说,原是不能再有的,全是湘妃、棕竹、麋鹿、玉竹的,皆是古人写画真迹,因来告诉了老爷。老爷便叫买他的,要多少银子给他多少。偏那石呆子说:'我饿死冻死,一千两银子一把我也不卖!'老爷没法子,天天骂二爷没能为。已经许了他五百两,先兑银子后拿扇子。他只是不卖,只说:'要扇子,先要我的命!'姑娘想想,这有什么法子？谁知雨村那没天理的听见了，便设了个法子，讹他拖欠了官银，拿他到衙门里去，说所欠官银，变卖家产赔补，把这扇子抄了来，作了官价送了来。那石呆子如今不知是死是活。老爷拿着扇子问着二爷说：'人家怎么弄了来？'二爷只说了一句：'为这点子小事，弄得人坑家败业，也不算什么能为！'老爷听了就生了气，说二爷拿话堵老爷，因此这是第一件大的。这几日还有几件小的，我也记不清，所以都凑在一处，就打起来了。也没拉倒用板子棍子，就站着，不知拿什么混打一顿，脸上打破了两处。我们听见姨太太这里有一种丸药，上棒疮的，姑娘快寻一丸子给我。"宝钗听了，忙命莺儿去要了一丸来与平儿。宝钗道："既这样，替我问候罢，我就不去了。"平儿答应着去了，不在话下。

且说香菱见过众人之后，吃过晚饭，宝钗等都往贾母处去了，自己便往潇湘馆中来。此时黛玉已好了大半，见香菱也进园来住，自是欢喜。香菱因笑道："我这一进来了，也得了空儿，好歹教给我作诗，就是我的造化了。"黛玉笑道："既要作诗，你就拜我作师。我虽不通，大略也还教得起你。"香菱笑道："果然这样，我就拜你作师。你可不许腻烦的。"

黛玉道："什么难事，也值得去学！不过是起承转合，当中承转是两副对子，平声对仄声，虚的对实的，实的对虚的，若是果有了奇句，连平仄虚实不对都使得的。"香菱笑道："怪道我常弄一本旧诗偷空儿看一两首，又有对的极工的，又有不对的，又听见说'一三五不论，二四六分明'。看古人的诗上亦有顺的，亦有二四六上错了的，所以天天疑惑。如今听你一说，原来这些格调规矩竟是末事，只要词句新奇为上。"黛玉道："正是这个道理。词句究竟还是末事，第一立意要紧。若意趣真了，连词句不用修饰，自是好的，这叫做'不以词害意'。"

香菱笑道："我只爱陆放翁的诗'重帘不卷留香久，古砚微凹聚墨多'，说的真有趣！"黛玉道："断不可看这样的诗。你们因不知诗，所以见了这浅近的就爱，一入了这个格局，再学不出来的。你只听我说，你若真心要学，我这里有《王摩诘全集》，你且把他的五言律读一百首，细心揣摩透熟了，然后再读一二百首老杜的七言律，次再李青莲的七言绝句读一二百首。肚子里先有了这三个人作了底子，然后再把陶渊明、应玚、谢、阮、庾、鲍等人的一看。你又是一个极聪敏伶俐的人，不用一年的工夫，不愁不是诗翁了！"香菱听了，笑道："既这样，好姑娘，你就把这书给我拿出来，我带回去，夜里念几首也是好的。"

黛玉听说，便命紫鹃将王右丞的五言律拿来，递与香菱，又道："你只看有红圈的都是我选的，有一首念一首。不明白的问你姑娘，或者遇见我，我讲与你就是了。"香菱拿了诗，回至蘅芜苑中，诸事不顾，只向灯下一首一首的读起来。宝钗连催他数次睡觉，他也不睡。宝钗见他这般苦心，只得随他去了。

一日，黛玉方梳洗完了，只见香菱笑吟吟的送了书来，又要换杜律。黛玉笑道："共记得多少首？"香菱笑道："凡红圈选的我尽读了。"黛玉道："可领略了些滋味没有？"香菱笑道："领略了些滋味，不知可是不是，说与你听听。"黛玉笑道："正要讲究讨论，方能长进。你且说来我听。"

香菱笑道："据我看来，诗的好处，有口里说不出来的意思，想去却是逼真的。有似乎无理的，想去竟是有理有情的。"黛玉笑道："这话有了些意思，但不知你从何处见得？"香菱笑道："我看他《塞上》一首，那一联云：'大漠孤烟直，长河落日圆。'想来烟如何直？日自然是圆的。这'直'字似无理，'圆'字似太俗。合上书一想，倒像是见了这景的。若说再找两个字换这两个，竟再找不出两个字来。再还有'日落江湖白，潮来天地青'，这'白''青'两个字也似无理。想来，必得这两个字才形容得尽，念在嘴里倒像有几千斤重的一个橄榄。还有'渡头馀落日，墟里上孤烟'，这'馀'字和'上'字，难为他怎么想来！我们那年上京来，那日下晚便湾住船，岸上又没有人，只有几棵树，远远的几家人家作晚饭，那个烟竟是碧青，连云直上。谁知我昨日晚上读了这两句，倒像我又到了那个地方去了。"

正说着，宝玉和探春也来了，也都入坐听他讲诗。宝玉笑道："既是这样，也不用看诗。会心处不在多，听你说了这两句，可知'三昧'你已得了。"黛玉笑道："你说他这'上孤烟'好，你还不知他这一句还是套了前人来的。我给你这一句瞧瞧，更比这个淡而现成。"说着便把陶渊明的"暧暧远人村，依依墟里烟"翻了出来，递与香菱。香菱瞧了，点头叹赏，笑道："原来'上'字是从'依依'两个字上化出来的。"宝玉大笑道："你已得了，不用再讲，越发倒学杂了。你就作起来，必是好的。"探春笑道："明儿我补一个柬来，请你入社。"香菱笑道："姑娘何苦打趣我，我不过是心里羡慕，才学着顽罢了。"

探春黛玉都笑道："谁不是顽？难道我们是认真作诗呢！若说我们认真成了诗，出了这园子，把人的牙还笑倒了呢。"宝玉道："这也算自暴自弃了。前日我在外头和相公们商议画儿，他们听见咱们起诗社，求我把稿子给他们瞧瞧。我就写了几首给他们看看，谁不真心叹服。他们都抄了刻去了。"探春黛玉忙问道："这是真话么？"宝玉笑道："说谎的是那架上的鹦哥。"黛玉探春听说，都道："你真真胡闹！且别说那不成诗，便是成诗，我们的笔墨也不该传到外头去。"宝玉道："这怕什么！古来闺阁中的笔墨不要传出去，如今也没有人知道了。"说着，只见惜春打发了入画来请宝玉，宝玉方去了。

香菱又逼着黛玉换出杜律来，又央黛玉探春二人："出个题目，让我诌去，诌了来，替我改正。"黛玉道："昨夜的月最好，我正要诌一首，竟未诌成，你竟作一首来。十四寒的韵，由你爱用那几个字去。"

香菱听了，喜的拿回诗来，又苦思一回作两句诗，又舍不得杜诗，又读两首。如此茶饭无心，坐卧不定。宝钗道："何苦自寻烦恼。都是颦儿引的你,我和他算帐去。你本来呆头呆脑的,再添上这个,越发弄成个呆子了。"香菱笑道:"好姑娘,别混我。"一面说,一面作了一首,先与宝钗看。宝钗看了笑道:"这个不好,不是这个作法。你别怕臊,只管拿了给他瞧去,看他是怎么说。"香菱听了,便拿了诗找黛玉。

黛玉看时,只见写道是:

月挂中天夜色寒,清光皎皎影团团。
诗人助兴常思玩,野客添愁不忍观。
翡翠楼边悬玉镜,珍珠帘外挂冰盘。
良宵何用烧银烛,晴彩辉煌映画栏。

黛玉笑道:"意思却有,只是措词不雅。皆因你看的诗少,被他缚住了。把这首丢开,再作一首,只管放开胆子去作。"

香菱听了,默默的回来,越性连房也不入,只在池边树下,或坐在山石上出神,或蹲在地下抠土,来往的人都诧异。李纨、宝钗、探春、宝玉等听得此信,都远远的站在山坡上瞧着他。只见他皱一回眉,又自己含笑一回。

宝钗笑道:"这个人定要疯了!昨夜嘟嘟哝哝直闹到五更天才睡下,没一顿饭的工夫天就亮了。我就听见他起来了,忙忙碌碌梳了头就找颦儿去。一回来了,呆了一日,作了一首又不好,这会子自然另作呢。"宝玉笑道:"这正是'地灵人杰',老天生人再不虚赋情性的。我们成日叹说可惜他这么个人竟俗了,谁知到底有今日。可见天地至公。"宝钗笑道:"你能够像他这苦心就好了,学什么有个不成的。"宝玉不答。

只见香菱兴兴头头的又往黛玉那边去了。探春笑道:"咱们跟了去,看他有些意思没有。"说着,一齐都往潇湘馆来。只见黛玉正拿着诗和他讲究。众人因问黛玉作的如何。黛玉道:"自然算难为他了,只是还不好。这一首过于穿凿了,还得另作。"

众人因要诗看时,只见作道:

> 非银非水映窗寒,试看晴空护玉盘。
> 淡淡梅花香欲染,丝丝柳带露初干。
> 只疑残粉涂金砌,恍若轻霜抹玉栏。
> 梦醒西楼人迹绝,馀容犹可隔帘看。

宝钗笑道:"不像吟月了,月字底下添一个'色'字倒还使得,你看句句倒是月色。这也罢了,原来诗从胡说来,再迟几天就好了。"

香菱自为这首妙绝,听如此说,自己扫了兴,不肯丢开手,便要思索起来。因见他姊妹们说笑,便自己走至阶前竹下闲步,挖心搜胆,耳不旁听,目不别视。一时探春隔窗笑说道:"菱姑娘,你闲闲罢。"香菱怔怔答道:"'闲'字是十五删的,你错了韵了。"众人听了,不觉大笑起来。宝钗道:"可真是诗魔了。都是颦儿引的他!"黛玉道:"圣人说'诲人不倦',他又来问我,我岂有不说之理。"李纨笑道:"咱们拉了他往四姑娘房里去,引他瞧瞧画儿,叫他醒一醒才好。"

说着,真个出来拉了他过藕香榭,至暖香坞中。惜春正乏倦,在床上歪着睡午觉,画缯立在壁间,用纱罩着。众人唤醒了惜春,揭纱看时,十停方有了三停。香菱见画上有几个美人,因指着笑道:"这一个是我们姑娘,那一个是林姑娘。"探春笑道:"凡会作诗的都画在上头,快学罢。"说着,顽笑了一回。

各自散后,香菱满心中还是想诗。至晚间对灯出了一回神,至三更以后上床卧下,两眼鳏鳏,直到五更方才朦胧睡去了。一时天亮,宝钗醒了,听了一听,他安稳睡了,心下想:"他翻腾了一夜,不知可作成了?这会子乏了,且别叫他。"正想着,只听香菱从梦中笑道:"可是有了,难道这一首还不好?"宝钗听了,又是可叹,又是可笑,连忙唤醒了他,问他:"得了什么?你这诚心都通了仙了。学不成诗,还弄出病来呢。"一面说,一面梳洗了,会同姊妹往贾母处来。

原来香菱苦志学诗,精血诚聚,日间做不出,忽于梦中得了八句。梳洗已毕,便忙录出来,自己并不知好歹,便拿来又找黛玉。刚到沁芳亭,只见李纨与众姊妹方从王夫人处回来,宝钗正告诉他们说他梦中作诗说梦话。众人正笑,抬头见他来了,便都争着要诗看。且听下回分解。

评析:诗性智慧说香菱

林黛玉让香菱写咏月诗,香菱相继写下了三首,这三首正好代表了人们一般写作的三种状况。第一首"月挂中天夜色寒",被黛玉评为"意思却有,只是措词不雅"。但据我看,关键还是后面一句评价,"被他缚住了",也就是说,写得太拘谨。初学创作,因为怕离题,所以句句紧扣题目写,意思既呆板,也不敢往深处发展,缺乏诗歌语言的那种蕴藉之美,境界的逼仄,语言的浅露,包括上句写"玉镜",下句说"冰盘",犯了合掌之病,都是从这"缚住"上来的。也因为语言浅露,过于直白,才会让黛玉感觉措词不雅。

第二首"非银非水映窗寒",是林黛玉让她放开手去写而写成的。但仍然没有获得好评,黛玉评价为过于穿凿,而宝钗评价是不像在写月,倒像是在写月色。写月当然离不开月色,整首诗里,写一联关于月色的也未尝不可,但这里有个描写的侧重点问题。因为前一首被批评写得拘谨,就干脆转而把月色作为重点,这就有离题之嫌,要放开,也不是从浑然一体的月亮转到琐屑刻画的月色上,黛玉所谓穿凿,大概有这层意思。

第三首因为是在下一回开头呈现的,这里先转录下来:"精华欲掩料应难,影自娟娟魄自寒。一片砧敲千里白,半轮鸡唱五更残。绿蓑江上秋闻笛,红袖楼头夜倚栏。博得嫦娥应借问,缘何不使永团圆!"该诗获得众人的一致赞扬。这里的关键,在第二句已显露端倪,就是她把对月的描写与对一种精神气质的刻画统一了起来。这样,言语过于浅露的问题,刻画过于琐屑的穿凿问题,都较好解决了。到最后一联,人与物完全协调统一,而这个人,其暗示的思妇形象,在很大程度上就是香菱自己。薛蟠当时正远走他乡去经商,而作为薛蟠之妾的香菱,正切合闺中女子独守空房的境遇,香菱把自己的切身感受写入诗歌,是诗歌成功的重要条件。

不过,小说里写香菱创作的第三首诗歌,是在梦中得来的。我们当然可以说这是白天思虑甚深的结果,但曹雪芹有意把这第三首放到梦境里,固然说明了香菱的苦吟已经不分白天与黑夜、醒着与梦着,但在这主观的不分中,毕竟有客观的区分。其用意,我以为跟香菱的特殊境遇有关。香菱作为薛蟠之妾,固然可以跟诗歌里的思妇形象对接,但是,薛蟠自身的不堪,其对香菱的忽视,如第十六回,凤姐对贾琏说起的,"过了没半月,也看的马棚风一般了",似乎让香菱与思妇的角色不相协调。而香菱好不容易在薛蟠出远门的时候进大观园,有机会跟林黛玉学诗,这正是一件大喜事,那种兴奋的情绪,似乎也跟诗歌里思妇的淡淡哀怨相矛盾。但是,香菱对传统价值观的认同,又常常在无意识中,自居为一种思妇的形象,这样,通过梦中的无意识而把自己的这种自居形象释放,又衔接了白天的苦吟,让香菱最终在梦中得到这样一首成功之作,正体现了曹雪芹的玄思妙想。

与三首诗作对应的,是薛宝钗概括香菱创作的三种精神状态,更值得提出来讨论。香菱开始写诗,专注于此,无暇他顾,宝钗就笑说她:本来就有些呆头呆脑,弄了这个,越发成了个呆子。说她是呆子,强调的是她对创作本身的专注,是对外界世界的一种遗忘。而后来,当探春让她闲闲时,她说闲是十五删,错了韵,引得大家哄堂大笑。薛宝钗就评她是入了魔道。其所谓的魔,确实要比呆更进一步,是以她的主观世界完全掩盖了外在的客观世界,所以外在于诗的旁人让她休闲一下的劝说,也被她纳入诗的世界里。到最后,她在梦中与人对话,谈诗作,被宝钗说是通了仙了,其实无意中把香菱置于一个新的艺术世界。在这里,主观世界与外在客观世界的对峙,或者主观对客观的遮蔽问题,都被超越了,香菱只是让自己暂时置身于一个新的艺术世界,一个不同于主观与客观的"第三世界",才使她的创作到达了一定的高度。不过,这个新的艺术世界,又有着主观和客观的积淀,有着心与物的平衡,所以,完成的第三首诗歌,才能在物的刻画与精神的传递之间,得到了较好的协调。据此,诗仙的境界,未尝不能视为从诗呆经由诗魔的层层提升,也是香菱精神状态如同正、反、合三阶段的一种升华。这一发展历程,体现着艺术形象的智慧风貌,体现着人物主体与客体互动的深刻的精神世界。

贾宝玉说香菱学诗,才不庸俗。但是,高雅并不只是通过读诗、写诗才表现出来的。香菱学诗的过程,固然是其精神的不断提高,如凡人脱俗一样,向着仙人的境界迈进,但其具体的表现是多方面的,特别是在日常生活的言行中,也能够把一种诗的精神状态,把人的诗的气质表现出来。最典型的莫过于香菱在第八十回开头与夏金桂的一番谈话,谈及她名字的由来,谈及菱花菱角之香:

> 香菱道:"不独菱花,就连荷叶莲蓬,都是有一股清香的。但他那原不是花香可比,若静日静夜或清早半夜细领略了去,那一股清香比是花儿都好闻呢。就连菱角、鸡头、苇叶、芦根得了风露,那一股清香,就令人心神爽快的。"

我们看到,香菱对淡淡幽香情有独钟,似乎并没有把浓烈的桂花之香放在心上。虽然按照常理来说,欣赏香气的淡雅或者浓烈,未必就能据此来判断人的趣味高雅与庸俗,但是,香菱言语间体现出的心思细密与心态娴静,从而把对淡雅之香的品味提升到一种诗性的智慧与情趣上。那种由锦心绣口营造出的诗的意境,在一定程度上达到了诗歌创作才能达到的艺术效果,这样,人与人的言行,都有了一种诗化的倾向。而与香菱对淡雅之香欣赏不同的是,夏金桂倒是表现出了对这种香味的不屑,甚至根本否认这种淡雅之香的存在,两个人的名字、品性的差异,似乎在对香味不同的欣赏态度中,也见出了区别。联系到黛玉身上散发的幽香,薛宝钗服用的冷香丸,似乎让我们觉得,作者有意要在欣赏花香的不同中,见出趣味的高下乃至人格的高低。

如果说,香菱和夏金桂对花香的不同爱好,见出两人的审美差异,那么,香菱学诗、作诗的入迷,又与惜春作画的散淡,形成了对比,显示了两人不同的气质。因为香菱作诗的专注,被宝钗说成入了魔道,所以李纨就提议大家到惜春那里去看她作画,借此也可以让香菱从沉浸的世界暂时摆脱出来,可以醒醒。不料来到惜春处,她正在睡午觉,所画的画被纱罩了起来。众人唤醒惜春揭纱来看,发现画离完稿还差得远,"十停方有了三停"。虽然惜春画画已有一段日子了,但其进展始终缓慢,与香菱作诗那样全身心的投入截然相反。本来,艺术创作的快与慢,专注与散淡,都是比较正常的两种态度,香菱一首接一首诗的完成,固然不错;但如惜春那样"十日画一水,五日画一石"(杜甫诗句),也曾被视为一种能手应有的派头,本无所谓艺术价值的优劣。

曹雪芹在香菱作诗片段中,插入惜春画画的内容,也不是用来评判价值的。这既是情节内容的展开需要,也在一定程度上丰富了香菱学诗所折射的人物关系。虽然探春对香菱笑说,凡会作诗的都会画进画去,督促她快学,只是一句玩笑,但这呼应了探春诗社发起人的身份,也正面肯定了香菱学诗的发呆入魔,并通过能否进入画面,把诗人的地位形象化了,给了"雅人"一个似乎合适的定位。同时,更重要的,香菱作诗之呆,其实是与其为人气质,即薛宝钗所谓"呆头呆脑"有一定关联。而惜春作画的散淡,也跟她为人的随缘,或者说无心于事、看淡一切是有关联的。围绕着两人的艺术活动,把两种基本人生哲学、人生态度表现出来,或许是作者如此安排的真正意图。

第五十四回
史太君破陈腐旧套
王熙凤效戏彩斑衣

却说贾珍贾琏暗暗预备下大簸箩的钱，听见贾母说"赏"，他们也忙命小厮们快撒钱。只听满台钱响，贾母大悦。

二人遂起身，小厮们忙将一把新暖银壶捧在贾琏手内，随了贾珍趋至里面。贾珍先至李婶席上，躬身取下杯来，回身，贾琏忙斟了一盏；然后便至薛姨妈席上，也斟了。二人忙起身笑说："二位爷请坐着罢了，何必多礼。"于是除邢、王二夫人，满席都离了席，俱垂手旁侍。

贾珍等至贾母榻前，因榻矮，二人便屈膝跪了。贾珍在先捧杯，贾琏在后捧壶。虽祗二人奉酒，那贾环弟兄等，却也是排班按序，一溜随着他二人进来，见他二人跪下，也都一溜跪下。宝玉也忙跪下了。史湘云悄推他笑道："你这会又帮着跪下作什么？有这样，你也去斟一巡酒岂不好？"宝玉悄笑道："再等一会子再斟去。"说着，等他二人斟完起来，方起来。又与邢夫人王夫人斟过来。贾珍笑道："妹妹们怎么样呢？"贾母等都说："你们去罢，他们倒便宜些。"说了，贾珍等方退出。

当下天未二鼓，戏演的是《八义》中《观灯》八出。正在热闹之际，宝玉因下席往外走。贾母因说："你往那里去！外头爆竹利害，仔细天上掉下火纸来烧了。"宝玉回说："不往远去，只出去就来。"贾母命婆子们好生跟着。于是宝玉出来，只有麝月秋纹并几个小丫头随着。

贾母因说:"袭人怎么不见?他如今也有些拿大了,单支使小女孩子出来。"王夫人忙起身笑回道:"他妈前日没了,因有热孝,不便前头来。"贾母听了点头,又笑道:"跟主子却讲不起这孝与不孝。若是他还跟我,难道这会子也不在这里不成?皆因我们太宽了,有人使,不查这些,竟成了例了。"凤姐儿忙过来笑回道:"今儿晚上他便没孝,那园子里也须得他看着,灯烛花炮最是耽险的。这里一唱戏,园子里的人谁不偷来瞧瞧。他还细心,各处照看照看。况且这一散后宝兄弟回去睡觉,各色都是齐全的。若他再来了,众人又不经心,散的回去,铺盖也是冷的,茶水也不齐备,各色都不便宜,所以我叫他不用来,只看屋子。散了又齐备,我们这里也不耽心,又可以全他的礼,岂不三处有益。老祖宗要叫他,我叫他来就是了。"

贾母听了这话,忙说:"你这话很是,比我想的周到,快别叫他了。但只他妈几时没了,我怎么不知道。"凤姐笑道:"前儿袭人去亲自回老太太的,怎么倒忘了。"贾母想了一想笑说:"想起来了。我的记性竟平常了。"众人都笑说:"老太太那里记得这些事。"贾母因又叹道:"我想着,他从小儿服侍了我一场,又服侍了云儿一场,末后给了一个魔王宝玉,亏他魔了这几年。他又不是咱们家的根生土长的奴才,没受过咱们什么大恩典。他妈没了,我想着要给他几两银子发送,也就忘了。"凤姐儿道:"前儿太太赏了他四十两银子,也就是了。"

贾母听说,点头道:"这还罢了。正好鸳鸯的娘前儿也死了,我想他老子娘都在南边,我也没叫他家去守孝,如今叫他两个一处作伴儿去。"又命婆子将些果子菜馔点心之类与他两个吃去。琥珀笑说:"还等这会子呢,他早就去了。"说着,大家又吃酒看戏。

且说宝玉一径来至园中,众婆子见他回房,便不跟去,只坐在园门里茶房里烤火,和管茶的女人偷空饮酒斗牌。宝玉至院中,虽是灯光灿烂,却无人声。麝月道:"他们都睡了不成?咱们悄悄的进去唬他们一跳。"于是大家蹑足潜踪的进了镜壁一看,只见袭人和一人对面都歪在地炕上,那一头有两三个老嬷嬷打盹。

宝玉只当他两个睡着了,才要进去,忽听鸳鸯叹了一声,说道:"可知天下事难定。论理你单身在这里,父母在外头,每年他们东去西来,没个定准,想来你是不能送终的了,偏生今年就死在这里,你倒出去送了终。"袭人道:"正是。我也想不到能够看父母回首。太太又赏了四十两银子,这倒也算养我一场,我也不敢妄想了。"宝玉听了,忙转身悄向麝月等道:"谁知他也来了。我这一进去,他又赌气走了。不如咱们回去罢,让他两个清清静静的说一回。袭人正一个闷着,他幸而来的好。"说着,仍悄悄的出来。

宝玉便走过山石之后去站着撩衣,麝月秋纹皆站住背过脸去,口内笑说:"蹲下再解小衣,仔细风吹了肚子。"后面两个小丫头子知是小解,忙先出去茶房预备去了。这里宝玉刚转过来,只见两个媳妇子迎面来了,问是谁,秋纹道:"宝玉在这里,你大呼小叫,仔细唬着他。"那媳妇们忙笑道:"我们不知道,大节下来惹祸了。姑娘们可连日辛苦了。"说着,已到了跟前。

麝月等问:"手里拿的是什么?"媳妇们道:"是老太太赏金、花二位姑娘吃的。"秋纹笑道:"外头唱的是《八义》,没唱《混元盒》,那里又跑出'金花娘娘'来了。"宝玉笑命:"揭起来我瞧瞧。"秋纹麝月忙上去将两个盒子揭开。两个媳妇忙蹲下身子,宝玉看了两盒内都是席上所有的上等果品菜馔,点了一点头,迈步就走。麝月二人忙胡乱掷了盒盖,跟上来。宝玉笑道:"这两个女人倒和气,会说话,他们天天乏了,倒说你们连日辛苦,倒不是那矜功自伐的。"麝月道:"这好的也很好,那不知礼的也太不知礼。"宝玉笑道:"你们是明白人,耽待他们是粗笨可怜的人就完了。"一面说,一面来至园门。

那几个婆子虽吃酒斗牌，却不住出来打探，见宝玉来了，也都跟上了。来至花厅后廊上，只见那两个小丫头一个捧着小沐盆，一个搭着手巾，又拿着沤子壶在那里久等。秋纹先忙伸手向盆内试了一试，说道："你越大越粗心了，那里弄的这冷水。"小丫头笑道："姑娘瞧瞧这个天，我怕水冷，巴巴的倒的是滚水，这还冷了。"

正说着，可巧见一个老婆子提着一壶滚水走来。小丫头便说："好奶奶，过来给我倒上些。"那婆子道："哥哥儿，这是老太太泡茶的，劝你走了舀去罢，那里就走大了脚。"秋纹道："凭你是谁的，你不给？我管把老太太茶吊子倒了洗手。"那婆子回头见是秋纹，忙提起壶来就倒。秋纹道："够了。你这么大年纪也没个见识，谁不知是老太太的水！要不着的人就敢要了。"婆子笑道："我眼花了，没认出这姑娘来。"宝玉洗了手，那小丫头子拿小壶倒了些沤子在他手内，宝玉沤了。秋纹麝月也趁热水洗了一回，沤了，跟进宝玉来。

宝玉便要了一壶暖酒，也从李婶薛姨妈斟起，二人也让坐。贾母便说："他小，让他斟去，大家倒要干过这杯。"说着，便自己干了。邢、王二夫人也忙干了，让他二人。薛李也只得干了。贾母又命宝玉道："连你姐姐妹妹一齐斟上，不许乱斟，都要叫他干了。"宝玉听说，答应着，一一按次斟了。

至黛玉前，偏他不饮，拿起杯来，放在宝玉唇上边，宝玉一气饮干。黛玉笑说："多谢。"宝玉替他斟上一杯。凤姐儿便笑道："宝玉，别喝冷酒，仔细手颤，明儿写不得字，拉不得弓。"宝玉忙道："没有吃冷酒。"凤姐儿笑道："我知道没有，不过白嘱咐你。"然后宝玉将里面斟完，只除贾蓉之妻是丫头们斟的。复出至廊上，又与贾珍等斟了。坐了一回，方进来仍归旧坐。

一时上汤后，又接献元宵来。贾母便命将戏暂歇歇："小孩子们可怜见的,也给他们些滚汤滚菜的吃了再唱。"又命将各色果子元宵等物拿些与他们吃去。

一时歇了戏,便有婆子带了两个门下常走的女先生儿进来,放两张杌子在那一边命他坐了,将弦子琵琶递过去。贾母便问李薛听何书,他二人都回说:"不拘什么都好。"贾母便问:"近来可有添些什么新书?"那两个女先儿回说道:"倒有一段新书,是残唐五代的故事。"贾母问是何名,女先儿道:"叫做《凤求鸾》。"贾母道:"这一个名字倒好,不知因什么起的,先大概说说原故,若好再说。"女先儿道:"这书上乃说残唐之时,有一位乡绅,本是金陵人氏,名唤王忠,曾做过两朝宰辅。如今告老还家,膝下只有一位公子,名唤王熙凤。"

众人听了,笑将起来。贾母笑道:"这重了我们凤丫头了。"媳妇们忙上去推他,"这是二奶奶的名字,少混说"。贾母笑道:"你说,你说。"女先生忙笑着站起来,说:"我们该死了,不知是奶奶的讳。"凤姐儿笑道:"怕什么,你们只管说罢,重名重姓的多呢。"

女先生又说道:"这年王老爷打发了王公子上京赶考,那日遇见大雨,进到一个庄上避雨。谁知这庄上也有个乡绅,姓李,与王老爷是世交,便留下这公子住在书房里。这李乡绅膝下无儿,只有一位千金小姐。这小姐芳名叫作雏鸾,琴棋书画,无所不通。"贾母忙道:"怪道叫作《凤求鸾》。不用说,我猜着了,自然是这王熙凤要求这雏鸾小姐为妻。"女先儿笑道:"老祖宗原来听过这一回书。"众人都道:"老太太什么没听过!便没听过,也猜着了。"

贾母笑道:"这些书都是一个套子,左不过是些佳人才子,最没趣儿。把人家女儿说的那样坏,还说是佳人,编的连影儿也没有了。开口都是书香门第,父亲不是尚书就是宰相,生一个小姐必是爱如珍宝。这小姐必是通文知礼,无所不晓,竟是个绝代佳人。只一见了一个清俊的男人,不管是亲是友,便想起终身大事来,父母也忘了,书礼也忘了,鬼不成鬼,贼不成贼,那一点儿是佳人?便是满腹文章,做出这些事来,也算不得是佳人了。比如男人满腹文章去作贼,难道那王法就说他是才子就不入贼情一案不成?可知那编书的是自己塞了自己的嘴。再者,既说是世宦书香大家小姐都知礼读书,连夫人都知书识礼,便是告老还家,自然这样大家人口不少,奶母丫鬟服侍小姐的人也不少,怎么这些书上,凡有这样的事,就只小姐和紧跟的一个丫鬟?你们白想想,那些人都是管什么的,可是前言不答后语?"

众人听了,都笑说:"老太太这一说,是谎都批出来了。"贾母笑道:"这有个原故:编这样书的,有一等妒人家富贵,或有求不遂心,所以编出来污秽人家。再一等,他自己看了这些书看魔了,他也想一个佳人,所以编了出来取乐。何尝他知道那世宦读书家的道理!别说他那书上那些世宦书礼大家,如今眼下真的,拿我们这中等人家说起,也没有这样的事,别说是那些大家子。可知是诌掉了下巴的话。所以我们从不许说这些书,丫头们也不懂这些话。这几年我老了,他们姊妹们住的远,我偶然闷了,说几句听听,他们一来,就忙歇了。"李薛二人都笑说:"这正是大家的规矩,连我们家也没这些杂话给孩子们听见。"

凤姐儿走上来斟酒,笑道:"罢,罢,酒冷了,老祖宗喝一口润润嗓子再掰谎。这一回就叫作《掰谎记》,就出在本朝本地本年本月本日本时,老祖宗一张口难说两家话,花开两朵,各表一枝,是真是谎且不表,再整那观灯看戏的人。老祖宗且让这二位亲戚吃一杯酒看两出戏之后,再从昨朝话言掰起如何?"他一面斟酒,一面笑说,未曾说完,众人俱已笑倒。两个女先生也笑个不住,都说:"奶奶好刚口。奶奶要一说书,真连我们吃饭的地方也没了。"

薛姨妈笑道:"你少兴头些,外头有人,比不得往常。"凤姐儿笑道:"外头的只有一位珍大爷。我们还是论哥哥妹妹，从小儿一处淘气了这么大。这几年因做了亲，我如今立了多少规矩了。便不是从小儿的兄妹，便以伯叔论，那《二十四孝》上'斑衣戏彩'，他们不能来'戏彩'引老祖宗笑一笑，我这里好容易引的老祖宗笑了一笑，多吃了一点儿东西，大家喜欢，都该谢我才是，难道反笑话我不成？"贾母笑道："可是这两日我竟没有痛痛的笑一场，倒是亏他才一路笑的我心里通快了些，我再吃一钟酒。"吃着酒，又命宝玉："也敬你姐姐一杯。"凤姐儿笑道："不用他敬，我讨老祖宗的寿罢。"说着，便将贾母的杯拿起来，将半杯剩酒吃了，将杯递与丫鬟，另将温水浸的杯换了一个上来。于是各席上的杯都撤去，另将温水浸着待换的杯斟了新酒上来，然后归坐。

女先生回说："老祖宗不听这书，或者弹一套曲子听听罢。"贾母便说道："你们两个对一套《将军令》罢。"二人听说，忙和弦按调拨弄起来。贾母因问："天有几更了。"众婆子忙回："三更了。"贾母道："怪道寒浸浸的起来。"早有众丫鬟拿了添换的衣裳送来。王夫人起身笑说道："老太太不如挪进暖阁里地炕上倒也罢了。这二位亲戚也不是外人，我们陪着就是了。"贾母听说，笑道："既这样说，不如大家都挪进去，岂不暖和？"王夫人道："恐里间坐不下。"贾母笑道："我有道理。如今也不用这些桌子，只用两三张并起来，大家坐在一处挤着，又亲香，又暖和。"众人都道："这才有趣。"说着，便起了席。

众媳妇忙撤去残席，里面直顺并了三张大桌，另又添换了果馔摆好。贾母便说："这都不要拘礼，只听我分派你们就坐才好。"说着便让薛李正面上坐，自己西向坐了，叫宝琴、黛玉、湘云三人皆紧依左右坐下，向宝玉说："你挨着你太太。"于是邢夫人王夫人之中夹着宝玉，宝钗等姊妹在西边，挨次下去便是娄氏带着贾菌，尤氏李纨夹着贾兰，下面横头便是贾蓉之妻。贾母便说："珍哥儿带着你兄弟们去罢，我也就睡了。"

贾珍忙答应，又都进来。贾母道："快去罢！不用进来，才坐好了，又都起来。你快歇着，明日还有大事呢。"贾珍忙答应了，又笑说："留下蓉儿斟酒才是。"贾母笑道："正是忘了他。"贾珍答应了一个"是"，便转身带领贾琏等出来。二人自是欢喜，便命人将贾琮贾璜各自送回家去，便邀了贾琏去追欢买笑，不在话下。

这里贾母笑道："我正想着虽然这些人取乐，竟没一对双全的，就忘了蓉儿。这可全了，蓉儿就合你媳妇坐在一处，倒也团圆了。"因有媳妇回说开戏，贾母笑道："我们娘儿们正说的兴头，又要吵起来。况且那孩子们熬夜怪冷的，也罢，叫他们且歇歇，把咱们的女孩子们叫了来，就在这台上唱两出给他们瞧瞧。"媳妇听了，答应了出来，忙的一面着人往大观园去传人，一面二门口去传小厮们伺候。小厮们忙至戏房将班中所有的大人一概带出，只留下小孩子们。

一时，梨香院的教习带了文官等十二个人，从游廊角门出来。婆子们抱着几个软包，因不及抬箱，估料着贾母爱听的三五出戏的彩衣包了来。婆子们带了文官等进去见过，只垂手站着。贾母笑道："大正月里，你师父也不放你们出来逛逛。你等唱什么？刚才八出《八义》闹得我头疼，咱们清淡些好。你瞧瞧，薛姨太太这李亲家太太都是有戏的人家，不知听过多少好戏的。这些姑娘都比咱们家姑娘见过好戏，听过好曲子。如今这小戏子又是那有名玩戏家的班子，虽是小孩子们，却比大班还强。咱们好歹别落了褒贬，少不得弄个新样儿的。叫芳官唱一出《寻梦》，只提琴与管箫合，笙笛一概不用。"文官笑道："这也是的，我们的戏自然不能入姨太太和亲家太太姑娘们的眼，不过听我们一个发脱口齿，再听一个喉咙罢了。"贾母笑道："正是这话了。"李婶薛姨妈喜的都笑道："好个灵透孩子，他也跟着老太太打趣我们。"贾母笑道："我们这原是随便的顽意儿，又不出去做买卖，所以竟不大合时。"说着又道："叫葵官唱一出《惠明下书》，也不用抹脸。只用这两出叫他们听个疏异罢了。若省一点力,我可不依。"

文官等听了出来,忙去扮演上台,先是《寻梦》,次是《下书》。众人都鸦雀无闻,薛姨妈因笑道:"实在亏他,戏也看过几百班,从没见用箫管的。"贾母道:"也有,只是像方才《西楼·楚江情》一支,多有小生吹箫和的。这大套的实在少,这也在主人讲究不讲究罢了。这算什么出奇?"指湘云道:"我像他这么大的时节,他爷爷有一班小戏,偏有一个弹琴的凑了来,即如《西厢记》的《听琴》,《玉簪记》的《琴挑》,《续琵琶》的《胡笳十八拍》,竟成了真的了,比这个更如何?"众人都道:"这更难得了。"贾母便命个媳妇来,吩咐文官等叫他们吹一套《灯月圆》。媳妇领命而去。

当下贾蓉夫妻二人捧酒一巡,凤姐儿因见贾母十分高兴,便笑道:"趁着女先儿们在这里,不如叫他们击鼓,咱们传梅,行一个'春喜上眉梢'的令如何?"贾母笑道:"这是个好令,正对时对景。"忙命人取了一面黑漆铜钉花腔令鼓来,与女先儿们击着,席上取了一枝红梅。贾母笑道:"若到谁手里住了,吃一杯,也要说个什么才好。"凤姐儿笑道:"依我说,谁像老祖宗要什么有什么呢。我们这不会的,岂不没意思。依我说也要雅俗共赏,不如谁输了谁说个笑话罢。"众人听了,都知道他素日善说笑话,最是他肚内有无限的新鲜趣谈。今儿如此说,不但在席的诸人喜欢,连地下服侍的老小人等无不欢喜。那小丫头子们都忙出去,找姐唤妹的告诉他们:"快来听,二奶奶又说笑话儿了。"众丫头子们便挤了一屋子。

于是戏完乐罢。贾母命将些汤点果菜与文官等吃去,便命响鼓。那女先儿们皆是惯的,或紧或慢,或如残漏之滴,或如迸豆之疾,或如惊马之乱驰,或如疾电之光而忽暗。其鼓声慢,传梅亦慢;鼓声疾,传梅亦疾。恰恰至贾母手中,鼓声忽住。大家呵呵一笑,贾蓉忙上来斟了一杯。众人都笑道:"自然老太太先喜了,我们才托赖些喜。"贾母笑道:"这酒也罢了,只是这笑话倒有些个难说。"众人都说:"老太太的比凤姐儿的还好还多,赏一个,我们也笑一笑儿。"

贾母笑道:"并没什么新鲜发笑的,少不得老脸皮子厚的说一个罢了。"因说道:"一家子养了十个儿子,娶了十房媳妇。惟有那第十个媳妇聪明伶俐,心巧嘴乖,公婆最疼,成日家说那九个不孝顺。这九个媳妇委屈,便商议说:'咱们九个心里孝顺,只是不像那小蹄子嘴巧,所以公公婆婆老了,只说他好,这委屈向谁诉去?'大媳妇有主意,便说道:'咱们明儿到阎王庙去烧香,和阎王爷说去,问他一问,叫我们托生人,为什么单单的给那小蹄子一张乖嘴,我们都是笨的。'众人听了都喜欢,说这主意不错。第二日便都到阎王庙里来烧了香,九个人都在供桌底下睡着了。九个魂专等阎王驾到,左等不来,右等也不到。正着急,只见孙行者驾着筋斗云来了,看见九个魂便要拿金箍棒打,唬得九个魂忙跪下央求。孙行者问原故,九个人忙细细的告诉了他。孙行者听了,把脚一跺,叹了一口气道:'这原故幸亏遇见我,等着阎王来了,他也不得知道的。'九个人听了,就求说:'大圣发个慈悲,我们就好了。'孙行者笑道:'这却不难。那日你们妯娌十个托生时,可巧我到阎王那里去的,因为撒了泡尿在地下,你那小婶子便吃了。你们如今要伶俐嘴乖,有的是尿,再撒泡你们吃了就是了。'"说毕,大家都笑起来。

凤姐儿笑道:"好的,幸而我们都笨嘴笨腮的,不然也就吃了猴儿尿了。"尤氏娄氏都笑向李纨道:"咱们这里谁是吃过猴儿尿的,别装没事人儿。"薛姨妈笑道:"笑话儿不在好歹,只要对景就发笑。"说着又击起鼓来。小丫头子们只要听凤姐儿的笑话,便悄悄的和女先儿说明,以咳嗽为记。须臾传至两遍,刚到了凤姐儿手里,小丫头子们故意咳嗽,女先儿便住了。

众人齐笑道:"这可拿住他了。快吃了酒说一个好的,别太逗的人笑的肠子疼。"凤姐儿想了一想,笑道:"一家子也是过正月半,合家赏灯吃酒,真真的热闹非常,祖婆婆、太婆婆、婆婆、媳妇、孙子媳妇、重孙子媳妇、亲孙子、侄孙子、重孙子、灰孙子、滴滴搭搭的孙子、孙女儿、外孙女儿、姨表孙女儿、姑表孙女儿，……嗳哟哟，真好热闹！"众人听他说着，已经笑了，都说："听数贫嘴，又不知编派那一个呢？"尤氏笑道："你要招我，我可撕你的嘴。"凤姐儿起身拍手笑道："人家费力说，你们混，我就不说了。"贾母笑道："你说你说，底下怎么样？"凤姐儿想了一想，笑道："底下就团团的坐了一屋子，吃了一夜酒就散了。"众人见他正言厉色的说了，别无他话，都怔怔的还等下话，只觉冰冷无味。

史湘云看了他半日。凤姐儿笑道："再说一个过正月半的。几个人抬着个房子大的炮仗往城外放去，引了上万的人跟着瞧去。有一个性急的人等不得，便偷着拿香点着了。只听'噗哧'一声，众人哄然一笑都散了。这抬炮仗的人抱怨卖炮仗的扞的不结实，没等放就散了。"湘云道："难道他本人没听见响？"凤姐儿道："这本人原是聋子。"众人听说，一回想，不觉一齐失声都大笑起来。又想着先前那一个没完的，问他："先一个怎么样？也该说完。"凤姐儿将桌子一拍，说道："好罗唆，到了第二日是十六日，年也完了，节也完了，我看着人忙着收东西还闹不清，那里还知道底下的事了。"众人听说，复又笑将起来。凤姐儿笑道："外头已经四更，依我说，老祖宗也乏了，咱们也该'聋子放炮仗——散了'罢。"尤氏等用手帕子握着嘴，笑的前仰后合，指他说道："这个东西真会数贫嘴。"贾母笑道："真真这凤丫头越发贫嘴了。"一面说，一面吩咐道："他提起炮仗来，咱们也把烟火放了解解酒。"

贾蓉听了，忙出去带着小厮们就在院内安下屏架，将烟火设吊齐备。这烟火皆系各处进贡之物，虽不甚大，却极精巧，各色故事俱全，夹着各色花炮。林黛玉禀气柔弱，不禁毕驳之声，贾母便搂他在怀中。薛姨妈搂着湘云。湘云笑道："我不怕。"宝钗等笑道："他专爱自己放大炮仗，还怕这个呢。"王夫人便将宝玉搂入怀内。凤姐儿笑道："我们是没有人疼的了。"尤氏笑道："有我呢，我搂着你。也不怕臊，你这会子又撒娇了，听见放炮仗,吃了蜜蜂儿屎的,今儿又轻狂起来。"凤姐儿笑道:"等散了,咱们园子里放去。我比小厮们还放的好呢。"

说话之间,外面一色一色的放了又放,又有许多的满天星、九龙入云、一声雷、飞天十响之类的零碎小爆竹。放罢,然后又命小戏子打了一回"莲花落",撒了满台的钱,命那些孩子们满台抢钱取乐。又上汤时,贾母说道:"夜长,觉的有些饿了。"凤姐儿忙回说:"有预备的鸭子肉粥。"贾母道:"我吃些清淡的罢。"凤姐儿忙道:"也有枣儿熬的粳米粥,预备太太们吃斋的。"贾母笑道:"不是油腻腻的就是甜的。"凤姐儿又忙道:"还有杏仁茶,只怕也甜。"贾母道:"倒是这个还罢了。"说着,又命人撤去残席,外面另设上各种精致小菜。大家随便随意吃了些,用过漱口茶,方散。

十七日一早,又过宁府行礼,伺候掩了宗祠,收过影像,方回来。此日便是薛姨妈家请吃年酒。十八日便是赖大家,十九日便是宁府赖升家,二十日便是林之孝家,二十一日便是单大良家,二十二日便是吴新登家。这几家,贾母也有去的,也有不去的,也有高兴直待众人散了方回的,也有兴尽半日一时就来的。凡诸亲友来请或来赴席的,贾母一概怕拘束不会,自有邢夫人、王夫人、凤姐儿三人料理。连宝玉只除王子腾家去了,馀者亦皆不会,只说贾母留下解闷。所以倒是家下人家来请,贾母可以自便之处,方高兴去逛逛。闲言不提,且说当下元宵已过——

评析:语境内外

贾府日常生活的集体性活动往往以贾母为中心,第二次写到的元宵活动,也不例外。因为贾母年事已高,以及他们的贵族身份,所以贾府中人是在园子的花厅里安排欢聚,并没有像传统诗文小说中提及的女性,是在元宵节观灯走百病那样,走到户外,参与到陌生人群的狂欢中。他们基本是以静坐不动的方式,陪着贾母来看戏听故事说笑话。在此过程中,引发众人接连不断的笑声,似乎也能够把节日的气氛烘托出来。但细究这一过程,依然会发现其蕴含的别样意味。

第五十四的回目突出了贾母听才子佳人故事时的一番反驳,其对故事模式化、俗套化的反驳,自然可以构成小说的一种情节冲突,并为元宵的娱乐活动增添趣味。我们还可以把这番议论与小说开头,作为叙述者的石兄及脂评在多个场合对才子佳人小说千人一面、千部一腔的反驳联系起来,以为这里表现出作者认识现实的清醒眼光,以为这是《红楼梦》对才子佳人小说的一种超越,等等。但问题远没有这样简单。贾母据以反驳的,是她对一个大家族的环境和环境中所谓的才子佳人的认识,认为双方既不可能相遇,即便相遇,佳人也不可能马上就想到终身大事。贾母看到了这种故事的虚假、污秽,以及对礼教规矩的破坏,并严正声明这样的事自己家里不可能有,这样的故事也不会让自家小孩子听。但贾母的这番议论,只具有认识现实的普遍性,没有特殊性。特殊到贾府孩子们住的大观园,其在一定程度上的与世隔绝,以及宝玉与黛玉的先天情缘,使得贾母的一番反驳,只显示了她聪明反被聪明误。由此可见,作者在处理贾母的这番反驳言论时,并没有与笔下的人物站在同一个立场,而是把这种简单的反驳纳入自己的笔下,并在扬弃才子佳人小说的模式中,把那种简单的反驳也一并纳入自己讽刺的对象中去。其实,贾母的目的不仅是反驳才子佳人小说的模式,而且是对自己家族尊严的维护。但是,考虑到第二回,冷子兴演说荣国府时,点明贾府的后继乏人为其衰败的主要迹象,那么,贾母的声明,其反讽色彩就更加鲜明。

贾母批驳陈腐旧套自以为目光如炬,其实恰恰显示了她对身边人物的无知,让读者从她的聪明中发现了她的不聪明。在接下来的笑话中,聪明与愚笨的界限模糊,又集中反映到王熙凤身上。当贾母叙述一个媳妇因吃了孙猴子的尿而变得心巧嘴乖,偏偏有凤姐当场声明自己的笨嘴笨腮,这看似凤姐的聪明处，或许也是她的愚笨处。她的聪明在于似乎要急于撇清自己，而她的愚笨在于此地无银三百两的声明。但仔细想来，这种声明此地无银的愚笨，也许正是她想追求的效果。因为她急切让这笑话对景，是一种向老祖宗乃至众人撒娇式的讨骂，同时也是用一种大家都看得出来的假聪明来故意暴露自己，从而再一次博得众人的笑声。虽然她得到了这样的效果，但未必就此说明了她的不愚笨。因为贾母的笑话是预设了心巧嘴乖与吃尿的必然联系，从而让我们觉得，王熙凤的装傻，其竭尽心智需要制造欢乐的努力，只不过是一次自认吃尿的行为。这究竟是证明了她的智慧高超，还是证明了她的智力枯竭呢？也许有人认为，这笑话本身的娱乐性，不值得我们在意义上作过多的联想，但涉及元宵节庆这一特定语境的反讽性基调，我们从这一笑话及其王熙凤的反应中分析其反讽色彩，也是合乎情理的。

当然，关于元宵节直接的反讽意义，是在王熙凤给出的故事中得到总结的。当大家都急于听王熙凤讲故事，王熙凤以她的伶牙俐齿，叙述了在元宵节的众人聚集后，除了对这一群体发一句感慨"真好热闹"外，却没有给她的人物以任何行动的内容。这段笑话，被王蒙戏称为"淡化情节的先锋派小说"。只是在他人的一再追问中，她才以"底下就团团的坐了一屋子，吃了一夜酒就散了"来归结。而众人呢，"见他正言厉色的说了，别无他话，都怔怔的还等下话，只觉冰冷无味"。如果说第一次元宵，因为有元妃省亲这样的非常事件而使这一节日活动比较特殊的话，那么，第二次，在以贾母为中心，在以贾母的欢乐为欢乐的活动中，妙语连珠的王熙凤，却冷不防讲出一个让人感到如此冰冷无味的笑话，与其说是她卖关子，还不如说是她对竭力支撑起的元宵节活动意义流露的直觉式的迷茫。

对贾母而言，利用元宵节的团聚，靠众人烘托起的欢腾，会使她进入一个欢乐的巅峰，并体会到家族长盛不衰的幻觉。但对这一活动的实际组织者王熙凤而言，在家族日趋衰落、人心日益涣散的过程中，勉力支撑起的这种欢会,除了看到人群的聚与散,除了感到自己身体的疲惫和心灵的迷茫外,已发现不了太多的实际意义。但是,众人并不能意识到这一点,还是执着地来追问意义,来向元宵节活动索要欢乐。逼着王熙凤不得不在下一个笑话中,把这种追问的举动一并纳入其中了。在笑话中,聋子无法听见爆竹声,误以为别人偷偷点着的爆竹是没有扎结实,是爆竹自己散了架。王熙凤连用两个笑话的散,来连接贾府欢会的散,在词义上既有意关合着这一次的元宵离聚,也无意中把家族之散暗示了出来。这样一种艺术上的隐喻,还不仅仅是为了增加表现的形象感问题。因为笑话反复渲染出的无意义,包括后一个笑话强调万人集聚只听得一声"噗哧",而聋子甚至连这声音都没有听到,甚至连爆竹放与没放都不知道,从一方面看,固然是强调了聚会的无意义,强调了聋子抱怨的可笑,另一方面,也是把王熙凤自身的心力交瘁直接反映了出来。元宵过后王熙凤小产,既是她心力交瘁的证明,也是家族的不祥预兆。即便是集体活动在苦心经营中也鼓噪出一种繁华和欢腾的表象,但追求这种繁华与欢腾,给家族的财力、人物的心力造成的打击,还是把繁华和欢腾的意趣带向了反面。虽然陶醉于繁华的家族中人,他们自以为是,并不能自觉意识到这一点,一如他们陶醉在元宵灯会的璀璨中,不能自醒。

令人感叹的是,当贾母身边的鸳鸯和宝玉身边的袭人得以稍稍离开主人的权力控制、离开这种表面的喧嚣和欢乐、离开灯火辉煌的世界而来到怡红院室内时,她俩歪在炕上悄悄说着话,那种难得的清静世界,使得室外的贾宝玉都不忍心来打破它。本来,贾宝玉突然离席而回到怡红院,只不过是要去撒尿。然而,就是这样一个并无多大意义的生活细节,却引出了在光华灿烂的世界外一个更真实、更有意义、也更让人难得一见的温馨世界。这种意境,我们在《青玉案·元夕》"蓦然回首,那人却在灯火阑珊处"的词句中仿佛感受过。此刻,借助贾宝玉的一瞥,我们又看到了一个灯火阑珊的别样的世界,但在《红楼梦》中,不是被人众里追寻中有意得来的,而是只存在于短暂的瞬间。

第六十二回
憨湘云醉眠芍药裀
呆香菱情解石榴裙

话说平儿出来吩咐林之孝家的道："大事化为小事,小事化为没事,方是兴旺之家。若得不了一点子小事,便扬铃打鼓的乱折腾起来,不成道理。如今将他母女带回,照旧去当差。将秦显家的仍旧退回。再不必提此事。只是每日小心巡察要紧。"说毕,起身走了。柳家的母女忙向上磕头,林家的带回园中,回了李纨探春,二人皆说:"知道了,宁可无事,很好。"

司棋等人空兴头了一阵。那秦显家的好容易等了这个空子钻了来,只兴头上半天。在厨房内正乱着接收家伙米粮煤炭等物,又查出许多亏空来,说:"粳米短了两石,常用米又多支了一个月的,炭也欠着额数。"一面又打点送林之孝家的礼,悄悄的备了一篓炭,五百斤木柴,一担粳米,在外边就遣了子侄送入林家去了;又打点送帐房的礼;又预备几样菜蔬请几位同事的人,说:"我来了,全仗列位扶持。自今以后都是一家人了。我有照顾不到的,好歹大家照顾些。"

正乱着,忽有人来说与他:"看过这早饭就出去罢。柳嫂儿原无事,如今还交与他管了。"秦显家的听了,轰去魂魄,垂头丧气,登时掩旗息鼓,卷包而出。送人之物白丢了许多,自己倒要折变了赔补亏空。连司棋都气了个倒仰,无计挽回,只得罢了。

赵姨娘正因彩云私赠了许多东西，被玉钏儿吵出，生恐查诘出来，每日捏一把汗打听信儿。忽见彩云来告诉说："都是宝玉应了，从此无事。"赵姨娘方把心放下来。谁知贾环听如此说，便起了疑心，将彩云凡私赠之物都拿了出来，照着彩云的脸摔了去，说："这两面三刀的东西！我不希罕。你不和宝玉好，他如何肯替你应。你既有担当给了我，原该不与一个人知道。如今你既然告诉他，我再要这个，也没趣儿。"

彩云见如此，急的发身赌誓，至于哭了。百般解说，贾环执意不信，说："不看你素日之情，去告诉二嫂子，就说你偷来给我，我不敢要。你细想去。"说毕，摔手出去了。急的赵姨娘骂："没造化的种子，蛆心孽障。"气的彩云哭个泪干肠断。赵姨娘百般的安慰他："好孩子，他辜负了你的心，我看的真。让我收起来，过两日他自然回转过来了。"说着，便要收东西。彩云赌气一顿包起来，乘人不见时，来至园中，都撇在河内，顺水沉的沉漂的漂了。自己气的夜间在被内暗哭。

当下又值宝玉生日已到，原来宝琴也是这日，二人相同。因王夫人不在家，也不曾像往年闹热。只有张道士送了四样礼，换的寄名符儿；还有几处僧尼庙的和尚姑子送了供尖儿，并寿星纸马疏头，并本命星官值年太岁周年换的锁儿。家中常走的女先儿来上寿。王子腾那边，仍是一套衣服，一双鞋袜，一百寿桃，一百束上用银丝挂面。薛姨妈处减一等。其馀家中人，尤氏仍是一双鞋袜；凤姐儿是一个宫制四面和合荷包，里面装一个金寿星，一件波斯国所制玩器。各庙中遣人去放堂舍钱。又另有宝琴之礼，不能备述。姐妹中皆随便，或有一扇的，或有一字的，或有一画的，或有一诗的，聊复应景而已。

这日宝玉清晨起来，梳洗已毕，冠带出来。至前厅院中，已有李贵等四五个人在那里设下天地香烛，宝玉炷了香。行毕礼，奠茶焚纸后，便至宁府中宗祠祖先堂两处行毕礼，出至月台上，又朝上遥拜过贾母、贾政、王夫人等。一顺到尤氏上房,行过礼,坐了一回,方回荣府。先至薛姨妈处,薛姨妈再三拉着,然后又遇见薛蝌,让一回,方进园来。晴雯、麝月二人跟随,小丫头夹着毡子,从李氏起,一一挨着比他长的房中到过。复出二门,至李、赵、张、王四个奶妈家让了一回,方进来。虽众人要行礼,也不曾受。回至房中,袭人等只都来说一声就是了。王夫人有言,不令年轻人受礼,恐折了福寿,故皆不磕头。

歇一时,贾环、贾兰等来了,袭人连忙拉住,坐了一坐,便去了。宝玉笑说走乏了,便歪在床上。方吃了半盏茶,只听外面咭咭呱呱,一群丫头笑进来,原来是翠墨、小螺、翠缕、入画,邢岫烟的丫头篆儿,并奶子抱着巧姐儿,彩鸾、绣鸾八九个人,都抱着红毡笑着走来,说:"拜寿的挤破了门了,快拿面来我们吃。"刚进来时,探春、湘云、宝琴、岫烟、惜春也都来了。宝玉忙迎出来,笑说:"不敢起动,快预备好茶。"进入房中,不免推让一回,大家归坐。袭人等捧过茶来,才吃了一口,平儿也打扮的花枝招展的来了。

宝玉忙迎出来,笑说:"我方才到凤姐姐门上,回了进去,不能见我,我又打发人进去让姐姐的。"平儿笑道:"我正打发你姐姐梳头,不得出来回你。后来听见又说让我,我那里禁当的起,所以特赶来磕头。"宝玉笑道:"我也禁当不起。"袭人早在外间安了座,让他坐。平儿便福下去,宝玉作揖不迭。平儿便跪下去,宝玉也忙还跪下,袭人连忙搀起来。又下了一福,宝玉又还了一揖。袭人笑推宝玉:"你再作揖。"宝玉道:"已经完了,怎么又作揖?"袭人笑道:"这是他来给你拜寿。今儿也是他的生日,你也该给他拜寿。"宝玉听了,喜的忙作下揖去,说:"原来今儿也是姐姐的芳诞。"平儿还万福不迭。

湘云拉宝琴、岫烟说:"你们四个人对拜寿,直拜一天才是。"探春忙问:"原来邢妹妹也是今儿? 我怎么就忘了。"忙命丫头:"去告诉二奶奶,赶着补了一分礼,与琴姑娘的一样,送到二姑娘屋里去。"丫头答应着去了。岫烟见湘云直口说出来,少不得要到各房去让让。

探春笑道:"倒有些意思,一年十二个月,月月有几个生日。人多了,便这等巧,也有三个一日的、两个一日的。大年初一日也不白过,大姐姐占了去。怨不得他福大,生日比别人就占先。又是太祖太爷的生日。过了灯节,就是姨太太和宝姐姐,他们娘儿两个遇的巧。三月初一日是太太,初九日是琏二哥哥。二月没人。"袭人道:"二月十二是林姑娘,怎么没人?就只不是咱家的人。"探春笑道:"我这个记性是怎么了!"宝玉笑指袭人道:"他和林妹妹是一日,所以他记的。"

探春笑道:"原来你两个倒是一日。每年连头也不给我们磕一个。平儿的生日我们也不知道,这也是才知道。"平儿笑道:"我们是那牌儿名上的人,生日也没拜寿的福,又没受礼职分,可吵闹什么,可不悄悄的过去。今儿他又偏吵出来了,等姑娘们回房,我再行礼去罢。"探春笑道:"也不敢惊动。只是今儿倒要替你过个生日,我心才过得去。"宝玉、湘云等一齐都说:"很是。"探春便吩咐了丫头:"去告诉他奶奶,就说我们大家说了,今儿一日不放平儿出去,我们也大家凑了分子过生日呢。"丫头笑着去了,半日,回来说:"二奶奶说了,多谢姑娘们给他脸。不知过生日给他些什么吃,只别忘了二奶奶,就不来絮聒他了。"众人都笑了。

探春因说道:"可巧今儿里头厨房不预备饭,一应下面弄菜都是外头收拾。咱们就凑了钱叫柳家的来揽了去,只在咱们里头收拾倒好。"众人都说是极。探春一面遣人去问李纨、宝钗、黛玉,一面遣人去传柳家的进来,吩咐他内厨房中快收拾两桌酒席。

柳家的不知何意,因说外厨房都预备了。探春笑道:"你原来不知道,今儿是平姑娘的华诞。外头预备的是上头的,这如今我们私下又凑了分子,单为平姑娘预备两桌请他。你只管拣新巧的菜蔬预备了来,开了帐和我那里领钱。"柳家的笑道："原来今日也是平姑娘的千秋,我竟不知道。"说着,便向平儿磕下头去,慌的平儿拉起他来。柳家的忙去预备酒席。

这里探春又邀了宝玉,同到厅上去吃面,等到李纨宝钗一齐来全,又遣人去请薛姨妈与黛玉。因天气和暖,黛玉之疾渐愈,故也来了。花团锦簇,挤了一厅的人。

谁知薛蟠又送了巾扇香帛四色寿礼与宝玉,宝玉于是过去陪他吃面。两家皆治了寿酒,互相酬送,彼此同领。至午间,宝玉又陪薛蟠吃了两杯酒。宝钗带了宝琴过来与薛蟠行礼,把盏毕,宝钗因嘱薛蟠："家里的酒也不用送过那边去,这虚套竟可收了。你只请伙计们吃罢。我们和宝兄弟进去还要待人去呢,也不能陪你了。"薛蟠忙说："姐姐兄弟只管请,只怕伙计们也就好来了。"宝玉忙又告过罪,方同他姊妹回来。

一进角门,宝钗便命婆子将门锁上,把钥匙要了自己拿着。宝玉忙说："这一道门何必关,又没多的人走。况且姨娘、姐姐、妹妹都在里头,倘或家去取什么,岂不费事。"宝钗笑道："小心没过逾的。你瞧你们那边,这几日七事八事,竟没有我们这边的人,可知是这门关的有功效了。若是开着,保不住那起人图顺脚,抄近路从这里走,拦谁的是？不如锁了,连妈和我也禁着些,大家别走。纵有了事,就赖不着这边的人了。"

宝玉笑道："原来姐姐也知道我们那边近日丢了东西？"宝钗笑道："你只知道玫瑰露和茯苓霜两件,乃因人而及物。若非因人,你连这两件还不知道呢。殊不知还有几件比这两件大的呢。若以后叨登不出来,是大家的造化;若叨登出来,不知里头连累多少人呢。你也是不管事的人,我才告诉你。平儿是个明白人,我前儿也告诉了他,皆因他奶奶不在外头,所以使他明白了。若不出来,大家乐得丢开手。若犯出来,他心里已有稿子,自有头绪,就冤屈不着平人了。你只听我说,以后留神小心就是了,这话也不可对第二个人讲。"

说着，来到沁芳亭边，只见袭人、香菱、待书、素云、晴雯、麝月、芳官、蕊官、藕官等十来个人都在那里看鱼作耍。见他们来了，都说："芍药栏里预备下了，快去上席罢。"宝钗等随携了他们同到了芍药栏中红香圃三间小敞厅内。连尤氏已请过来了，诸人都在那里，只没平儿。

　　原来平儿出去，有赖林诸家送了礼来，连三接四，上中下三等家人来拜寿送礼的不少，平儿忙着打发赏钱道谢，一面又色色的回明凤姐儿，不过留下几样，也有不收的，也有收下即刻赏与人的。忙了一回，又直待凤姐儿吃过面，方换了衣裳往园里来。

　　刚进了园，就有几个丫鬟来找他，一同到了红香圃中。只见筵开玳瑁，褥设芙蓉。众人都笑："寿星全了。"上面四座定要让他们四个人坐，四人皆不肯。薛姨妈说："我老天拔地，又不合你们的群儿，我倒觉拘的慌，不如我到厅上随便躺躺去倒好。我又吃不下什么去，又不大吃酒，这里让他们倒便宜。"尤氏等执意不从。宝钗道："这也罢了，倒是让妈在厅上歪着自如些，有爱吃的送些过去，倒自在了。且前头没人在那里，又可照看了。"探春等笑道："既这样，恭敬不如从命。"因大家送了他到议事厅上，眼看着命丫头们铺了一个锦褥并靠背引枕之类，又嘱咐："好生给姨妈捶腿，要茶要水别推三扯四的。回来送了东西来，姨妈吃了就赏你们吃。只别离了这里出去。"小丫头们都答应了。

　　探春等方回来。终久让宝琴、岫烟二人在上，平儿面西坐，宝玉面东坐。探春又接了鸳鸯来，二人并肩对面相陪。西边一桌，宝钗、黛玉、湘云、迎春、惜春，一面又拉了香菱、玉钏儿二人打横。三桌上，尤氏李纨又拉了袭人、彩云陪坐。四桌上便是紫鹃、莺儿、晴雯、小螺、司棋等人围坐。当下探春等还要把盏，宝琴等四人都说："这一闹，一日都坐不成了。"方才罢了。两个女先儿要弹词上寿，众人都说："我们没人要听那些野话，你厅上去说给姨太太解闷儿去罢。"一面又将各色吃食拣了，命人送与薛姨妈去。

宝玉便说:"雅坐无趣,须要行令才好。"众人有的说行这个令好,那个又说行那个令好。黛玉道:"依我说,拿了笔砚将各色全都写了,拈成阄儿,咱们抓出那个来,就是那个。"众人都道妙。即拿了一副笔砚花笺。香菱近日学了诗,又天天学写字,见了笔砚便图不得,连忙起座说:"我写。"

大家想了一回,共得了十来个,念着,香菱一一的写了,搓成阄儿,掷在一个瓶中间。探春便命平儿拣,平儿向内搅了一搅,用箸拈了一个出来,打开看,上写着"射覆"二字。宝钗笑道:"把个酒令的祖宗拈出来。'射覆'从古有的,如今失·传,这是后人纂的,比一切的令都难。这里头倒有一半是不会的,不如毁了,另拈一个雅俗共赏的。"探春笑道:"既拈了出来,如何又毁。如今再拈一个,若是雅俗共赏的,便叫他们行去。咱们行这个。"说着又着袭人拈了一个,却是"拇战"。史湘云笑着说:"这个简断爽利,合了我的脾气。我不行这个'射覆',没的垂头丧气闷人,我只划拳去了。"探春道:"惟有他乱令,宝姐姐快罚他一钟。"宝钗不容分说,便灌湘云一杯。

探春道:"我吃一杯,我是令官,也不用宣,只听我分派。"命取了令骰令盆来,"从琴妹掷起,挨下掷去,对了点的二人射覆"。宝琴一掷,是个三,岫烟宝玉等皆掷的不对,直到香菱方掷了个三。宝琴笑道:"只好室内生春,若说到外头去,可太没头绪了。"探春道:"自然。三次不中者罚一杯。你覆,他射。"宝琴想了一想,说了个"老"字。香菱原生于这令,一时想不到,满室满席都不见有与"老"字相连的成语。湘云先听了,便也乱看,忽见门斗上贴着"红香圃"三个字,便知宝琴覆的是"吾不如老圃"的"圃"字。见香菱射不着,众人击鼓又催,便悄悄的拉香菱,教他说"药"字。黛玉偏看见了,说:"快罚他,又在那里私相传递呢。"哄的众人都知道了,忙又罚了一杯,恨的湘云拿筷子敲黛玉的手。于是罚了香菱一杯。

下则宝钗和探春对了点子。探春便覆了一个"人"字。宝钗笑道："这个'人'字泛的很。"探春笑道："添一字，两覆一射，也不泛了。"说着，便又说了个"窗"字。宝钗一想，因见席上有鸡，便射着他是用"鸡窗""鸡人"二典了，因射了个"埘"字。探春知他射着，用了"鸡栖于埘"的典，二人一笑，各饮一口门杯。

湘云等不得，早和宝玉"三""五"乱叫，划起拳来。那边尤氏和鸳鸯隔着席也"七""八"乱叫划起来。平儿袭人也作了一对划拳，叮叮当当只听得腕上的镯子响。一时湘云赢了宝玉，袭人赢了平儿，尤氏赢了鸳鸯，三个人限酒底酒面，湘云便说："酒面要一句古文，一句旧诗，一句骨牌名，一句曲牌名，还要一句时宪书上的话，共总凑成一句话。酒底要关人事的果菜名。"众人听了，都笑说："惟有他的令也比人唠叨，倒也有意思。"便催宝玉快说。宝玉笑道："谁说过这个，也等想一想儿。"黛玉便道："你多喝一钟，我替你说。"宝玉真个喝了酒，听黛玉说道：

落霞与孤鹜齐飞，风急江天过雁哀，却是一只折足雁，叫的人九回肠，这是鸿雁来宾。

说的大家笑了，说："这一串子倒有些意思。"黛玉又拈了一个榛穰，说酒底道：

榛子非关隔院砧，何来万户捣衣声。

令完，鸳鸯、袭人等皆说的是一句俗语，都带一个"寿"字的，不能多赘。

大家轮流乱划了一阵，这上面湘云又和宝琴对了手，李纨和岫烟对了点子。李纨便覆了一个"瓢"字，岫烟便射了一个"绿"字，二人会意，各饮

一口。湘云的拳却输了,请酒面酒底。宝琴笑道:"请君入瓮。"大家笑起来,说:"这个典用的当。"湘云便说道:

  奔腾而砰湃,江间波浪兼天涌,须要铁锁缆孤舟,既遇着一江风,不宜出行。

说的众人都笑了,说:"好个诌断了肠子的。怪道他出这个令,故意惹人笑。"又听他说酒底。湘云吃了酒,拣了一块鸭肉呷口,忽见碗内有半个鸭头,遂拣了出来吃脑子。众人催他,"别只顾吃,到底快说了"。湘云便用箸子举着说道:

  这鸭头不是那丫头,头上那讨桂花油。

众人越发笑起来,引的晴雯、小螺、莺儿等一干人都走过来说:"云姑娘会开心儿,拿着我们取笑儿,快罚一杯才罢。怎见得我们就该擦桂花油的?倒得每人给一瓶子桂花油擦擦。"黛玉笑道:"他倒有心给你们一瓶子油,又怕挂误着打盗窃的官司。"众人不理论,宝玉却明白,忙低了头。彩云有心病,不觉的红了脸。宝钗忙暗暗的瞅了黛玉一眼。黛玉自悔失言,原是趣宝玉的,就忘了趣着彩云。自悔不及,忙一顿行令划拳岔开了。

  底下宝玉可巧和宝钗对了点子。宝钗覆了一个"宝"字,宝玉想了一想,便知是宝钗作戏指自己所佩通灵玉而言,便笑道:"姐姐拿我作雅谑,我却射着了。说出来姐姐别恼,就是姐姐的讳'钗'字就是了。"众人道:"怎么解?"宝玉道:"他说'宝',底下自然是'玉'了。我射'钗'字,旧诗曾有'敲断玉钗红烛冷',岂不射着了。"湘云说道:"这用时事却使不得,两个人都该罚。"香菱忙道:"不止时事,这也有出处。"湘云道:"'宝玉'二字并无出处,不过是春联上或有之,诗书纪载并无,算不得。"香菱道:"前日我读岑嘉州五言律,现有一句说'此乡多宝玉',怎么你倒忘了?后来又读李义山七言绝句,又有一句'宝钗无日不生尘',我还笑说他两个名字都原来在唐诗上呢。"众人笑说:"这可问住了,快罚一杯。"湘云无语,只得饮了。

　　大家又该对点的对点,划拳的划拳。这些人因贾母王夫人不在家,没了管束,便任意取乐,呼三喝四,喊七叫八。满厅中红飞翠舞,玉动珠摇,真是十分热闹。顽了一回,大家方起席散了一散,倏然不见了湘云,只当他外头自便就来,谁知越等越没了影响,使人各处去找,那里找得着。

　　接着林之孝家的同着几个老婆子来,生恐有正事呼唤,二者恐丫鬟们年轻,乘王夫人不在家不服探春等约束,恣意痛饮,失了体统,故来请问有事无事。探春见他们来了,便知其意,忙笑道:"你们又不放心,来查我们来了。我们没有多吃酒,不过是大家顽笑,将酒作个引子,妈妈们别耽心。"李纨尤氏都也笑说:"你们歇着去罢,我们也不敢叫他们多吃了。"林之孝家的等人笑说:"我们知道,连老太太叫姑娘们吃酒姑娘们还不肯吃,何况太太们不在家,自然顽罢了。我们怕有事,来打听打听。二则天长了,姑娘们顽一回子还该点补些小食儿。素日又不大吃杂东西,如今吃一两杯酒,若不多吃些东西,怕受伤。"探春笑道:"妈妈们说的是,我们也正要吃呢。"因回头命取点心来。

　　两旁丫鬟们答应了,忙去传点心。探春又笑让:"你们歇着去罢,或是姨妈那里说话儿去。我们即刻打发人送酒你们吃去。"林之孝家的等人笑回:"不敢领了。"又站了一回,方退了出去。平儿摸着脸笑道:"我的脸都热了,也不好意思见他们。依我说竟收了罢,别惹他们再来,倒没意思了。"探春笑道:"不相干,横竖咱们不认真喝酒就罢了。"

　　正说着,只见一个小丫头笑嘻嘻的走来:"姑娘们快瞧云姑娘去,吃醉了图凉快,在山子后头一块青板石凳上睡着了。"众人听说,都笑道:"快别吵嚷。"说着，都走来看时，果见湘云卧于山石僻处一个石凳子上，业经香梦沉酣，四面芍药花飞了一身，满头脸衣襟上皆是红香散乱，手中的扇子在地下，也半被落花埋了，一群蜂蝶闹穰穰的围着他，又用鲛帕包了一包芍药花瓣枕着。众人看了，又是爱，又是笑，忙上来推唤挽扶。湘云口内犹作睡语说酒令，唧唧嘟嘟说：

　　　　泉香而酒洌，玉碗盛来琥珀光，直饮到梅梢月上，醉扶归，却为宜会亲友。

　　众人笑推他，说道："快醒醒儿吃饭去，这潮凳上还睡出病来呢。"湘云慢启秋波，见了众人，又低头看了一看自己，方知是醉了。原是来纳凉避静的，不觉的因多罚了两杯酒，娇袅不胜，便睡着了，心中反觉自愧。连忙起身扎挣着同人来至红香圃中，用过水，又吃了两盏酽茶。探春忙命将醒酒石拿来给他衔在口内，一时又命他喝了一些酸汤，方才觉得好了些。

　　当下又选了几样果菜与凤姐送去，凤姐儿也送了几样来。宝钗等吃过点心，大家也有坐的，也有立的，也有在外观花的，也有扶栏观鱼的，各自取便说笑不一。探春便和宝琴下棋，宝钗岫烟观局。林黛玉和宝玉在一簇花下唧唧哝哝不知说些什么。

　　只见林之孝家的和一群女人带了一个媳妇进来。那媳妇愁眉苦脸，也不敢进厅，只到了阶下，便朝上跪了，碰头有声。探春因一块棋受了敌，算来算去纵得了两个眼，便折了官着，两眼只瞅着棋枰，一只手却伸在盒内，只管抓弄棋子作想，林之孝家的站了半天，因回头要茶时才看见，问："什么事？"林之孝家的便指那媳妇说："这是四姑娘屋里的小丫头彩儿的娘，现是园内伺候的人。嘴很不好，才是我听见了问着他，他说的话也不敢回姑娘，竟要撵出去才是。"探春道："怎么不回大奶奶？"林之孝家的道：

"方才大奶奶都往厅上姨太太处去了,顶头看见,我已回明白了,叫回姑娘来。"探春道:"怎么不回二奶奶?"平儿道:"不回去也罢,我回去说一声就是了。"探春点点头,道:"既这么着,就撵出他去,等太太来了,再回定夺。"说毕仍又下棋。这林之孝家的带了那人去。不提。

黛玉和宝玉二人站在花下,遥遥知意。黛玉便说道:"你家三丫头倒是个乖人。虽然叫他管些事,倒也一步儿不肯多走。差不多的人就早作起威福来了。"宝玉道:"你不知道呢。你病着时,他干了好几件事。这园子也分了人管,如今多掐一草也不能了。又蠲了几件事,单拿我和凤姐姐作筏子禁别人。最是心里有算计的人,岂只乖而已。"黛玉道:"要这样才好,咱们家里也太花费了。我虽不管事,心里每常闲了,替你们一算计,出的多进的少,如今若不省俭,必致后手不接。"宝玉笑道:"凭他怎么后手不接,也短不了咱们两个人的。"黛玉听了,转身就往厅上寻宝钗说笑去了。

宝玉正欲走时,只见袭人走来,手内捧着一个小连环洋漆茶盘,里面可式放着两钟新茶,因问:"他往那去了?我见你两个半日没吃茶,巴巴的倒了两钟来,他又走了。"宝玉道:"那不是他,你给他送去。"说着自拿了一钟。袭人便送了那钟去,偏和宝钗在一处,只得一钟茶,便说:"那位渴了那位先接了,我再倒去。"宝钗笑道:"我却不渴,只要一口漱一漱就够了。"说着先拿起来喝了一口,剩下半杯递在黛玉手内。袭人笑说:"我再倒去。"黛玉笑道:"你知道我这病,大夫不许我多吃茶,这半钟尽够了,难为你想的到。"说毕,饮干,将杯放下。袭人又来接宝玉的。宝玉因问:"这半日没见芳官,他在那里呢?"袭人四顾一瞧说:"才在这里几个人斗草的,这会子不见了。"

宝玉听说,便忙回至房中,果见芳官面向里睡在床上。宝玉推他说道:"快别睡觉,咱们外头顽去,一回儿好吃饭的。"芳官道:"你们吃酒不理我,教我闷了半日,可不来睡觉罢了。"宝玉拉了他起来,笑道:"咱们晚上家里再吃,回来我叫袭人姐姐带了你桌上吃饭,何如?"芳官道:"藕官蕊官都不上去,单我在那里也不好。我也不惯吃那个面条子,早饭也没好生吃。才刚饿了,我已告诉了柳嫂子,先给我做一碗汤盛半碗粳米饭送来,我这里吃了就完事。若是晚上吃酒,不许教人管着我,我要尽力吃够了才罢。我先在家里,吃二三斤好惠泉酒呢。如今学了这劳什子,他们说怕坏嗓子,这几年也没闻见。乘今儿我是要开斋了。"宝玉道:"这个容易。"

说着,只见柳家的果遣了人送了一个盒子来。小燕接着揭开,里面是一碗虾丸鸡皮汤,又是一碗酒酿清蒸鸭子,一碟腌的胭脂鹅脯,还有一碟四个奶油松瓤卷酥,并一大碗热腾腾碧荧荧蒸的绿畦香稻粳米饭。小燕放在案上,走去拿了小菜并碗箸过来,拨了一碗饭。芳官便说:"油腻腻的,谁吃这些东西。"只将汤泡饭吃了一碗,拣了两块腌鹅就不吃了。宝玉闻着,倒觉比往常之味又胜些似的,遂吃了一个卷酥,又命小燕也拨了半碗饭,泡汤一吃,十分香甜可口。小燕和芳官都笑了。吃毕,小燕便将剩的要交回。宝玉道:"你吃了罢,若不够再要些来。"小燕道:"不用要,这就够了。方才麝月姐姐拿了两盘子点心给我们吃了,我再吃了这个,尽不用再吃了。"

说着,便站在桌旁一顿吃了,又留下两个卷酥,说:"这个留着给我妈吃。晚上要吃酒,给我两碗酒吃就是了。"宝玉笑道:"你也爱吃酒?等着咱们晚上痛喝一阵。你袭人姐姐和晴雯姐姐量也好,也要喝,只是每日不好意思。今儿大家开斋。还有一件事,想着嘱咐你,我竟忘了,此刻才想起来。以后芳官全要你照看他,他或有不到的去处,你提他,袭人照顾不过这些人来。"小燕道:"我都知道,都不用操心。但只这五儿怎么样?"宝玉道:"你和柳家的说去,明儿直叫他进来罢,等我告诉他们一声就完了。"芳官听了,笑道:"这倒是正经。"小燕又叫两个小丫头进来,服侍洗手倒茶,自己收了家伙,交与婆子,也洗了手,便去找柳家的。不在话下。

宝玉便出来，仍往红香圃寻众姐妹，芳官在后拿着巾扇。刚出了院门，只见袭人晴雯二人携手回来。宝玉问："你们做什么？"袭人道："摆下饭了，等你吃饭呢。"宝玉便笑着将方才吃的饭一节告诉了他两个。袭人笑道："我说你是猫儿食，闻见了香就好。隔锅饭儿香。虽然如此，也该上去陪他们多少应个景儿。"晴雯用手指戳在芳官额上，说道："你就是个狐媚子，什么空儿跑了去吃饭，两个人怎么就约下了，也不告诉我们一声儿。"袭人笑道："不过是误打误撞的遇见了，说约下了，可是没有的事。"

晴雯道："既这么着，要我们无用。明儿我们都走了，让芳官一个人就够使了。"袭人笑道："我们都去了使得，你却去不得。"晴雯道："惟我是第一个要去，又懒又笨，性子又不好，又没用。"袭人笑道："倘或那孔雀褂子再烧个窟窿，你去了谁可会补呢。你倒别和我拿三撇四的，我烦你做个什么，把你懒的横针不拈，竖线不动。一般也不是我的私活烦你，横竖都是他的，你就都不肯做。怎么我去了几天，你病的七死八活，一夜连命也不顾给他做了出来，这又是什么原故？你到底说话，别只伴憨，和我笑，也当不了什么。"大家说着，来至厅上。薛姨妈也来了。大家依序坐下吃饭。宝玉只用茶泡了半碗饭，应景而已。一时吃毕，大家吃茶闲话，又随便顽笑。

外面小螺和香菱、芳官、蕊官、藕官、荳官等四五个人，都满园中顽了一回，大家采了些花草来兜着，坐在花草堆中斗草。这一个说："我有观音柳。"那一个说："我有罗汉松。"那一个又说："我有君子竹。"这一个又说："我有美人蕉。"这个又说："我有星星翠。"那个又说："我有月月红。"这个又说："我有《牡丹亭》上的牡丹花。"那个又说："我有《琵琶记》里的枇杷果。"荳官便说："我有姐妹花。"众人没了，香菱便说："我有夫妻蕙。"荳官说："从没听见有个夫妻蕙。"香菱道："一箭一花为兰，一箭数花为蕙。凡蕙有两枝，上下结花者为兄弟蕙，有并头结花者为夫妻蕙。我这枝并头的,怎么不是夫妻蕙。"荳官没的说了,便起身笑道:"依你说,若是这两枝一大一小,就是老子儿子蕙了。若两枝背面开的,就是仇人蕙了。你汉子去了大半年,你想夫妻了?便扯上蕙也有夫妻,好不害羞!"香菱听了,红了脸,忙要起身拧他,笑骂道:"我把你这烂了嘴的小蹄子!满嘴里汗燉的胡说了。等我起来打不死你这小蹄子!"

荳官见他要勾来,怎容他起来,便忙连身将他压倒。回头笑着央告蕊官等:"你们来,帮着我拧他这诌嘴。"两个人滚在草地下。众人拍手笑说:"了不得了,那是一洼子水,可惜污了他的新裙子了。"荳官回头看了一看,果见旁边有一汪积雨,香菱的半扇裙子都污湿了,自己不好意思,忙夺了手跑了。众人笑个不住,怕香菱拿他们出气,笑着一哄而散。

香菱起身低头一瞧,那裙上犹滴滴点点流下绿水来。正恨骂不绝,可巧宝玉见他们斗草,也寻了些花草来凑戏,忽见众人跑了,只剩了香菱一个低头弄裙,因问:"怎么散了?"香菱便说:"我有一枝夫妻蕙,他们不知道,反说我诌,因此闹起来,把我的新裙子也脏了。"宝玉笑道:"你有夫妻蕙,我这里倒有一枝并蒂菱。"口内说,手内却真个拈着一枝并蒂菱花,又拈了那枝夫妻蕙在手内。香菱道:"什么夫妻不夫妻,并蒂不并蒂,你瞧瞧这裙子。"

宝玉方低头一瞧,便嗳呀了一声,说:"怎么就拖在泥里了?可惜这石榴红绫最不经染。"香菱道:"这是前儿琴姑娘带了来的。姑娘做了一条,我做了一条,今儿才上身。"宝玉跌脚叹道:"若你们家,一日遭踏这一百件也不值什么。只是头一件既系琴姑娘带来的,你和宝姐姐每人才一件,他的尚好,你的先脏了,岂不辜负他的心。二则姨妈老人家嘴碎,饶这样,我还听见常说你们不知过日子,只会遭踏东西,不知惜福呢。这叫姨妈看见了,又说一个不清。"

香菱听了这话,却碰在心坎儿上,反倒喜欢起来了,因笑道:"就是这话了。我虽有几条新裙子,都不和这一样,若有一样的,赶着换了,也就好了。过后再说。"宝玉道:"你快休动,只站着方好,不然连小衣儿膝裤鞋面都要拖脏。我有个主意:袭人上月做了一条和这个一模一样的,他因有孝,如今也不穿。竟送了你换下这个来,如何?"香菱笑着摇头说:"不好。他们倘或听见了倒不好。"宝玉道:"这怕什么。等他们孝满了,他爱什么,难道不许你送他别的不成。你若这样,还是你素日为人了!况且不是瞒人的事,只管告诉宝姐姐也可,只不过怕姨妈老人家生气罢了。"香菱想了一想有理,便点头笑道:"就是这样罢了,别辜负了你的心。我等着,你千定叫他亲自送来才好。"

　　宝玉听了,喜欢非常,答应了忙忙的回来。一壁里低头心下暗算:"可惜这么一个人,没父母,连自己本姓都忘了,被人拐出来,偏又卖与了这个霸王。"因又想起上日平儿也是意外想不到的,今日更是意外之意外的事了。一壁胡思乱想,来至房中,拉了袭人,细细告诉了他原故。

　　香菱之为人,没人不怜爱的。袭人又本是个手中撒漫的,况与香菱素相交好,一闻此信,忙就开箱取了出来折好,随了宝玉来寻着香菱,他还站在那里等呢。袭人笑道:"我说你太淘气了,足的淘出个故事来才罢。"香菱红了脸,笑说:"多谢姐姐了,谁知那起促狭鬼使黑心。"说着,接了裙子,展开一看,果然同自己的一样。又命宝玉背过脸去,自己叉手向内解下来,将这条系上。袭人道:"把这脏了的交与我拿回去,收拾了再给你送来。你若拿回去,看见了也是要问的。"香菱道:"好姐姐,你拿去不拘给那个妹妹罢。我有了这个,不要他了。"袭人道:"你倒大方的好。"香菱忙又万福道谢,袭人拿了脏裙便走。

　　香菱见宝玉蹲在地下,将方才的夫妻蕙与并蒂菱用树枝儿抠了一个坑,先抓些落花来铺垫了,将这菱蕙安放好,又将些落花来掩了,方撮土掩埋平服。香菱拉他的手,笑道:"这又叫做什么?怪道人人说你惯会鬼鬼崇崇使人肉麻的事。你瞧瞧,你这手弄的泥乌苔滑的,还不快洗去。"宝玉笑着,方起身走了去洗手,香菱也自走开。二人已走远了数步,香菱复转身回来叫住宝玉。宝玉不知有何话,扎着两只泥手,笑嘻嘻的转来问:"什么?"香菱只顾笑。因那边他的小丫头臻儿走来说:"二姑娘等你说话呢。"香菱方向宝玉道:"裙子的事可别向你哥哥说才好。"说毕,即转身走了。宝玉笑道:"可不我疯了,往虎口里探头儿去呢。"说着,也回去洗手去了。不知端详,且听下回分解。

评析:醉美是湘云

湘云醉卧,给人留下深刻印象。如果把这样的画面与刘姥姥的醉卧对照着看的话,醉中人与其所处的特定空间,确实有冲突与和谐的区别。但作者写史湘云的醉卧并不是用来与刘姥姥的对照的。尽管我们不妨把刘姥姥的醉卧与湘云的归为一类,但这样的分类,仅仅是从人与环境关系着眼的。换一个角度看,如果我们从作品人物层面来看待饮酒的结果,此前的描写,似乎都在强调饮酒乱性的结果,在醉酒的作用下,人物越出了常规的行为方式,更多表现出负面的作用。正是在这样的总体背景下,史湘云的醉酒才具有了全新的意义。

如果说醉酒确实使人心智迷乱的话,那么在面对繁花似锦的自然界,心智其实是毫无意义的,一个只有在醉酒状态中的人如湘云者,才能用酒彻底解除了自己理智的武装,而把身心全部托付给自然,从而与自然融为一体。就此,我们看到了醉酒全然审美化的积极意义,那么的一种可爱相,让周围的众人简直不知该如何爱她。也幸亏有这样的动人一幕,才使我们对嗜酒如曹雪芹者,有了更深切的认识。虽然本来刘姥姥也有类似的在野外睡熟的机会,其与环境的关系未必不和谐,而酒屁臭气在野外也更容易发散,但作者选择了湘云。这既看出了作者的价值标准,也能令我们多少揣摩到一点作为嗜酒者的作者对心目中的醉酒者形象的一种理想化的认同方式。

再看香菱情解石榴裙,这是除写香菱陶醉于诗之外,又写出了她的一种"远方"。

其实,贾宝玉对两位无法靠近的女孩一直心存好感,总想在她们面前尽一点心。一是平儿,另一就是香菱。这两人是他哥哥辈的小妾,他本应该避嫌的。不过他在此前凤姐醉闹冤枉平儿时,帮平儿理妆,以及这一回为香菱换裙,用书上说的,都是给他意外之惊喜。但,作者告诉我们,贾宝玉之于香菱,要更特殊一些。因为在这一回里,香菱在玩斗草游戏时,拿出的夫妻蕙无法让荳官理解,而恰好贾宝玉手里有一枝并蒂菱,和香菱手上的合在一起了。当香菱为自己弄脏的石榴裙担心时,宝玉又让袭人贡献出自己同样的新裙子换给香菱。袭人本来已明确了是宝玉的小妾身份,她们裙子互换的行为,似乎把宝玉和香菱的关系又加固了一层。接下来的描写就更耐人寻味了,宝玉把夫妻蕙和并蒂菱一起埋到泥坑,又用一些花来掩埋,让香菱也觉得有点肉麻,拉了他的手叫他快去洗。而香菱临走时,特地叮嘱一声,换裙子的事不要告诉薛蟠,宝玉笑着回复她:"可不我疯了,往虎口里去探头儿去呢。"这样,我们就发现,当香菱和宝玉各自拿的夫妻蕙和并蒂菱埋在花下坑里时,他们也同时把一个秘密埋在了各人的心里。而回目重提她的"呆"与"情解",并结合起来,就有不一样的含义,或者说,恰恰是用"情解"说明了"呆"的另一层含义,这层含义,正是与贾宝玉的情"痴"相合的。所以,俞平伯先生有一个分析,认为薛蟠外出回来对香菱态度恶劣,与香菱入住大观园让他生疑有一定关系。

宝玉与香菱共享的秘密,与其说明了他们的亲切,不如说给他们指出了一种交往的界限。从宝玉立场上说,那是与别人妻妾交往的极限。借用穆旦的一句诗来说:"再没有更近的接近,所有的偶然在我们间定型。"是的,贾宝玉与香菱的关系已经定型，不能再朝前迈进一步了。所以，第七十九回，当贾宝玉听说薛蟠要娶夏金桂为妻，香菱正兴高采烈，感觉诗社的队伍壮大时，贾宝玉接下来说的一句，却让香菱变色了。宝玉说："但只我听这话不知怎么倒替你耽心虑后呢。"香菱突然说："这是什么话！素日咱们都是厮抬厮敬的，今日忽然提起这些事来，是什么意思！怪不得人人都说你是个亲近不得的人。"其态度转变之快，令人目瞪口呆。我们不知道香菱这样的态度是因为过分天真，还是因为不敢正视、不愿相信宝玉的暗示。但把别人的关心视为一种过分，以撇清自己的立场，这大概是有些人在彼此间有过亲密交往后，或多或少表露出来的一种态度？但香菱的"远方"已经消失，这是无可避免的了。而夏金桂到来后，又把她保留的一点诗意诗情也铲除了。香菱在用充满诗意的语言来描写菱角的淡雅之香后，夏金桂立马让她改名，把香字抹掉，把她那一点自我陶醉的诗意给彻底埋葬了。当香菱而为秋菱时，秋天正是浓烈的桂花香四散之时，于是，在桂花的香气中，哪里还有一点淡淡菱香存在的余地？

第六十三回
寿怡红群芳开夜宴
死金丹独艳理亲丧

话说宝玉回至房中洗手,因与袭人商议:"晚间吃酒,大家取乐,不可拘泥。如今吃什么,好早说给他们备办去。"袭人笑道:"你放心,我和晴雯、麝月、秋纹四个人,每人五钱银子,共是二两。芳官、碧痕、小燕、四儿四个人,每人三钱银子,他们有假的不算,共是三两二钱银子,早已交给了柳嫂子,预备四十碟果子。我和平儿说了,已经抬了一坛好绍兴酒藏在那边了。我们八个人单替你过生日。"宝玉听了,喜的忙说:"他们是那里的钱,不该叫他们出才是。"晴雯道:"他们没钱,难道我们是有钱的!这原是各人的心。那怕他偷的呢,只管领他们的情就是。"宝玉听了,笑说:"你说的是。"袭人笑道:"你一天不挨他两句硬话村你,你再过不去。"晴雯笑道:"你如今也学坏了,专会架桥拨火儿。"说着,大家都笑了。

宝玉说:"关院门罢。"袭人笑道:"怪不得人说你是'无事忙',这会子关了门,人倒疑惑,越性再等一等。"宝玉点头,因说:"我出去走走,四儿舀水去,小燕一个跟我来罢。"说着,走至外边,因见无人,便问五儿之事。小燕道:"我才告诉了柳嫂子,他倒喜欢的很。只是五儿那夜受了委屈烦恼,回家去又气病了,那里来得。只等好了罢。"宝玉听了,不免后悔长叹,因又问:"这事袭人知道不知道?"小燕道:"我没告诉,不知芳官可说了不曾。"宝玉道:"我却没告诉过他,也罢,等我告诉他就是了。"说毕,复走进来,故意洗手。

已是掌灯时分,听得院门前有一群人进来。大家隔窗悄视,果见林之孝家的和几个管事的女人走来,前头一人提着大灯笼。晴雯悄笑道:"他们查上夜的人来了。这一出去,咱们好关门了。"只见怡红院凡上夜的人都迎了出去,林之孝家的看了不少。林之孝家的吩咐:"别耍钱吃酒,放倒头睡到大天亮。我听见是不依的。"众人都笑说:"那里有那样大胆子的人。"林之孝家的又问:"宝二爷睡下了没有?"众人都回不知道。

袭人忙推宝玉。宝玉趿了鞋,便迎出来,笑道:"我还没睡呢。妈妈进来歇歇。"又叫:"袭人倒茶来。"林之孝家的忙进来,笑说:"还没睡?如今天长夜短了,该早些睡,明儿起的方早。不然到了明日起迟了,人笑话说不是个读书上学的公子了,倒像那起挑脚汉了。"说毕,又笑。宝玉忙笑道:"妈妈说的是。我每日都睡的早,妈妈每日进来可都是我不知道的,已经睡了。今儿因吃了面,怕停住食,所以多顽一会子。"林之孝家的又向袭人等笑说:"该沏些个普洱茶吃。"袭人晴雯二人忙笑说:"沏了一盏子女儿茶,已经吃过两碗了。大娘也尝一碗,都是现成的。"说着,晴雯便倒了一碗来。

林之孝家的又笑道:"这些时我听见二爷嘴里都换了字眼,赶着这几位大姑娘们竟叫起名字来。虽然在这屋里,到底是老太太、太太的人,还该嘴里尊重些才是。若一时半刻偶然叫一声使得,若只管叫起来,怕以后兄弟侄儿照样,便惹人笑话,说这家子的人眼里没有长辈。"宝玉笑道:"妈妈说的是。我原不过是一时半刻的。"袭人晴雯都笑说:"这可别委屈了他。直到如今,他可姐姐没离了口。不过顽的时候叫一声半声名字,若当着人却是和先一样。"林之孝家的笑道:"这才好呢,这才是读书知礼的。越自己谦越尊重,别说是三五代的陈人,现从老太太、太太屋里拨过来的,便是老太太、太太屋里的猫儿狗儿,轻易也伤他不的。这才是受过调教的公子行事。"说毕,吃了茶,便说:"请安歇罢,我们走了。"宝玉还说:"再歇歇。"那林之孝家的已带了众人,又查别处去了。

这里晴雯等忙命关了门,进来笑说:"这位奶奶那里吃了一杯来了,唠三叨四的,又排场了我们一顿去了。"麝月笑道:"他也不是好意的,少不得也要常提着些儿。也堤防着怕走了大褶儿的意思。"说着,一面摆上酒果。

袭人道:"不用高桌,咱们把那张花梨圆炕桌子放在炕上坐,又宽绰,又便宜。"说着,大家果然抬来。麝月和四儿那边去搬果子,用两个大茶盘做四五次方搬运了来。两个老婆子蹲在外面火盆上筛酒。宝玉说:"天热,咱们都脱了大衣裳才好。"众人笑道:"你要脱你脱,我们还要轮流安席呢。"宝玉笑道:"这一安就安到五更天了。知道我最怕这些俗套子,在外人跟前不得已的,这会子还怄我就不好了。"众人听了,都说:"依你。"于是先不上座,且忙着卸妆宽衣。

一时将正妆卸去,头上只随便挽着纂儿,身上皆是长裙短袄。宝玉只穿着大红棉纱小袄子,下面绿绫弹墨裌裤,散着裤脚,倚着一个各色玫瑰芍药花瓣装的玉色夹纱新枕头,和芳官两个先划拳。当时芳官满口嚷热,只穿着一件玉色红青酡绒三色缎子斗的水田小夹袄,束着一条柳绿汗巾,底下是水红撒花夹裤,也散着裤腿。头上眉额编着一圈小辫,总归至顶心,结一根鹅卵粗细的总辫,拖在脑后。右耳眼内只塞着米粒大小的一个小玉塞子,左耳上单带着一个白果大小的硬红镶金大坠子,越显的面如满月犹白,眼如秋水还清。引的众人笑说:"他两个倒像是双生的弟兄两个。"

袭人等一一的斟了酒来,说:"且等等再划拳,虽不安席,每人在手里吃我们一口罢了。"于是袭人为先,端在唇上吃了一口,馀依次下去,一一吃过,大家方团圆坐定。小燕四儿因炕沿坐不下,便端了两张椅子,近炕放下。那四十个碟子,皆是一色白粉定窑的,不过只有小茶碟大,里面不过是山南海北,中原外国,或干或鲜,或水或陆,天下所有的酒馔果菜。

宝玉因说:"咱们也该行个令才好。"袭人道:"斯文些的才好,别大呼小叫,惹人听见。二则我们不识字,可不要那些文的。"麝月笑道:"拿骰子咱们抢红罢。"宝玉道:"没趣,不好。咱们占花名儿好。"晴雯笑道:"正是早已想弄这个顽意儿。"袭人道:"这个顽意虽好,人少了没趣。"小燕笑道:"依我说,咱们竟悄悄的把宝姑娘林姑娘请了来顽一回子,到二更天再睡不迟。"袭人道:"又开门喝户的闹,倘或遇见巡夜的问呢?"宝玉道:"怕什么,咱们三姑娘也吃酒,再请他一声才好。还有琴姑娘。"众人都道:"琴姑娘罢了,他在大奶奶屋里,叨登的大发了。"宝玉道:"怕什么,你们就快请去。"小燕四儿都得不得一声,二人忙命开了门,分头去请。

晴雯、麝月、袭人三人又说:"他两个去请,只怕宝林两个不肯来,须得我们请去,死活拉他来。"于是袭人晴雯忙又命老婆子打个灯笼,二人又去。果然宝钗说夜深了,黛玉说身上不好,他二人再三央求说:"好歹给我们一点体面,略坐坐再来。"探春听了却也欢喜。因想:"不请李纨,倘或被他知道了倒不好。"便命翠墨同了小燕也再三的请了李纨和宝琴二人,会齐,先后都到了怡红院中。袭人又死活拉了香菱来。炕上又并了一张桌子,方坐开了。

宝玉忙说:"林妹妹怕冷,过这边靠板壁坐。"又拿个靠背垫着些。袭人等都端了椅子在炕沿下一陪。黛玉却离桌远远的靠着靠背,因笑向宝钗、李纨、探春等道:"你们日日说人夜聚饮博,今儿我们自己也如此,以后怎么说人。"李纨笑道:"这有何妨。一年之中不过生日节间如此,并无夜夜如此,这倒也不怕。"

说着,晴雯拿了一个竹雕的签筒来,里面装着象牙花名签子,摇了一摇,放在当中。又取过骰子来,盛在盒内,摇了一摇,揭开一看,里面是五点,数至宝钗。宝钗便笑道:"我先抓,不知抓出个什么来。"说着,将筒摇

了一摇,伸手掣出一根。大家一看,只见签上画着一枝牡丹,题着"艳冠群芳"四字,下面又有镌的小字一句唐诗,道是:

任是无情也动人。

又注着:"在席共贺一杯,此为群芳之冠,随意命人,不拘诗词雅谑,道一则以侑酒。"众人看了,都笑说:"巧的很,你也原配牡丹花。"说着,大家共贺了一杯。宝钗吃过,便笑说:"芳官唱一支我们听罢。"芳官道:"既这样,大家吃门杯好听的。"于是大家吃酒。芳官便唱:

寿筵开处风光好。

众人都道:"快打回去。这会子很不用你来上寿,拣你极好的唱来。"芳官只得细细的唱了一支《赏花时》:

翠凤毛翎扎帚叉,闲踏天门扫落花。您看那风起玉尘沙。猛可的那一层云下,抵多少门外即天涯。您再休要剑斩黄龙一线儿差,再休向东老贫穷卖酒家。您与俺高眼向云霞。洞宾呵,你得了人可便早些儿回话;若迟呵,错教人留恨碧桃花。

才罢。宝玉却只管拿着那签,口内颠来倒去念"任是无情也动人",听了这曲子,眼看着芳官不语。湘云忙一手夺了,掷与宝钗。宝钗又掷了一个十六点,数到探春。

探春笑道:"我还不知得个什么呢。"伸手掣了一根出来,自己一瞧,便掷在地下,红了脸,笑道:"这东西不好,不该行这令。这原是外头男人们

行的令,许多混话在上头。"众人不解,袭人等忙拾了起来,众人看上面是一枝杏花,那红字写着"瑶池仙品"四字,诗云:

日边红杏倚云栽。

注云:"得此签者,必得贵婿,大家恭贺一杯,共同饮一杯。"众人笑道:"我说是什么呢。这签原是闺阁中取戏的,除了这两三根有这话的,并无杂话,这有何妨。我们家已有了个王妃,难道你也是王妃不成。大喜,大喜。"说着,大家来敬。探春那里肯饮,却被史湘云、香菱、李纨等三四个人强死强活灌了下去。探春只命蠲了这个,再行别的,众人断不肯依。湘云拿着他的手强掷了一个十九点出来,便该李氏掣。

李氏摇了一摇,掣出一根来一看,笑道:"好极。你们瞧瞧,这劳什子竟有些意思。"众人瞧那签上,画着一枝老梅,是写着"霜晓寒姿"四字,那一面旧诗是:

竹篱茅舍自甘心。

注云:"自饮一杯,下家掷骰。"李纨笑道:"真有趣,你们掷去罢。我只自吃一杯,不问你们的废与兴。"说着,便吃酒,将骰过与黛玉。黛玉一掷,是个十八点,便该湘云掣。

湘云笑着,揎拳掳袖的伸手掣了一根出来。大家看时,一面画着一枝海棠,题着"香梦沉酣"四字,那面诗道是:

只恐夜深花睡去。

黛玉笑道："'夜深'两个字,改'石凉'两个字。"众人便知他趣白日间湘云醉卧的事,都笑了。湘云笑指那自行船与黛玉看,又说"快坐上那船家去罢,别多话了"。众人都笑了。因看注云："既云'香梦沉酣',掣此签者不便饮酒,只令上下二家各饮一杯。"湘云拍手笑道："阿弥陀佛,真真好签!"恰好黛玉是上家,宝玉是下家。二人斟了两杯只得要饮。宝玉先饮了半杯,瞅人不见,递与芳官,端起来便一扬脖。黛玉只管和人说话,将酒全折在漱盂内了。湘云便绰起骰子来一掷个九点,数去该麝月。

麝月便掣了一根出来。大家看时,这面上一枝荼蘼花,题着"韶华胜极"四字,那边写着一句旧诗,道是:

开到荼蘼花事了。

注云："在席各饮三杯送春。"麝月问怎么讲,宝玉愁眉,忙将签藏了,说:"咱们且喝酒。"说着,大家吃了三口,以充三杯之数。麝月一掷个十九点,该香菱。

香菱便掣了一根并蒂花,题着"联春绕瑞",那面写着一句诗,道是:

连理枝头花正开。

注云："共贺掣者三杯,大家陪饮一杯。"香菱便又掷了个六点,该黛玉掣。

黛玉默默的想道："不知还有什么好的被我掣着方好。"一面伸手取了一根,只见上面画着一枝芙蓉,题着"风露清愁"四字,那面一句旧诗,道是:

莫怨东风当自嗟。

注云："自饮一杯，牡丹陪饮一杯。"众人笑说："这个好极。除了他，别人不配作芙蓉。"黛玉也自笑了。于是饮了酒，便掷了个二十点，该着袭人。

袭人便伸手取了一根出来，却是一枝桃花，题着"武陵别景"四字，那一面旧诗写着道是：

　　桃红又是一年春。

注云："杏花陪一盏，坐中同庚者陪一盏，同辰者陪一盏，同姓者陪一盏。"众人笑道："这一回热闹有趣。"大家算来，香菱、晴雯、宝钗三人皆与他同庚，黛玉与他同辰，只无同姓者。芳官忙道："我也姓花，我也陪他一钟。"于是大家斟了酒，黛玉因向探春笑道："命中该着招贵婿的，你是杏花，快喝了，我们好喝。"探春笑道："这是个什么，大嫂子顺手给他一下子。"李纨笑道："人家不得贵婿反挨打，我也不忍的。"说的众人都笑了。

袭人才要掷，只听有人叫门。老婆子忙出去问时，原来是薛姨妈打发人来了接黛玉的。众人因问几更了，人回："二更以后了，钟打过十一下了。"宝玉犹不信，要过表来瞧了一瞧，已是子初初刻十分了。黛玉便起身说："我可撑不住了，回去还要吃药呢。"众人说："也都该散了。"袭人宝玉等还要留着众人。李纨宝钗等都说："夜太深了不像，这已是破格了。"袭人道："既如此，每位再吃一杯再走。"说着，晴雯等已都斟满了酒，每人吃了，都命点灯。袭人等直送过沁芳亭河那边方回来。

关了门，大家复又行起令来。袭人等又用大钟斟了几钟，用盘攒了各样果菜与地下的老嬷嬷们吃。彼此有了三分酒，便猜拳赢唱小曲儿。那天已四更时分，老嬷嬷们一面明吃，一面暗偷，酒坛已罄，众人听了纳罕，方收拾盥漱睡觉。

芳官吃的两腮胭脂一般，眉梢眼角越添了许多丰韵，身子图不得，便睡在袭人身上,道:"好姐姐,心跳的很。"袭人笑道:"谁许你尽力灌起来。"小燕四儿也图不得,早睡了。晴雯还只管叫。宝玉道:"不用叫了,咱们且胡乱歇一歇罢。"自己便枕了那红香枕,身子一歪,便也睡着了。袭人见芳官醉的很,恐闹他唾酒,只得轻轻起来,就将芳官扶在宝玉之侧,由他睡了。自己却在对面榻上倒下。

大家黑甜一觉,不知所之。及至天明,袭人睁眼一看,只见天色晶明,忙说:"可迟了。"向对面床上瞧了一瞧,只见芳官头枕着炕沿上,睡犹未醒,连忙起来叫他。宝玉已翻身醒了,笑道:"可迟了!"因又推芳官起身。那芳官坐起来,犹发怔揉眼睛。袭人笑道:"不害羞,你吃醉了,怎么也不拣地方儿乱挺下了。"芳官听了,瞧了一瞧,方知道是和宝玉同榻,忙笑的下地来,说:"我怎么吃的不知道了。"宝玉笑道:"我竟也不知道了。若知道,给你脸上抹些黑墨。"说着,丫头进来伺候梳洗。

宝玉笑道:"昨儿有扰,今儿晚上我还席。"袭人笑道:"罢罢罢,今儿可别闹了,再闹就有人说话了。"宝玉道:"怕什么,不过才两次罢了。咱们也算是会吃酒了,那一坛子酒,怎么就吃光了。正是有趣,偏又没了。"袭人笑道:"原要这样才有趣。必至兴尽了,反无后味了。昨儿都好上来了,晴雯连臊也忘了,我记得他还唱了一个。"四儿笑道:"姐姐忘了,连姐姐还唱了一个呢。在席的谁没唱过!"众人听了,俱红了脸,用两手握着笑个不住。

忽见平儿笑嘻嘻的走来,说亲自来请昨日在席的人:"今儿我还东,短一个也使不得。"众人忙让坐吃茶。晴雯笑道:"可惜昨夜没他。"平儿忙问:"你们夜里做什么来?"袭人便说:"告诉不得你。昨儿夜里热闹非常,连往日老太太、太太带着众人顽也不及昨儿这一顽。一坛酒我们都鼓捣光了,一个个吃的把臊都丢了,三不知的又都唱起来。四更多天才横三竖四的打了一个盹儿。"平儿笑道:"好,白和我要了酒来,也不请我,还说着给我听,气我。"晴雯道:"今儿他还席,必来请你的,等着罢。"平儿笑问道:"他是谁,谁是他?"晴雯听了,赶着笑打,说道:"偏你这耳朵尖,听得真。"平儿笑道:"这会子有事不和你说,我干事去了。一回再打发人来请,一个不到,我是打上门来的。"宝玉等忙留,他已经去了。

这里宝玉梳洗了正吃茶,忽然一眼看见砚台底下压着一张纸,因说道:"你们这随便混压东西也不好。"袭人晴雯等忙问:"又怎么了,谁又有了不是了?"宝玉指道:"砚台下是什么?一定又是那位的样子忘记了收的。"晴雯忙启砚拿了出来,却是一张字帖儿,递与宝玉看时,原来是一张粉红签子,上面写着:"槛外人妙玉恭肃遥叩芳辰。"

宝玉看毕,直跳了起来,忙问:"这是谁接了来的?也不告诉。"袭人晴雯等见了这般,不知当是那个要紧的人来的帖子,忙一齐问:"昨儿谁接下了一个帖子?"四儿忙飞跑进来,笑说:"昨儿妙玉并没亲来,只打发个妈妈送来。我就搁在那里,谁知一顿酒就忘了。"众人听了,道:"我当谁的,这样大惊小怪。这也不值的。"宝玉忙命:"快拿纸来。"当时拿了纸,研了墨,看他下着"槛外人"三字,自己竟不知回帖上回个什么字样才相敌。只管提笔出神,半天仍没主意。因又想:"若问宝钗去,他必又批评怪诞,不如问黛玉去。"

想罢,袖了帖儿,径来寻黛玉。刚过了沁芳亭,忽见岫烟颤颤巍巍的迎面走来。宝玉忙问:"姐姐那里去?"岫烟笑道:"我找妙玉说话。"宝玉听了诧异,说道:"他为人孤僻,不合时宜,万人不入他目。原来他推重姐姐,竟知姐姐不是我们一流的俗人。"岫烟笑道:"他也未必真心重我,但我和他做过十年的邻居,只一墙之隔。他在蟠香寺修炼,我家原寒素,赁房居住,就赁的是他庙里的房子,住了十年,无事到他庙里去作伴。我所认的字都是承他所授。我和他又是贫贱之交,又有半师之分。因我们投亲去了,闻得他因不合时宜,权势不容,竟投到这里来。如今又天缘凑合,我们得遇，旧情竟未易。承他青目，更胜当日。"

宝玉听了，恍如听了焦雷一般，喜的笑道："怪道姐姐举止言谈，超然如野鹤闲云，原来有本而来。正因他的一件事我为难，要请教别人去。如今遇见姐姐，真是天缘巧合，求姐姐指教。"说着，便将拜帖取与岫烟看。岫烟笑道："他这脾气竟不能改，竟是生成这等放诞诡僻了。从来没见拜帖上下别号的，这可是俗语说的'僧不僧，俗不俗，女不女，男不男'，成个什么道理。"宝玉听说，忙笑道："姐姐不知道，他原不在这些人中，算他原是世人意外之人。因取我是个些微有知识的，方给我这帖子。我因不知回什么字样才好，竟没了主意，正要去问林妹妹，可巧遇见了姐姐。"

岫烟听了宝玉这话，且只顾用眼上下细细打量了半日，方笑道："怪道俗语说的'闻名不如见面'，又怪不得妙玉竟下这帖子给你，又怪不得上年竟给你那些梅花。既连他这样，少不得我告诉你原故。他常说：'古人中自汉晋五代唐宋以来皆无好诗，只有两句好，说道："纵有千年铁门槛，终须一个土馒头。"'所以他自称'槛外之人'。又常赞文是庄子的好，故又或称为'畸人'。他若帖子上是自称'畸人'的，你就还他个'世人'。畸人者，他自称是畸零之人；你谦自己乃世中扰扰之人，他便喜了。如今他自称'槛外之人'，是自谓蹈于铁槛之外了；故你如今只下'槛内人'，便合了他的心了。"宝玉听了，如醍醐灌顶，嗳哟了一声，方笑道："怪道我们家庙说是'铁槛寺'呢，原来有这一说。姐姐就请，让我去写回帖。"岫烟听了，便自往栊翠庵来。宝玉回房写了帖子，上面只写"槛内人宝玉熏沐谨拜"几字，亲自拿了到栊翠庵，只隔门缝儿投进去便回来了。

因又见芳官梳了头，挽起纂来，戴了些花翠，忙命他改妆，又命将周围的短发剃了去，露出碧青头皮来，当中分大顶，又说："冬天作大貂鼠卧兔儿带，脚上穿虎头盘云五彩小战靴，或散着裤腿，只用净袜厚底镶鞋。"又说："芳官之名不好，竟改了男名才别致。"因又改作"雄奴"。芳官十分称心,又说:"既如此,你出门也带我出去。有人问,只说我和茗烟一样的小厮就是了。"宝玉笑道:"到底人看的出来。"芳官笑道:"我说你是无才的。咱家现有几家土番,你就说我是个小土番儿。况且人人说我打联垂好看,你想这话可妙?"

宝玉听了,喜出意外,忙笑道:"这却很好。我亦常见官员人等多有跟从外国献俘之种,图其不畏风霜,鞍马便捷。既这等,再起个番名,叫作'耶律雄奴'。'雄奴'二音,又与匈奴相通,都是犬戎名姓。况且这两种人自尧舜时便为中华之患,晋唐诸朝,深受其害。幸得咱们有福,生在当今之世,大舜之正裔,圣虞之功德仁孝,赫赫格天,同天地日月亿兆不朽,所以凡历朝中跳梁猖獗之小丑,到了如今竟不用一干一戈,皆天使其拱手俯头缘远来降。我们正该作践他们,为君父生色。"芳官笑道:"既这样着,你该去操习弓马,学些武艺,挺身出去拿几个反叛来,岂不尽忠效力了。何必借我们,你鼓唇摇舌的,自己开心作戏,却说是称功颂德呢。"宝玉笑道:"所以你不明白。如今四海宾服,八方宁静,千载百载不用武备。咱们虽一戏一笑,也该称颂,方不负坐享升平了。"芳官听了有理,二人自为妥贴甚宜。宝玉便叫他"耶律雄奴"。

究竟贾府二宅皆有先人当年所获之囚赐为奴隶,只不过令其饲养马匹,皆不堪大用。湘云素习憨戏异常,他也最喜武扮的,每每自己束銮带,穿折袖。近见宝玉将芳官扮成男子,他便将葵官也扮了个小子。那葵官本是常刮剔短发,好便于面上粉墨油彩,手脚又伶便,打扮了又省一层手。李纨探春见了也爱,便将宝琴的荳官也就命他打扮了一个小童,头上两个丫髻,短袄红鞋,只差了涂脸,便俨是戏上的一个琴童。湘云将葵官改了,换作"大英"。因他姓韦,便叫他作韦大英,方合自己的意思,暗有"惟大英雄能本色"之语,何必涂朱抹粉,才是男子。荳官身量年纪皆极小,又极鬼灵,故曰荳官。园中人也有唤他作"阿荳"的,也有唤作"炒豆子"的。宝琴反说琴童书童等名太熟了,竟是芸字别致,便换作"芸童"。

因饭后平儿还席,说红香圃太热,便在榆荫堂中摆了几席新酒佳肴。可喜尤氏又带了佩凤偕鸳二妾过来游玩。这二妾亦是青年姣憨女子,不常过来的,今既入了这园,再遇见湘云、香菱、芳蕊一干女子,所谓"方以类聚,物以群分"二语不错,只见他们说笑不了,也不管尤氏在那里,只凭丫鬟们去服侍,且同众人一一的游玩。一时到了怡红院,忽听宝玉叫"耶律雄奴",把佩凤、偕鸳、香菱三个人笑在一处,问是什么话,大家也学着叫这名字,又叫错了音韵,或忘了字眼,甚至于叫出"野驴子"来,引的合园中人凡听见者无不笑倒。宝玉又见人人取笑,恐作践了他,忙又说:"海西福朗思牙,闻有金星玻璃宝石,他本国番语以金星玻璃名为'温都里纳'。如今将你比作他,就改名唤叫'温都里纳'可好?"芳官听了更喜,说:"就是这样罢。"因此又唤了这名。众人嫌拗口,仍翻汉名,就唤"玻璃"。

闲言少述,且说当下众人都在榆荫堂中以酒为名,大家顽笑,命女先儿击鼓。平儿采了一枝芍药,大家约二十来人传花为令,热闹了一回。因人回说:"甄家有两个女人送东西来了。"探春和李纨尤氏三人出去议事厅相见,这里众人且出来散一散。佩凤偕鸳两个去打秋千顽耍,宝玉便说:"你两个上去,让我送。"慌的佩凤说:"罢了,别替我们闹乱子,倒是叫'野驴子'来送送使得。"宝玉忙笑说:"好姐姐们别顽了,没的叫人跟着你们学着骂他。"偕鸳又说:"笑软了,怎么打呢。掉下来栽出你的黄子来。"佩凤便赶着他打。

正玩笑不绝,忽见东府中几个人慌慌张张跑来说:"老爷宾天了。"众人听了,唬了一大跳,忙都说:"好好的并无疾病,怎么就没了?"家下人说:"老爷天天修炼,定是功行圆满,升仙去了。"尤氏一闻此言,又见贾珍父子并贾琏等皆不在家,一时竟没个着己的男子来,未免忙了。只得忙卸了妆饰,命人先到玄真观将所有的道士都锁了起来,等大爷来家审问。一面忙忙坐车带了赖升一干老家人媳妇出城。又请太医看视到底系何病。大夫们见人已死，何处诊脉来，素知贾敬导气之术总属虚诞，更至参星礼斗，守庚申，服灵砂，妄作虚为，过于劳神费力，反因此伤了性命的。如今虽死，肚中坚硬似铁，面皮嘴唇烧的紫绛皱裂。便向媳妇回说："系玄教中吞金服砂，烧胀而殁。"众道士慌的回说："原是老爷秘法新制的丹砂吃坏事，小道们也曾劝说'功行未到且服不得'，不承望老爷于今夜守庚申时悄悄的服了下去，便升仙了。这恐是虔心得道，已出苦海，脱去皮囊，自了去也。"

尤氏也不听，只命锁着，等贾珍来发放，且命人去飞马报信。一面看视这里窄狭，不能停放，横竖也不能进城的，忙装裹好了，用软轿抬至铁槛寺来停放，掐指算来，至早也得半月的工夫，贾珍方能来到。目今天气炎热，实不得相待，遂自行主持，命天文生择了日期入殓。寿木已系早年备下寄在此庙的，甚是便易。三日后便开丧破孝。一面且做起道场来等贾珍。

荣府中凤姐儿出不来，李纨又照顾姊妹，宝玉不识事体，只得将外头之事暂托了几个家中二等管事人。贾琏、贾琮、贾珩、贾㼆、贾菖、贾菱等各有执事。尤氏不能回家，便将他继母接来在宁府看家。他这继母只得将两个未出嫁的小女带来，一并起居才放心。

且说贾珍闻了此信，即忙告假。礼部因贾珍并贾蓉是有职之人。而且当今隆敦孝弟，不敢自专，具本请旨。原来天子极是仁孝过天的，且更隆重功臣之裔，一见此本，便诏问贾敬何职。礼部代奏："系进士出身，祖职已荫其子贾珍。贾敬因年迈多疾，常养静于都城之外玄真观。今因疾殁于寺中，其子珍，其孙蓉，现因国丧随驾在此，故乞假归殓。"天子听了，忙下额外恩旨曰："贾敬虽白衣无功于国，念彼祖父之功，追赐五品之职。令其子孙扶柩由北下之门进都，入彼私第殡殓。任子孙尽丧礼毕扶柩回籍外,着光禄寺按上例赐祭。朝中由王公以下准其祭吊。钦此。"此旨一下,不但贾府中人谢恩,连朝中所有大臣皆嵩呼称颂不绝。

贾珍父子星夜驰回,半路中又见贾瑞贾珖二人领家丁飞骑而来,看见贾珍,一齐滚鞍下马请安。贾珍忙问:"作什么?"贾瑞回说:"嫂子恐哥哥和侄儿来了,老太太路上无人,叫我们两个来护送老太太的。"贾珍听了,赞称不绝,又问家中如何料理。贾瑞等便将如何拿了道士,如何挪至家庙,怕家内无人接了亲家母和两个姨娘在上房住着。贾蓉当下也下了马,听见两个姨娘来了,便和贾珍一笑。贾珍忙说了几声"妥当",加鞭便走,店也不投,连夜换马飞驰。一日到了都门,先奔入铁槛寺。那天已是四更天气,坐更的闻知,忙喝起众人来。贾珍下了马,和贾蓉放声大哭,从大门外便跪爬进来,至棺前稽颡泣血,直哭到天亮喉咙都哑了方住。尤氏等都一齐见过。贾珍父子忙按礼换了凶服,在棺前俯伏,无奈自要理事,竟不能目不视物,耳不闻声,少不得减些悲戚,好指挥众人。因将恩旨备述与众亲友听了。一面先打发贾蓉家中料理停灵之事。

贾蓉得不得一声儿,先骑马飞来至家,忙命前厅收桌椅,下槅扇,挂孝幔子,门前起鼓手棚牌楼等事。又忙着进来看外祖母两个姨娘。原来尤老安人年高喜睡,常歪着了,他二姨娘三姨娘都和丫头们作活计,见他来了,都道烦恼。贾蓉且嘻嘻的望他二姨娘笑说:"二姨娘,你又来了。我们父亲正想你呢。"尤二姐便红了脸,骂道:"蓉小子,我过两日不骂你几句,你就过不得了。越发连个体统都没了。还亏你是大家公子哥儿,每日念书学礼的,越发连那小家子瓢坎的也跟不上。"说着顺手拿起一个熨斗来,搂头就打,吓的贾蓉抱着头滚到怀里告饶。尤三姐便上来撕嘴,又说:"等姐姐来家,咱们告诉他。"贾蓉忙笑着跪在炕上求饶,他两个又笑了。贾蓉又和二姨抢砂仁吃,尤二姐嚼了一嘴渣子,吐了他一脸。贾蓉用舌头都舔着吃了。

众丫头看不过，都笑说："热孝在身上，老娘才睡了觉，他两个虽小，到底是姨娘家，你太眼里没有奶奶了。回来告诉爷，你吃不了兜着走。"贾蓉撇下他姨娘，便抱着丫头们亲嘴："我的心肝，你说的是，咱们馋他两个。"丫头们忙推他，恨的骂："短命鬼儿，你一般有老婆丫头，只和我们闹。知道的说是顽；不知道的人，再遇见那脏心烂肺的爱多管闲事嚼舌头的人，吵嚷的那府里谁不知道，谁不背地里嚼舌说咱们这边乱帐。"贾蓉笑道："各门另户，谁管谁的事。都够使的了。从古至今，连汉朝和唐朝，人还说脏唐臭汉，何况咱们这宗人家。谁家没风流事，别讨我说出来。连那边大老爷这么利害，琏叔还和那小姨娘不干净呢。凤姑娘那样刚强，瑞叔还想他的帐。那一件瞒了我！"

贾蓉只管信口开合胡言乱道之间，只见他老娘醒了，请安问好，又说："难为老祖宗劳心，又难为两位姨娘受委屈，我们爷儿们感戴不尽。惟有等事完了，我们合家大小，登门去磕头。"尤老安人点头道："我的儿，倒是你们会说话。亲戚们原是该的。"又问："你父亲好？几时得了信赶到的？"贾蓉道："才刚赶到的，先打发我瞧你老人家来了。好歹求你老人家事完了再去。"说着，又和他二姨挤眼，那尤二姐便悄悄咬牙含笑骂："很会嚼舌头的猴儿崽子，留下我们给你爹作娘不成！"贾蓉又戏他老娘道："放心罢，我父亲每日为两位姨娘操心，要寻两个又有根基又富贵又年轻又俏皮的两位姨爹，好聘嫁这二位姨娘的。这几年总没拣得，可巧前日路上才相准了一个。"尤老只当真话，忙问是谁家的，二姊妹丢了活计，一头笑，一头赶着打。说："妈别信这雷打的。"连丫头们都说："天老爷有眼，仔细雷要紧！"又值人来回话："事已完了，请哥儿出去看了，回爷的话去。"那贾蓉方笑嘻嘻的去了。不知如何，且听下回分解。

评析：怡红院里的狂欢

群芳开夜宴，可能是贾府走向衰败过程中，宝玉和众姐妹享受欢畅和疯狂的最后阶段了。这种欢畅不仅表现在人物放肆喝酒猜拳，也表现在人物行酒令时的那种不讲规矩、上天入地、雅俗一锅煮的混搭风格。关于人物所抽花签上所题的诗句，或者暗示人物命运，或者联系到人物所处的特定场景，或者引发读者对人物的某种特征、某种气质、某种志趣、某种心态的联想，等等。类似分析已经太多，而夜宴中人的座次问题，前辈学者俞平伯、周绍良，青年学者李小龙等也有过讨论，此不赘述。这里只想提几点外在于群芳夜宴的描写，以显示作者笔端的摇曳生姿。

按照章回小说的惯常结构，每一回中的前后内容，均有两两相对的意义。这一回的内容重点虽然是写群芳开夜宴，但同时也写了贾敬突然去世，以及因贾敬去世尤氏的两位妹妹尤二姐和尤三姐进入宁国府，形成了该回的多层次对照意义。直接的当然是生和死，即为宝玉庆生和为贾敬办丧事的对比，但进一步看，宝玉和周边女孩子的那种醉酒狂欢，与贾蓉和二尤之间的打闹，也具有了对照的意味。对照的结果是，凸显了宝玉和女孩子的纯真，贾琏和二尤打闹的"脏"，这种"脏"让周边丫鬟都看不下去时，贾琏却是用"脏唐臭汉"来辩解的。

在这里，我们看到，贾蓉每一次"肮脏"的调情，都曾引起尤二姐或者尤三姐等的反击，但这种反击，都被贾蓉用更无耻的手段予以化解，并且将其反击纳入一种男女打情骂俏的互动式的愈演愈烈的氛围中。这种行为不但无所顾忌，无遮无拦，而且旁人的指责都被贾蓉故意解读成"眼馋"。如若不是有人来催他去办正事，我们简直就不知道这场游戏该如何收场。如果把贾蓉此前刚发生的行为联系起来看，其讽刺性更得到了强化：

贾珍下了马,和贾蓉放声大哭,从大门外便跪爬进来,至棺前稽颡泣血,直哭到天亮喉咙都哑了方住。

既然伤心到这个份上,一回家,却马上跟二位姨娘乃至丫鬟调笑无度,也是令人惊讶的。

类似于贾蓉与女子的调笑无度,群芳开夜宴到后来阶段,大家都醉得厉害,也出现了越礼之举,但两者本质的差异也是显而易见的。小说写芳官喝醉后,睡在了宝玉卧榻,第二天醒来,发生了这样一幕:

(袭人)因又推芳官起身。那芳官坐起来,犹发怔揉眼睛。袭人笑道:"不害羞,你吃醉了,怎么也不拣地方儿乱挺下了。"芳官听了,瞧了一瞧,方知道是和宝玉同榻,忙笑的下地来,说:"我怎么吃的不知道了。"宝玉笑道:"我竟也不知道了。若知道,给你脸上抹些黑墨。"

这里,无论是为人向来豪放的芳官,还是宝玉,其实都有点自省的意味,都强调自己是无意间犯下的过错。只不过芳官解释说自己因为喝醉才有此越礼的举动,而宝玉的一番说辞,却更加微妙。他一方面也说自己喝醉了不知道,另一方面又似乎暗示,即使他在清醒状态,他也不会在意这其中的越礼问题,而是遗憾没有机会来跟芳官开个玩笑,在她脸上抹墨。难道宝玉真会这么做? 在笔者看来,作者之所以让宝玉这么说,其实正是为了刻画宝玉的高情商。他是以开玩笑的方式,告诉芳官同时也是告诉在场的袭人,别说他们都不清醒,即使在清醒状态,最多就是为彼此的玩笑创造条件而已,就这样,把这里可能蕴含的越礼问题轻轻化解了。而且,芳官本来就是演戏的,用墨抹脸不过是顺势而为的玩笑了。

如果说，这一段描写算是群芳开夜宴发展出来的"后戏"，那么，同样构成一段"后戏"的，是宝玉看到了晚上妙玉托人送来的一张贺贴，上写"槛外人妙玉恭肃遥叩芳辰"，这既让他惊奇得大呼小叫，也让他为回复而犯了难。正要向黛玉请教，在途中遇到妙玉的朋友邢岫烟，岫烟从而给他支招，并借解释妙玉的落款"槛外人"，也顺便为宝玉介绍了妙玉的为人志趣，由此，又见出作者的独到构思。

须知，文学作品要全方位刻画一个人物，人物自身的人生价值观，其对社会世界的认识，也是构成人物形象精神世界的重要部分。问题是，宝钗可以大谈她的经济之道，黛玉可以大论诗艺，湘云可以论阴阳问题，但就是妙玉，很难让她对人直接谈佛禅之理。因为佛禅中人的最大特点，就是以不立文字，不落言筌，来显示其圆通和高妙。这样，采用迂回的方式，借助一个对她知根知底的人出面代为解释，这正是克服形象刻画上的难题而实施的特殊策略。当然，经过邢岫烟的一番解释，妙玉行为的自相矛盾反而更加凸显了，比如以槛外人的姿态对槛内人的念念不忘。而这种自相矛盾，也正是妙玉的形象特点。

此外，开夜宴前的一些细节描写，也颇有耐人寻味处。如，起初的安排，只是怡红院内的丫鬟，凑份子为宝玉庆生。但宝玉提议要有占花名的娱乐节目，而袭人说人少了不好玩，才有燕儿提议把宝钗、湘云、黛玉等都请了来。虽然最终都把人给请来了，但宝钗和黛玉开始都拒绝，只是拒绝的理由各有差异，宝钗说的是"夜深了"，黛玉说的是"身上不好"，一重客观，一重主体，据此见出两人在日常中的着眼点区别，也符合各自的为人风格。

第七十四回
惑奸谗抄检大观园
矢孤介杜绝宁国府

话说平儿听迎春说了，正自好笑，忽见宝玉也来了。原来管厨房柳家的媳妇之妹，也因放头开赌得了不是。这园中有素与柳家不睦的，便又告出柳家来，说他和他妹子是伙计，虽然他妹子出名，其实赚了钱两个人平分。因此凤姐要治柳家之罪。

那柳家的因得此信，便慌了手脚，因思素与怡红院人最为深厚，故走来悄悄的央求晴雯金星玻璃等人。金星玻璃告诉了宝玉。宝玉因思内中迎春之乳母也现有此罪，不若来约同迎春去讨情，比自己独去单为柳家说情又更妥当，故此前来。忽见许多人在此，见他来时，都问："你的病可好了？跑来作什么？"宝玉不便说出讨情一事，只说："来看二姐姐。"当下众人也不在意，且说些闲话。

平儿便出去办累丝金凤一事。那王住儿媳妇紧跟在后，口内百般央求，只说："姑娘好歹口内超生，我横竖去赎了来。"平儿笑道："你迟也赎，早也赎，既有今日，何必当初。你的意思得过去就过去了。既是这样，我也不好意思告人，趁早去赎了来交与我送去，我一字不提。"王住儿媳妇听说，方放下心来，就拜谢，又说："姑娘自去贵干，我赶晚拿了来，先回了姑娘，再送去，如何？"平儿道："赶晚不来，可别怨我。"说毕，二人方分路各自散了。

平儿到房,凤姐问他:"三姑娘叫你作什么?"平儿笑道:"三姑娘怕奶奶生气,叫我劝着奶奶些,问奶奶这两天可吃些什么。"凤姐笑道:"倒是他还记挂着我。刚才又出来了一件事:有人来告柳二媳妇和他妹子通同开局,凡妹子所为,都是他作主。我想,你素日肯劝我'多一事不如省一事',就可闲一时心,自己保养保养也是好的。我因听不进去,果然应了些,先把太太得罪了,而且自己反赚了一场病。如今我也看破了,随他们闹去罢,横竖还有许多人呢。我白操一会子心,倒惹的万人咒骂。我且养病要紧;便是好了,我也作个好好先生,得乐且乐,得笑且笑,一概是非都凭他们去罢。所以我只答应着知道了,白不在我心上。"平儿笑道:"奶奶果然如此,便是我们的造化。"

一语未了,只见贾琏进来,拍手叹气道:"好好的又生事!前儿我和鸳鸯借当,那边太太怎么知道了。才刚太太叫过我去,叫我不管那里先迁挪二百银子,做八月十五日节间使用。我回没处迁挪。太太就说:'你没有钱就有地方迁挪。我白和你商量,你就搪塞我。你就说没地方,前儿一千银子的当是那里的?连老太太的东西你都有神通弄出来,这会子二百银子,你就这样。幸亏我没和别人说去。'我想太太分明不短,何苦来要寻事奈何人。"凤姐儿道:"那日并没一个外人,谁走了这个消息?"

平儿听了,也细想那日有谁在此,想了半日,笑道:"是了。那日说话时没一个外人,但晚上送东西来的时节,老太太那边傻大姐的娘也可巧来送浆洗衣服。他在下房里坐了一会子,见一大箱子东西,自然要问,必是小丫头们不知道,说了出来,也未可知。"因此便唤了几个小丫头来问,那日谁告诉呆大姐的娘。众小丫头慌了,都跪下赌咒发誓,说:"自来也不敢多说一句话。有人凡问什么,都答应不知道。这事如何敢多说。"

凤姐详情说:"他们必不敢,倒别委屈了他们。如今且把这事靠后,且把太太打发了去要紧。宁可咱们短些,又别讨没意思。"因叫平儿:"把我的金项圈拿来,且去暂押二百银子来送去完事。"贾琏道:"越性多押二百,咱们也要使呢。"凤姐道:"很不必,我没处使钱。这一去还不知指那一项赎呢。"平儿拿去,吩咐一个人唤了旺儿媳妇来领去,不一时拿了银子来。贾琏亲自送去,不在话下。

这里凤姐和平儿猜疑,终是谁人走的风声,竟拟不出人来。凤姐儿又道:"知道这事还是小事,怕的是小人趁便又造非言,生出别的事来。打紧那边正和鸳鸯结下仇了,如今听得他私自借给琏二爷东西,那些小人眼馋肚饱,连没缝儿的鸡蛋还要下蛆呢,如今有了这个因由,恐怕又造出些没天理的话来也定不得。在你琏二爷还无妨,只是鸳鸯,正经女儿,带累了他受屈,岂不是咱们的过失。"

平儿笑道:"这也无妨。鸳鸯借东西,看的是奶奶,并不为的是二爷。一则鸳鸯虽应名是他私情,其实他是回过老太太的。老太太因怕孙男弟女多,这个也借,那个也要,到跟前撒个娇儿,和谁要去,因此只装不知道。纵闹了出来,究竟那也无碍。"凤姐道:"理固如此,只是你我是知道的,那不知道的,焉得不生疑呢。"

一语未了,人报:"太太来了。"凤姐听了诧异,不知为何事亲来,与平儿等忙迎出来。只见王夫人气色更变,只带一个贴己的小丫头走来,一语不发,走至里间坐下。凤姐忙奉茶,因陪笑问道:"太太今日高兴,到这里逛逛。"王夫人喝命:"平儿出去!"平儿见了这般,着慌不知怎么样了,忙应了一声,带着众小丫头一齐出去,在房门外站住,越性将房门掩了,自己坐在台矶上,所有的人,一个不许进去。

凤姐也着了慌,不知有何等事。只见王夫人含着泪,从袖内掷出一个香袋子来,说:"你瞧。"凤姐忙拾起一看,见是十锦春意香袋,也吓了一跳,忙问:"太太从那里得来?"王夫人见问,越发泪如雨下,颤声说道:"我从那里得来!我天天坐在井里,把你当个细心人,所以我才偷个空儿。谁知你也和我一样。这样的东西,大天白日明摆在园里山石上,被老太太的丫头拾着,不亏你婆婆遇见,早已送到老太太跟前去了。我且问你,这个东西如何遗在那里来?"

凤姐听得,也更了颜色,忙问:"太太怎知是我的?"王夫人又哭又叹说道:"你反问我!你想,一家子除了你们小夫小妻,馀者老婆子们,要这个何用?再女孩子们是从那里得来?自然是那琏儿不长进下流种子那里弄来。你们又和气,当作一件顽意儿,年轻人儿女闺房私意是有的,你还和我赖!幸而园内上下人还不解事,尚未捡得。倘或丫头们捡着,你姊妹看见,这还了得。不然有那小丫头们捡着,出去说是园内拣着的,外人知道,这性命脸面要也不要?"

凤姐听说,又急又愧,登时紫涨了面皮,便依炕沿双膝跪下,也含泪诉道:"太太说的固然有理,我也不敢辩我并无这样的东西。但其中还要求太太细详其理:这香袋是外头雇工仿着内工绣的,带这穗子一概是市卖货。我便年轻不尊重些,也不要这劳什子,自然都是好的,此其一。二者这东西也不是常带着的,我纵有,也只好在家里,焉肯带在身上各处去?况且又在园里去,个个姊妹我们都肯拉拉扯扯,倘或露出来,不但在姊妹前,就是奴才看见,我有什么意思?我虽年轻不尊重,亦不能糊涂至此。三则论主子内我是年轻媳妇,算起奴才来,比我更年轻的又不止一个人了。况且他们也常进园,晚间各人家去,焉知不是他们身上的?四则除我常在园里之外,还有那边太太常带过几个小姨娘来,如嫣红翠云等人,皆系年轻侍妾,他们更该有这个了。还有那边珍大嫂子,他也不算甚老,他也常带过佩凤等人来,焉知又不是他们的?五则园内丫头太多,保的住个个都是正经的不成?也有年纪大些的知道了人事,或者一时半刻人查问不到偷着出去,或借着因由同二门上小么儿们打牙犯嘴,外头得了来的,也未可知。如今不但我没此事,就连平儿,我也可以下保的。太太请细想。"

　　王夫人听了这一席话大近情理,因叹道:"你起来。我也知道你是大家小姐出身,焉得轻薄至此,不过我气急了,拿了话激你。但如今却怎么处?你婆婆才打发人封了这个给我瞧,说是前日从傻大姐手里得的,把我气了个死。"凤姐道:"太太快别生气。若被众人觉察了,保不定老太太不知道。且平心静气暗暗访察,才得确实;纵然访不着,外人也不能知道。这叫作'胳膊折在袖内'。如今惟有趁着赌钱的因由革了许多的人这空儿,把周瑞媳妇旺儿媳妇等四五个贴近不能走话的人安插在园里,以查赌为由。再如今他们的丫头也太多了,保不住人大心大,生事作耗,等闹出事来,反悔之不及。如今若无故裁革,不但姑娘们委屈烦恼,就连太太和我也过不去。不如趁此机会,以后凡年纪大些的,或有些咬牙难缠的,拿个错儿撵出去配了人。一则保得住没有别的事,二则也可省些用度。太太想我这话如何?"

　　王夫人叹道:"你说的何尝不是,但从公细想来,你这几个姊妹也甚可怜了。也不用远比,只说如今你林妹妹的母亲,未出阁时,是何等的娇生惯养,是何等的金尊玉贵,那才像个千金小姐的体统。如今这几个姊妹,不过比人家的丫头略强些罢了。通共每人只有两三个丫头像个人样,馀者纵有四五个小丫头子,竟是庙里的小鬼。如今还要裁革了去,不但于我心不忍,只怕老太太未必就依。虽然艰难,难不至此。我虽没受过大荣华富贵,比你们是强的。如今我宁可省些,别委屈了他们。以后要省俭先从我来倒使的。如今且叫人传了周瑞家的等人进来,就吩咐他们快快暗地访拿这事要紧。"

　　凤姐听了,即唤平儿进来吩咐出去。一时,周瑞家的与吴兴家的、郑华家的、来旺的、来喜家的现在五家陪房进来,馀者皆在南方,各有执事。王夫人正嫌人少不能勘察,忽见邢夫人的陪房王善保家的走来,方才正是他送香囊来的。王夫人向来看视邢夫人之得力心腹人等原无二意，今见他来打听此事，十分关切，便向他说："你去回了太太，也进园内照管照管，不比别人又强些。"这王善保家的正因素日进园去那些丫鬟们不大趋奉他，他心里大不自在，要寻他们的事故又寻不着，恰好生出这事来，以为得了把柄。又听王夫人委托，正撞在心坎上，说："这个容易。不是奴才多话，论理这事该早严紧的。太太也不大往园里去，这些女孩子们一个个倒像受了封诰是的，他们就成了千金小姐了。闹下天来，谁敢哼一声儿。不然，就调唆姑娘的丫头们，说欺负了姑娘们了，谁还耽得起。"

王夫人道："这也有的常情，跟姑娘的丫头原比别的娇贵些。你们该劝他们。连主子们的姑娘不教导尚且不堪，何况他们。"王善保家的道："别的都还罢了。太太不知道，一个宝玉屋里的晴雯，那丫头仗着他生的模样儿比别人标致些，又生了一张巧嘴，天天打扮的像个西施的样子，在人跟前能说惯道，掐尖要强。一句话不投机，他就立起两个骚眼睛来骂人，妖妖趫趫，大不成个体统。"

王夫人听了这话，猛然触动往事，便问凤姐道："上次我们跟了老太太进园逛去，有一个水蛇腰、削肩膀、眉眼又有些像你林妹妹的，正在那里骂小丫头。我的心里很看不上那个轻狂样子，因同老太太走，我不曾说得。后来要问是谁，又偏忘了。今日对了坎儿，这丫头想必就是他了。"凤姐道："若论这些丫头们，共总比起来，都没晴雯生得好。论举止言语，他原有些轻薄。方才太太说的倒很像他，我也忘了那日的事，不敢乱说。"

王善保家的便道："不用这样，此刻不难叫了他来太太瞧瞧。"王夫人道："宝玉房里常见我的只有袭人麝月，这两个笨笨的倒好。若有这个，他自不敢来见我的。我一生最嫌这样的人，况且又出来这个事。好好的宝玉，倘或叫这蹄子勾引坏了，那还了得。"因叫自己的丫头来，吩咐他到园里去，"只说我说有话问他们，留下袭人麝月服侍宝玉不必来，有一个晴雯最伶俐，叫他即刻快来。你不许和他说什么"。

小丫头子答应了，走入怡红院，正值晴雯身上不自在，睡中觉才起来，正发闷，听如此说，只得随了他来。素日这些丫鬟皆知王夫人最恶趋妆艳饰语薄言轻者，故晴雯不敢出头。今因连日不自在，并没十分妆饰，自为无碍。及到了凤姐房中，王夫人一见他钗鬟鬓松，衫垂带褪，有春睡捧心之遗风，而且形容面貌恰是上月的那人，不觉勾起方才的火来。王夫人原是天真烂熳之人，喜怒出于心臆，不比那些饰词掩意之人，今既真怒攻心，又勾起往事，便冷笑道："好个美人！真像个病西施了。你天天作这轻狂样儿给谁看？你干的事，打量我不知道呢！我且放着你，自然明儿揭你的皮！宝玉今日可好些？"

晴雯一听如此说，心内大异，便知有人暗算了他。他虽然着恼，只不敢作声。他本是个聪敏过顶的人，见问宝玉可好些，他便不肯以实话对，只说："我不大到宝玉房里去，又不常和宝玉在一处，好歹我不能知道，只问袭人麝月两个。"王夫人道："这就该打嘴！你难道是死人，要你们作什么！"

晴雯道："我原是跟老太太的人。因老太太说园里空大人少，宝玉害怕，所以拨了我去外间屋里上夜，不过看屋子。我原回过我笨，不能服侍。老太太骂了我，说：'又不叫你管他的事，要伶俐的作什么。'我听了这话才去的。不过十天半个月之内，宝玉闷了大家顽一会子就散了。至于宝玉饮食起坐，上一层有老奶奶老妈妈们，下一层有袭人麝月秋纹几个人。我闲着还要作老太太屋里的针线，所以宝玉的事竟不曾留心。太太既怪，从此后我留心就是了。"

王夫人信以为实了，忙说："阿弥陀佛！你不近宝玉是我的造化，竟不劳你费心。既是老太太给宝玉的，我明儿回了老太太，再撵你。"因向王善保家的道："你们进去，好生防他几日，不许他在宝玉房里睡觉。等我回过老太太,再处治他。"喝声:"去!站在这里,我看不上这浪样儿!谁许你这样花红柳绿的妆扮!"晴雯只得出来,这气非同小可,一出门便拿手帕子握着脸,一头走,一头哭,直哭到园门内去。

这里王夫人向凤姐等自怨道:"这几年我越发精神短了,照顾不到。这样妖精似的东西竟没看见。只怕这样的还有,明日倒得查查。"凤姐见王夫人盛怒之际,又因王善保家的是邢夫人的耳目,常调唆着邢夫人生事,纵有千百样言词,此刻也不敢说,只低头答应着。王善保家的道:"太太且请养息身体要紧,这些小事只交与奴才。如今要查这个主儿也极容易,等到晚上园门关了的时节,内外不通风,我们竟给他们个猛不防,带着人到各处丫头们房里搜寻。想来谁有这个,断不单只有这个,自然还有别的东西。那时翻出别的来,自然这个也是他的。"王夫人道:"这话倒是。若不如此,断不能清的清白的白。"因问凤姐如何。凤姐只得答应说:"太太说的是,就行罢了。"王夫人道:"你主意很是,不然一年也查不出来。"于是大家商议已定。

至晚饭后,待贾母安寝了,宝钗等入园时,王善保家的便请了凤姐一并入园,喝命将角门皆上锁,便从上夜的婆子处抄检起,不过抄检出些多馀攒下蜡烛灯油等物。王善保家的道:"这也是贼,不许动,等明儿回过太太再动。"

于是先就到怡红院中,喝命关门。当下宝玉正因晴雯不自在,忽见这一干人来,不知为何直扑了丫头们的房门去,因迎出凤姐来,问是何故。凤姐道:"丢了一件要紧的东西,因大家混赖,恐怕有丫头们偷了,所以大家都查一查去疑。"一面说,一面坐下吃茶。

王善保家的等搜了一回,又细问这几个箱子是谁的,都叫本人来亲自打开。袭人因见晴雯这样,知道必有异事,又见这番抄检,只得自己先出来打开了箱子并匣子,任其搜检一番,不过是平常动用之物。随放下又搜别人的,挨次都一一搜过。

到了晴雯的箱子,因问:"是谁的,怎不开了让搜?"袭人等方欲代晴雯开时,只见晴雯挽着头发闯进来,豁啷一声将箱子掀开,两手捉着底子朝天,往地下尽情一倒,将所有之物尽都倒出。王善保家的也觉没趣,看了一看,也无甚私弊之物。回了凤姐,要往别处去。

凤姐儿道:"你们可细细的查,若这一番查不出来,难回话的。"众人都道:"都细翻看了,没什么差错东西。虽有几样男人物件,都是小孩子的东西,想是宝玉的旧物件,没甚关系的。"凤姐听了,笑道:"既如此咱们就走,再瞧别处去。"

说着,一径出来,因向王善保家的道:"我有一句话,不知是不是。要抄检只抄检咱们家的人,薛大姑娘屋里,断乎检抄不得的。"王善保家的笑道:"这个自然。岂有抄起亲戚家来的。"凤姐点头道:"我也这样说呢。"一头说,一头到了潇湘馆内。

黛玉已睡了,忽报这些人来,也不知为甚事。才要起来,只见凤姐已走进来,忙按住他不许起来,只说:"睡罢,我们就走。"这边且说些闲话。那个王善保家的带了众人到丫鬟房中,也一一开箱倒笼抄检了一番。因从紫鹃房中抄出两副宝玉常换下来的寄名符儿,一副束带上的披带,两个荷包并扇套,套内有扇子。打开看时皆是宝玉往年往日手内曾拿过的。王善保家的自为得了意,遂忙请凤姐过来验视,又说:"这些东西从那里来的?"凤姐笑道:"宝玉和他们从小儿在一处混了几年,这自然是宝玉的旧东西。这也不算什么罕事,撂下再往别处去是正经。"紫鹃笑道:"直到如今,我们两下里的东西也算不清。要问这一个,连我也忘了是那年月日有的了。"王善保家的听凤姐如此说,也只得罢了。

又到探春院内,谁知早有人报与探春了。探春也就猜着必有原故,所以引出这等丑态来,遂命众丫鬟秉烛开门而待。

一时众人来了。探春故问何事。凤姐笑道:"因丢了一件东西,连日访察不出人来,恐怕旁人赖这些女孩子们,所以越性大家搜一搜,使人去疑,倒是洗净他们的好法子。"探春冷笑道:"我们的丫头,自然都是些贼,我就是头一个窝主。既如此,先来搜我的箱柜,他们所有偷了来的都交给我藏着呢。"说着,便命丫头们把箱柜一齐打开,将镜奁、妆盒、衾袱、衣包若大若小之物一齐打开,请凤姐去抄阅。凤姐陪笑道:"我不过是奉太太的命来,妹妹别错怪我。何必生气。"因命丫鬟们快快关上。

平儿丰儿等忙着替待书等关的关,收的收。探春道:"我的东西倒许你们搜阅;要想搜我的丫头,这却不能。我原比众人歹毒,凡丫头所有的东西我都知道,都在我这里间收着,一针一线他们也没的收藏,要搜所以只来搜我。你们不依,只管去回太太,只说我违背了太太,该怎么处治,我去自领。你们别忙,自然连你们抄的日子有呢!你们今日早起不曾议论甄家,自己家里好好的抄家,果然今日真抄了。咱们也渐渐的来了。可知这样大族人家,若从外头杀来,一时是杀不死的,这是古人曾说的'百足之虫,死而不僵',必须先从家里自杀自灭起来,才能一败涂地!"说着,不觉流下泪来。凤姐只看着众媳妇们。

周瑞家的便道:"既是女孩子的东西全在这里,奶奶且请到别处去罢,也让姑娘好安寝。"凤姐便起身告辞。探春道:"可细细的搜明白了?若明日再来,我就不依了。"凤姐笑道:"既然丫头们的东西都在这里,就不必搜了。"探春冷笑道:"你果然倒乖。连我的包袱都打开了,还说没翻。明日敢说我护着丫头们,不许你们翻了。你趁早说明,若还要翻,不妨再翻一遍。"凤姐知道探春素日与众不同的,只得陪笑道:"我已经连你的东西都搜查明白了。"探春又问众人:"你们也都搜明白了不曾?"周瑞家的等都陪笑说:"都翻明白了。"

那王善保家的本是个心内没算的人,素日虽闻探春的名,他自为众人没眼力没胆量罢了,那里一个姑娘家就这样起来;况且又是庶出,他敢怎么。他自恃是邢夫人陪房,连王夫人尚另眼相看,何况别个。今见探春如此,他只当是探春认真单恼凤姐,与他们无干。他便要趁势作脸献好,因越众向前拉起探春的衣襟,故意一掀,嘻嘻笑道:"连姑娘身上我都翻了,果然没有什么。"凤姐见他这样,忙说:"妈妈走罢,别疯疯颠颠的。"一语未了,只听"拍"的一声,王家的脸上早着了探春一掌。

探春登时大怒,指王家的问道:"你是什么东西,敢来拉扯我的衣裳!我不过看着太太的面上,你又有年纪,叫你一声妈妈,你就狗仗人势,天天作耗,专管生事。如今越性了不得了。你打谅我是同你们姑娘那样好性儿,由着你们欺负他,就错了主意!你搜检东西我不恼,你不该拿我取笑。"说着,便亲自解衣卸裙,拉着凤姐儿细细的翻。又说:"省得叫奴才来翻我身上。"

凤姐平儿等忙与探春束裙整袄,口内喝着王善保家的说:"妈妈吃两口酒就疯疯颠颠起来。前儿把太太也冲撞了。快出去,不要提起了。"又劝探春休得生气。探春冷笑道:"我但凡有气,早一头碰死了!不然,岂许奴才来我身上翻贼赃了。明儿一早,我先回过老太太、太太,然后过去给大娘陪礼,该怎么,我就领。"

那王善保家的讨了个没意思,只在窗外说:"罢了,罢了,这也是头一遭挨打。我明儿回了太太,仍回老娘家去罢。这个老命还要他做什么!"探春喝命丫鬟道:"你们没听他说话,还等我和他对嘴去不成。"待书等听说,便出去说道:"你果然回老娘家去,倒是我们的造化了。只怕舍不得去。"凤姐笑道:"好丫头,真是有其主必有其仆。"探春冷笑道:"我们作贼的人,嘴里都有三言两语的。这还算笨的,背地里就只不会调唆主子。"平儿忙也陪笑解劝,一面又拉了待书进来。周瑞家的等人劝了一番。凤姐直待服侍探春睡下,方带着人往对过暖春坞来。

彼时李纨犹病在床上,他与惜春是紧邻,又与探春相近,故顺路先到这两处。因李纨才吃了药睡着,不好惊动,只到丫鬟们房中一一的搜了一遍,也没有什么东西,遂到惜春房中来。

因惜春年少,尚未识事,吓的不知当有什么事故,凤姐也少不得安慰他。谁知竟在入画箱中寻出一大包金银锞子来,约共三四十个,又有一副玉带板子并一包男人的靴袜等物。入画也黄了脸。

因问是那里来的,入画只得跪下哭诉真情,说:"这是珍大爷赏我哥哥的。因我们老子娘都在南方,如今只跟着叔叔过日子。我叔叔婶子只要吃酒赌钱,我哥哥怕交给他们又花了,所以每常得了,悄悄的烦了老妈妈带进来叫我收着的。"惜春胆小,见了这个也害怕,说:"我竟不知道。这还了得!二嫂子,你要打他,好歹带他出去打罢,我听不惯的。"凤姐笑道:"这话若果真呢,也倒可恕,只是不该私自传送进来。这个可以传递,什么不可以传递。这倒是传递人的不是了。若这话不真,倘是偷来的,你可就别想活了。"入画跪着哭道:"我不敢扯谎。奶奶只管明日问我们奶奶和大爷去,若说不是赏的,就拿我和我哥哥一同打死无怨。"

凤姐道:"这个自然要问的,只是真赏的也有不是。谁许你私自传送东西的!你且说是谁作接应,我便饶你。下次万万不可。"惜春道:"嫂子别饶他这次方可。这里人多,若不拿一个人作法,那些大的听见了,又不知怎么样呢。嫂子若饶他,我也不依。"凤姐道:"素日我看他还好。谁没一个错,只这一次。二次犯下,二罪俱罚。但不知传递是谁?"惜春道:"若说传递,再无别个,必是后门上的张妈。他常肯和这些丫头们鬼鬼祟祟的,这些丫头们也都肯照顾他。"凤姐听了,便命人记下,将东西且交给周瑞家的暂拿着,等明日对明再议。于是别了惜春,方往迎春房内来。

迎春已经睡着了,丫鬟们也才要睡,众人叩门半日才开。凤姐吩咐:"不必惊动小姐。"遂往丫鬟们房里来。因司棋是王善保的外孙女儿,凤姐倒要看王家的可藏私不藏,遂留神看他搜检。先从别人箱子搜起,皆无别物。及到了司棋箱中搜了一回,王善保家的说:"也没有什么东西。"

才要盖箱时,周瑞家的道:"且住,这是什么?"说着,便伸手掣出一双男子的锦带袜并一双缎鞋来。又有一个小包袱,打开看时,里面有一个同心如意并一个字帖儿。一总递与凤姐。凤姐因当理家事,每每看开帖并帐目,也颇识得几个字了。便看那帖子是大红双喜笺,上面写道:

　　上月你来家后,父母已觉察你我之意。但姑娘未出阁,尚不能完你我之心愿。若园内可以相见,你可托张妈给一信息。若得在园内一见,倒比来家得说话。千万,千万。再所赐香袋二个,今已查收外,特寄香珠一串,略表我心。千万收好。表弟潘又安拜具。

凤姐看罢,不怒而反乐。别人并不识字。王家的素日并不知道他姑表姊弟有这一节风流故事,见了这鞋袜,心内已是有些毛病,又见有一红帖,凤姐又看着笑,他便说道:"必是他们胡写的帐目,不成个字,所以奶奶见笑。"凤姐笑道:"正是这个帐竟算不过来。你是司棋的老娘,他的表弟也该姓王,怎么又姓潘呢?"王善保家的见问得奇怪,只得勉强告道:"司棋的姑妈给了潘家,所以他姑表兄弟姓潘。上次逃走了的潘又安就是他表弟。"凤姐笑道:"这就是了。"因说:"我念给你听听。"说着从头念了一遍,大家都唬了一跳。

这王家的一心只要拿人的错儿,不想反拿住了他外孙女儿,又气又臊。周瑞家的四人又都问着他道:"你老可听见了?明明白白,再没的话说了。如今据你老人家,该怎么样?"这王家的只恨没地缝儿钻进去。凤姐只瞅着他嘻嘻的笑,向周瑞家的笑道:"这倒也好。不用你们作老娘的操一点儿心,他鸦雀不闻的给你们弄了一个好女婿来,大家倒省心。"周瑞家的也笑着凑趣儿。

王家的气无处泄,便自己回手打着自己的脸,骂道:"老不死的娼妇,怎么造下孽了!说嘴打嘴,现世现报在人眼里。"众人见这般,俱笑个不住,又半劝半讽的。凤姐见司棋低头不语,也并无畏惧惭愧之意,倒觉可异。料此时夜深,且不必盘问,只怕他夜间自愧去寻拙志,遂唤两个婆子监守起他来。带了人,拿了赃证回来,且自安歇,等待明日料理。谁知到夜里又连起来几次,下面淋血不止。

至次日,便觉身体十分软弱,起来发晕,遂撑不住。请太医来,诊脉毕,遂立药案云:"看得少奶奶系心气不足,虚火乘脾,皆由忧劳所伤,以致嗜卧好眠,胃虚土弱,不思饮食。今聊用升阳养荣之剂。"写毕,遂开了几样药名,不过是人参、当归、黄芪等类之剂。一时退去,有老嬷嬷们拿了方子回过王夫人,不免又添一番愁闷,遂将司棋等事暂未理。

可巧这日尤氏来看凤姐,坐了一回,到园中去又看过李纨。才要望候众姊妹们去,忽见惜春遣人来请,尤氏遂到了他房中去。惜春便将昨晚之事细细告诉与尤氏,又命将入画的东西一概要来与尤氏过目。

尤氏道:"实是你哥哥赏他哥哥的,只不该私自传送,如今官盐竟成了私盐了。"因骂入画"糊涂脂油蒙了心的"。惜春道:"你们管教不严,反骂丫头。这些姊妹,独我的丫头这样没脸,我如何去见人。昨儿我立逼着凤姐姐带了他去,他只不肯。我想,他原是那边的人,凤姐姐不带他去,也原有理。我今日正要送过去,嫂子来的恰好,快带了他去。或打,或杀,或卖,我一概不管。"

入画听说,又跪下哭求,说:"再不敢了。只求姑娘看从小儿的情常,好歹生死在一处罢。"尤氏和奶娘等人也都十分了解,说他"不过一时糊涂了,下次再不敢的。他从小儿服侍你一场,到底留着他为是"。谁知惜春虽然年幼,却天生地一种百折不回的廉介孤独僻性,任人怎说,他只以为丢了他的体面,咬定牙断乎不肯。更又说的好:"不但不要入画,如今我也大了,连我也不便往你们那边去了。况且近日我每每风闻得有人背地里议论什么多少不堪的闲话,我若再去,连我也编派上了。"

尤氏道:"谁议论什么?又有什么可议论的!姑娘是谁,我们是谁。姑娘既听见人议论我们,就该问着他才是。"惜春冷笑道:"你这话问着我倒好。我一个姑娘家,只有躲是非的,我反去寻是非,成个什么人了!还有一句话:我不怕你恼,好歹自有公论,又何必去问人。古人说得好'善恶生死,父子不能有所勖助',何况你我二人之间。我只知道保得住我就够了,不管你们。从此以后,你们有事别累我。"

尤氏听了,又气又好笑,因向地下众人道:"怪道人人都说这四丫头年轻糊涂,我只不信。你们听才一篇话,无原无故,又不知好歹,又没个轻重。虽然是小孩子的话,却又能寒人的心。"众嬷嬷笑道:"姑娘年轻,奶奶自然要吃些亏的。"惜春冷笑道:"我虽年轻,这话却不年轻。你们不看书不识几个字,所以都是些呆子,看着明白人,倒说我年轻糊涂。"

尤氏道:"你是状元榜眼探花,古今第一个才子。我们是糊涂人,不如你明白,何如?"惜春道:"状元榜眼难道就没有糊涂的不成。可知他们也有不能了悟的。"尤氏笑道:"你倒好。才是才子,这会子又作大和尚了,又讲起了悟来了。"惜春道:"我不了悟,我也舍不得入画了。"尤氏道:"可知你是个心冷口冷心狠意狠的人。"惜春道:"古人曾也说的'不作狠心人,难得自了汉'。我清清白白的一个人,为什么教你们带累坏了我!"

尤氏心内原有病,怕说这些话。听说有人议论,已是心中羞恼激射,只是在惜春分上不好发作,忍耐了大半。今见惜春又说这句,因按捺不住,因问惜春道:"怎么就带累了你了?你的丫头的不是,无故说我,我倒忍了这半日,你倒越发得了意,只管说这些话。你是千金万金的小姐,我们以后就不亲近,仔细带累了小姐的美名。即刻就叫人将入画带了过去!"说着,便赌气起身去了。惜春道:"若果然不来,倒也省了口舌是非,大家倒还清净。"尤氏也不答话,一径往前边去了。不知后事如何——

评析:"三春"的进退

抄检大观园虽然主要集中在这一回,但与前后回的内容都有紧密联系。

往远说,抄检大观园和宝玉挨打,都是前八十回所写的主要情节冲突,并有逻辑的内在关联。宝玉挨打是父子冲突,抄检大观园是母子冲突,只不过在抄检大观园中,因为一种男权和主人的意识笼罩,使王夫人习惯于把男子的问题、主人的问题转嫁到丫鬟身上,就像她曾经训斥金钏的,她们才是调教坏男人的下作娼妇,再加上贾府那些老婆子对年轻丫鬟的嫉恨挑唆,使得王夫人对有可能危害到宝玉和小姐的丫鬟予以制裁,所以,实行了如此大动干戈的抄检大观园行动。

往近说,这一回的抄检又是前文老祖宗要求查抄老婆子聚赌的进一步发展,如这一回开头提及的,因为累及柳家的,才托芳官向宝玉求情,希望凤姐予以开释。有意思的是,老祖宗动念要求查抄聚赌的事,是因为宝玉担心外地返回的父亲贾政检查自己没完成的功课,才向老祖宗谎报大观园出现贼影,受了惊吓,所以不能做功课,以此希望老祖宗庇护他,免受贾政责罚。但老祖宗从贼影中联想到管家婆子聚赌才导致把门不严,要求彻查,牵连到柳家的,需要宝玉出门来求情,又把问题翻转到宝玉这边。这一翻转,似乎跟后来王善保家的挑唆主人去抄检,结果查到自家人司棋头上,还是有几分相像的。抄检大观园后的第七十七回,王夫人又亲自压阵把晴雯等"妖精"逐出贾府,从抄物推进到逐人,整个抄检行动才算告一段落。

在整个抄检大观园中,除开丫鬟晴雯、司棋有着胆识过人的表现外,小说对贾府的"三春",给出了一次最为集中的描写,把探春、迎春和惜春的个性特点,予以了充分表现。在前面的第七十三回,即"懦小姐不问累金凤",迎春不敢劝阻奶妈聚赌且受其欺负而一味退让的特点,已经展示得比较充分,这一回,则主要对比性地描写了探春和惜春的为人特点。

同样是对待抄检队伍,探春以丫鬟的保护者姿态出现,向抄检者宣布:

"我的东西倒许你们搜阅;要想搜我的丫头,这却不能。我原比众人歹毒,凡丫头所有的东西我都知道,都在我这里间收着,一针一线他们也没的收藏,要搜所以只来搜我。"

而当王善保家的做个姿态掀其衣裙时,被她狠狠抽一耳光,其理由,当然也是基于等级制度而对奴才胆敢犯上的教训。虽然王善保家的狗仗人势,无事生非,确实可恶,被探春教训也属活该,但探春敢这么教训她,是因为她清楚自己是主人,对方是奴才。她既拉了主人的大旗来教训一个不知高低的奴才,也以这面大旗来保护自己的丫鬟。因为等级制不仅意味着不平等,而且意味着互相支撑,探春的行动,把儒家等级制下的行为两面性,呈现得非常具体。

由于探春的刺玫瑰个性,此前已经有所展示,读者读到这一回,也不会有太多意外,而抄检大观园时,惜春的表现才真正令读者大为吃惊。

在她的丫鬟入画箱中查出一包入画代她哥保管的银子,而事先又没有告知主人,就为了这样一个可以解释得清楚的小过错,惜春居然坚决把入画从自己身边撵走,认为会玷污自己的清白。也正是怕自己的清白被拖累,她也干脆断绝与声誉不佳的宁国府的人情往来。其拒绝入画求情之冷静,其回绝尤氏劝解之坚决,固然说明了她洁身自好到冷酷的地步,但在那样的社会里,一个弱小的女孩太想保持自己的清白,最终出家为尼与青灯古佛相伴,大概是最好的选择了。惜春称自己出家为"了悟",这又何尝不是对周边女性命运的不幸、对当时社会的丑恶、对自己可能深陷其中就无法辨清是非的"了悟"？于是,在小说前八十回的漫长画卷中,似乎因为她人还"小"而被边缘化了,除了散见各处的只言片语,几乎没有得到一次以她为画面中心的集中描写。尽管我们可以说,因为有周边人的描写,也把与之对照的惜春形象特质烘托了出来,比如写智能、妙玉不能忘情于人世对照了惜春的出尘之想,香菱对诗艺的专注对照了惜春对绘画的慵懒和荒废,探春对身边丫鬟的回护对照了惜春对入画的不管不顾,但这多少需要靠读者的联想来把那些空白填补上去。倒是在惜春出场没多久,有一个细节值得仔细回味。周瑞家的送宫花,到惜春处看见智能,随口问了一句:"十五的月例香供银子可曾得了没有？"智能儿摇头说:"我不知道。"于是有了接下来的一段描写:

> 惜春听了,便问周瑞家的:"如今各庙月例银子是谁管着？"周瑞家的道:"是余信管着。"惜春听了笑道:"这就是了。他师父一来,余信家的就赶上来,和他师父咕唧了半日,想是就为这事了。"

这就是小小的惜春,其看透世人的笑谈,不由得让人吸一口冷气。尽管小说的推进过程中,惜春大多没有上场,但似乎隐隐约约中,让人能感受到有一双小孩的冷眼在观察着、沉思着。最后,在抄检大观园事件中,唯一一次把惜春引到画面中心时,却是为了详细写她与世人坚决告别的。换言之,写她上场的目的就是为了她退场的。她的退出尘世,不但不同于探春的主动进击,也和迎春留在人世却一味退让,划出了界限。

第九十八回
苦绛珠魂归离恨天
病神瑛泪洒相思地

　　话说宝玉见了贾政，回至房中，更觉头昏脑闷，懒待动弹，连饭也没吃，便昏沉睡去。仍旧延医诊治，服药不效，索性连人也认不明白了。大家扶着他坐起来，还是像个好人。一连闹了几天，那日恰是回九之期，若不过去，薛姨妈脸上过不去，若说去呢，宝玉这般光景。贾母明知是为黛玉而起，欲要告诉明白，又恐气急生变。宝钗是新媳妇，又难劝慰，必得姨妈过来才好。若不回九，姨妈嗔怪。便与王夫人凤姐商议道："我看宝玉竟是魂不守舍，起动是不怕的。用两乘小轿叫人扶着从园里过去，应了回九的吉期，以后请姨妈过来安慰宝钗，咱们一心一计的调治宝玉，可不两全？"王夫人答应了，即刻预备。幸亏宝钗是新媳妇，宝玉是个疯傻的，由人掇弄过去了。宝钗也明知其事，心里只怨母亲办得糊涂，事已至此，不肯多言。独有薛姨妈看见宝玉这般光景，心里懊悔，只得草草完事。

　　到家，宝玉越加沉重，次日连起坐都不能了。日重一日，甚至汤水不进。薛姨妈等忙了手脚，各处遍请名医，皆不识病源。只有城外破寺中住着个穷医，姓毕，别号知庵的，诊得病源是悲喜激射，冷暖失调，饮食失时，忧忿滞中，正气壅闭：此内伤外感之症。于是度量用药，至晚服了，二更后果然省些人事，便要水喝。贾母王夫人等才放了心，请了薛姨妈带了宝钗都到贾母那里暂且歇息。

宝玉片时清楚,自料难保,见诸人散后,房中只有袭人,因唤袭人至跟前,拉着手哭道:"我问你,宝姐姐怎么来的?我记得老爷给我娶了林妹妹过来,怎么被宝姐姐赶了去了?他为什么霸占住在这里?我要说呢,又恐怕得罪了他。你们听见林妹妹哭得怎么样了?"袭人不敢明说,只得说道:"林姑娘病着呢。"宝玉又道:"我瞧瞧他去。"说着,要起来。岂知连日饮食不进,身子那能动转,便哭道:"我要死了!我有一句心里的话,只求你回明老太太:横竖林妹妹也是要死的,我如今也不能保。两处两个病人都要死的,死了越发难张罗。不如腾一处空房子,趁早将我同林妹妹两个抬在那里,活着也好一处医治服侍,死了也好一处停放。你依我这话,不枉了几年的情分。"袭人听了这些话,便哭的哽嗓气噎。宝钗恰好同了莺儿过来,也听见了,便说道:"你放着病不保养,何苦说这些不吉利的话。老太太才安慰了些,你又生出事来。老太太一生疼你一个,如今八十多岁的人了,虽不图你的封诰,将来你成了人,老太太也看着乐一天,也不枉了老人家的苦心。太太更是不必说了,一生的心血精神,抚养了你这一个儿子,若是半途死了,太太将来怎么样呢。我虽是命薄,也不至于此。据此三件看来,你便要死,那天也不容你死的,所以你是不得死的。只管安稳着,养个四五天后,风邪散了,太和正气一足,自然这些邪病都没有了。"宝玉听了,竟是无言可答,半晌方才嘻嘻的笑道:"你是好些时不和我说话了,这会子说这些大道理的话给谁听?"宝钗听了这话,便又说道:"实告诉你说罢,那两日你不知人事的时候,林妹妹已经亡故了。"宝玉忽然坐起来,大声诧异道:"果真死了吗?"宝钗道:"果真死了。岂有红口白舌咒人死的呢。老太太、太太知道你姐妹和睦,你听见他死了自然你也要死,所以不肯告诉你。"宝玉听了,不禁放声大哭,倒在床上。

忽然眼前漆黑,辨不出方向,心中正自恍惚,只见眼前好像有人走来,宝玉茫然问道:"借问此是何处?"那人道:"此阴司泉路。你寿未终,何故至此?"宝玉道:"适闻有一故人已死,遂寻访至此,不觉迷途。"那人道:"故人是谁?"宝玉道:"姑苏林黛玉。"那人冷笑道:"林黛玉生不同人,死不同鬼,无魂无魄,何处寻访!凡人魂魄,聚而成形,散而为气,生前聚之,死则散焉。常人尚无可寻访,何况林黛玉呢。汝快回去罢。"宝玉听了,呆了半晌道:"既云死者散也,又如何有这个阴司呢?"那人冷笑道:"那阴司说有便有,说无就无。皆为世俗溺于生死之说,设言以警世,便道上天深怒愚人,或不守分安常,或生禄未终自行夭折,或嗜淫欲尚气逞凶无故自陨者,特设此地狱,囚其魂魄,受无边的苦,以偿生前之罪。汝寻黛玉,是无故自陷也。且黛玉已归太虚幻境,汝若有心寻访,潜心修养,自然有时相见。如不安生,即以自行夭折之罪囚禁阴司,除父母外,欲图一见黛玉,终不能矣。"那人说毕,袖中取出一石,向宝玉心口掷来。宝玉听了这话,又被这石子打着心窝,吓的即欲回家,只恨迷了道路。

正在踌躇,忽听那边有人唤他。回首看时,不是别人,正是贾母、王夫人、宝钗、袭人等围绕哭泣叫着。自己仍旧躺在床上。见案上红灯,窗前皓月,依然锦绣丛中,繁华世界。定神一想,原来竟是一场大梦。浑身冷汗,觉得心内清爽。仔细一想,真正无可奈何,不过长叹数声而已。宝钗早知黛玉已死,因贾母等不许众人告诉宝玉知道,恐添病难治。自己却深知宝玉之病实因黛玉而起,失玉次之,故趁势说明,使其一痛决绝,神魂归一,庶可疗治。贾母王夫人等不知宝钗的用意,深怪他造次。后来见宝玉醒了过来,方才放心。立即到外书房请了毕大夫进来诊视。那大夫进来诊了脉,便道:"奇怪,这回脉气沉静,神安郁散,明日进调理的药,就可以望好了。"说着出去。众人各自安心散去。

袭人起初深怨宝钗不该告诉,惟是口中不好说出。莺儿背地也说宝钗道:"姑娘忒性急了。"宝钗道:"你知道什么好歹,横竖有我呢。"那宝钗任人诽谤,并不介意,只窥察宝玉心病,暗下针砭。一日,宝玉渐觉神志安定，虽一时想起黛玉，尚有糊涂。更有袭人缓缓的将"老爷选定的宝姑娘为人和厚；嫌林姑娘秉性古怪，原恐早夭；老太太恐你不知好歹，病中着急，所以叫雪雁过来哄你"的话时常劝解。宝玉终是心酸落泪。欲待寻死，又想着梦中之言，又恐老太太、太太生气，又不能撂开。又想黛玉已死，宝钗又是第一等人物，方信金石姻缘有定，自己也解了好些。宝钗看来不妨大事，于是自己心也安了，只在贾母王夫人等前尽行过家庭之礼后，便设法以释宝玉之忧。宝玉虽不能时常坐起，亦常见宝钗坐在床前，禁不住生来旧病。宝钗每以正言劝解，以"养身要紧，你我既为夫妇，岂在一时"之语安慰他。那宝玉心里虽不顺遂，无奈日里贾母王夫人及薛姨妈等轮流相伴，夜间宝钗独去安寝，贾母又派人服侍，只得安心静养。又见宝钗举动温柔，也就渐渐的将爱慕黛玉的心肠略移在宝钗身上，此是后话。

却说宝玉成家的那一日，黛玉白日已昏晕过去，却心头口中一丝微气不断，把个李纨和紫鹃哭的死去活来。到了晚间，黛玉却又缓过来了，微微睁开眼，似有要水要汤的光景。此时雪雁已去，只有紫鹃和李纨在旁。紫鹃便端了一盏桂圆汤和的梨汁，用小银匙灌了两三匙。黛玉闭着眼静养了一会子，觉得心里似明似暗的。此时李纨见黛玉略缓，明知是回光返照的光景，却料着还有一半天耐头，自己回到稻香村料理了一回事情。

这里黛玉睁开眼一看，只有紫鹃和奶妈并几个小丫头在那里，便一手攥了紫鹃的手，使着劲说道："我是不中用的人了。你服侍我几年，我原指望咱们两个总在一处。不想我……"说着，又喘了一会子，闭了眼歇着。紫鹃见他攥着不肯松手，自己也不敢挪动，看他的光景比早半天好些，只当还可以回转，听了这话，又寒了半截。半天，黛玉又说道："妹妹，我这里并没亲人。我的身子是干净的，你好歹叫他们送我回去。"说到这里，又闭了眼不言语了。那手却渐渐紧了,喘成一处,只是出气大入气小,已经促疾的很了。

紫鹃忙了,连忙叫人请李纨,可巧探春来了。紫鹃见了,忙悄悄的说道:"三姑娘,瞧瞧林姑娘罢。"说着,泪如雨下。探春过来,摸了摸黛玉的手已经凉了,连目光也都散了。探春紫鹃正哭着叫人端水来给黛玉擦洗,李纨赶忙进来了。三个人才见了,不及说话。刚擦着,猛听黛玉直声叫道:"宝玉,宝玉,你好……"说到"好"字,便浑身冷汗,不作声了。紫鹃等急忙扶住,那汗愈出,身子便渐渐的冷了。探春李纨叫人乱着拢头穿衣,只见黛玉两眼一翻,呜呼,香魂一缕随风散,愁绪三更入梦遥!

当时黛玉气绝,正是宝玉娶宝钗的这个时辰。紫鹃等都大哭起来。李纨探春想他素日的可疼,今日更加可怜,也便伤心痛哭。因潇湘馆离新房子甚远,所以那边并没听见。一时大家痛哭了一阵,只听得远远一阵音乐之声,侧耳一听,却又没有了。探春李纨走出院外再听时,惟有竹梢风动,月影移墙,好不凄凉冷淡!一时叫了林之孝家的过来,将黛玉停放毕,派人看守,等明早去回凤姐。

凤姐因见贾母王夫人等忙乱,贾政起身,又为宝玉惛愦更甚,正在着急异常之时,若是又将黛玉的凶信一回,恐贾母王夫人愁苦交加,急出病来,只得亲自到园。到了潇湘馆内,也不免哭了一场。见了李纨探春,知道诸事齐备,便说:"很好。只是刚才你们为什么不言语,叫我着急?"探春道:"刚才送老爷,怎么说呢。"凤姐道:"还倒是你们两个可怜他些。这么着,我还得那边去招呼那个冤家呢。但是这件事好累坠,若是今日不回,使不得;若回了,恐怕老太太搁不住。"李纨道:"你去见机行事,得回再回方好。"凤姐点头,忙忙的去了。

凤姐到了宝玉那里,听见大夫说不妨事,贾母王夫人略觉放心,凤姐便背了宝玉，缓缓的将黛玉的事回明了。贾母王夫人听得都唬了一大跳。贾母眼泪交流说道："是我弄坏了他了。但只是这个丫头也忒傻气！"说着，便要到园里去哭他一场，又惦记着宝玉，两头难顾。王夫人等含悲共劝贾母不必过去，"老太太身子要紧"。贾母无奈，只得叫王夫人自去。又说："你替我告诉他的阴灵：'并不是我忍心不来送你，只为有个亲疏。你是我的外孙女儿，是亲的了，若与宝玉比起来，可是宝玉比你更亲些。倘宝玉有些不好，我怎么见他父亲呢。'"说着，又哭起来。王夫人劝道："林姑娘是老太太最疼的，但只寿夭有定。如今已经死了，无可尽心，只是葬礼上要上等的发送。一则可以少尽咱们的心，二则就是姑太太和外甥女儿的阴灵儿，也可以少安了。"贾母听到这里，越发痛哭起来。凤姐恐怕老人家伤感太过，明仗着宝玉心中不甚明白，便偷偷的使人来撒个谎儿哄老太太道："宝玉那里找老太太呢。"贾母听见，才止住泪问道："不是又有什么缘故？"凤姐陪笑道："没什么缘故，他大约是想老太太的意思。"贾母连忙扶了珍珠儿，凤姐也跟着过来。

走至半路，正遇王夫人过来，一一回明了贾母。贾母自然又是哀痛的，只因要到宝玉那边，只得忍泪含悲的说道："既这么着，我也不过去了。由你们办罢，我看着心里也难受，只别委屈了他就是了。"王夫人凤姐一一答应了。贾母才过宝玉这边来，见了宝玉，因问："你做什么找我？"宝玉笑道："我昨日晚上看见林妹妹来了，他说要回南去。我想没人留的住，还得老太太给我留一留他。"贾母听着，说："使得，只管放心罢。"袭人因扶宝玉躺下。

贾母出来到宝钗这边来。那时宝钗尚未回九，所以每每见了人倒有些含羞之意。这一天见贾母满面泪痕，递了茶，贾母叫他坐下。宝钗侧身陪着坐了，才问道："听得林妹妹病了，不知他可好些了？"贾母听了这话，那眼泪止不住流下来，因说道："我的儿，我告诉你，你可别告诉宝玉。都是因你林妹妹，才叫你受了多少委屈。你如今作媳妇了，我才告诉你。这如今你林妹妹没了两三天了，就是娶你的那个时辰死的。如今宝玉这一番病还是为着这个，你们先都在园子里，自然也都是明白的。"宝钗把脸飞红了，想到黛玉之死，又不免落下泪来。贾母又说了一回话去了。自此宝钗千回万转，想了一个主意，只不肯造次，所以过了回九才想出这个法子来。如今果然好些，然后大家说话才不至似前留神。

独是宝玉虽然病势一天好似一天，他的痴心总不能解，必要亲去哭他一场。贾母等知他病未除根，不许他胡思乱想，怎奈他郁闷难堪，病多反复。倒是大夫看出心病，索性叫他开散了，再用药调理，倒可好得快些。宝玉听说，立刻要往潇湘馆来。贾母等只得叫人抬了竹椅子过来，扶宝玉坐上。贾母王夫人即便先行。到了潇湘馆内，一见黛玉灵柩，贾母已哭得泪干气绝。凤姐等再三劝住。王夫人也哭了一场。李纨便请贾母王夫人在里间歇着，犹自落泪。

宝玉一到，想起未病之先来到这里，今日屋在人亡，不禁嚎啕大哭。想起从前何等亲密，今日死别，怎不更加伤感。众人原恐宝玉病后过哀，都来解劝，宝玉已经哭得死去活来，大家搀扶歇息。其余随来的，如宝钗，俱极痛哭。独是宝玉必要叫紫鹃来见，问明姑娘临死有何话说。紫鹃本来深恨宝玉，见如此，心里已回过来些，又见贾母王夫人都在这里，不敢洒落宝玉，便将林姑娘怎么复病，怎么烧毁帕子，焚化诗稿，并将临死说的话，一一的都告诉了。宝玉又哭得气噎喉干。探春趁便又将黛玉临终嘱咐带柩回南的话也说了一遍。贾母王夫人又哭起来。多亏凤姐能言劝慰，略略止些，便请贾母等回去。宝玉那里肯舍，无奈贾母逼着，只得勉强回房。

贾母有了年纪的人，打从宝玉病起，日夜不宁，今又大痛一阵，已觉头晕身热。虽是不放心惦着宝玉，却也挣扎不住，回到自己房中睡下。王夫人更加心痛难禁,也便回去,派了彩云帮着袭人照应,并说:"宝玉若再悲戚,速来告诉我们。"宝钗是知宝玉一时必不能舍,也不相劝,只用讽刺的话说他。宝玉倒恐宝钗多心,也便饮泣收心。歇了一夜,倒也安稳。明日一早,众人都来瞧他,但觉气虚身弱,心病倒觉去了几分。于是加意调养,渐渐的好起来。贾母幸不成病,惟是王夫人心痛未痊。那日薛姨妈过来探望,看见宝玉精神略好,也就放心,暂且住下。

一日,贾母特请薛姨妈过去商量说:"宝玉的命都亏姨太太救的,如今想来不妨了,独委屈了你的姑娘。如今宝玉调养百日,身体复旧,又过了娘娘的功服,正好圆房。要求姨太太作主,另择个上好的吉日。"薛姨妈便道:"老太太主意很好,何必问我。宝丫头虽生的粗笨,心里却还是极明白的。他的性情老太太素日是知道的。但愿他们两口儿言和意顺,从此老太太也省好些心,我姐姐也安慰些,我也放了心了。老太太便定个日子。还通知亲戚不用呢?"贾母道:"宝玉和你们姑娘生来第一件大事,况且费了多少周折,如今才得安逸,必要大家热闹几天。亲戚都要请的。一来酬愿,二则咱们吃杯喜酒,也不枉我老人家操了好些心。"薛姨妈听说,自然也是喜欢的,便将要办妆奁的话也说了一番。贾母道:"咱们亲上做亲,我想也不必这些。若说动用的,他屋里已经满了。必定宝丫头他心爱的要你几件,姨太太就拿了来。我看宝丫头也不是多心的人,不比的我那外孙女儿的脾气,所以他不得长寿。"说着,连薛姨妈也便落泪。恰好凤姐进来,笑道:"老太太姑妈又想着什么了?"薛姨妈道:"我和老太太说起你林妹妹来,所以伤心。"凤姐笑道:"老太太和姑妈且别伤心,我刚才听了个笑话儿来了,意思说给老太太和姑妈听。"贾母拭了拭眼泪,微笑道:"你又不知要编派谁呢,你说来我和姨太太听听。说不笑我们可不依。"只见那凤姐未从开口,先用两只手比着,笑弯了腰了。未知他说出些什么来,下回分解。

评析：黛玉之死描写艺术的两面性

程高本系统的后四十回与前八十回是否出自同一位作者之手，学术界一直有争议。

平心而论，程高本的后四十回，在描写宝、黛、钗等人的情感婚姻生活和贾府家族的衰败趋势时，保持着作者一开始就定下的悲剧基调，虽然也穿插了所谓的"兰桂齐芳""家道复初"的小振兴，但并未从根本上改变小说的悲剧性质，比后来的各种大团圆续作不知要高明多少。尽管换一个角度看，这种高明许多，在思想艺术整体上还是无法同前八十回相提并论，但第九十八回写黛玉之死，包括前一回写黛玉焚稿等，还是依稀有前八十回的踪影，也打动过不少读者的心。正因为这一点，有些学者认为在程高本的后四十回中，也可能掺杂了一些曹雪芹的残稿。这样的说法是否有道理，现在很难成定论。但把思想艺术相对高明的就归于曹雪芹，把相对低劣的就归于他人，这样的原则用于一切判断，其实是假定了曹雪芹创作不可能有败笔，而别人在局部的描写方面也永远不可能与曹雪芹相匹敌，其思维方式也许还是欠斟酌的。笔者认为，对程高本后四十回的评价，包括其中相对写得出色的部分，倒不必纠缠于是曹雪芹原稿还是别人的补写（虽然作这样的考证也有意义），应该在不预设谁是作者的前提下，就文本本身的客观效果加以实事求是的分析评价，这也是笔者分析黛玉之死描写的基本立场。

第九十八回写林黛玉之死，确实比较成功，作家、红学家蒋和森的名篇《林黛玉论》就是从这里开头的，他写道：

《红楼梦》第九十八回，是不寻常的一回。两个世纪以来，不知多少读者的感情，都要在这里突然像一道水流跌入万丈深渊似的激荡、回旋起来。

话虽然说得有些夸张,但不能说没有一点事实依据。究其原因,一则是,林黛玉的命运曾获得不少人的同情,前八十回有关黛玉的出色描写,已经为她生命之火的熄灭——这最后出现的凄婉欲绝一幕,做了充分的蓄势;再则是,林黛玉弥留之际,宝玉居然没有守护身边,甚至让黛玉误会他移情别婚而深陷绝望中。这样,生命枯竭和心灵绝望的双重打击,宴尔新婚与奄奄一息的鲜明对比,更是让许多读者为其一洒同情之泪。还有,林黛玉临终前挣扎着没有说完的"宝玉,宝玉,你好……",带有一定的悬念,也给读者留下了想象的余地。这种想象的余地,又通过黛玉去世后的一段景物描写得到了强化:

当时黛玉气绝,正是宝玉娶宝钗的这个时辰。紫鹃等都大哭起来。李纨探春想他素日的可疼,今日更加可怜,也便伤心痛哭。因潇湘馆离新房子甚远,所以那边并没听见。一时大家痛哭了一阵,只听得远远一阵音乐之声,侧耳一听,却又没有了。探春李纨走出院外再听时,惟有竹梢风动,月影移墙,好不凄凉冷淡!

这里,先强调宝玉成亲的新房与黛玉住所相隔甚远,黛玉身边几个人的伤心痛哭声无法让对方听到,而身处这边的人,却听得远处一阵音乐。这音乐可以理解为是新房那边隐约传来,也可以理解为身处这边静寂中的人的幻听,或者因为黛玉突然离去而感觉的一种心灵迷茫,如同接下来"惟有竹梢风动,月影移墙"的描写,在"惟有"中凸显"没有",似乎有《琵琶行》中"东船西舫悄无言,唯见江心秋月白"的那种怅然若失的效果,尽管悲伤的程度并不一致,而《红楼梦》这段文字也稍显套语化。

令人感到吊诡的是,恰恰这种可被视为艺术成功的描写,又在很大程度上,跟小说没有进入更深层次的艺术境界紧密相关。

小说写黛玉之死,同时写了宝玉与宝钗成亲的大喜事,这是以空间并峙的方式展开的描写。虽然这样并列有强烈的戏剧冲突效果,但这种戏剧冲突毕竟是在宝玉失去通灵宝玉而处于神志不清的状态下完成的,黛玉既无法向宝玉质询,也没有机会得到宝玉的解释和辩解。这样,黛玉因对宝玉的误会而产生的绝望情绪虽然强烈,却没有来自宝玉反馈的心灵冲击和碰撞。由此展开的心灵世界本身,比如黛玉的那种自我哀怨,是不丰富的,也是不复杂的,缺少双方思想情感相激相荡的层次感。宝玉较长一段时间的痴呆状,导致黛玉直到去世,都没能获得宝玉的解释和辩解,既加深了读者对黛玉不幸命运的同情,同时不得不令笔者怀疑,作者其实是在回避表现宝玉和黛玉心灵对撞的真正难题,只用一种相对单纯的情绪笼罩了黛玉,也笼罩了读者。于是,读者在被这样的人物打动的同时,也难免感到了内容的单薄和苍白。在这里,空间把宝玉和黛玉分隔在两个不同的氛围里,但这两个氛围里发生的成婚之喜和死亡之悲不是从主要人物双方自身的心灵内部发生的,作者在让宝玉神志不清下无法领略到大喜大悲,从而把两处住所传递的悲喜对照和对峙,主要是停留在他人感觉的表面。

还需要一提的是,让黛玉欲言又止的描写,固然可激发读者的想象,但其实也是套路化的。在这一回,共有两处类似的描写,一处是黛玉对紫鹃说的话:

"我原指望咱们两个总在一处。不想我……"说着,又喘了一会子,闭了眼歇着。

还有一处,就是上述她临终前说的"宝玉,宝玉,你好……"。

由于类似把话说了一半的描写，在前八十回中，修改过的程高本系统要远多于脂抄本，此前笔者还专门撰文以《含蓄，还是暧昧》为题讨论过这方面内容。那么，这种激发读者想象力的描写，真的是一种艺术成功，还是作者同样在逃避描写的难题？这还真值得深入讨论。

也是在这一回，小说还写到，对于黛玉之死的消息，大家都采取了欺瞒宝玉不让他知道真相的做法，只有薛宝钗顶着巨大压力，采取非常手段，不做任何铺垫就把真相直接告知宝玉，让神志不清的宝玉惊厥中昏倒，救醒后，居然慢慢恢复了理智。这样的构思，既符合宝钗做事一向大气的风格，也能够给情节带来出人意料的跌宕效果。但问题是，让宝玉转为平静和清醒的关键是他只身去黄泉路走一遭，得到了阴间神秘人的开悟。由此依然显示出，在表现人的心灵世界冲击和变化的复杂性方面，即便在围绕着黛玉之死而呈现的较为出色的情节艺术描写中，也有着难以弥补的简单化的局限。

总之，艺术的出色与局限，其两面性就是那么鲜明地依存于黛玉之死的描写中，换句话说，如果艺术仅仅是用来回避而不是克服表现的困难，那么艺术的策略常常就是一种走向情节表面新奇的套路，而不是能开拓心灵世界的深刻、复杂的反套路。这样，无须让凤姐精心设计人物的调包，无须让贾宝玉失玉而心迷，或者进入阴间而觉悟，也无须在结构上刻意营造大喜大悲的场面对比，在解除一切艺术套路中，让黛玉和宝玉在心智健全的日常生活中直面对方和自己，在不回避任何困难中，表现出困难的克服或者难以克服，这是《红楼梦》前八十回有关宝黛关系给予读者的反套路的示范。

第一〇五回
锦衣军查抄宁国府
骢马使弹劾平安州

话说贾政正在那里设宴请酒,忽见赖大急忙走上荣禧堂来回贾政道:"有锦衣府堂官赵老爷带领好几位司官说来拜望。奴才要取职名来回,赵老爷说:'我们至好,不用的。'一面就下车来走进来了。请老爷同爷们快接去。"贾政听了,心想:"赵老爷并无来往,怎么也来?现在有客,留他不便,不留又不好。"正自思想,贾琏说:"叔叔快去罢,再想一回,人都进来了。"正说着,只见二门上家人又报进来说:"赵老爷已进二门了。"贾政等抢步接去,只见赵堂官满脸笑容,并不说什么,一径走上厅来。后面跟着五六位司官,也有认得的,也有不认得的,但是总不答话。贾政等心里不得主意,只得跟了上来让坐。众亲友也有认得赵堂官的,见他仰着脸不大理人,只拉着贾政的手,笑着说了几句寒温的话。众人看见来头不好,也有躲进里间屋里的,也有垂手侍立的。

贾政正要带笑叙话,只见家人慌张报道:"西平王爷到了。"贾政慌忙去接,已见王爷进来。赵堂官抢上去请了安,便说:"王爷已到,随来各位老爷就该带领府役把守前后门。"众官应了出去。贾政等知事不好,连忙跪接。西平郡王用两手扶起,笑嘻嘻的说道:"无事不敢轻造,有奉旨交办事件,要赦老接旨。如今满堂中筵席未散,想有亲友在此未便,且请众位府上亲友各散,独留本宅的人听候。"赵堂官回说:"王爷虽是恩典,但东边的事,这位王爷办事认真,想是早已封门。"众人知是两府干系,恨不能脱身。只见王爷笑道:"众位只管就请,叫人来给我送出去,告诉锦衣府的官员说,这都是亲友,不必盘查,快快放出。"那些亲友听见,就一溜烟如飞的出去了。独有贾赦贾政一干人唬得面如土色,满身发颤。

不多一回,只见进来无数番役,各门把守。本宅上下人等,一步不能乱走。赵堂官便转过一付脸来回王爷道:"请爷宣旨意,就好动手。"这些番役却撩衣勒臂,专等旨意。西平王慢慢的说道:"小王奉旨带领锦衣府赵全来查看贾赦家产。"贾赦等听见,俱俯伏在地。王爷便站在上头说:"有旨意:'贾赦交通外官,依势凌弱,辜负朕恩,有忝祖德,着革去世职。钦此。'"赵堂官一叠声叫:"拿下贾赦,其馀皆看守。"维时贾赦、贾政、贾琏、贾珍、贾蓉、贾蔷、贾芝、贾兰俱在,惟宝玉假说有病,在贾母那边打闹,贾环本来不大见人的,所以就将现在几人看住。赵堂官即叫他的家人:"传齐司员,带同番役,分头按房抄查登帐。"这一言不打紧,唬得贾政上下人等面面相看,喜得番役家人摩拳擦掌,就要往各处动手。西平王道:"闻得赦老与政老同房各爨的,理应遵旨查看贾赦的家资,其馀且按房封锁,我们复旨去再候定夺。"赵堂官站起来说:"回王爷:贾赦贾政并未分家,闻得他侄儿贾琏现在承总管家,不能不尽行查抄。"西平王听了,也不言语。赵堂官便说:"贾琏贾赦两处须得奴才带领去查抄才好。"西平王便说:"不必忙,先传信后宅,且请内眷回避,再查不迟。"一言未了,老赵家奴番役已经拉着本宅家人领路,分头查抄去了。王爷喝命:"不许罗唣!待本爵自行查看。"说着,便慢慢的站起来要走,又吩咐说:"跟我的人一个不许动,都给我站在这里候着,回来一齐瞧着登数。"正说着,只见锦衣司官跪禀说:"在内查出御用衣裙并多少禁用之物,不敢擅动,回来请示王爷。"一回儿又有一起人来拦住王爷,就回说:"东跨所抄出两箱房地契又一箱借票,却都是违例取利的。"老赵便说:"好个重利盘剥!很该全抄!请王爷就此坐下，叫奴才去全抄来再候定夺罢。"说着，只见王府长史来禀说："守门军传进来说，主上特命北静王到这里宣旨，请爷接去。"赵堂官听了，心里喜欢说："我好晦气，碰着这个酸王。如今那位来了，我就好施威。"一面想着，也迎出来。

只见北静王已到大厅，就向外站着，说："有旨意，锦衣府赵全听宣。"说："奉旨意：'着锦衣官惟提贾赦质审，馀交西平王遵旨查办。钦此。'"西平王领了，好不喜欢，便与北静王坐下，着赵堂官提取贾赦回衙。里头那些查抄的人听得北静王到，俱一齐出来，及闻赵堂官走了，大家没趣，只得侍立听候。北静王便拣选两个诚实司官并十来个老年番役，馀者一概逐出。西平王便说："我正与老赵生气。幸得王爷到来降旨，不然这里很吃大亏。"北静王说："我在朝内听见王爷奉旨查抄贾宅，我甚放心，谅这里不致荼毒。不料老赵这么混帐。但不知现在政老及宝玉在那里，里面不知闹到怎么样了。"众人回禀："贾政等在下房看守着，里面已抄得乱腾腾的了。"西平王便吩咐司员："快将贾政带来问话。"众人命带了上来。贾政跪了请安，不免含泪乞恩。北静王便起身拉着，说："政老放心。"便将旨意说了。贾政感激涕零，望北又谢了恩，仍上来听候。王爷道："政老，方才老赵在这里的时候，番役呈禀有禁用之物并重利欠票，我们也难掩过。这禁用之物原办进贵妃用的，我们声明，也无碍。独是借券想个什么法儿才好。如今政老且带司员实在将赦老家产呈出，也就了事，切不可再有隐匿，自干罪戾。"贾政答应道："犯官再不敢。但犯官祖父遗产并未分过，惟各人所住的房屋有的东西便为己有。"两王便说："这也无妨，惟将赦老那一边所有的交出就是了。"又吩咐司员等依命行去，不许胡混乱动。司官领命去了。

且说贾母那边女眷也摆家宴，王夫人正在那边说："宝玉不到外头，恐他老子生气。"凤姐带病哼哼唧唧的说："我看宝玉也不是怕人，他见前头陪客的人也不少了，所以在这里照应也是有的。倘或老爷想起里头少个人在那里照应，太太便把宝兄弟献出去，可不是好？"贾母笑道："凤丫头病到这地位，这张嘴还是那么尖巧。"正说到高兴，只听见邢夫人那边的人一直声的嚷进来说："老太太、太太，不……不好了！多多少少的穿靴带帽的强……强盗来了，翻箱倒笼的来拿东西。"贾母等听着发呆。又见平儿披头散发拉着巧姐哭啼啼的来说："不好了，我正与姐儿吃饭，只见来旺被人拴着进来说：'姑娘快快传进去，请太太们回避，外面王爷就进来查抄家产。'我听了着忙，正要进房拿要紧东西，被一伙人浑推浑赶出来的。咱们这里该穿该带的快快收拾。"王邢二夫人等听得，俱魂飞天外，不知怎样才好。独见凤姐先前圆睁两眼听着，后来便一仰身栽倒地下死了。贾母没有听完，便吓得涕泪交流，连话也说不出来。那时一屋子人拉这个，扯那个，正闹得翻天覆地，又听见一叠声嚷说："叫里面女眷们回避，王爷进来了！"

可怜宝钗宝玉等正在没法，只见地下这些丫头婆子乱抬乱扯的时候，贾琏喘吁吁的跑进来说："好了，好了，幸亏王爷救了我们了！"众人正要问他，贾琏见凤姐死在地下，哭着乱叫，又怕老太太吓坏了，急得死去活来。还亏平儿将凤姐叫醒，令人扶着。老太太也回过气来，哭得气短神昏，躺在炕上。李纨再三宽慰。然后贾琏定神将两王恩典说明，惟恐贾母邢夫人知道贾赦被拿，又要唬死，暂且不敢明说，只得出来照料自己屋内。

一进屋门，只见箱开柜破，物件抢得半空。此时急得两眼直竖，淌泪发呆。听见外头叫，只得出来。见贾政同司员登记物件，一人报说："赤金首饰共一百二十三件，珠宝俱全。珍珠十三挂，淡金盘二件，金碗二对，金抢碗二个，金匙四十把，银大碗八十个，银盘二十个，三镶金象牙箸二把，镀金执壶四把，镀金折盂三对，茶托二件，银碟七十六件，银酒杯三十六个。黑狐皮十八张，青狐六张，貂皮三十六张，黄狐三十张，猞猁狲皮十二张，麻叶皮三张，洋灰皮六十张，灰狐腿皮四十张，酱色羊皮二十张，猁狸皮二张，黄狐腿二把，小白狐皮二十块，洋呢三十度，毕叽二十三度，姑绒十二度，香鼠筒子十件，豆鼠皮四方，天鹅绒一卷，梅鹿皮一方，云狐筒子二件，貉崽皮一卷，鸭皮七把，灰鼠一百六十张，獾子皮八张，虎皮六张，海豹三张，海龙十六张，灰色羊四十把，黑色羊皮六十三张，元狐帽沿十副，倭刀帽沿十二副，貂帽沿二副，小狐皮十六张，江貉皮二张，獭子皮二张，猫皮三十五张，倭股十二度，绸缎一百三十卷，纱绫一百八一卷，羽线绉三十二卷，氆氇三十卷，妆蟒缎八卷，葛布三捆，各色布三捆，各色皮衣一百三十二件，棉夹单纱绢衣三百四十件。玉玩三十二件，带头九副，铜锡等物五百馀件，钟表十八件，朝珠九挂，各色妆蟒三十四件，上用蟒缎迎手靠背三分，宫妆衣裙八套，脂玉圈带一条，黄缎十二卷。潮银五千二百两，赤金五十两，钱七千吊。"一切动用家伙攒钉登记，以及荣国赐第，俱一一开列，其房地契纸，家人文书，亦俱封裹。贾琏在旁边窃听，只不听见报他的东西，心里正在疑惑。只闻两家王爷问贾政道："所抄家资内有借券，实系盘剥，究是谁行的？政老据实才好。"贾政听了，跪在地下碰头说："实在犯官不理家务，这些事全不知道。问犯官侄儿贾琏才知。"贾琏连忙走上跪下，禀说："这一箱文书既在奴才屋内抄出来的，敢说不知道么。只求王爷开恩，奴才叔叔并不知道。"两王道："你父已经获罪，只可并案办理。你今认了也是正理。如此叫人将贾琏看守，馀俱散收宅内。政老，你须小心候旨。我们进内复旨去了，这里有官役看守。"说着，上轿出门。贾政等就在二门跪送。北静王把手一伸，说："请放心。"觉得脸上大有不忍之色。

此时贾政魂魄方定，犹是发怔。贾兰便说："请爷爷进内瞧老太太，再想法儿打听东府里的事。"贾政疾忙起身进内。只见各门上妇女乱糟糟的，不知要怎样。贾政无心查问，一直到贾母房中，只见人人泪痕满面，王夫人宝玉等围住贾母，寂静无言，各各掉泪。惟有邢夫人哭作一团。因见贾政进来，都说："好了，好了！"便告诉老太太说："老爷仍旧好好的进来，请老太太安心罢。"贾母奄奄一息的，微开双目说："我的儿，不想还见得着你！"一声未了，便嚎啕的哭起来。于是满屋里人俱哭个不住。贾政恐哭坏老母，即收泪说："老太太放心罢。本来事情原不小，蒙主上天恩，两位王爷的恩典，万般轸恤。就是大老爷暂时拘质，等问明白了，主上还有恩典。如今家里一些也不动了。"贾母见贾赦不在，又伤心起来，贾政再三安慰方止。

众人俱不敢走散，独邢夫人回至自己那边，见门总封锁，丫头婆子亦锁在几间屋内。邢夫人无处可走，放声大哭起来，只得往凤姐那边去。见二门旁舍亦上封条，惟有屋门开着，里头呜咽不绝。邢夫人进去，见凤姐面如纸灰，合眼躺着，平儿在旁暗哭。邢夫人打谅凤姐死了，又哭起来。平儿迎上来说："太太不要哭。奶奶抬回来觉着像是死的了，幸得歇息一回苏过来，哭了几声，如今痰息气定，略安一安神。太太也请定神罢。但不知老太太怎样了？"邢夫人也不答言，仍走到贾母那边。见眼前俱是贾政的人，自己夫子被拘，媳妇病危，女儿受苦，现在身无所归，那里禁得住。众人劝慰，李纨等令人收拾房屋请邢夫人暂住，王夫人拨人服侍。

贾政在外，心惊肉跳，拈须搓手的等候旨意。听见外面看守军人乱嚷道："你到底是那一边的？既碰在我们这里，就记在这里册上。拴着他，交给里头锦衣府的爷们！"贾政出外看时，见是焦大，便说："怎么跑到这里来？"焦大见问，便号天蹈地的哭道："我天天劝，这些不长进的爷们，倒拿我当作冤家！连爷还不知道焦大跟着太爷受的苦！今朝弄到这个田地！珍大爷蓉哥儿都叫什么王爷拿了去了，里头女主儿们都被什么府里衙役抢得披头散发撂在一处空房里，那些不成材料的狗男女却像猪狗似的拦起来了。所有的都抄出来搁着，木器钉得破烂，磁器打得粉碎。他们还要把我拴起来。我活了八九十岁，只有跟着太爷捆人的，那里倒叫人捆起来！我便说我是西府里,就跑出来。那些人不依,押到这里,不想这里也是那么着。我如今也不要命了,和那些人拚了罢!"说着撞头。众役见他年老,又是两王吩咐,不敢发狠,便说:"你老人家安静些,这是奉旨的事。你且这里歇歇,听个信儿再说。"贾政听明,虽不理他,但是心里刀绞似的,便道:"完了,完了! 不料我们一败涂地如此!"

正在着急听候内信,只见薛蝌气嘘嘘的跑进来说:"好容易进来了! 姨父在那里。"贾政道:"来得好,但是外头怎么放进来的?"薛蝌道:"我再三央说,又许他们钱,所以我才能够出入的。"贾政便将抄去之事告诉了他,便烦去打听打听,"就有好亲,在火头上也不便送信,是你就好通信了"。薛蝌道:"这里的事我倒想不到,那边东府的事我已听见说,完了。"贾政道:"究竟犯什么事?"薛蝌道:"今朝为我哥哥打听决罪的事,在衙内闻得,有两位御史风闻得珍大爷引诱世家子弟赌博,这款还轻;还有一大款是强占良民妻女为妾,因其女不从,凌逼致死。那御史恐怕不准,还将咱们家的鲍二拿去,又还拉出一个姓张的来。只怕连都察院都有不是,为的是张姓的曾告过的。"贾政尚未听完,便跺脚道:"了不得! 罢了,罢了!"叹了一口气,扑簌簌的掉下泪来。

薛蝌宽慰了几句,即便又出来打听去了。隔了半日,仍旧进来说:"事情不好。我在刑科打听,倒没有听见两王复旨的信,但听得说李御史今早参奏平安州奉承京官,迎合上司,虐害百姓,好几大款。"贾政慌道:"那管他人的事,到底打听我们的怎么样?"薛蝌道:"说是平安州就有我们,那参的京官就是赦老爷。说的是包揽词讼。所以火上浇油。就是同朝这些官府,俱藏躲不迭,谁肯送信。就即如才散的这些亲友,有的竟回家去了,也有远远儿的歇下打听的。可恨那些贵本家便在路上说,'祖宗挣下的功业,弄出事来了,不知道飞到那个头上,大家也好施威'。"贾政没有听完,复又顿足道:"都是我们大爷忒糊涂,东府也忒不成事体。如今老太太与琏儿媳妇是死是活还不知道呢。你再打听去,我到老太太那边瞧瞧。若有信,能够早一步才好。"正说着,听见里头乱嚷出来,说:"老太太不好了!"急得贾政即忙进去。未知生死如何,下回分解。

评析:描写抄家的两种角度

把贵族之家遭遇查抄的事件写入小说,而且写得场面生动,相当引人,是《红楼梦》后四十回中,除开黛玉之死的描写外,又一被许多人称道的地方。

一般认为,普通人没有被朝廷下旨抄家的经历,是很难写出如此合情合理又形象生动的场面的,而曹雪芹在现实生活中恰有此遭遇,以此为基础,才有可能进行类似创作。据此,有学者如周绍良、舒芜等认为,这部分内容必定是曹雪芹的原稿,至少是以其残稿为基础而修补完成的。当然,也有红学家如蔡义江提出不同意见,在他看来,脂评及探春面对抄检大观园的议论,已经为后四十回写查抄做了铺垫,这一回写到此内容,不过是无法避开的顺势落笔。而且查抄对象主要是贾赦,回目却写宁国府,颇有文不对题的意味。即使查抄针对贾赦,谈及他的问题,也比较笼统和抽象,似乎并没有给读者留下什么深刻的印象。由于蔡先生是整体否定程高本后四十回,所以对其有过于挑剔的分析,也是不让人意外的。总体来看,笔者对这一回内容的描写尚比较认同,但并不意味着就一定承认这是曹雪芹的手笔。下面,结合舒芜在《说梦录》的《抄家的场面》一文中颇具启发性的分析,再稍加发挥。

关于抄家的描写,值得提出来分析的主要有如下几点。

第一,从整体看,抄家是分男主人贾政接待宾客的厅堂和内眷活动的场所两个层次、两种角度展开的,由此形成了两种不同的被抄者的心理震荡。

舒芜提到,贾政在外堂接待宾客,查抄者虽然也是突然闯入,但毕竟认识来者,且宣布圣旨,说明理由,所以清楚他们面临的不幸遭遇。而内室就不一样,女眷们是在宴席上说笑,在未被告知查抄的情况下突然面对这一伙闯入者。这样,邢夫人那边的人急急进来通报的一段描写,就显得比较传神:

> 只听见邢夫人那边的人一直声的嚷进来说:"老太太、太太,不……不好了!多多少少的穿靴带帽的强……强盗来了,翻箱倒笼的来拿东西。"

因为内室并没有得知被查抄的消息,看到有一伙人闯入,只能以"强盗"形容,其实是官兵,是"穿靴带帽",指为强盗又如此形容,作者能想到这样的称呼,确实是能体贴在场人的感受的奇妙之笔。

第二,开始通报锦衣府堂官赵全前来时,还有对贾政的心理活动描写,但一旦赵堂官和西平王来到贾政面前,以及后来北静王到后,关于贾政等的心理活动就很少描写,更多的是写赵堂官和西平王争议,以及西平王和北静王的对谈,倒是有描写赵堂官听说北静王到的心理活动。为什么作者这么处理?

一方面,贾政对赵堂官的突然到来,开始还有心思去猜测,等宣布查抄后,除了发懵,或者说头脑一阵空白,恐怕也不会有太多的心理活动。另一方面,恰恰是这种悬而未决的争议,西平王想袒护贾政,故意磨蹭拖延,而赵堂官包括带来的手下个个虎视眈眈,这种对峙的情形,才让贾政更加难熬,"灾祸正在头上盘旋时,那种尚有一丝侥幸之心的恐怖,比起大祸已经打到头上之后的那种索性完全绝望的恐怖,是更为痛苦的"(舒芜语)。这样,重点写赵堂官和西平王的争议,即使不直接写贾政等人的心理活动,读者自己还是能体会到贾政等人内心的恐怖的。这种处理,犹如当赵堂官听说北静王前来,以为正可以摆脱西平王的掣肘,写了他"好施威"的心理,结果北静王前来,是宣旨来打发他回去的,这样的戏剧性逆转,不曾补写一笔他此时的心理,大概也是觉得读者完全可以想象他的垂头丧气的。

第三，抄家过程，让焦大出场，作为场面描写中的特写，似乎可以起到点睛之笔，以呼应他在第七回的醉骂，写得也算生动，比如"我活了八九十岁，只有跟着太爷捆人的，那里倒叫人捆起来！"活画出奴才自以为是的作威作福，而如此今昔对比，也跟焦大的做派比较接近。不过这样插入的描写，与前文的呼应过于刻意，似乎反觉得又滑到了套路里。

顺便一提的是，也有学者，如香港的胡菊人，认为后四十回的遣词造句缺少艺术感觉，比如前八十回在写到男人急困时，特别是形容成熟的男人如贾琏、贾政等，是很谨慎用"跺脚"这类近似女儿态的词的，但后四十回就用得比较频繁。在这一回中，贾政听到薛蝌打听来的消息，也是"跺脚道：'了不得！罢了，罢了！'"这样激烈的动作形容是否有问题，是否也像在其他场合下有不合理的过度反应，其实还得具体情况具体分析，至少在遭遇这样的大变故，失态后跺一下脚，还是不会让人觉得太突兀的。

第一二〇回
甄士隐详说太虚情
贾雨村归结红楼梦

话说宝钗听秋纹说袭人不好,连忙进去瞧看。巧姐儿同平儿也随着走到袭人炕前。只见袭人心痛难禁,一时气厥。宝钗等用开水灌了过来,仍旧扶他睡下,一面传请大夫。巧姐儿问宝钗道:"袭人姐姐怎么病到这个样?"宝钗道:"大前儿晚上哭伤了心了,一时发晕栽倒了。太太叫人扶他回来,他就睡倒了。因外头有事,没有请大夫瞧他,所以致此。"说着,大夫来了,宝钗等略避。大夫看了脉,说是急怒所致,开了方子去了。

原来袭人模糊听见说宝玉若不回来,便要打发屋里的人都出去,一急越发不好了。到大夫瞧后,秋纹给他煎药。他各自一人躺着,神魂未定,好像宝玉在他面前,恍惚又像是见个和尚,手里拿着一本册子揭着看,还说道:"你别错了主意,我是不认得你们的了。"袭人似要和他说话,秋纹走来说:"药好了,姐姐吃罢。"袭人睁眼一瞧,知是个梦,也不告诉人。吃了药,便自己细细的想:"宝玉必是跟了和尚去。上回他要拿玉出去,便是要脱身的样子,被我揪住,看他竟不像往常,把我混推混搡的,一点情意都没有。后来待二奶奶更生厌烦。在别的姊妹跟前,也是没有一点情意。这就是悟道的样子。但是你悟了道,抛了二奶奶怎么好!我是太太派我服侍你,虽是月钱照着那样的分例,其实我究竟没有在老爷太太跟前回明就算了你的屋里人。若是老爷太太打发我出去,我若死守着,又叫人笑话;若是我出去,心想宝玉待我的情分，实在不忍。"左思右想，实在难处。想到刚才的梦"好像和我无缘"的话，"倒不如死了干净"。岂知吃药以后，心痛减了好些，也难躺着，只好勉强支持。过了几日，起来服侍宝钗。宝钗想念宝玉，暗中垂泪，自叹命苦。又知他母亲打算给哥哥赎罪，很费张罗，不能不帮着打算。暂且不表。

且说贾政扶贾母灵柩，贾蓉送了秦氏凤姐鸳鸯的棺木，到了金陵，先安了葬。贾蓉自送黛玉的灵也去安葬。贾政料理坟基的事。一日接到家书，一行一行的看到宝玉贾兰得中，心里自是喜欢。后来看到宝玉走失，复又烦恼，只得赶忙回来。在道儿上又闻得有恩赦的旨意，又接家书，果然赦罪复职，更是喜欢，便日夜趱行。

一日，行到毗陵驿地方，那天乍寒下雪，泊在一个清净去处。贾政打发众人上岸投帖辞谢朋友，总说即刻开船，都不敢劳动。船中只留一个小厮伺候，自己在船中写家书，先要打发人起早到家。写到宝玉的事，便停笔。抬头忽见船头上微微的雪影里面一个人，光着头，赤着脚，身上披着一领大红猩猩毡的斗篷，向贾政倒身下拜。贾政尚未认清，急忙出船，欲待扶住问他是谁。那人已拜了四拜，站起来打了个问讯。贾政才要还揖，迎面一看，不是别人，却是宝玉。贾政吃一大惊，忙问道："可是宝玉么？"那人只不言语，似喜似悲。贾政又问道："你若是宝玉，如何这样打扮，跑到这里？"宝玉未及回言，只见船头上来了两人，一僧一道，夹住宝玉说道："俗缘已毕，还不快走。"说着，三个人飘然登岸而去。贾政不顾地滑，疾忙来赶。见那三人在前，那里赶得上。只听得他们三人口中不知是那个作歌曰：

　　我所居兮，青埂之峰。我所游兮，鸿蒙太空。谁与我游兮，
　　吾谁与从。渺渺茫茫兮，归彼大荒。

贾政一面听着，一面赶去，转过一小坡，倏然不见。贾政已赶得心虚气喘，

惊疑不定，回过头来，见自己的小厮也是随后赶来。贾政问道："你看见方才那三个人么？"小厮道："看见的。奴才为老爷追赶，故也赶来。后来只见老爷，不见那三个人了。"贾政还欲前走，只见白茫茫一片旷野，并无一人。贾政知是古怪，只得回来。

众家人回舡，见贾政不在舱中，问了舡夫，说是"老爷上岸追赶两个和尚一个道士去了"。众人也从雪地里寻踪迎去，远远见贾政来了，迎上去接着，一同回船。贾政坐下，喘息方定，将见宝玉的话说了一遍。众人回禀，便要在这地方寻觅。贾政叹道："你们不知道，这是我亲眼见的，并非鬼怪。况听得歌声大有元妙。那宝玉生下时衔了玉来，便也古怪，我早知不祥之兆，为的是老太太疼爱，所以养育到今。便是那和尚道士，我也见了三次：头一次是那僧道来说玉的好处；第二次便是宝玉病重，他来了将那玉持诵了一番，宝玉便好了；第三次送那玉来，坐在前厅，我一转眼就不见了。我心里便有些诧异，只道宝玉果真有造化，高僧仙道来护佑他的。岂知宝玉是下凡历劫的，竟哄了老太太十九年！如今叫我才明白。"说到那里，掉下泪来。众人道："宝二爷果然是下凡的和尚，就不该中举人了。怎么中了才去？"贾政道："你们那里知道，大凡天上星宿，山中老僧，洞里的精灵，他自具一种性情。你看宝玉何尝肯念书，他若略一经心，无有不能的。他那一种脾气也是各别另样。"说着，又叹了几声。众人便拿"兰哥得中，家道复兴"的话解了一番。贾政仍旧写家书，便把这事写上，劝谕合家不必想念了。写完封好，即着家人回去。贾政随后赶回。暂且不提。

且说薛姨妈得了赦罪的信，便命薛蝌去各处借贷，并自己凑齐了赎罪银两。刑部准了，收兑了银子，一角文书将薛蟠放出。他们母子姊妹弟兄见面，不必细述，自然是悲喜交集了。薛蟠自己立誓说道："若是再犯前病，必定犯杀犯剐！"薛姨妈见他这样，便要握他嘴说："只要自己拿定主意，必定还要妄口巴舌血淋淋的起这样恶誓么！只香菱跟了你受了多少的苦处，你媳妇已经自己治死自己了，如今虽说穷了，这碗饭还有得吃，据我的主意，我便算他是媳妇了，你心里怎么样？"薛蟠点头愿意。宝钗等也说："很该这样。"倒把香菱急得脸涨通红，说是："服侍大爷一样的，何必如此。"众人便称起大奶奶来，无人不服。薛蟠便要去拜谢贾家，薛姨妈宝钗也都过来。见了众人，彼此聚首，又说了一番的话。

　　正说着，恰好那日贾政的家人回家，呈上书子，说："老爷不日到了。"王夫人叫贾兰将书子念给听。贾兰念到贾政亲见宝玉的一段，众人听了都痛哭起来，王夫人宝钗袭人等更甚。大家又将贾政书内叫家内"不必悲伤，原是借胎"的话解说了一番。"与其作了官，倘或命运不好，犯了事坏家败产，那时倒不好了。宁可咱们家出一位佛爷，倒是老爷太太的积德，所以才投到咱们家来。不是说句不顾前后的话，当初东府里太爷倒是修炼了十几年，也没有成了仙。这佛是更难成的。太太这么一想，心里便开豁了。"王夫人哭着和薛姨妈道："宝玉抛了我，我还恨他呢。我叹的是媳妇的命苦，才成了一二年的亲，怎么他就硬着肠子都撂下了走了呢！"薛姨妈听了也甚伤心。宝钗哭得人事不知。所有爷们都在外头，王夫人便说道："我为他担了一辈子的惊，刚刚儿的娶了亲，中了举人，又知道媳妇作了胎，我才喜欢些，不想弄到这样结局！早知这样，就不该娶亲害了人家的姑娘！"薛姨妈道："这是自己一定的，咱们这样人家，还有什么别的说的吗？幸喜有了胎，将来生个外孙子必定是有成立的，后来就有了结果了。你看大奶奶，如今兰哥儿中了举人，明年中了进士，可不是就做了官了么。他头里的苦也算吃尽的了，如今的甜来，也是他为人的好处。我们姑娘的心肠儿姊姊是知道的，并不是刻薄轻佻的人，姊姊倒不必耽忧。"王夫人被薛姨妈一番言语说得极有理，心想："宝钗小时候便是廉静寡欲极爱素淡的，他所以才有这个事，想人生在世真有一定数的。看着宝钗虽是痛哭，他端庄样儿一点不走，却倒来劝我，这是真真难得的！不想宝玉这样一个人,红尘中福分竟没有一点儿!"想了一回,也觉解了好些。又想到袭人身上:"若说别的丫头呢,没有什么难处的,大的配了出去,小的服侍二奶奶就是了。独有袭人可怎么处呢?"此时人多,也不好说,且等晚上和薛姨妈商量。

那日薛姨妈并未回家,因恐宝钗痛哭,所以在宝钗房中解劝。那宝钗却是极明理,思前想后,"宝玉原是一种奇异的人。夙世前因,自有一定,原无可怨天尤人"。更将大道理的话告诉他母亲了。薛姨妈心里反倒安了,便到王夫人那里先把宝钗的话说了。王夫人点头叹道:"若说我无德,不该有这样好媳妇了。"说着,更又伤心起来。薛姨妈倒又劝了一会子,因又提起袭人来,说:"我见袭人近来瘦的了不得,他是一心想着宝哥儿。但是正配呢理应守的,屋里人愿守也是有的。惟有这袭人,虽说是算个屋里人,到底他和宝哥儿并没有过明路儿的。"王夫人道:"我才刚想着,正要等妹妹商量商量。若说放他出去,恐怕他不愿意,又要寻死觅活的;若要留着他也罢,又恐老爷不依。所以难处。"薛姨妈道:"我看姨老爷是再不肯叫守着的。再者姨老爷并不知道袭人的事,想来不过是个丫头,那有留的理呢?只要姊姊叫他本家的人来,狠狠的吩咐他,叫他配一门正经亲事,再多多的陪送他些东西。那孩子心肠儿也好,年纪儿又轻,也不枉跟了姐姐会子,也算姐姐待他不薄了。袭人那里还得我细细劝他。就是叫他家的人来也不用告诉他,只等他家里果然说定了好人家儿,我们还打听打听,若果然足衣足食,女婿长的像个人儿,然后叫他出去。"王夫人听了道:"这个主意很是。不然叫老爷冒冒失失的一办,我可不是又害了一个人了么!"薛姨妈听了点头道:"可不是么!"又说了几句,便辞了王夫人,仍到宝钗房中去了。

看见袭人泪痕满面,薛姨妈便劝解譬喻了一会。袭人本来老实,不是伶牙俐齿的人,薛姨妈说一句,他应一句,回来说道:"我是做下人的人,姨太太瞧得起我,才和我说这些话,我是从不敢违拗太太的。"薛姨妈听他的话,"好一个柔顺的孩子!"心里更加喜欢。宝钗又将大义的话说了一遍,大家各自相安。

过了几日,贾政回家,众人迎接。贾政见贾赦贾珍已都回家,弟兄叔侄相见,大家历叙别来的景况。然后内眷们见了,不免想起宝玉来,又大家伤了一会子心。贾政喝住道:"这是一定的道理。如今只要我们在外把持家事,你们在内相助,断不可仍是从前这样的散慢。别房的事,各有各家料理,也不用承总。我们本房的事,里头全归于你,都要按理而行。"王夫人便将宝钗有孕的话也告诉了,将来丫头们都放出去。贾政听了,点头无语。

次日贾政进内,请示大臣们,说是:"蒙恩感激,但未服阕,应该怎么谢恩之处,望乞大人们指教。"众朝臣说是代奏请旨。于是圣恩浩荡,即命陛见。贾政进内谢了恩,圣上又降了好些旨意,又问起宝玉的事来。贾政据实回奏。圣上称奇,旨意说,宝玉的文章固是清奇,想他必是过来人,所以如此。若在朝中,可以进用。他既不敢受圣朝的爵位,便赏了一个"文妙真人"的道号。贾政又叩头谢恩而出。

回到家中,贾琏贾珍接着,贾政将朝内的话述了一遍,众人喜欢。贾珍便回说:"宁国府第收拾齐全,回明了要搬过去。栊翠庵圈在园内,给四妹妹静养。"贾政并不言语,隔了半日,却吩咐了一番仰报天恩的话。贾琏也趁便回说:"巧姐亲事,父亲太太都愿意给周家为媳。"贾政昨晚也知巧姐的始末,便说:"大老爷大太太作主就是了。莫说村居不好,只要人家清白,孩子肯念书,能够上进。朝里那些官儿难道都是城里的人么?"贾琏答应了"是",又说:"父亲有了年纪,况且又有痰症的根子,静养几年,诸事原仗二老爷为主。"贾政道:"提起村居养静,甚合我意。只是我受恩深重,尚未酬报耳。"贾政说毕进内。贾琏打发请了刘姥姥来,应了这件事。刘姥姥见了王夫人等，便说些将来怎样升官，怎样起家，怎样子孙昌盛。

正说着，丫头回道："花自芳的女人进来请安。"王夫人问几句话，花自芳的女人将亲戚作媒，说的是城南蒋家的，现在有房有地，又有铺面，姑爷年纪略大几岁，并没有娶过的，况且人物儿长的是百里挑一的。王夫人听了愿意，说道："你去应了，隔几日进来再接你妹子罢。"王夫人又命人打听，都说是好。王夫人便告诉了宝钗，仍请了薛姨妈细细的告诉了袭人。袭人悲伤不已，又不敢违命的，心里想起宝玉那年到他家去，回来说的死也不回去的话，"如今太太硬作主张。若说我守着，又叫人说我不害臊；若是去了，实不是我的心愿"，便哭得咽哽难鸣，又被薛姨妈宝钗等苦劝，回过念头想道："我若是死在这里，倒把太太的好心弄坏了。我该死在家里才是。"

于是，袭人含悲叩辞了众人，那姐妹分手时自然更有一番不忍说。袭人怀着必死的心肠上车回去，见了哥哥嫂子，也是哭泣，但只说不出来。那花自芳悉把蒋家的聘礼送给他看，又把自己所办妆奁一一指给他瞧，说那是太太赏的，那是置办的。袭人此时更难开口，住了两天，细想起来："哥哥办事不错，若是死在哥哥家里，岂不又害了哥哥呢。"千思万想，左右为难，真是一缕柔肠，几乎牵断，只得忍住。

那日已是迎娶吉期，袭人本不是那一种泼辣人，委委屈屈的上轿而去，心里另想到那里再作打算。岂知过了门，见那蒋家办事极其认真，全都按着正配的规矩。一进了门，丫头仆妇都称奶奶。袭人此时欲要死在这里，又恐害了人家，辜负了一番好意。那夜原是哭着不肯俯就的，那姑爷却极柔情曲意的承顺。到了第二天开箱，这姑爷看见一条猩红汗巾，方知是宝玉的丫头。原来当初只知是贾母的侍儿，益想不到是袭人。此时蒋玉函念着宝玉待他的旧情，倒觉满心惶愧，更加周旋，又故意将宝玉所换那条松花绿的汗巾拿出来。袭人看了，方知这姓蒋的原来就是蒋玉函，始信姻缘前定。袭人才将心事说出，蒋玉函也深为叹息敬服，不敢勉强，并越发温柔体贴，弄得个袭人真无死所了。看官听说：虽然事有前定，无可奈何。但孽子孤臣，义夫节妇，这"不得已"三字也不是一概推委得的。此袭人所以在又副册也。正是前人过那桃花庙的诗上说道：

千古艰难惟一死，伤心岂独息夫人。

不言袭人从此又是一番天地。且说那贾雨村犯了婪索的案件，审明定罪，今遇大赦，褫籍为民。雨村因叫家眷先行，自己带了一个小厮，一车行李，来到急流津觉迷渡口。只见一个道者从那渡头草棚里出来，执手相迎。雨村认得是甄士隐，也连忙打恭。士隐道："贾老先生别来无恙？"雨村道："老仙长到底是甄老先生！何前次相逢觌面不认？后知火焚草亭，下鄙深为惶恐。今日幸得相逢，益叹老仙翁道德高深。奈鄙人下愚不移，致有今日。"甄士隐道："前者老大人高官显爵，贫道怎敢相认！原因故交，敢赠片言，不意老大人相弃之深。然而富贵穷通，亦非偶然，今日复得相逢，也是一桩奇事。这里离草庵不远，暂请膝谈，未知可否？"

雨村欣然领命，两人携手而行，小厮驱车随后，到了一座茅庵。士隐让进雨村坐下，小童献上茶来。雨村便请教仙长超尘的始末。士隐笑道："一念之间，尘凡顿易。老先生从繁华境中来，岂不知温柔富贵乡中有一宝玉乎？"雨村道："怎么不知。近闻纷纷传述，说他也遁入空门。下愚当时也曾与他往来过数次，再不想此人竟有如是之决绝。"士隐道："非也。这一段奇缘，我先知之。昔年我与先生在仁清巷旧宅门口叙话之前，我已会过他一面。"雨村惊讶道："京城离贵乡甚远，何以能见？"士隐道："神交久矣。"雨村道："既然如此，现今宝玉的下落，仙长定能知之。"士隐道："宝玉，即宝玉也。那年荣宁查抄之前，钗黛分离之日，此玉早已离世。一为避祸,二为撮合,从此夙缘一了,形质归一。又复稍示神灵,高魁贵子,方显得此玉那天奇地灵煅炼之宝,非凡间可比。前经茫茫大士渺渺真人携带下凡,如今尘缘已满,仍是此二人携归本处,这便是宝玉的下落。"雨村听了,虽不能全然明白,却也十知四五,便点头叹道:"原来如此,下愚不知。但那宝玉既有如此的来历,又何以情迷至此,复又豁悟如此?还要请教。"士隐笑道:"此事说来,老先生未必尽解。太虚幻境即是真如福地。一番阅册,原始要终之道,历历生平,如何不悟?仙草归真,焉有通灵不复原之理呢!"雨村听着,却不明白了。知仙机也不便更问,因又说道:"宝玉之事既得闻命,但是敝族闺秀如此之多,何元妃以下算来结局俱属平常呢?"士隐叹息道:"老先生莫怪拙言,贵族之女俱属从情天孽海而来。大凡古今女子,那'淫'字固不可犯,只这'情'字也是沾染不得的。所以崔莺苏小,无非仙子尘心;宋玉相如,大是文人口孽。凡是情思缠绵的,那结局就不可问了。"雨村听到这里,不觉捻须长叹,因又问道:"请教老仙翁,那荣宁两府,尚可如前否?"士隐道:"福善祸淫,古今定理。现今荣宁两府,善者修缘,恶者悔祸,将来兰桂齐芳,家道复初,也是自然的道理。"雨村低了半日头,忽然笑道:"是了,是了。现在他府中有一个名兰的已中乡榜,恰好应着'兰'字。适间老仙翁说'兰桂齐芳',又道宝玉'高魁贵子',莫非他有遗腹之子,可以飞黄腾达的么?"士隐微微笑道:"此系后事,未便预说。"雨村还要再问,士隐不答,便命人设具盘飧,邀雨村共食。

食毕,雨村还要问自己的终身,士隐便道:"老先生草庵暂歇,我还有一段俗缘未了,正当今日完结。"雨村惊讶道:"仙长纯修若此,不知尚有何俗缘?"士隐道:"也不过是儿女私情罢了。"雨村听了益发惊异:"请问仙长,何出此言?"士隐道:"老先生有所不知,小女英莲幼遭尘劫,老先生初任之时曾经判断。今归薛姓,产难完劫,遗一子于薛家以承宗祧。此时正是尘缘脱尽之时,只好接引接引。"士隐说着拂袖而起,雨村心中恍恍惚惚,就在这急流津觉迷渡口草庵中睡着了。

这士隐自去度脱了香菱,送到太虚幻境,交那警幻仙子对册。刚过牌坊,见那一僧一道,缥缈而来。士隐接着说道:"大士、真人,恭喜,贺喜!情缘完结,都交割清楚了么?"那僧道说:"情缘尚未全结,倒是那蠢物已经回来了。还得把他送还原所,将他的后事叙明,也不枉他下世一回。"士隐听了,便拱手而别。那僧道仍携了玉到青埂峰下,将宝玉安放在女娲炼石补天之处,各自云游而去。从此后:"天外书传天外事,两番人作一番人。"

这一日空空道人又从青埂峰前经过,见那补天未用之石仍在那里,上面字迹依然如旧,又从头的细细看了一遍,见后面偈文后又历叙了多少收缘结果的话头,便点头叹道:"我从前见石兄这段奇文,原说可以闻世传奇,所以曾经抄录,但未见返本还原。不知何时复有此一佳话,方知石兄下凡一次,磨出光明,修成圆觉,也可谓无复遗憾了。只怕年深日久,字迹模糊,反有舛错,不如我再抄录一番,寻个世上清闲无事的人,托他传遍,知道奇而不奇,俗而不俗,真而不真,假而不假。或者尘梦劳人,聊倩鸟呼归去;山灵好客,更从石化飞来,亦未可知。"想毕,便又抄了,仍袖至那繁华昌盛的地方,遍寻了一番,不是建功立业之人,即系糊口谋衣之辈,那有闲情更去和石头饶舌。直寻到急流津觉迷渡口,草庵中睡着一个人,因想他必是闲人,便要将这抄录的《石头记》给他看看。那知那人再叫不醒。空空道人复又使劲拉他,才慢慢的开眼坐起,便接来草草一看,仍旧掷下道:"这事我已亲见尽知。你这抄录的尚无舛错,我只指与你一个人,托他传去,便可归结这一新鲜公案了。"空空道人忙问何人,那人道:"你须待某年某月某日某时到一个悼红轩中,有个曹雪芹先生,只说贾雨村言托他如此如此。"说毕,仍旧睡下了。

那空空道人牢牢记着此言,又不知过了几世几劫,果然有个悼红轩,见那曹雪芹先生正在那里翻阅历来的古史。空空道人便将贾雨村言了,方把这《石头记》示看。那雪芹先生笑道:"果然是'贾雨村言'了。"空空道人便问:"先生何以认得此人,便肯替他传述?"曹雪芹先生笑道:"说你空,原来你肚里果然空空。既是假语村言,但无鲁鱼亥豕以及背谬矛盾之处,乐得与二三同志,酒馀饭饱,雨夕灯窗之下,同消寂寞,又不必大人先生品题传世。似你这样寻根究底,便是刻舟求剑,胶柱鼓瑟了。"那空空道人听了,仰天大笑,掷下抄本,飘然而去。一面走着,口中说道:"果然是敷衍荒唐!不但作者不知,抄者不知,并阅者也不知。不过游戏笔墨,陶情适性而已!"后人见了这本传奇,亦曾题过四句为作者缘起之言更转一竿头云:

说到辛酸处,荒唐愈可悲。由来同一梦,休笑世人痴!

评析:文本精读与生命的体验

小说最后一回,以宝玉出家来归结情节,还特地与贾政雪地里拜别,虽然与脂评暗示的原著中宝玉"悬崖撒手"那种毅然决然的离去有差距,但跟作者的写作意图,还是协调的。出家表明了其对家庭、社会的绝望,对尘世生活的绝望,以此作为一种人生出路,多少还是对矛盾的逃避(也有学者认为,宝玉出家有积极意义,就是去另一个世界坚守他的情),但放在当时社会,大概也只能这样。小说最后引出甄士隐、贾雨村等人,以"由来同一梦"来总结全文,就不免蛇足,不但削弱了小说的思想性,还以"'情'字也是沾染不得"的说教,几乎要颠覆小说起初定下的"大旨谈情"的基调,这样的处理,实在难以让人苟同。

但第一百二十回中,还是有走心的文字。

作家潘向黎就曾以《贾政父子的孝心》一文,从哀乐中年的贾政角度,重新解读了这一回宝玉拜别贾政的描写。由于宝玉拜别贾政的描写,基本是从贾政视角展开描写,而且宝玉一言未发,拜后迅即离开,未见有关宝玉内心感受的描写,倒有较多集中于贾政言行的描写,这就为体察一个渐入晚景的中年男性,提供了很好的铺垫。潘向黎就是以这样的立场来起笔:"贾政为贾母安葬,人生到了这个时候,去路已经看得很清楚,是最需要儿孙的温暖和支撑的,那是生命的延续,会让人看到生命的延续,会让人看到希望,感觉到生命的热量。"由此对照出,宝玉拜别贾政给他带来的沉重打击:"生命中的一场大雪突如其来。他遇见了宝玉,并且知道从此不用再找这个儿子了,不但自己,连同整个家族,整个现实的此岸,都失去了宝玉。"因为体察贾政时,投入了自身的生命体验,所以对宝玉在雪天的船头突然出现而使贾政大吃一惊时,她会感叹:"当儿女决绝的时候,父母的反应总是慢的。"其实这话也可以说,当儿女决绝的时候,父母永远是没有准备的。而当贾政觉悟到宝玉是下凡历劫的,感叹"竟哄了老太太十九年",她也跟着感叹:"这种时候,满心只想着自己的母亲,这是何等的纯孝?不但老太太已经不在,连需要他表演、'装'的外人也没有一个,可见这是一个人发自内心、出乎本性的纯孝。"(当然,这里也可以认为,因为贾政已经习惯于在语言上不直接表露自己的感情,所以需要借贾母来说事,如同宝玉挨打后,宝钗探视时,表露自己的情感,也是要从老太太开始说起,所谓"别说老太太、太太心疼,就是我们看着,心里也疼"。)

最后她认为,小说第一百二十回,写出了让人动容的贾政,"称职、尽力、纯孝、坚忍而不失真实,你还能要一个中年男人怎么样呢?"

类似把自己的生命体验投射到小说中的某个人物身上,在小说的具体情境中构拟出人物形象的主体世界,往往能达成与人物的共情体验。从这个意义上看,贾政的形象之所以在潘向黎笔下高大起来,一方面是小说作者的笔力确实有可取处,另一方面也是跟解读者把自身代入有一定关系。只是当这样的共情体验进入读者构拟的超时代的家庭伦理氛围时,小说展开的更为深广的历史社会问题,有可能被忽视,而在形象逐渐高大起来的中年男人贾政面前,如何来理解和评价贾宝玉的日常言行,尤其是如何理解和评价他最后的决绝行动的必要性,就成了一个棘手的问题(如果不接受小说给出的简单解释,认为是石头下凡历劫期满,或者如结尾再次出现的空空道人那样打个哈哈了事的话)。潘向黎的解读本身,其特定角度的介入,能给人不少启发,但如果把她的解读视为一种新问题的展开,也许会更有价值。

此外,第一百二十回用较多篇幅描写袭人嫁给蒋玉菡的经过,其描写本身留下了颇多矛盾处。叙述者站在道德高地对袭人离开贾府而别嫁,给予的严厉指责,其实于传统礼仪社会的准则要求来说,是逻辑不通的。因为传统社会只要求妻子守节,没有对妾,甚至像袭人这样连妾的名分都没有正式确立的女性要求守节的。而金陵十二钗分出的正册、副册和又副册,与女性的自身道德修养完全没有关系,基本是按照社会地位来区分的。从宝玉的立场看,在第五十八回藕官在药官死后移情蕊官,宝玉认同其不守节的态度,也说明他不可能认同袭人守节的念头。而第二十八回宝玉无意中把袭人给的礼物与蒋玉菡交换,其实已经埋下袭人嫁蒋玉菡的伏笔,这样,在命定论中的天意、伦理法则的礼仪和个人情感的宝玉意愿中,都不存在让袭人守节的理由,小说作者却不管不顾地将这一要求作为袭人改嫁的核心问题来展开,很大程度上扭曲了袭人的形象塑造,属于明显的败笔。(张爱玲认为,程高本塑造一个备受指责的袭人,是因为高鹗想借此发泄对自己生活中的侍妾离开自己的不满,这或许又是一种代入式理解?)这一败笔和甄士隐、贾雨村、空空道人等在结尾出现的失败一样,都是在证明,即使在第一百二十回有贾政形象塑造得相对成功的例子,之前也有黛玉之死、贾府被抄的生动场面,但后四十回在整体思想艺术上,还是不能达到均衡发展的更高水准,不能与前八十回相匹敌。

图书在版编目（CIP）数据

红楼梦精读/詹丹编著；查清华主编.—上海：
上海教育出版社，2021.9
ISBN 978-7-5720-0988-4

Ⅰ.①红… Ⅱ.①詹…②查… Ⅲ.①阅读课－高
中－教学参考资料 Ⅳ.①G634.333

中国版本图书馆CIP数据核字(2021)第184062号

责任编辑　陈晓琼
封面设计　东合社

HONGLOUMENG JINGDU
红楼梦精读
詹　丹　编著

出版发行	上海教育出版社有限公司
官　　网	www.seph.com.cn
地　　址	上海市闵行区号景路159弄C座
邮　　编	201101
印　　刷	启东市人民印刷有限公司
开　　本	700×1000　1/16　印张 25.5
字　　数	316 千字
版　　次	2021年11月第1版
印　　次	2021年11月第1次印刷
书　　号	ISBN 978-7-5720-0988-4/I·0094
定　　价	69.80 元

如发现质量问题，读者可向本社调换　电话：021-64373213